教育部人文社会科学研究规划基金项目资助
项目名称:"小国与国际安全"
项目批准号:13YJAGJW008

Small State and International Security

世界政治研究丛书
SERIES OF WORLD POLITICS

小国与国际安全

韦 民 著

北京大学出版社
PEKING UNIVERSITY PRESS

图书在版编目(CIP)数据

小国与国际安全/韦民著. —北京：北京大学出版社,2016.1
（世界政治研究丛书）
ISBN 978-7-301-26605-2

Ⅰ.①小…　Ⅱ.①韦…　Ⅲ.①国家安全—研究—世界　Ⅳ.①D815.5

中国版本图书馆 CIP 数据核字(2015)第 293211 号

书　　名	小国与国际安全 Xiaoguo yu Guoji Anquan
著作责任者	韦　民　著
责任编辑	涂　蕙　张盈盈
标准书号	ISBN 978-7-301-26605-2
出版发行	北京大学出版社
地　　址	北京市海淀区成府路 205 号　100871
网　　址	http://www.pup.cn　新浪微博：@北京大学出版社
电子信箱	ss@pup.pku.edu.cn
电　　话	邮购部 62752015　发行部 62750672　编辑部 62753121
印 刷 者	三河市博文印刷有限公司
经 销 者	新华书店
	650 毫米×980 毫米　16 开本　24.75 印张　368 千字 2016 年 1 月第 1 版　2016 年 1 月第 1 次印刷
定　　价	59.00 元

未经许可，不得以任何方式复制或抄袭本书之部分或全部内容。
版权所有，侵权必究
举报电话：010-62752024　电子信箱：fd@pup.pku.edu.cn
图书如有印装质量问题，请与出版部联系，电话：010-62756370

一扇新的窗口(代序)

王逸舟

听韦民说,他的新作《小国与国际安全》即将由北大出版社出版。这是继去年出版《小国与国际关系》之后,韦老师又一部力作问世。真的为他多年的付出终于获得回报感到欣慰,为研究界多了一扇观察国际问题的窗口而高兴。

大国的国际问题研究者容易忽略微小国家的存在,至少不像对大国关系研究那样敏感上心。不光中国这种软实力公认有缺失的新兴大国如此,世界上研究力量最发达的美国亦不例外。多年前由于一个偶然的原因我曾在哈佛大学图书馆搜索这方面的著述,发现能查阅到的有关小国对于国际体系和外交形态变化之作用的作品少得可怜。从哈佛回来后我曾经写过一篇论中等强国的小文,在翻阅中文相关文献的过程更加深了这一印象。毫无疑问,不管存在哪些可以改进之处,韦民的这两部专著均具有弥补空白的价值。

在今日中国出现这种专门分析小国政治、外交和安全的作品,不只有纯粹学理方面的意义,我觉得它折射出一种新的时代进步,即:基本解决温饱和小康问题的中国人,开始把目光放到更为宽广的世界各个领域,开始有更多层次的人类关切与追求,开始思索提供更好物质和精神产品的问题。一个真正意义上的风范大国,与一个只会赚钱的"跛足巨人",应当有这种区别。如果有更多的年轻学人尤其是现在的学生,也有韦民式的求索努力,把中国人的兴趣偏好、恻隐之心、荣耀感受和求贤若渴,拓展至以往不屑顾及或来不及追踪的国际政治空间和人类活动范围,中国会有一段更伟大的历史。

顺便说一句,韦民的文字像他的为人一样,看似"偏冷"实则谨严、低调平和却保持着沉稳理性。这是做研究工作特别是分析热点迭出的国际问题需要的态度,是今天逐利求名之风盛行、很多人不愿坐冷板凳的时境下难能可贵的追求。

但愿有更多的"韦民"出现。

是为序。

目 录

第一章 导 论 ·· 1
 一、国际安全研究的小国视角 ·· 1
 二、小国与国际安全问题研究现状 ··································· 7
 三、研究思路与章节安排 ··· 12

第二章 小国的安全特性、国际角色与行为倾向 ····················· 21
 一、小国的安全特性：安全缺陷与外部依赖 ···················· 21
 二、小国国际安全角色的本质之争 ································· 42
 三、小国的安全战略与行为倾向 ····································· 53
 四、小结 ··· 77

第三章 挪威模式：和平卫士的综合安全战略 ························ 79
 一、挪威的国家特性与地缘特点 ····································· 79
 二、挪威安全战略的演变：从中立到结盟 ······················· 87
 三、多边安全合作机制：挪威的战略主线 ······················· 95
 四、挪威安全战略中的大国因素和北欧政策 ·················· 111
 五、追求世界和平的尝试和努力 ··································· 119
 六、小结 ··· 126

第四章 格鲁吉亚的西向战略：理想对赌现实 ······················ 128
 一、格鲁吉亚的国家概况与安全特性 ···························· 128
 二、毗邻大国与格鲁吉亚的地缘环境 ···························· 138
 三、格鲁吉亚的国际认知与西向战略抉择 ····················· 153

四、俄格战争与格鲁吉亚的安全战略走向 ……………………… 166
　　五、小结 ………………………………………………………… 182

第五章　卡塔尔的生存智慧：乱局中广结善缘 ………………… 190
　　一、卡塔尔的国家特性：油气立国的小富国 ………………… 191
　　二、卡塔尔的周边安全环境：利益交错的矛盾漩涡 ………… 208
　　三、积极外交与卡塔尔安全战略实践 ………………………… 222
　　四、小结 ………………………………………………………… 237

第六章　老挝的求安之策：强邻环绕下的服从与沉默 ………… 242
　　一、地理特征与地缘环境：强邻环绕的内陆山国 …………… 242
　　二、老挝的国家治理与安全特性 ……………………………… 246
　　三、老挝安全战略选择的历史变迁 …………………………… 265
　　四、毗邻大国与老挝的安全战略选择 ………………………… 273
　　五、小结 ………………………………………………………… 287

第七章　新加坡安全战略模式：发展、威慑与平衡 …………… 292
　　一、新加坡的安全特性：地缘价值与脆弱性 ………………… 292
　　二、新加坡的政经发展与军事能力建设 ……………………… 309
　　三、东盟：新加坡安全战略的关键环节 ……………………… 335
　　四、大国平衡：新加坡安全战略的主旋律 …………………… 345
　　五、小结 ………………………………………………………… 356

第八章　结　论 …………………………………………………… 358
　　一、小国是国际安全的重要角色 ……………………………… 358
　　二、小国求安的行为法则 ……………………………………… 361
　　三、小国行为倾向与大国应对 ………………………………… 365

参　考　文　献 …………………………………………………… 369

索　　　引 ………………………………………………………… 383

后　　　记 ………………………………………………………… 391

第一章

导　论

作为以规模狭小而著称的国家类型,小国(small state)在大国主导的国际安全体系中绝非可有可无的角色。它以其独特的安全观、生存策略和行为方式,深刻影响着国际和平与稳定。现实表明,小国既可充当促进国际安全的催化剂,发挥有别于大国的独特作用,亦可成为国际争端与冲突的诱因,甚至演变为引发大国冲突和国际动荡的"麻烦制造者"。因此,在国际安全研究中,小国因素不可或缺。

一、国际安全研究的小国视角

自古以来,安全问题始终是国内政治和国际政治中的核心议题。国际安全(International Security)是国际关系理论和实践必不可少的内容和主题。国际安全研究(ISS)是西方国际关系理论的主要次级科目(sub-fields),但凡国际关系理论与教学,国际安全研究必是其核心内容之一。[1]二战以来,随着国际环境的不断变迁以及国际关系理论的迅猛发展,国际安全研究展现出流派纷呈、观点多元、热度不减的景象。

在国际安全研究中,国际安全问题的多样性和复杂性催生了众多的国际安全研究流派,不同流派均有各自的理论关注点和逻辑体系。巴

---

[1] Barry Buzan and Lene Hansen, *The Evolution of International Security Studies*, UK: Cambridge University Press, 2009, p.1.

里·布赞和雷娜·汉森认为,国际安全研究发展至今,至少形成了以下若干流派:(1)传统建构主义(Conventional Constructivism)提出了与物质分析相对的观点,强调文化、信念、规范、理念和认同这些观念因素的重要性。它通常以国家行为分析为中心,其中包括美国的实证主义和后实证主义认识论。(2)批判性建构主义(Critical Constructivism)主要关注国家之外的其他集合体,当然也聚焦于军事安全。它采纳叙述性和社会后实证主义认识论。该流派主要发源于美国,但20世纪90年代晚期开始在欧洲获得了重要地位。(3)哥本哈根学派(The Copenhagen School)部分拓展了威胁和安全指涉对象,尤其是在社会与身份安全范畴方面。尽管它聚焦在"安全化"上(社会群体构建某种威胁的社会过程),但更关注地区层面的安全问题,并且在传统战略研究的物质威胁分析的基础上提供了一个建构主义的对立论。这种理论思潮在斯堪的纳维亚国家和英国尤其强大,甚至对整个欧洲都影响深远。(4)批判性安全研究(Critical Security Studies)在叙述的目标方面类似于和平研究。它特别强调人类安全胜过国家安全,但它主要使用后实证主义方法论。(5)女性主义安全研究(Feminist Security Studies)涵盖了从和平研究到后结构主义的不同方法。它主张女性在军事和非军事领域对国家安全政策拥有自身的影响力。女性通常面临着国家中心安全概念中一系列与具体性别相关的安全问题。同时,它指出了安全政策演进中的男性霸权倾向。该流派产生于20世纪80年代中期的美国和英国,并逐渐具有全球性影响。(6)人类安全研究(Human Security)与和平研究及批判性安全研究密切相关。它认为人类应是安全的主要指涉对象。因此,国际安全研究应涵盖贫穷、不发达、饥饿和其他侵犯人类正直和潜能的问题。它寻求将国际安全研究与发展研究合二为一。人类安全研究在西方和日本具有学术影响,并得到联合国、欧盟、加拿大、挪威和日本政府的大力支持。(7)和平研究(Peace Research)是战略研究的经典规范性反论。它关注在国际关系中减少或消除使用武力手段,强调且批评战略讨论(尤其核武器)中的危险性。与此同时,它也相当重视个人安全,有时甚至反对国家安全概念。在军控、裁军与军备竞赛、定量分析和博弈论方法的使用方面,它与战略研究流派之间有共同的研究兴趣。和平研究在斯堪的纳维亚国家、德国和日本形成了强大的制度化态势,在英国影响较小,在美国则有着不同的理论取向。(8)后殖民安全研究(Post-colonial Security Studies)揭示了国际安全研究中的西方中心色彩,认为非西方世界的国际安全研究既要从理论上考虑殖民主义历史,又要关注第三世界的具体国家构成。后殖民主义安全研究认为,由于第一和第三世界之间是相互联系的,它对第一和第三世界的安全研究均能提供洞见。(9)后结构主义安全研究(Poststructuralist Security Studies)采用话语性概念而不是观念性概念。它认为国家主权和安全都是政治实践的结果。它批评国家中心主义制约了其他安全指涉对象的发展空间,但拒绝将传统的和平研究转向为个人安全。该流派始于20世纪80年代中期的北美,但在90年代早期之后的欧洲更为流行。(10)战略研究(Strategic Studies)是将安全研究界定在政治军事领域,且聚焦于军事动态方面的经典传统流派,议题包括战争、核扩散、威慑理论、军备竞赛、军控等。战略研究的方法论具有强烈的物质主义取向,国家中心是其给定的规范性立场,而非讨论的主要问题。该流派一般盛行于西方,尤其在美国和英国,在法国则有不一样的传统。(11)(新)现实主义研究。在实质支撑国际关系本质的国家中心、物质主义、权力政治和冲突假设上,现实主义方法与战略研究总体上具有紧密联系。在思考核威慑、军控和军备竞赛方面,新现实主义理论发挥了更大作用。[①] 可以看出,国际安全是一个高度复杂的综合性、动态性、互动性问题,伴随国际安全研究的始终是持续不断的争论和流派纷呈的理论。

安全是一个复杂系统,包含安全内涵、安全动因、安全策略、安全认知、安全背景、安全目标、安全治理等众多方面。国际安全研究可被视为由四个问题构成的体系:国家是否是唯一的指涉对象,是否包含内部及外部威胁,安全是否扩展到军事领域及使用武力之外,是否将各种威胁、危险和紧急事件视为彼此关联的安全议题。[②] 在充满多样性和复杂性的世界上,一方面,研究对象的安全观和安全行为千姿百态,另一方面,各研究主体之间在历史背景、价值取向和理论视角等方面的明显差异,使学界在

---

① Barry Buzan and Lene Hansen, *The Evolution of International Security Studies*, UK: Cambridge University Press, 2009, pp.35-37.
② Ibid., pp.9-10.

安全研究上无法达成一个普遍性共识,最终导致国际安全研究成为一个看似简单、实则模糊不清的重大课题。

安全的指涉对象非常宽泛,是由民族、国家、个人、族群、环境或者星球的安全需求构成的体系。[①] 安全研究的分析变量因此也多种多样,其中,政体、历史背景、宗教文化、经济发展、地缘特征、国际环境、人类心理等均是探讨国家安全与国际安全问题的动因及其发展的基本变量。不同理论流派都有自己重点关注的对象和分析视角。然而,无论什么理论流派,国家类型都是其国际安全研究的重要分析单元。

早在20世纪80年代中期,联合国的《安全概念》报告就指出,安全是"所有国家的关切",所有国家都有权利和义务参与到寻求建设性方案的努力中来,以应对不断扩散的各种挑战带来的全球性威胁。[②] 冷战结束后,安全概念的内涵和外延不断拓展,展现出从主权国家为主要指向,政治军事安全为主要领域的传统安全,到既包括国家和非国家行为体,也包括非政治军事领域的非传统安全的综合性发展趋向。传统安全在国际政治议程中的地位相对下降,非传统安全问题受到更加广泛的关注。安全的综合性特征得到了广泛的认同,它与政治、军事、经济、社会、地理和技术等因素之间的关联性日趋密切。维护安全的主体不仅是国家,还包括诸如非政府组织、跨国公司甚至个体等非国家行为体,从而使国际安全治理方式发生了根本变化。在维护非传统安全方面,非政府组织体现出了一定的比较优势,是非传统安全的天然捍卫者。然而,无论是"国家安全"(National Security)形态还是此后的传统主义"国际安全",民族和国家都是分析性和规范性的指涉对象。国家安全和国际安全紧密关联,人类安全或个体、少数群体的安全不能替代"国际安全"。[③] 主权国家始终是维护其他指涉对象安全的最佳方式,因而也是国际安全的关键环节。

国家规模(National Size)在国际安全研究中是非常重要的分析视角。

[①] Barry Buzan and Lene Hansen, *The Evolution of International Security Studies*, UK: Cambridge University Press, 2009, pp.10-11.

[②] Report of the Secretary-General, *Concepts of Security*, Department for Disarmament Affairs, UN, A/40/553, New York, 1986.

[③] Barry Buzan and Lene Hansen, *The Evolution of International Security Studies*, UK: Cambridge University Press, 2009, pp.10-11.

从国家规模的角度考察,大国因素通常是国际安全研究的主线,大国行为与大国关系构成了国际安全问题的主轴。这显然是国际现实的折射。然而,在一个安全议题日趋多元、安全认知日渐复杂的新时代,包括个体在内的任何行为体都是国际安全不可轻视的对象。如果将小国界定为人口规模低于1000万的主权国家,那么在联合国的193个成员国中,有113个国家属于小国范畴(根据2011年数据统计),占世界国家总数的58.5%。①当今世界上,如此庞大的小国群体对国际安全的影响不容小觑,这主要表现在以下几个方面:

首先,由于国家安全具有外溢效应,小国的国内安全状况与区域性、甚至全球性安全密切相关。在一个相互联系、相互影响的世界上,一个国家的动荡和冲突必将外溢,影响区域安全环境,甚至引发区域性战争。

其次,小国安全行为可以成为大国冲突的诱因。大国战略竞争是国际关系的基本背景,小国往往成为大国竞争的重要节点。在这种情况下,小国安全战略动向可能会打破大国均势,构成大国冲突的诱发性因素。

再次,小国具有维护国际稳定的行为偏好。体系的"极化"往往会压缩小国的战略选择余地,而大国关系的多极均势与相对稳定则符合小国的安全利益。鉴于国际安全环境对小国安全的重大意义,小国必然倾向于发挥自身优势,协调大国关系,进而促进国际安全的稳定。

最后,小国是应对非传统安全威胁的前沿验证者。小国的脆弱性在非传统安全领域更为突出,它们可能最早面临人类安全问题带来的一系列挑战。譬如气候变化所衍生的环境问题、海平面上升等,虽然这也是大国必将面临的问题,但小国是这些挑战首当其冲的承受者。因此,小国是国际安全研究中具有前瞻性和代表性的案例。

毋庸置疑,小国是国际安全研究不可忽视的因素。小国与国际安全研究的理论意义在于:

其一,丰富国际安全研究的理论视角。体系层次和大国因素通常是审视国际安全问题的主要变量。然而,互动性是国际关系的重要特征。大国的安全思维和行为并非纯粹内源,也包含内外因素交互作用带来的

---

① 韦民:《小国与国际关系》,北京大学出版社2014年版,第56页。

影响。不言而喻,小国亦是塑造大国行为的外因之一。由此来看,小国视角的国际安全研究是现有大国取向的国际安全研究的必要辅助。

其二,验证和补充现有国际安全理论。对于国家安全行为的动因,国际关系研究有许多较为成熟的理论体系。譬如,现实主义强调的主要分析变量是体系结构,自由制度主义和社会建构主义则强调国际制度和社会文化认同的重要作用。这些宏大的国际关系理论通常是从大国关系中演绎而来的。大国行为背后的复杂因素使得这些理论在现实中很难得到有效的检验。规模有限的小国没有大国那样复杂,因而是验证这些理论效度的良好案例。这有助于促进国际关系理论的完善。

其三,小国安全战略实践是国际安全研究不可多得的财富。由于实力缺陷,小国生存面临更大的生存压力和挑战。现实之中,小国受安全脆弱性的制约,不得不在安全思维和行为上求新求变,谋求适合自身的生存策略,因此产生了许多独特的外交理念和智慧,大国亦可从中获得启发。

对正处强势崛起进程中的中国而言,小国与国际安全这一主题所具有的现实意义和政策价值也在不断凸现。

其一,小国是中国外交难以避免的一大国家类型。中国周边小国林立,如何善处与这些小国的关系,攸关中国和平稳定周边环境的构建和战略利益的维护。

其二,中国和周边一些国家存在诸多领土争议。这些国家的安全战略动向涉及中国的核心利益。因此,透彻理解其安全行为动因和走向,对中国相关政策的制定必不可少。

其三,在美国大力推动"亚太再平衡"战略的背景下,亚太局势的不确定性因素日趋增多。其中,利用周边中小国家制衡中国似乎是美国因应中国崛起的重要策略。在这一背景下,深刻了解小国的战略思路,化解美国的挑战,就显得尤为迫切了。

其四,中国崛起必然伴随更具广度和深度的全球化进程,国家利益的全球性辐射是中国崛起的必经环节。在这个过程中,遍布全球各地的小国是中国全球战略布局的重要节点。深入了解小国的国际安全角色及其行为模式,对于维护和延展中国的国家利益,构建良好的外部环境,破解各种战略难题,无疑具有日趋重要的战略意义。

二、小国与国际安全问题研究现状

小国与国际安全并非国际问题研究的主流和重点,在浩瀚的国际关系文献中,有关该主题的专著虽不多见,但附带涉及的论述也不罕见。相关研究的主要问题和论点归纳如下:

(一) 小国与国际安全研究的基本理论视角

国家行为是内外因素综合作用的结果,但国家规模不同,内外因素影响的程度也不同。总体来看,在无政府状态下,国际安全问题不仅受到"体系结构"和"国家间互动"的制约,而且受"国家内部特性"的影响。[①] 国际安全分析必须考虑体系和国家两大层面;而在小国的国际安全行为研究中,一般都离不开国际体系和小国特性两大分析视角。两个视角及其组合效应是考察小国安全特性、国际安全角色、安全行为倾向、安全战略选择等的理论基础。

第一,国际体系取向。罗伯特·基欧汉(Robert E. Keohane)等国际关系学者认为,体系塑造着国家的对外思维,也影响着小国的对外政策行为。[②] 在主流国际关系学者看来,通过国际体系影响这一视角,就能够解释和说明小国行为。从"国家中心主义"视角观察,小国行为是对外部约束的反应。基于实力缺陷,小国要比大国更注重生存问题,因而在分析小国对外政策选择上,国际体系是最相关的分析层次。

第二,国家特性取向。单位或国内层面的理论认为,国家特性和社会冲突影响着对外政策选择。对外政策并不总是国家安全利益或体系结构要求的反映。相反,一些国家的特性、社会和国家行为体的意识形态及地

[①] Barry Buzan, *People, States and Fear: An Agenda for International Security Studies in the Post-Cold War Era*, Harvester Wheatsheaf, 1991, p.60.

[②] Robert O. Keohane, "Lilliputians' Dilemmas: Small States in International Politics", *International Organization*, Vol.23, No.2, Spring, 1969; Robert L. Rothstein, *Alliances and Small Powers*, London: Columbia University Press, 1968; Annette Baker Fox, *The Power of Small States*, Chicago: University of Chicago Press, 1967.

方利益,通常使得政治家难以对国际环境的紧急状况做出反应。"小"(smallness)是小国的基本特性,是小国安全特性形成的重要背景。因而,大多数小国研究者都非常关注脆弱性对小国安全行为的影响。大卫·韦特尔(David Vital)强调脆弱性对小国的国民性及其内外行为的影响。①从物质规模的角度看,小国在人口规模、领土面积、国民收入、自然资源等方面相较大的国家而言存在明显的差距。这些差距构成了小国在体系中的安全缺陷,是小国安全战略选择所须面临的背景。

第三,影响小国安全及其行为的其他因素。除了体系和国家安全特性之外,一些额外因素也可能构成小国安全政策的动因。许多小国领导人的个人理念和政治风格塑造了小国的对外战略框架。在特定的外部背景下,政治精英们的世界观、国家战略构思以及社会认同等观念性因素同样对小国安全政策影响巨大。

(二)小国的国际安全角色研究

在国际安全领域,小国传统上扮演的角色都是不值一提的,它们与重要的国际行动并无关联。但是,随着后殖民时代的不断深化以及苏联的解体,通过参与联合国行动,在部分重要安全机制中拥有成员资格,小国对全球事件产生了越来越大的压力和影响。② 在这种情况下,人们对小国的国际安全角色有了全新的认知。关于小国在国际安全中所扮演的角色及其安全行为倾向,学界大体上形成了两种相互对立的观点。

第一,小国本质上是国际安全中的稳定因素。因为小国在经济与军事上处于显著的弱势地位,根本没有能力通过武力途径将其意志加诸其他国家。对小国来说,战争往往意味着可能覆灭的危险。因此,基于规避生存风险的理性常识考虑,小国更依赖国际规范,相比大国更具和平倾向。

---

① David Vital, *The Survival of Small States: Studies in Small Power/Great Power Conflict*, London: Oxford University Press, 1971; David Vital, *The Inequality of States: A Study of the Small Power in International Relations*, Oxford: Clarendon Press, 1967.

② Daniel R. Sweeney and Joseph L. Derdzinski, "Small States and (In) Security: A Comparison of Ireland and Slovenia", *The Quarterly Journal*, Spring 2010, pp.38-40.

第一章 导 论

第二,小国是国际安全的消极因素。小国实际上代表着对国际安全的威胁,因为小国安全依赖于强大邻国或大国间的实力均衡,其内部冲突或"不负责任"往往导致大国干涉,它们可能也会试图引入大国力量而触发地区或世界性冲突。因此,小国的国内安全问题是国际动荡和冲突的根源之一,它们不是国际安全的"供应者",而是国际安全的"消费者"。许多学者由此得出的一个假定是:小国数量的增加将给国际和平带来更多的危险性和不确定性。

总体来看,学界对小国国际安全角色的总体性评估呈现出两极分化的争论态势。

(三) 小国的安全行为倾向与偏好

对小国安全行为偏好的研究是小国研究者的学术兴趣之一。莫里斯·伊斯特(Maurice A. East)从微观决策模式角度出发提出了两种小国安全行为的分析模式。在"常规型模式"中,小国倾向于选择"为其带来最少风险的行为方式",其中包括不愿介入冲突或是敌对行为,采取模糊策略以及较多的合作性言语行为等,以避免疏远其他国家。"选择型模式"则认为,在竞争性假设下,小国可能会表现出比大国更多的冲突性的行为,尤其是冲突性非言语行为,它们会采取确定性且通常具有敌对性行动。[1] 索霍松(Baldur Thorhallson)等学者分析了小国在国际安全领域内影响力存在巨大反差的原因,认为"内在能力与外在形象决定了小国在该

---

[1] 关于小国的外交行为特点与外交战略选择,许多学者做了颇有洞见的归纳与分析。参见:Maurice A. East, "Size and Foreign Policy Behavior: A Test of Two Models", *World Politics*, Vol. 25, No. 4, July 1973;〔日〕浦野起央:《国际政治における小国》,东京南窓社 1992 年版;Iftekhar Ahmed Chowdhury, "Small States in UN System: Constraints, Concerns, and Contributions," NUS: ISAS Working Paper, No. 160, 24 October 2012; Andrew F. Cooper and Timothy M. Shaw, eds., *The Diplomacies of Small States: Between Vulnerability and Resilience*, Palgrave Macmillan, 2009; Hans H. Indorf, *Strategies for Small-state Survival*, Singapore: G. Brash for Faculty of Arts and Social Sciences, National University of Singapore, 1985; Colin Clarke and Tony Payne, eds., *Politics, Security and Development in Small States*, London: Allen & Unwin, 1987; Rajesh S. Kharat, *Bhutan in SAARC: Role of a Small State in a Regional Alliance*, New Delhi: South Asian Publishers, 1999; P. V. J. Jayasekera, ed., *Security Dilemma of a Small State*, N.J., USA: Distributed in USA by International Book Co., 1992-1995。

领域可能扮演的国际角色"①。小国的安全行为倾向非常丰富,是内外诸多因素综合作用的产物,普遍性探讨这一问题面临着理论和实践上的巨大挑战。

(四)小国的安全战略研究

安全战略当然是安全行为的重要构成,它是一个由安全思维和具体政策行为组成的综合性系统。相较大国,小国的安全政策选择空间有限。然而,小国也能主导自身的安全政策。② 学者们普遍强调外交对小国安全的重要性。一般认为,在缺乏外交和军事资源且双边外交成本高昂的情况下,小国会倾向于依靠其他互动方式,如多边外交、国际会议、地区组织和复合型外交等,以维护自身安全利益。

联盟、平衡和中立是小国的常规战略选项。学界普遍认为,相对权力是小国战略选择的重要背景③,小国的战略选择受到体系性质的巨大影响。与此同时,小国的安全依赖性决定了其更具参加联盟的倾向性④,"加入更强集团""与危险根源结盟"或"向威胁屈服"是小国的典型行为策略。⑤ 这些追随战略通常是在收益预期下构思而成的。但这种战略存在不确定性,其中,联盟承诺(alliance commitments)的效度是个问题。⑥ 现实中,小国安全战略并不能用某个具体战略加以高度概括和说明。它是一个复杂的体系,包含国家发展、社会稳定、军事建设、防御组织、对外战略等一系列综合性政策行为。对小国安全战略的定位实质上只涉及其

---

① Baldur Thorhallsson, "Small States in the UN Security Council: Means of Influence?" *The Hague Journal of Diplomacy*, Vol. 7, 2012, pp. 135-160.

② Daniel R. Sweeney and Joseph L. Derdzinski, "Small States and (In) Security: A Comparison of Ireland and Slovenia", *The Quarterly Journal*, Spring 2010, pp. 49-50.

③ Stephen M. Walt, "Alliance Formation and the Balance of World Power", *International Security*, Vol. 9, No. 4, Spring 1985, p. 7.

④ 〔美〕詹姆斯·多尔蒂、小罗伯特·普法尔茨格拉夫:《争论中的国际关系理论》,邵文光译,世界知识出版社1987年版,第483页。

⑤ 〔美〕肯尼斯·华尔兹:《国际政治理论》,信强译,苏长和校,上海世纪出版集团2008年版,第133页。

⑥ Brett Ashley Leeds, "Do Alliances Deter Aggression? The Influence of Military Alliances on the Initiation of Militarized Interstate Disputes", *American Journal of Political Science*, Vol. 47, No. 3, July 2003, pp. 427-439.

第一章 导 论

安全政策体系中较为突出的特征或表现。

（五）小国与国际安全中的国别研究

极端案例往往成为学界重点选择的研究对象，在小国研究中也不例外。学者们一般倾向于选择更具代表性的地区和小国进行研究。地区化程度最高的欧盟小国、外交战略很有特点的瑞士、实力不俗的以色列、外交活跃的新加坡均是学界关注的热点。① 与其他地区相比，欧盟小国颇为发达，与地区机制之间的关系最为成熟，因而欧盟小国的地区角色、作用与策略分析成为学界研究的重要问题。在欧盟小国研究中，案例研究占了绝大多数，譬如，讨论瑞典通过"规范倡导"（norm advocacy）在欧盟中发挥影响力的问题②，探讨比利时与荷兰在欧洲货币共同体形成中的作用③，讨论爱尔兰、希腊、芬兰三国与欧盟的互动④，以及单独探讨芬兰在欧盟中的影响力⑤等。

由此来看，在小国与国际安全研究中，现实主义理论范式是探讨小国安全问题的主要理论视角；与此同时，国内政治途径也是学界理解小国安

---

① Otmar Höll, ed., *Small States in Europe and Dependence*, Austria: Austrian Institute for International Affairs, 1983; Laurent Goetschel, ed., *Small States Inside and Outside the European Union*, Boston: Kluwer Academic Publishers, 1998; Baldur Thorhallsson, *The Role of Small States in the European Union*, Aldershot, Ashgate, 2000; Milan Jazbec, *The Diplomacies of New Small States: the case of Slovenia with some comparison from the Baltics*, England: Ashgate Publishing Limited, 2002; Björn G. Ólafsson, *Small States in the Global System: Analysis and Illustration from the Case of Iceland*, England and USA: Ashgate, 1998; Raiph Pettman, *Small Power Politics & International Relations in South East Asia*, Holt, Rinehart and Winston, 1976; Bilveer Singh, *Singapore: Foreign Policy Imperatives of a Small State*, Singapore: NUS, 1988.

② Annika Björkdahl, "Norm Advocacy: A Small State Strategy to Influence the EU", *Journal of European Public Policy*, Vol. 15, No. 1, 2008, pp. 135-154.

③ Ivo Maes and Amy Verdun, "Small States and the Creation of EMU: Belgium and the Netherlands, Pacesetters and Gatekeepers", *Journal of Common Market Studies*, Vol. 43, No. 3, 2005, pp. 327-348.

④ Brigid Laffan, "Managing Europe from Home in Dublin, Athens and Helsinki: A Comparative Analysis", *West European Politics*, Vol. 29, No. 4, 2006, pp. 687-708.

⑤ Teija Tiilikainen, "Finland-An EU Member with a Small State Identity", *European Integration*, Vol. 28, No. 1, 2006, pp. 73-87; Tapio Raunio and Matti Wiberg, "Parliamentarizing Foreign Policy Decision-Making: Finland in the European Union", *Cooperation and Conflict*, Vol. 36, 2001, pp. 61-86.

全行为的重要途径。这基本上符合国际现实和国际安全的领域性特征。总体来看,小国与国际安全研究仍是一个有待重视和加强的问题。首先,该主题研究的系统性成果非常匮乏,仍是国际问题研究的边缘性科目。其次,该主题的基本理论并不能充分反映现实。面对高度多样性和复杂性的小国群体,体系和国家特性只能做出概略性推论,难以准确理解具体小国的安全行为动因及其演进趋向。此外,现有的小国与国际安全的案例研究往往停留在国别研究层面,大多缺乏小国理论的逻辑基础,个别小国案例也难以揭示小国与国际安全的普遍性特征。

在现有研究基础上,本研究的潜在新意在于:其一,对小国安全特性做了较为详细的说明,认为该特性是小国安全行为倾向的内在动因。其二,从小国群体视角出发,对其可能扮演的国际安全角色做了理论演绎,并在案例分析中予以印证。其三,对小国安全行为倾向做了逻辑阐释,说明了在不同的体系背景下,小国有着不同的行为逻辑和策略方式。其四,理论和实际紧密结合,相互验证是本研究采纳的重要方法。总之,挖掘小国共性,注重小国个性,将两者有机结合并得出规律性结论是本研究努力的方向。

三、研究思路与章节安排

小国与国际安全主题主要涉及两个基本问题。首先,在国际关系中,小国如何维护和促进国家安全利益?由此引发的具体问题包括:小国具有什么样的安全条件?它将采取什么样的安全战略?其次,在国际安全体系中,小国扮演着何种国际安全角色?对国际安全有何影响?发挥着什么样的作用?探讨这些问题的基本思路如下:

(一)国际安全背景下的小国概念

小国概念并无定论,由此产生的巨大争论是小国研究面临的首要难题。在国际安全研究中,小国概念也存在内涵模糊且外延不清的问题。基于学术研究的需要,小国概念的厘清必不可少。小国研究的领域不同,对小国概念也提出了不同的要求。总体而言,小国研究有普遍性研究和领域研究两大类型。普遍性研究将研究视野置于宽泛的全球范畴,将世界上所有小国均纳入分析范畴,试图得出适用于所有小国的普遍性结论。领域研究则相对狭窄,研究对象仅限于某个领域或部分小国,以探讨某类小国在特定问题上的行为特征。根据小国研究范畴,小国概念可以分为绝对性界定和相对性界定两种方式。

第一,绝对性界定方式。普遍性小国研究需要绝对性界定方式。在世界范围内,无论采取何种标准,小国的数量都是惊人的,差异性和多样性是这个群体的基本特征。即便在小国群体之中,它们在物质规模和能力规模等方面依然千差万别。在这种背景下,寻找一个可以描述其共性的指标是小国界定的关键。在《小国与国际关系》中,作者对这个问题做了较为充分的探讨①,并指出在当今国际体系下,将小国界定为"人口规模低于1000万的主权国家"可能较为合适。这个概念"大体上反映了人们对小国的普遍国际认知以及对体系中大小国家数量分布的直觉判断"。② 这无疑属于绝对性界定方式,但它是小国普遍性研究的学术需要。

在国际安全研究中,这一界定标准可能同样适用。(1)在国际安全体系中,人口规模低于1000万的国家普遍存在更显著的安全脆弱性。小规模的人口数量往往意味着国土面积狭小、资源禀赋稀缺、战略空间不足以及国家综合实力相对弱小,它也界定了其经济发展和军事能力的限度和潜能。(2)安全是一个互动性问题。当今世界,小国的军事安全威胁往往来自其他国家或联盟。安全问题不能脱离外部背景,只有在国家间互动的背景下,国家安全和国际安全研究才有意义。因此,在安全问题上,规模狭小的国家不得不直面周边和体系中的更大国家,"小"(smallness)由此构建了这类国家的共同特征。

第二,相对性界定方式。在复杂的国际背景下,对小国概念"还得持有一定的开放性"。③ 在小国研究的具体领域和问题上,相对性界定方式

---

① 韦民:《小国与国际关系》,北京大学出版社2014年版,第28—64页。
② 同上书,第58页。
③ 同上。

可能更切合实际情况。

首先,权力而非规模对国际安全的意义更为显著。与其他领域不同,在国际安全领域,权力和能力是理解国家安全思维和行为的主要指标。在这一领域,虽然物质规模对国家权力影响深刻,但相对权力而非相对物质规模是影响国家安全和行为的主要因素。国际安全研究者通常奉行国家中心主义的现实主义取向,他们一般倾向于从体系和能力视角来定义小国。在国际安全中,重要的不是单位规模本身,而是小国面对相关大国时所产生的相互关系。如果两者实力相差悬殊,称"小国"是"small power"而非"small state"无疑是有效的。这是因为前者说明了权力差距的意义远大于单位规模的重要性。① 因此,体系中的相对权力是界定国家规模的主要依据。

其次,不对称关系背景下小国式思维和行为是小国界定的重要指标。在权力差距显著的特定双边关系中,弱小一方即便物质规模并不狭小,但在强势大国面前往往显得脆弱不堪。弱势一方的政策思维和具体行为往往表现出绝对规模狭小的小国的思维和行为方式,具有明显的小国行为特征;而"小国式行为"又反过来强化了这些国家在不对称关系背景下的"小国"身份。因此,在特定背景下,将这些较大国家纳入小国分析范畴具有理论合理性和现实适用性。

总之,在国际安全研究中,小国概念不可教条。采用绝对性和相对性相结合的界定方式,既是国际现实的需要,同时也顾及了国际安全的领域性特征。

(二) 理论思路

规模缺陷是小国的共同特点。在国际安全体系下,"小"衍生的小国安全特性决定了它们的安全思维和行为方式,并塑造着小国的国际安全角色。

第一,安全特性与安全行为密切关联。小国安全特性是理解其安全行为的内在动因。小国身份意味着它们具有普遍性的共同特征,这些特

---

① Tim Sweijs, "The Role of Small Powers in the Outbreak of Great Power War", Centre For Small State Studies Publication Series, University of Iceland, Occasional Paper 1-2010.

征是界定和认知小国的主要标识。在规模不一的国家构成的国际体系中,与更大规模的国家相比,小国的共同特点是"小",这是小国最基本的国家特性。在国际互动中,"小"衍生出小国的各种具体特性;在国内政治社会层面,规模狭小使得小国可能更具社会合作性,更具社会凝聚力,领导人似乎具有更大的政治影响力,甚至更具民主倾向性;在经济发展层面,"小"既赋予了小国实施灵活性政策的空间,但也凸现了更大的外部依赖性,在经济发展过程中也体现出了显著的单一性、脆弱性和波动性。

相较之下,因"小"而产生的安全特性无疑更加明显。国家安全的威胁和挑战不外乎来自内部和外部这两条途径,规模小也给小国带来了不可避免的双重潜在挑战。"小"通常意味着国内安全面临更大的脆弱性,国家治理不彰便会迅速恶化国内局势,进而形成巨大的国家安全威胁;对于来自外部的潜在威胁,"小"则意味着国家防御能力的巨大缺陷,国家生存可能面临不可阻挡的潜在挑战。

小国安全特性的突出特征是它的脆弱性。无论小国具有何种安全特性,安全脆弱性都是难以消除的。这个特性是小国构思安全战略的预设前提,是小国形成特定安全行为倾向性的出发点。缓解安全脆弱性是小国安全的终极目标。当然,不同类型的小国的安全脆弱性程度各不相同,其外在行为倾向也相应有所差异。

第二,国际体系与小国安全。在一个相互依赖、相互影响的世界上,没有一个国家能脱离外部世界而生存发展。国家无论大小,都会受到国际互动所塑造的国际环境的影响。因此,国家安全与国际安全密切关联,不可分割。

然而,在国际体系中,不同规模的国家受外部环境影响的程度并不等同。大国是国际体系的塑造者和主导者,国际体系本质上就是大国关系构建的制度、观念和权力架构组合的产物。相对而言,小国在国际体系中处于颇为被动的地位,不得不接受既有国际体系的约束,因而受到更大的外部影响。

在不同性质的国际体系中,小国的生存几率和安全策略不一。在强权政治逻辑主导的国际体系中,小国没有多大生存机会。譬如,在殖民主义和帝国主义时代,小国几乎都沦为强国的殖民地和附庸国;在大国激烈对峙的"极化"体系中,小国的安全战略空间被严重挤压,选择余地非常有限;在大国关系相对和顺的背景下,小国没有卷入大国冲突的压力,外部安全环境更加稳定,安全政策也有了更大的自主性。由此可见国际体系的确对小国的安全环境和安全行为影响巨大。

显著的安全脆弱性意味着,在面临更强大的对手时,小国无法独自维护国家安全。这就产生了小国安全的外部依赖性。总体来看,依靠国际机制所构建的集体安全体系和外部大国是小国维护国家安全的基本途径。

第三,安全特性和国际体系是分析小国安全行为的主要变量。生存是每个国家的基本需求,生存策略是求安求存的具体表现。安全脆弱性和依赖性非常显著的小国不得不摸索出一套生存之道。其中,小国安全有两个关键环节。

首先,国家治理是小国安全的基础,国家治理成效是安全特性形成的主要内因。经济发展、政治安定、社会稳定是小国国内安全的必要条件,也是不断缓解安全脆弱性的要求。小强国和小弱国的差别在于国家治理的效果,这也进一步决定了它们各自不同的国际安全角色。

其次,审慎有效的对外战略是国家安全不可或缺的关键环节。小国可以依靠外部强国,构建稳定的周边安全环境。在这个过程中,基于各自不同的安全特性,小国采取了各具特色的安全战略方式。

第四,小国的安全行为塑造了各自不同的国际安全角色。依据不同的行为标准,国际安全角色可以划分为各种类型。从为国际和平与稳定做出的贡献看,小国群体中有许多积极的国际维和参与者和贡献者,也有许多小国因内部动荡而沦为国际维和的对象;从影响国际安全的角度看,一些小国是维稳促和的"和平卫士",另外一些小国则是诱发大国对抗和冲突的始作俑者。总体来看,小国类型及其行为方式是构建不同国际安全角色的关键。

(三)研究方法

小国总体上是一个异质性群体。在国际安全领域,小国的安全状况、安全思维和安全行为方式大异其趣。如何理解众多小国在国际安全中的思维、行为、角色及其动因,并归纳出较具规律性的结论,无疑是个巨大挑战。本研究拟采用理论演绎与案例分析相结合的方法,试图挖掘小国在国际安全中的共性和个性。

第一,小国理论演绎方法。第二次世界大战后,小国理论逐渐成为国际问题研究中的一个流派,这是对小国大量涌现的国际现实的反映。小国生存一直都是学界关注的核心议题,"小"这个明显的小国特征是学界探讨小国安全的关键变量。因为"小",所以相对更显脆弱,小国因而摸索出了一套独特的生存策略;因为"小",所以相对更为依赖外部世界,对国际格局的变动也更为敏感。时至今日,国际语境大变,小国的生存发展环境空前改善,国际制度和多边安全体系成为小国安全的保护伞和护身符。然而普遍来看,权力差距、能力赤字、安全缺陷等仍是影响小国安全的不变要素。因此,这些探讨小国问题的分析变量完全适用于理解和归纳当今小国的安全行为及其国际安全角色。理论探讨为案例分析提供了逻辑依据。

第二,案例分析方法。案例分析是小国研究者惯常采用的研究方法。小国群体的高度多样性和复杂性是案例分析方法得以普遍应用的主要原因之一。遍及世界各地的小国在几乎所有方面都表现出了极大的反差。一方面每个小国都有与众不同的独特性,另一方面每个地区的小国也有着较为强烈的地区性色彩。小国研究必须适应小国群体的这个突出特征。案例分析一般选择较具共性的若干小国(譬如欧洲小国、非洲小国、加勒比小国、南太平洋小国、海合会小国等),或者选择在国际安全上较具典型意义的小国(譬如格鲁吉亚、新加坡、以色列、瑞士、挪威、卡塔尔等),通过研究得出某些理论启示。对于更深刻地理解小国安全问题而言,案例分析法不可或缺。

第三,本研究案例选择的基本考虑。在国家安全和国际安全中具有典型理论意义和现实价值是本研究案例筛选的主要标准。这既要考虑到该小国安全战略行为对国际安全影响的程度,也要考虑到它对国际关系理论的潜在价值。瑞士是中立政策研究的代表性小国;以色列以军事能力和与美国的特殊关系著称于世;[①]挪威是当今世界上国家治理的楷模,

---

① 瑞士和以色列这两个案例在《小国与国际关系》中已作初步探讨,详见韦民:《小国与国际关系》,北京大学出版社2014年版,第313—319页。

其依托美国和北约的综合性安全战略是欧洲小国的代表,在国际安全中扮演的"和平卫士"角色非常引人注目;格鲁吉亚以俄格战争一举成名,其作为原苏联加盟共和国对外战略变迁的代表性国家,与毗邻大国的复杂互动及其效果值得类似地缘环境的小国借鉴;卡塔尔代表了海湾小国,其近年来积极外交和安全战略受到了学界的高度关注;新加坡是操作大国平衡战略的小国典型,其由国家治理、军事威慑、地区合作与大国依托构成的精密战略体系是小国安全研究案例的不二选择;老挝则代表了一个内陆型小国和大多数发展中小国,该国在与大国毗邻的特殊地缘环境中如何求存求安无疑值得求解。总体来看,这几个案例都有各自的特殊性,也有明显的共性,为理论探讨提供了充足的现实依据。

(四)章节安排

基于理论推演和案例分析相结合的思路,本研究的具体写作安排如下:

第一章导论部分概述了国际安全研究是国际问题研究中的核心主题。国际安全研究流派纷呈,它们之间既有共性,也有各自不同的关注点和理论范式,小国并非国际安全研究中自成体系的主流学派,当今的国际关系学家们一般只是在研究中偶有对小国与国际安全的论述。然而,小国数量众多,它们对国际安全带来的广泛影响日趋明显。因此,这一主题具有日趋重要的理论和现实意义。从研究现状看,学者们一般是从国际体系和国家特性两大视角出发审视小国安全问题,对小国安全战略和国际安全角色的讨论也较丰富。值得注意的是,基于国际安全的领域特性,小国概念的探讨应该具有灵活性。

第二章是本研究的理论演绎部分。本章重点探讨了影响小国行为及其国际角色的基本变量,认为安全特性是小国安全思维和行为方式的内在动因。在国际体系下,小国的安全特性主要表现在相对脆弱性以及由此衍生的外部依赖性上。小国间的安全特性并不等同,安全脆弱性的程度与其安全特性密不可分,它们的安全行为方式和国际安全角色也就表现出了较大的差异性。小国安全行为取决于体系性质、国家治理、地缘环境等因素,也可能受到领导人和政治精英的理念和风格的影响。在不对称互动中,策略选择体现了小国的思维和行为特点,也折射出小国对国际安全的独特影响力。

第三章探讨了挪威的安全战略变迁及其成效。挪威是北欧小国,地缘环境非常独特且具战略价值。虽然挪威经济发达但依然为安全脆弱性所困扰,安全战略经历了从中立到结盟的曲折发展过程,最终依靠美国和北约成为挪威安全战略的基石。在欧洲,这样的安全战略选择非常普遍。然而与众不同的是,挪威在国际安全领域扮演着一个积极角色。它将联合国视为维护小国安全的关键机制,并认为小国是国际和平环境的最大受益者。这种极具前瞻意识的安全思维推动着挪威积极支持和参与联合国事务,广泛涉足世界各地的维和促稳工作。挪威这种综合性安全战略(挪威模式)不仅为其营造了良好的安全环境,也为其赢得了"和平卫士"的国际声誉。

第四章讨论了格鲁吉亚安全战略的选择及其困境。与许多原苏联加盟共和国一样,独立后的格鲁吉亚对苏联模式多有排斥,对继承苏联衣钵的俄罗斯心存芥蒂。该国位处亚洲,却自视为欧洲国家的一员,国内政治精英将国家现代化的出路寄托在融入西方之上,力图在经济上融入欧盟、在安全上加入北约,认为这是促进经济发展和维护国家安全的不二选择。然而,在毗邻大国俄罗斯看来,格鲁吉亚的西向战略是北约东扩的重要步骤,也是美俄战略博弈的关键节点,因此坚决阻止格鲁吉亚这一无视并损害其战略利益的动向。俄格战争的爆发表明格鲁吉亚西向战略完全经受不起地缘现实的严峻考验。格鲁吉亚的战略挫败证明了在毗邻大国的地缘背景下,小国的安全战略选择必须顾及大国的战略利益,否则必将面临来自大国的强大压力,甚至导致不断升级的军事对抗。

第五章分析了海湾小国卡塔尔的安全战略。卡塔尔作为世界上最大的天然气(尤其液化气)产销国之一,拥有巨大的财富积累。这不仅为这个君主制国家的社会稳定提供了扎实的经济基础,也为其操作"天然气外交"和积极外交创造了条件。然而,和其他海湾小国一样,卡塔尔周边长期动荡不安、战火连连,安全环境极为恶劣。在这样的地缘背景下,卡塔尔外靠与美国的紧密军事合作关系,内靠海合会、阿盟等区域性组织,奉行全方位合作策略,与地区诸强广泛接触,与区外大国积极交往,甚至推动区域性积极外交,旨在塑造更稳定的安全环境,提高卡塔尔的国际能见度和国际地位。尽管迄今为止卡塔尔的安全战略是有效的,但这并不意味着固有的安全脆弱性得到消除,其安全的可持续性仍然存在不确定性。

第六章探究了老挝的求安之道。老挝既是一个地地道道的小弱国,也是中南半岛上的小要国。该国的主要地缘特点是国土形状狭长,境内多山,深锁内陆之中,四周皆是国家规模大得多的国家。老挝属于世界上最不发达的国家之一,军事实力不值一提,安全脆弱性清晰可见。从历史和现实看,地缘环境既是该国屡遭外侵和外压的重要动因,又是其成为诸国角逐的"缓冲国"、进而获取安全保障的关键因素。老挝的求安之策较为独特,在大多数历史时期里,它多以"服从"强者之策求得自安,在周边强国的博弈中倾向于"沉默"以对,不惹事,不折腾,安处小国角色,悠然自得。加入东盟以来,老挝的安全战略没有放弃传统的老越"特殊关系",但增加了自主性和多元化的色彩。

第七章归纳了新加坡安全战略的基本特征和动因。与其他小国不同,新加坡是一个不愿意独立而又不得不独立建国的小国。脆弱性是这个国家始终面临的巨大挑战,安全脆弱性同样显著,这表现在其规模缺陷、地缘环境、族群构成等因素带来的生存压力和不确定性上。然而,借助不可多得的优越地理位置和积极进取的国家意识,这个曾经的小渔村在短短数十年里跃升为一个治理有方、经济发达、国内稳定、军力不俗、外交活跃的小强国。经济发展是该国国家安全的基础,军事威慑能力是其安全战略的重要支撑,以东盟为依托的区域外交及以大国平衡而著称的外交战略则是该国安全战略的关键环节。全球化和国际关系的稳定发展为新加坡提供了良好的外部环境。新加坡的安全战略既具现实性,也有灵活性,值得其他国家思考。

第八章是结论部分。通过以上诸章的理论演绎和案例剖析,并结合当今国际安全局势的发展态势,认为在不断演进的国际背景下,大国理所当然是国际安全的主角,小国则是大国战略博弈的基本活动场域。全球化固然为小国提供了经济发展的良好机遇,国际安全机制的逐步完善也为小国创造了空前的生存环境。然而,小国的安全脆弱性并未因此消除,小国安全战略尚需遵循现实性、灵活性、平衡性、多元性等生存法则。当今世界,大小国家间的不对称互动是国际关系的重要构成,新的国际语境赋予了小国与大国合作与竞争的条件,不对称冲突时有发生,小国的行为逻辑和行为策略值得相关大国关注与探究。

第二章

小国的安全特性、国际角色与行为倾向

外部环境和内在特性是探讨小国安全问题的基本视角。两大因素共同作用并界定着小国的安全状况、战略思维和行为方式。在特定的国际体系下,国家规模是塑造国家安全特性的重要背景。在国际体系中,国家间的规模差异既是说明其能力和权力差距的标识之一,也是界定其安全思维和安全行为倾向的重要视角。在国际互动中,不同规模的国家在安全特性、威胁认知、安全思维和安全行为方式上各有特点。由于规模局限和体系中的相对权力差距,相较更大的国家,小国安全特性具有较为独特之处。一般而言,在大国主导的国际体系中,小国安全问题的显著特点是安全脆弱性。这意味着绝大多数小国无法通过安全自主的途径确保国家安全,也决定了小国安全的外部依赖性和差异性。特定的安全特性影响着小国的安全行为,并共同塑造着小国的国际安全角色。

一、小国的安全特性:安全缺陷与外部依赖

安全既是一个国家的内部问题,更是一个相互关联和彼此影响的国际问题。维护国家安全大体上有内外两大途径。在国内政治中,安全总体上取决于国家治理的成效,包括政治、经济、社会治理等在内的国家发展状况是社会稳定和国家安全的前提条件;在国际政治中,安全则涉及自卫能力或尽可能消除潜在威胁的外交能力与战略手段等因素。因此,国

家安全和相对军事能力与外部安全环境高度相关。在一个并不均衡和平等的国际政治环境中,国家间的安全状况大相径庭,绝大多数国家难以通过安全自立的方式获得可持续的安全。作为体系中以规模小为主要标识的国家类型,小国无疑面临更大的生存压力,这是小国特有的安全缺陷带来的必然结果。相对脆弱性是小国安全的主要特点,由此衍生了小国在安全领域的其他特征。

(一) 安全脆弱性——小国的核心属性之一

安全脆弱性是指行为体在面临各种安全威胁和挑战时缺乏必要的承受能力、应对能力和恢复能力。这当然是个绝非有无,而是有关程度差异的相对性概念。相较规模更大的国家,小国的安全脆弱性更为显著,它们对国际政治的无政府状态带来的各种影响有着更强烈的感知。[1]

国家规模与国家安全之间存在正相关性。国家安全系数一般随着国家规模的扩大而不断提高,较大国家更少受到外部侵略的威胁。究其原因,人口数量意味着发展空间与潜在实力,领土面积意味着资源多寡、战略纵深与回旋余地。与此同时,国家规模影响着集体安全感和安全战略选择,也关系到国防预算的总量或总体国防实力。虽然小国能够通过联盟、平衡等方式来缓解这些影响,但总体上看,较大规模带来了更多的安全。以此来看,由于规模微小这个内在属性,小国无法在战争及其他安全问题上与大国抗衡。具体而言,小国安全脆弱性主要表现在以下几个方面:

第一,小国的军事资源相对匮乏。在组织和确保自身安全上,小国存在的局限性不言而喻。"自卫能力缺失"(defenselessness)是小国的基本特性,这让小国在外部攻击和干预面前尤其脆弱不堪。[2] 在军事资源和军事潜能等方面,大小国家一直以来都表现出了惊人的差距,在衡量军事实力和军事资源的军费开支方面可见一斑。2014 年,世界军费前十大国

---

[1] Miriam Fendius Elman, "The Foreign Politics of Small States: Challenging Neorealism in Its Own Backyard", *British Journal of Political Science*, Vol. 25, No. 2, April 1995.

[2] Report of the Secretary-General, *Concepts of Security*, Department for Disarmament Affairs, UN, A/40/553, New York, 1986.

家的军事开支为12931.59亿美元,共占全球军事总开支的73.18%。其中,作为长期以来的军费头号大国,美国的军事预算占全球军费总开支的34.52%(参见图2-1)。

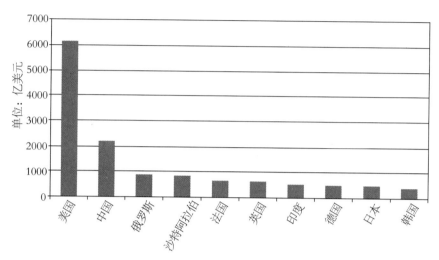

图2-1　军事开支世界排名前十国家(2014)

资料来源:SIPRI, Military Expenditure Database, 2015. http://www.sipri.org/research/armaments/milex/milex_database.

与此同时,小国的军事预算所占比例极小。仅以其中的发达小国为例,2014年达到百亿美元级别军费开支的仅有以色列(150.08亿美元)和新加坡(98.41亿美元)等少数几个国家,富裕的欧洲小国则多为数十亿美元不等(参见表2-1)。其他众多发展中小国的军费开支就更不值一提了。不难看出,国家规模显然是军事投入多寡并最终决定军事能力和防卫战略的一个重要背景。

表2-1　部分发达小国军费开支(2014)

序号	国家	军费(亿美元)
1	以色列	150.08
2	新加坡	98.41
3	挪威	67.73
4	瑞典	65.73

续表

序号	国家	军费（亿美元）
5	丹麦	44.57
6	芬兰	36.49
7	奥地利	32.57
8	新西兰	24.09
9	爱尔兰	11.91
10	文莱	5.28

资料来源：SIPRI，Military Expenditure Database，2015. http://www.sipri.org/research/armaments/milex/milex_database.

第二，小国的防卫策略受到极大制约。大国有充裕的人力和物质资源维持守势，也有能力调遣足够的资源持久对抗外侵，并生产足以抵御外侵的强大军备。与此相对，在面对较大国入侵时，小国缺乏足够的资源以满足持久的军事防御需求。在大小国家的不对称冲突中，小国一般很难维系下去，也难以采取类似大国的战争方式。客观来看，小国的军事脆弱并非由于缺乏勇气、英勇行为或持久力，而是小国军事资源和武器装备的匮乏严重制约了其军事手段的选择。如果小国在危机初期使用一些大国惯用的军事防卫策略，那么军事资源可能因庞大的军事行动而迅速耗尽，使军事实力迅速下降，从而导致彻底失败。即使小国倾其所有军事资源也只能抵挡大国的首轮攻势，没有足够的储备资源维持与大国的相持。

第三，小国空间狭小，脆弱难守。小国普遍人口数量不多，或者地域狭小。在地域狭小、人口密度很高的国家（如摩纳哥和新加坡），防御空间的局促严重限制了防卫能力，安全脆弱性尤其显著。即使领土面积较大而人口稀少的国家（如蒙古），地广人稀也增加了安全防御的难度。

相较小国，幅员辽阔的大国通常拥有更好的战略回旋空间，通过多层次深度部署的防御策略，建造庞大的防御性基础工程，可以更从容地应对外部入侵，而不必担心国土的全面沦陷。譬如，二战时期的苏联和中国都是因为国土辽阔而避免了强敌占领全国的战略后果，从而为随后的战略相持和反击创造了条件。小国则由于国土狭小及地理限制，缺乏战略纵深，很难同时部署多条防线，在面对优势军事力量时，往往短时间之内即有可能全军覆没,使国土彻底沦陷。

第四,大多数小国整体国力虚弱,更易成为攻击目标。规模狭小带来的权力和能力差距是诱发强者攻击的重要因素。传统上,国家规模与防务力量呈正比关系。规模大往往意味着更强的力量;规模小则显得虚弱,更可能成为潜在对手选择的攻击目标。以理论之,小国更可能成为更强国家或雇佣兵的侵略目标,或遭受扶持叛乱分子、制造动荡和施加经济压力等潜在的外部干预。此外,位处与大国利益相关的战略位置或拥有宝贵自然资源的小国,甚至会面临更可怕的问题:它们将直面屈从更强国家的巨大压力。[①] 除在传统安全领域中小国具有不言而喻的脆弱性以外,在全球气候变化、海平面上升、环境污染、经济安全等非传统安全领域,小国也更容易成为最先感知的群体和最大的潜在受害者。

第五,小国抗压力不足,战争后果不堪设想。对大国来说,大国与小国之间不对称战争只是局部性的有限战争,对国家经济和社会的负面影响相对有限。它们从战争中恢复过来的能力显然更强,并可能因为战争而爆发出惊人的国家能量,一跃而为战后国际体系中的强者。第二次世界大战后,美国、苏联和中国的国际地位大幅提升就是典型案例。但对小国而言,一旦冲突逐渐升级到军事对抗的程度,整个国家极有可能成为相互厮杀的战场,这不仅会带来严重的人员伤亡和巨大的财产损失,国内基础设施也将濒临全面崩溃,甚至引发毁灭性的政治经济灾难。

第六,小国军事技术研发与装备制造能力明显薄弱。进入20世纪,尤其第一次世界大战以后,小国的相对军事实力呈不断降低之势。然而军事装备、组织和训练作为耗费不菲的"奢侈品",对经济社会资源和综合实力的要求不断提高。在战争形态日趋高精尖的背景下,只有少数大国才能负担得起各种耗资巨大的军事基础设施(如全球卫星导航、信息技术、航空航天、战略预警、运载工具等系统)的建设和各种新型武器系统的研发与列装,绝大多数小国是承受不起如此巨大消耗的。与此同时,由于经济规模效应的制约,小国也不得不花费比大国更大比例的国防支出,付出的安全成本也高昂得多。

---

① Report of the Secretary-General, *Concepts of Security*, Department for Disarmament Affairs, UN, A/40/553, New York, 1986.

世界军事历史的发展表明,军事力量对国家的综合实力提出的要求越来越高,引领世界军事变革的往往都是实力雄厚的主要大国,小国的世界军事地位呈现大幅下降之势。近代以来,世界上发生了六次军事变革(包括正在进行的新军事革命)。① 除了第一次是由强盛时期的瑞典发起之外,其他均由国际体系中的大国和强国主导进行。大国是国际关系中的主角,在大国互动之中,军事实力的竞争是关键环节,这也是推动世界军事发展、塑造国际安全格局的巨大动力。一般而言,"组织"(organization)、"技术"(technology)和"思想"(doctrine)是推动军事革命的三大战争变量。② 其中,技术和装备发展是军事战略、战术及战争形态不断演化的重要前提,最终推动了军事组织和军事思想的相应变迁。显然,国家综合实力是军事发展的物质基础。

当前,世界军事革命如火如荼,大小国家之间的军事差距越拉越大。由主要大国主导和推进的新军事革命,以信息化为核心,以军事战略、军

---

① 从世界范围看,近代以来军事领域先后经历了六次大的革命。人类历史上具有世界性意义的第一次军事革命发生在 16 世纪下半叶至 17 世纪末的欧洲,由荷兰军事家莫里茨创导、瑞典国王古斯塔夫二世推向高潮并最终完成。它宣告了火器时代的到来:滑膛枪炮取代了长矛刀剑,炮击成为决胜的主要手段。这次军事革命最终使整个欧洲走出没落的中世纪而开始迈入全新的时代。第二次军事革命发生于 18 世纪后期至 19 世纪初期的欧洲和北美,由法国革命军队开创、拿破仑最终完成。这次军事革命标志着战争的全民性、机动性、合成性与灵活性大幅提高。第三次军事革命发生在 19 世纪后半期至 20 世纪初,以普法战争为序幕,遍及欧洲、北美和东亚。它开辟了又一个军事发展的新时代:军队的通信和战略机动力大为提高。第四次军事革命发生在 20 世纪初至 20 世纪 40 年代,它以两次世界大战为中心,以大量运用新兵器、用快速闪击战彻底取代堑壕消耗战为先导,战争展现出机械化特征。第五次世界军事革命发生在 20 世纪 40 年代至 80 年代,又被称为核时代的军事革命,即导弹、核武器研制成功并装备部队,导弹核部队成为新的军种,核战争成为新的作战样式,战略核防御成为新的重要防御形式,核条件下的常规力量体制编制和作战方式也有了新的变化。第六次世界军事革命是以美国为首的部分国家正在积极推进的新军事革命,海湾战争是这场新军事革命的象征性起点。它的核心是新的信息技术在军事领域的广泛应用和由此引起的作战方式的变化,以及为了适应这种变化而在军队规模、编制体制、兵役制度等方面所发生的一系列剧变。新的军事革命追求信息技术优势、指挥与控制优势、计算机模拟技术优势、力量投送优势。信息战将成为未来最主要的战争形态,计算机将在战争中得到广泛运用,战争将朝着精确化、小型化的方向发展,破坏性将有所减弱;战场将变得更加透明,战斗的可控性显著提高;在作战方法上将强调远程打击、隐形打击、软打击、战区全纵深打击和联合打击。参见彭玉龙:《对近代以来世界军事革命的历史考察》,《军事历史》2001 年第 2 期,第 46—48 页。

② Francis Domingo, "The RMA Theory and Small States", *Military and Strategic Affairs*, Vol. 6, No. 3, December 2014, p.45.

第二章 小国的安全特性、国际角色与行为倾向

事技术、作战思想、作战力量、组织体制和军事管理创新为基本内容,以重塑军事体系为主要目标,其发展"速度之快、范围之广、程度之深、影响之大,为第二次世界大战结束以来所罕见"。① 这场军事变革是信息化时代背景下的产物。它涉及信息化军事技术形态、联合化组织形态和高效化管理形态,也包括军事理论形态、作战形态、保障形态、教育形态等各个领域。在军事变革中,体制编制的联合化、小型化、自主化趋势更加明显,武器装备呈现出向数字化、精确化、隐形化、无人化的发展趋势,联合作战形态向"四非"(非接触、非线性、非对称和非正规)和"三无"(无形、无声、无人)作战方向发展,军队指挥形态更加扁平化、自动化、网络化、无缝化,一体化联合作战指挥体系逐步形成,现代国防管理体制也不断完善。②

前所未有的新军事革命深刻影响着国际安全格局和前景。主要大国都不甘落后,纷纷加入到新型军事变革的潮流中,视之为推动国防现代化、维护国家安全、促进世界军事力量平衡的关键步骤。然而,新军事革命对国家综合实力提出的高标准和高要求,使得国力相对欠缺的国家很难跟上军事变革的步伐。与主要大国相比,它们的军事力量相对大幅落后的态势更趋明显。发展失衡是这场军事变革的重要特征。不平衡导致的军事技术"时代差",对发展中国家的安全构成了严重挑战。③ 新军事革命及其发展前景预示着小国的安全脆弱性不仅没有得到缓解,反而更加清晰和显著。

由此可见,脆弱性是小国安全特性的核心,巨大的军事能力差距是小国必须面对的现实。这对小国的自我认知和国际认知带来了深刻影响。体系中的"虚弱感"和"无力感"是小国最基本的、自然的和无处不在的心理体验。它"折磨着小国领导人,影响着他们的行为方式,并且导致大量在不同环境下是否可行的前置判断"④,因而影响着小国的生存策略,也衍生出小国的其他安全特性。

---

① 习近平:《应对世界新军事革命挑战》,《京华时报》2014 年 8 月 31 日。
② 王卫星:《世界军事安全与新军事革命展望》,《中国国防报·军事特刊》2014 年 12 月 18 日。
③ 王保存:《西方新军事变革对发展中国家的挑战》,《学习时报》2005 年第 241 期。
④ David Vital, *The Inequality of States: A Study of the Small Power in International Relations*, Oxford: Clarendon Press, 1967, p.33.

(二) 小国安全的自主性缺陷

规模大是安全优势,也意味着更多的安全自主性;规模小衍生出小国的安全脆弱性,安全自主性也因此受到严重削弱。在国际政治实践中,小国的安全脆弱性主要体现在因实力对比相差悬殊,面对外部冲击时只有有限的承受和应对能力,政策回旋余地不多。

第一,安全脆弱性制约着小国的安全目标。在国际无政府状态下,安全保障是主权国家的最高目标,是国家所有事务的优先选项。这是因为"只有在生存得到保证的情况下,国家才能去安全地追求安宁、福利和权力这些目标"。① 大小国家在国家生存的基本动机和目标上并无二致,但小国的军事力量、军事手段远逊大国,在威胁认知和安全目标倾向上颇具独特性。

小国与较大国家在安全政策的目标和范围上存在重大差别。大国的安全政策目标更为宏大,甚至可能超过国家安全所要求的范畴。大国的安全战略通常是在国际体系中拥有与其国力相匹配的国际地位,并形成和维持有利的战略态势。大国的军事安全威胁是有可能构成现实或潜在挑战的其他大国,小国通常不是它们眼中的主要对手和军事威胁。相对而言,小国安全政策目标并不是寻求改变大国主导的国际体系或者现状的能力,而是力图维持现状,它们的"终极标准是生存而不是获胜"。② 这是因为小国在体系变迁中发挥的作用有限,且最可能是国际格局剧烈变化中的最大受损者。

第二,相对实力缺陷界定着小国安全政策的性质。相对实力与威胁认知高度相关。由于与大国间存在显著的军事差距,小国的不安全感非常突出,"常常害怕被人毁灭"。③ 因此,小国的安全政策目标不是与大国对抗,而是极力避免与大国尤其是毗邻大国的可能对抗。在与大国的不

---

① 〔美〕肯尼斯·华尔兹:《国际政治理论》,信强译,苏长和校,上海世纪出版集团2008年版,第134页。
② Hans H. Indorf, *Strategies for Small-State Survival*, Graham Brash Pte Ltd., 1985, p.1.
③ 〔法〕孟德斯鸠:《论法的精神》上册,商务印书馆1987年版,第137页。

对称关系中,小国"不是在军事上击败大国,而是操纵它、鼓励它或者劝阻它"。① 因此,小国生存的关键前提和维护国家安全的根本途径是与大国和平相处。加强军事能力建设的目的往往不是攻击性,而是防御性的威慑策略,军事合作和军火贸易等军力建设亦是强化与主要大国安全关系的重要手段。

第三,小国的安全战略往往受规模和实力的严重制约。安全缺陷是小国安全战略规划不可回避的背景。在战争的情况下,小国的任何理性谨慎设计的安全战略都难以贯彻执行下去,它们的命运通常取决于大国的安全考虑和战略思路。二战时期,比利时、丹麦、挪威等小国曾试图通过中立的政策途径,极力避免卷入大国间冲突,但在德国的欧洲战争规划和行动中纷纷破产,并惨遭军事占领。这个历史事实说明了小国安全战略的脆弱性以及体系性质对小国安全的重大影响。

第四,安全弱势衍生了小国的外交劣势。在国际政治中,小国的影响力非常有限,所发挥的作用也无足轻重,只能在某些功能性的、领域性的"低级政治"层面扮演一定的国际角色。加入由大国主导的军事联盟也许是小国寻求安全保障的良方,大国可能会相应提供安全保障,但大国也会直接或间接地从小国伙伴那里索取某种形式的补偿,小国也可能因为与大国关系的恶化和冲突而卷入灾难性的国际对抗之中。

不言而喻,安全脆弱性弱化了小国的安全自主性。影响小国安全自主性的因素是多方面的。小国地缘位置对大国的重要程度,大国关系的紧张程度,最近的领先大国所认知的权力循环阶段,小国与毗邻大国之间的关系史,其他竞争性大国的小国政策,以及安全领域的现有国际制度,均是小国安全环境的重要影响因素。② 这些因素随着时间的推移而相互作用,共同界定着小国的外部安全背景,并构成了与小国政策最具相关性的操作性环境。

---

① 〔美〕罗伯特·A.达尔、爱德华·R.塔夫特:《规模与民主》,唐皇凤、刘晔译,上海人民出版社 2013 年版,第 112—113 页。

② İdris DEMİR, "National Securities of Small States in the International System", KMU İİBF Dergisi Y11：10 Say1：14 Haziran/2008.

(三) 小国安全的外部依赖性

缺乏安全自主性的逻辑结果是国家安全的外部依赖性。国际环境是小国生存的关键背景。从军事安全角度看，绝大多数小国均可归属全球背景下的"弱国"范畴。维护国家安全不仅需要一定的国家能力，更需要一个有序且具善意的国际安全治理环境，两者缺一不可。在以物质、人力和组织为基础的安全能力建设方面，小国存在无法克服的内在缺陷。解决这些问题的明智之举通常是增加对其他国家，尤其大国的安全依赖。在国际安全体系中，小国安全不仅依靠大国和体系的"友善"，也在于攸关小国安全的战略选择。

第一，小国安全与国际体系密切相关。国际环境的巨大变迁弱化了国家规模的传统意义。一个国家的"生存机会"基本上"不依赖于它的规模"①，而更多地取决于国际体系的性质。在强权政治逻辑主导的、"丛林法则"流行的国际体系下(如殖民主义和帝国主义时代)，弱小国家在强国间的势力范围争夺中根本没有独立自由的生存空间。当世界从为所欲为的无秩序状态演进到一个贸易自由化、安全机制相对有序化、国际行为规范不断完善化的国际体系时，相对权力就不再是一个国家赖以生存的前提条件，小国获得了自主发展和自我完善所必需的外部环境。

国际环境对小国安全的意义和影响总体上更为显著。小国受国际环境的影响更加明显，对外部环境的变化也更敏感，应对外部威胁的能力更弱，因而小国往往要比大国更注重生存问题。在对外政策选择上，小国的对外政策目标"受国内政治过程的影响更少"，而更多地反映了它们对国际环境制约的密切关注。相较小国，"大国所面临的外部威胁水平显然更低，在对外政策方面，国内政治发挥的作用更大，因而具有更多的行动选择"。② 体系不仅塑造着国家的对外思维，也影响着小国的对外政策与行为。小国是国际体系的被动"接受者"，它们的安全脆弱性根深蒂固，在

---

① 〔美〕罗伯特·A.达尔、爱德华·R.塔夫特：《规模与民主》，唐皇凤、刘晔译，上海人民出版社2013年版，第114页。

② Miriam Fendius Elman, "The Foreign Policies of Small States: Challenging Neorealism in Its Own Backyard", *British Journal of Political Science*, Vol.25, No.2, April 1995, p.175.

第二章 小国的安全特性、国际角色与行为倾向

国际安全领域无足轻重,其对外行为受到国际格局的严重制约。小国安全依赖于强大邻国或者大国间的实力均势。因此,小国基本上不是国际安全的"供应者",而是国际安全的"消费者"。

国际体系的变迁重塑着小国的安全特性和外部安全环境。[①] 第二次世界大战后,尤其冷战结束以来,国际体系性质的变迁和科学技术工具的进步,使得国家规模对政治经济和国际关系的影响以及小国安全脆弱性的传统内涵悄然改变。当今世界,大国关系依旧是国际体系的结构性力量,国家权力依旧是国际关系的基本动力。与此同时,国际制度和国际规范的相对健全使得世界更为有序,联合国及其他国际组织所倡导的国际原则逐渐成为所有国家共同遵守的行为准则,这都为小国的生存和发展提供了一个合适的外部环境。小国在国际体系中的相对边缘性地位虽无本质变化,但在相对和平与稳定的国际环境下,小国的安全脆弱性则有了明显改善,现有国际体系至少基本上解决了小国的生存问题。

全球化作为当今国际体系的核心特征之一,赋予了国家规模以新的政治内涵,国家规模的国际政治意义也因此发生了显著变化。在现行国际体系下,经济发展逐渐成为世界各国国家战略的核心内容,战争和军事安全问题不再是困扰各国的根本问题。在毁灭性武器全球分布、经济网络彼此交织的世界上,大国之间的冲突与战争是不可想象的噩梦;另外,贸易自由化使得传统的殖民主义和帝国主义政治思维失去了经济动力。这都为国际体系构建一个相对和平与稳定的环境创造了条件。小国由此成为和平稳定国际环境的最大受益者。

一方面,规模的传统权力功能与权力象征意义逐渐淡化。国际机制的日趋完善和国际规范的不断健全改变了传统的规模观,规模的传统权力功能逐渐减弱。体系结构一旦建构起来,就必然影响或规范着所有国家的行为。大国虽是体系的主要设计者或建构者,并且是体系中最大的既得利益者,但其行为同样受到国际机制的约束。在这种性质的体系下,国际关系不再单纯地用国家实力、强制手段说话,规模的国家权力功能因

[①] İdris DEMİR,"National Securities of Small States in the International System", KMU İİBF Dergisi Y11:10 Sayı:14 Haziran/2008.

而明显降低。这对小国无疑是一件幸事。权力不是小国的比较优势,权力政治不是它们的理想选择,只有国际规则和国际规范这些制度性框架才是维护和促进其利益的根本保障。

另一方面,在新的全球语境下,国家规模与能力的关系受到其他因素的冲击。当今世界,规模虽然仍是权力构成的重要指标,但不再是衡量国家能力、影响力和吸引力的关键指标。从总体上看,吸引人们的不是国家规模的大小,而是一个能满足普通民众各种需求的综合性社会环境,具体而言,"制度性承诺意愿及一个具有竞争性经济、教育和文化的国内环境才是赢得国际威望的源泉"。①

第二,小国安全对国际机制的依赖性。小国的安全、政策和行动余地非常狭窄,本质上无法通过自助手段维护自身安全。通过使用某些外交、经济和政治手段,小国可以在某个组织的"保护伞"下寻求安全利益。这些方式可以为小国提供一个安全环境的同时,帮助它们实现成本最小化、收益最大化的安全目标。然而,小国无法独自构建这样的环境。因此,参与各种涉及切身利益的国际安全机制、促进外部环境的优化也就成了小国的行为偏好。全球性和区域性安全机制是构建和平稳定国际环境、维护小国安全利益的基本依托。

国际体系的演进为小国缓解安全脆弱性、选择合适的安全战略创造了更好的外部条件。在第二次世界大战之前的国际政治秩序中,国际行为规则非常简单,那就是大国制定规则,小国接受并服从规则。第二次世界大战结束后,尤其是冷战结束以来,国际环境发生了根本性变革,国际制度和国际规范得以空前发展,一大批中小国家由此应运而生,并获得了超越其规模的发言权和国际影响力,小国安全环境也得到了很大改善。

联合国所代表的集体安全体系是维护小国安全的基本方式。《联合国宪章》所确定的集体安全(collective security)概念建立在国际和平的全球性承诺的基础之上,安全是所有国家的法定义务。集体安全概念是国际法规则实施与制度化的首次尝试,旨在改善所有国家的安全状况。国

---

① Laurent Goetschel, ed., *Small States Inside and Outside the European Union*, p.45.

第二章 小国的安全特性、国际角色与行为倾向

际社会共同承诺,对一个国家侵略另一国家的行为必须予以迅速回应。①集体安全的要点是参与和义务的普遍性。集体安全体系能保证所有大小国家的安全,并确立了在国际关系中使用武力或以武力相威胁是非法行为,国家间在处理争端时应使用和平手段等基本原则。这些国际规则是弱小国家免遭强国欺凌、维护国家安全的国际法基础,某种程度上可以抵消小国的安全弱点,并使其成为与大国平等的对话伙伴。

集体安全是确保小国生存的基本途径,但它同样存在着重大缺陷。其一,"侵略"界定是个难题。集体安全体系需要清晰的、绝不模糊的侵略判断标准,这是采取行动的前提。但在现实中,这样的界定往往难以达成共识。其二,集体安全要求所有国家参与到反对侵略者的行动之中,这在现实中也是很难做到的。其三,集体安全组织对危机的反应实际上是缓慢的。其四,集体安全主要服务于从维持现状中获益最大的国家。②可以看出,集体安全体系存在着众多操作性难题。参加者必须为抵抗侵略而战,"维和"行动事实上是大国协调的结果或大国关系的现实反映。这样,潜在的冲突可能会损及参与者的国家利益,集体安全的效率和效果在实践中并不理想。

即便存在诸多不足,确保小国安全的最佳前景还是在于联合国的集体安全体系。然而,如果要为小国提供一个有效的安全保护伞,就要不断强化该体系,也要不断完善其功能。小国是联合国的重要组成部分,联合国有理由关注小国的安全问题。总体来看,联合国是小国的"保护伞",但并非小国安全的"护身符"。

与联合国安全机制相比,地区安全机制对小国安全的实际意义更为突出。第二次世界大战以后,尤其冷战结束以来,地区一体化潮流是国际政治经济发展的基本特征之一。地区组织的形成与发展不仅具有促进经济融合和发展的功能,也是维护和促进地区各国安全利益的基本途径之一。这对小国而言更为明显。

---

① Report of the Secretary-General, *Concepts of Security*, Department for Disarmament Affairs, UN, A/40/553, New York, 1986.

② David W. Ziegler, *War, Peace, and International Politics*, Addison-Wesley Educational Publishers, Inc., 2000, pp.200-213.

(1) 地区化有助于改善小国的周边安全环境。小国面临的安全问题大多源自周边,主要的潜在威胁多为邻国,地区安全环境对小国影响显著。通过广泛的地区性合作,小国不仅可以增加与周边国家的相互理解和信任,亦可构建共同利益,塑造良好的地区环境。

(2) 地区组织的发展意味着地区行为规则和规范的社会化,这是约束区内强国行为的国际依据,相应大幅减少了小国受周边邻国威胁和强制的可能性。

(3) "地区问题地区解决"是更有效率和针对性的安全机制。地区环境攸关地区内各国利益,因此,地区国家对区域性安全问题更为敏感,应对的动力更强。这有助于促进地区安全治理,减少地区争端。地区合作水平越高,地区环境就越稳定,地区安全也就越有保障。

因此,地区化是小国安全的稳定器。作为维护安全的关键途径之一,小国是地区合作的积极倡导者和参与者。

第三,外部大国是小国安全战略的主要依托。国家规模某种程度上决定了一个国家的国际竞争力和生存力。"一个国家的人力和物质资源越稀少,如果要维持任何有效的政治选择的话,该国必须克服的困难就会越大。因此,作为国际社会的一个真正独立成员的国家越小,其生存能力就会越弱"。[1] 生存能力缺陷是小国面临的巨大挑战。

小国属于安全体系中的弱势群体。物质规模和能力规模是衡量一个国家国际地位和"威胁性"的基本指标。整体资源越大(譬如人口、工业和军事能力、技术力量等)的国家,对其他国家的"潜在威胁"就会越大。[2] 一个国家的"小"意味着它常被视为"对邻国不构成任何威胁"[3]。在国际安全体系下,资源及能力的巨大差距使得小国几乎等同于弱国而处于安全劣势的状态中。

相对而言,大国作为国际安全的主导性力量,构建了对小国安全至关

---

[1] David Vital, *The Inequality of States: A Study of the Small Power in International Relations*, Oxford: Clarendon Press, 1967, p.3.

[2] Stephen M. Walt, "Alliance Formation and the Balance of World Power", *International Security*, Vol.9, No.4, Spring 1985, p.9.

[3] Laurent Goetschel, ed., *Small States Inside and Outside the European Union*, Boston: Kluwer Academic Publishers, 1998, p.13.

重要的国际体系,建立了各种攸关小国安全利益的国际机制和国际制度,进行着影响小国安全环境的政治安全活动。不言而喻,国际政治基本上是"顶端国家"(the top dogs)操控的游戏。在这个游戏中,权力小的国家实际上没有多大影响力。大国拥有构成性和分配性权力,可以决定游戏规则,发起战争,通过谋求洲际、全球性的而不是地方、区域性的利益脱颖而出。① 显然,大国是国际安全的最大玩家,是小国安全的主要背景。大国行为的变动不居深刻塑造着小国的安全思维和行为方式。

不过,更大的权力也意味着更大的国际安全义务。虽然大国是国际威胁和战争的"制造者",但与此同时也是世界和平与稳定的"守护者",为小国安全提供基本保障。因此,小国安全必须依赖大国。

(1)小国安全建立在国际体系的基础上,而大国关系决定了国际体系的性质。当今世界,大国关系相对稳定,国际体系相对有序,国际机制相对完善,联合国国际安全机制为大小国家提供了维护和平的法理基础。这是小国生存发展的重要背景。

(2)大国之间的战略竞争和安全均势思维使得彼此相互制约、相互监控,国际格局总体上呈现出多极化的发展趋势。这客观上有利于小国避免遭受某个强国施加的安全威胁,小国亦可利用大国间的竞争关系促进自身安全利益。

(3)通过加入大国主导的安全联盟,小国可以接受强国的安全保护,利用大国构建的区域性力量均衡架构,维护自身的安全利益。

第四,小国安全的地缘依赖性。在任何体系中,地理和资源都是影响国家权力的重要因素,地理位置是小国发展同大国关系的重要背景。譬如,与大国毗邻通常带来了脆弱性,但小国在面临来自强邻巨大压力的同时,所具之战略位置和战略资源也在改善其地位。② 因此,相对其他因素,地理位置对小国安全的意义显得更加突出。

(1)地理位置赋予了小国特定的战略价值。在大国视角中,位处全

---

① Tim Sweijs, "The Role of Small Powers in the Outbreak of Great Power War", Centre For Small State Studies Publication Series, University of Iceland, Occasional Paper 1-2010.

② İdris DEMİR, "National Securities of Small States in the International System", KMU İİBF Dergisi Y11:10 Say1:14 Haziran/2008.

球战略要冲的小国往往具有更重要的战略价值。这样的地理位置一方面构成了经济发展的有利条件,另一方面也是吸引和利用大国的重要政策筹码。一些小国往往会"充分利用其经济能力或战略位置来影响大国"。[1] 地理位置优越的小国往往成为国际安全的"支点",吸引着众多大国的战略关注;而那些远离世界政治经济中心的偏远小国则很难引起大国的战略兴趣,成为被国际政治经济遗忘的角落。

（2）地理位置决定了小国安全的基本内涵。地域不同,其所面对的主要生存状况也大不一样。以内陆小国和近海小国为例,截至2012年,全球共有44个内陆国,其中内陆小国有30个,占其中的68%。内陆小国除了所有小国共有的规模劣势外,还因为离海洋较远,没有入海口与港口,使得交通受限,远离世界市场,无法利用渔业等海洋资源和发展海运,大多以畜牧业或工矿业为主,绝大多数的社会经济发展水平都比较低。因此,内陆小国会比近海小国更加关注通往海洋、利用海洋资源的问题。

沿海小国尤其小岛屿国家（SIDS）受气候变化和自然灾害影响较大。20世纪七八十年代,25个遭受自然灾害次数最多的国家中,13个是小岛屿发展中国家。[2] 它们面临的基本威胁源自海平面的上升。因此,小岛屿国家对全球气候变化有着更高的敏感度和更强烈的环保意识。

与此同时,历史背景和发展状况等也是小国安全内涵构建的重要因素。有过殖民统治和外族侵略历史的小国,因为曾经的创伤记忆,会更反感战争,更向往和平;社会化和工业化程度较高的小国,在充裕的物质条件得到保证后会更加注重个体精神世界的富足;处于强国包围之下的小国的忧患意识主要来自对自身安全保障的考虑,而一些地处边远、相对独立的小国的忧患意识则主要来自一些全球性的挑战,譬如气候变化等。

（3）地理位置也大体界定了对小国至关重要的外部安全环境。与大国显著不同的是,小国安全的主要威胁不会来自遥远的国家,而是邻近国

---

[1] Susan Aurelia Gitelson, "Why do Small States Break Diplomatic Relations with Outside Powers? Lessons from the African Experience", *International Studies Quarterly*, Vol.18, No.4, December 1974, p.451.

[2] Mark Pelling and Juha I. Uitto, "Small Island Developing States: natural disaster vulnerability and global change", *Environment Hazards 3*, 2001.

家和地区。若周边国家发展繁荣、稳定有序,周边环境安详和平,区域安全治理机制健全,则小国安全将得到更充分的保障。例如欧盟小国享有的长久和平与欧盟整体上的良好安全环境密不可分。相反,在一个发展滞后、遍布失败国家的动荡地区,生存于其中的小国将不可避免受到安全威胁。

(4)地理位置深刻影响着小国的安全战略选择。小国不能塑造地缘安全环境,但地缘环境是影响小国安全战略选择的关键因素。远离世界政治经济中心的诸多岛国,如南太平洋岛国、加勒比岛国和印度洋岛国,虽然在经济发展上面临着不利的地缘环境,但在安全上也超然于大陆上国家间常有的纷争,对安全战略也就没有处心积虑的必要了。然而,大陆上的小国,尤其毗邻大国的小国往往会身不由己地介入到大国博弈之中,它们的安全战略选择就显得格外重要了。对这些小国而言,在选择安全战略时,地区安全格局和大国关系是不可回避的重要背景。

(四)小国安全状况的差异性

在国际体系中,小国数量众多且遍布全球各地。在历史、传统文化、地理位置、资源禀赋、制度安排等方面,小国之间呈现出了惊人的多样性和差异性。在安全领域,小国之间的安全特性也各有不同的内涵,在安全环境、安全特性、安全思维和行为方式上的差异性显而易见。因此,小国并非彼此雷同的群体,显著的差异性决定了不同的小国类型。在国际安全中,基于综合实力和军事能力的小国身份决定了它们在安全格局中的地位和角色,同时也影响着其安全战略的选择。

在联合国现有的 193 个会员国①中,小国是其中的多数派。它们之间的共性与差异性同样显著。其共同点是:人少、地小、实力相对弱小。其差异性表现在:有强有弱;有穷有富;有国际威望颇高的小国,更有默默无闻、无足轻重的边缘性小国。从国际关系尤其国际安全的角度审视,小国之间在国际地位、军事实力和国际安全影响等方面差异明显,强弱格局泾渭分明。区分强国与弱国,对任何国家的安全分析以及国际安全分析

---

① 截至 2015 年 7 月,联合国共有 193 个会员国。检索来源:http://www.un.org/en/sections/about-un/overview/index.html。检索时间:2015 年 7 月 12 日。

都至关重要。① 巴里·布赞认为,所有国家都可以放在"国家强弱光谱"中加以衡量。② "弱"或"强"既指它们"社会政治凝聚力"的程度,也意味着它们"军事和经济能力的传统差别"。③ 从国际体系尤其是国际安全体系的视角看,小国大体上可以分为小强国、小要国和小弱国三个类型。

小强国意味着更出色的国家治理水平。小强国往往有更稳定、更安全的国际环境。在衡量国家总体治理水平的人类发展指数世界排名中,位居前十的都是经济发达的国家,人均国民总收入(GNI)高,国内政治非常稳定。其中,小国的国家治理尤其出色(参见表2-2)。

表2-2 人类发展指数(HDI)世界排名前十位的国家(2014)

世界排名	国家	人均GNI(万美元)	HDI
1	挪威	6.3909	0.944
2	澳大利亚	4.1524	0.933
3	瑞士	5.3762	0.917
4	荷兰	4.2397	0.915
5	美国	5.2308	0.914
6	德国	4.3049	0.911
7	新西兰	3.2569	0.910
8	加拿大	4.1887	0.902
9	新加坡	7.2371	0.901
10	丹麦	4.2880	0.900

资料来源:UNDP, *International Human Development Indicators*, 2014, http://hdr.undp.org/en/countries.

值得关注的是,在前十个世界最稳定的国家中,九个属于人口不及1000万的小国范畴(参见表2-3)。它们虽人口少且领土面积小,但国家

---

① Barry Buzan, *People, States and Fear: An Agenda for International Security Studies in the Post-Cold War Era*, p.97.

② Barry Buzan and Ole Wæver, *Regions and Powers: The Structure of International Security*, Cambridge University Press, 2003, p.22.

③ Barry Buzan, *People, States and Fear: An Agenda for International Security Studies in the Post-Cold War Era*, p.97.

治理出色,综合实力强劲,国内社会稳定。这些国家往往具备"更强的内聚力","大多数威胁往往来自边界之外"。① 它们在确保国家安全的同时,亦有余力在国际安全领域发挥积极的作用,在国际关系中也具有与其人口规模不成比例的影响力。

表2-3 世界排名前十位的最稳定国家(2014)

世界排名	国家	得分
1	芬兰	18.7
2	瑞典	21.4
3	丹麦	22.8
4	挪威	23.0
5	瑞士	23.3
6	新西兰	24.1
7	卢森堡	24.6
8	冰岛	25.9
9	爱尔兰	26.1
10	澳大利亚	26.3

资料来源:美国和平基金会(FFP):Fragile States Index 2014. http://fsi.fundforpeace.org.

小要国是指那些在国际政治经济体系中相对弱小,但具有一定的政治经济价值、对国际体系更为重要且更值得他国关注和重视的小国。它们往往位处全球战略要冲,或者毗邻主要大国,抑或拥有国际经济所必需的战略资源(如油气资源和关键的矿产资源等)。虽然它们的国家实力和国际影响力有待提高,但具备较大的发展潜能和全球性战略价值。它们虽然没有小强国的国际地位,但至少不是国际安全的"威胁源"和国际社会"救助"的对象,有时甚至能够做出一定的国际贡献。

小弱国是国家治理较为失败的国家。它们既小又弱,既无令大国关注的战略筹码,也缺乏基于生存与发展的国家治理能力。社会不稳,政局动荡,常常成为国际安全的潜在隐患甚至"麻烦制造者"(参见表2-4)。在出现国家安全问题时,它们往往需要外部力量的介入和帮助才能恢复

---

① Barry Buzan and Ole Wæver, *Regions and Powers: The Structure of International Security*, p.22.

和维持正常的国内社会秩序。

表 2-4　人类发展指数(HDI)世界排名(2014)

世界排名	国家	人均GNI(万美元)	HDI
178	莫赞比克	0.1011	0.393
179	圭亚那	0.1142	0.392
180	布隆迪	0.0749	0.389
181	布基纳法索	0.1602	0.388
182	厄立特里亚	0.1147	0.381
183	塞拉利昂	0.1815	0.374
184	乍得	0.1622	0.372
185	中非共和国	0.0588	0.341
186	刚果民主共和国	0.0444	0.338
187	尼日尔	0.0873	0.337

资料来源：UNDP, *International Human Development Indicators*, 2014, http://hdr.undp.org/en/countries.

弱国一般具有以下基本特征:(1)高强度的政治暴力;(2)在公民的日常生活中,政治警察发挥着突出作用;(3)大多数政治冲突是围绕采纳什么意识形态来组织国家而产生的;(4)缺乏具有广泛内聚力的国家认同,或者国内存在冲突性的国家认同;(5)缺乏一个清晰可见的政治权威等级制;(6)国家对媒体高度控制。① 小弱国也在相当程度上具有这些特征。国家治理成效不佳或失败是小弱国的共性(参见表 2-5)。

---

① Barry Buzan, *People, States and Fear: An Agenda for International Security Studies in the Post-Cold War Era*, p.100. 其他学者的研究得出了类似结论,托马斯·奥尔森和麦麦·索德伯格认为"弱国"具有四个特征:其一,弱国缺乏社会凝聚力,在使用什么组织原则规范国家权力竞争以及应该如何行使权力方面没有社会共识;其二,在为全体公民提供最低程度的安全和福祉方面,弱国缺乏能力及(或)相关政治意愿低下;其三,面临外部经济和政治力量时,弱国的脆弱性甚高;其四,国家权力支配者拥有的大众合法性处于较低水平。合法性缺失是前三个特征的逻辑结果。参见:Thomas Ohlson and Mimmi Söderberg, "From Intra-State War To Democratic Peace in Weak States", presented at the Nordic Africa Institute conference "Africa: A Future Beyond the Crises and Conflicts" in Helsinki, 19-20 April 2002.

表2-5 世界排名前十位的失败国家(2014)

世界排名	国家	得分
1	南苏丹	112.9
2	索马里	112.6
3	中非共和国	110.6
4	刚果民主共和国	110.2
5	苏丹	110.1
6	乍得	108.7
7	阿富汗	106.5
8	也门	105.4
9	海地	104.3
10	巴基斯坦	103.0

资料来源：美国和平基金会(FFp)：Fragile States Index 2014. http://fsi.fundforpeace.org.

小弱国安全威胁多元。除了有外患，更有内忧，安全目标模糊不清且变动不居，安全保障能力薄弱且手段有限。在任何内外挑战面前，它们往往都会脆弱不堪，是引发内乱甚至国际冲突的重要根源。弱国领导人往往面临一个基本困境：一方面，国家必须强大起来，以促进社会内部凝聚力和国家认同感，通过提供安全和其他服务构建政治合法性；另一方面，政治领导人并无资源及(或)意愿来完成这些任务。在许多弱国，派系利益超越了国家利益，当权者通常采取掠夺式和盗贼式行为，激化了社会群体间的紧张关系。这只会加剧社会矛盾，并侵蚀公民对国家的忠诚度。因此，弱国发展往往陷入恶性循环之中。① 相较强国，弱国更易于陷入内战。

综合来看，不同类型的小国对国际安全的影响大不相同，安全战略选择也存在着显著的差异性：

(1) 小强国的主要安全威胁来自外部，但它们自身具备一定的军事

---

① Thomas Ohlson and Mimmi Söderberg, "From Intra-State War To Democratic Peace in Weak States", presented at the Nordic Africa Institute conference "Africa: A Future Beyond the Crises and Conflicts" in Helsinki, 19-20 April 2002.

威慑能力,在安全战略选择上有更大余地、更多选项。它们一般采取混合型安全战略,也更多地参与到维护国际安全秩序的各种事务中,在国际安全体系中具备一定的影响力。

(2) 小要国拥有一定的战略资源,对大国具有战略吸引力。这使得它们的安全战略选择余地更大,但在特定的体系下亦有可能成为大国争夺的对象,从而带来更大的安全风险。

(3) 由于国家治理和军事能力严重不足,小弱国的安全威胁更为多元,内部安全问题是它们面临的最大挑战,其安全战略也缺乏可信性和可操作性。这些国家往往成为国际安全的潜在隐患。

总之,不管何种类型的小国,安全脆弱性虽然程度不同,但都是它们的固有属性;不管它们选择了何种安全战略,国际体系仍是小国安全的基本背景和依托。

二、小国国际安全角色的本质之争

当今世界,大国对国际安全的影响不言自明,小国在其中究竟扮演着什么角色?是国际和平与稳定的"捍卫者"、国际冲突的"缓冲器",还是安全体系中的"挑衅者"或国际争端的"制造者"?这是国际安全研究应关注的问题。

(一) 小国是国际安全中的"和平卫士"

大多数学者认为,一个国家的对外行为方式与其实力、资源、意图密切关联。体系和规模缺陷及其衍生的安全特性决定了小国相对更大规模的国家更具有和平的行为倾向。

第一,实力差距激发了小国的和平意愿与和平倾向。实力是威胁的基础,没有相对强大的实力,客观上就无法构成威胁。因此,相对实力差距意味着小国只是被威胁的对象,而不是产生威胁的来源。同样,实力差距也界定着小国的国际行为。大多数小国缺乏参与国际活动所必需的外交、经济和军事资源,在国际关系中不能像更大的国家那样以物质实力作

第二章 小国的安全特性、国际角色与行为倾向

为外交手段,也不能像大的国家那样追求各种地区性甚至全球性的外交目标。因此,小国本质上并没有挑战体系、国际现状和其他国家的战略意图。相对脆弱或实力缺陷决定了它们的和平性质。

从现实主义视角看,相对"硬实力",尤其相对军事实力的巨大反差是小国和平倾向形成的基本动因。总体而言,小国力量远比大国虚弱,更缺乏对国际环境的影响力,在国际环境下的自治能力也相对不足。它们往往受到"权力赤字"(power deficit)或"权力差距"(power gap)带来的巨大影响。因而,"小国是不能在战争或任何同样意义的事件中与大国抗衡的国家"。[1] 华尔兹为此告诫:弱国与强国相争"实非明智之举"。[2] 事实表明,小国的相对军事实力呈不断下降之势。小国感到它们不是国际行为体,而是国际关系中的"赌注",常常处于危险的境地。小国"不是安全的供应者而是安全的消费者",其安全往往依赖于强邻或大国间的权力平衡。[3]

在硬实力完全处于下风的态势下,既能扩展其外部活动空间,同时又确保自治权的国际环境是小国的最佳安全条件。由于大国是国际环境的主要建构者,因而这样的环境取决于小国如何处理与大国的关系。与一个大国的冲突最终将构成对小国自治的巨大挑战,而从某个大国那里寻求和获取庇护又可能会丧失自治权。因此,小国的安全目标必须避免这样极端的冲突和庇护,而要在这两个方向上寻求平衡。和平稳定的国际环境是实现这一目标的前提条件,这是小国和平倾向的基本动因。

第二,传统的和平理念和意识是小国和平倾向的内在动力。安全脆弱性逐渐塑造了小国的和平观念与内在动力,促使它们在国际安全领域扮演着"维和促稳"的积极角色。同时,小国较强的和平意识也与其固有的安全脆弱性和自身的历史密切相关。

(1)历史记忆使得小国更注重和平稳定的国际环境。大多数小国都

---

[1] Amry Vandenbosch, "The Small States in International Politics and Organization", *The Journal of Politics*, Vol.26, No.2, May 1964, p.301.
[2] 〔美〕肯尼斯·华尔兹:《国际政治理论》,信强译,苏长和校,上海世纪出版集团2008年版,第119页。
[3] Amry Vandenbosch, "The Small States in International Politics and Organization", p.302.

有异族统治或殖民统治的历史,这些历史记忆往往会影响到它们当前的政治思维和行为方式,使它们对涉及国家主权和独立的事情特别敏感,特别珍视有利于国家生存与发展的外部环境。和平不易,和平可贵,这是绝大多数小国的共识,也是它们历史经验的总结。

（2）和平意识是稳定的经济发展环境提出的客观要求。随着全球化程度的加深,一个国家内部的生活方式将更加依赖于其他国家的生活标准和生存条件。譬如,现代经济必需的中间产品,如果在小国内部生产的话,难以达到规模经济状态,因此必须进口其他国家生产的产品。国内市场的狭小使得这些国家必须在某一出口部门进行专业化生产,谋求某一部门的规模经济效应。小国经济必须依赖进口的同时,在出口方面同样需要不断的专业化。这使得小国相对大国而言,更易受国际市场的影响。由于这种强烈的外部依赖性,国际环境对小国经济发展而言至关重要。正是这种对国际市场、国际社会、国际和平的特别需求,小国也就更为关注和主动参与国际安全事务了。

此外,和平声誉是增强自身软实力的重要方式。公共外交或软实力外交正在成为外交的重要组成部分,国际形象和国家"品牌"是国际影响力日趋重要的来源。在国际政治舞台上,大国可以通过权力向他国施加影响。然而,小国存在实力缺陷和能力劣势,权力显然不是小国外交的常规手段。相对而言,和平声誉是提高小国国际地位的有效途径。通过倡导和促进世界和平,为世界和平发展做出应有的贡献,赢得独特的国际声誉,从而增强自身的软实力和国际竞争力,为本国创造更好的发展条件和外部生存环境。

第三,多边主义偏好强化了小国的和平倾向。小国是国际机制和国际规范的积极追随者。推崇、遵守并推进国际制度和全球规范的形成和发展,总体上更有利于进一步约束对国际安全影响巨大的大国行为,也有利于国际安全机制的健全和和平理念的传播。

现实之中,小国往往充当"弱国利益的卫道士",[1]更倾向于利用外交手段维护秩序与公平。由于小国面临的战争风险更大,它们也就更为关

---

[1] Amry Vandenbosc, "The Small States in International Politics and Organization", p.302.

注国家安全,并将推进和平变迁、制定国际法、设立国际法院的制度和途径作为维护安全的基本手段。① 与大国不同的是,小国在国际安全中所发挥的作用是独特的。它们更为重视各种非强制手段的运用,"通过强调质量优势,比如调停、充当桥梁或其他非强制性的手段来弥补其传统意义上的数量劣势。"② 由此来看,相较大的国家,小国的多边主义倾向使得它们更具合作性,因而更具和平倾向。

第四,小国对外政策的目标与风险偏好倾向于和平。小国的世界观及其对外行为与大国有着显著的不同,这源于大国和小国在认识各种国际政治问题的意义上存在重大差异。

小国的对外政策目标是由其在国际体系中的实力状况决定的。相对实力界定了小国参与国际政治的动机和行为偏好。一般而言,在国际关系中,小国的政策目标、活动领域与国际行为基本上表现在"低级政治"层面,而在以政治军事为主要内涵的"高级政治"层面,小国事实上并无挑战大国的能力、"野心"和"意愿"。因此,某些传统国际政治问题对小国来说并无多大意义,这些问题包括全球威望、国际影响力、联盟或势力范围以及领土扩张等。小国更关注的是那些与经济增长和发展直接相关的国际问题。③ 现实中,大国倾向于强化其世界性利益及其相关活动,并为此广泛搜集全球范围内的各种信息。小国即便进行信息搜集,也倾向于将这项工作严格限制在最为关注的目标之上。④ 一般而言,小国的关注点主要停留在经济发展领域。

与此同时,小国对外政策行为的风险偏好较低。"常规性模型"预测小国倾向于选择"为其带来最少风险的行为",这些行为可能包括不愿意介入敌对性冲突、采取模糊策略以免疏远其他国家的倾向,以及更多的合

---

① Amry Vandenbosc, "The Small States in International Politics and Organization", p. 304.
② Robert Rothstein, *Alliances and Small Powers*, New York and London: Columbia University Press, 1968, p. 26.
③ Maurice A. East, "Size and Foreign Policy Behavior: A Test of Two Models", *World Politics*, Vol. 25, No. 4, July 1973, p. 560.
④ David Vital, *The Inequality of States: A Study of the Small Power in International Relations*, p. 20.

作性言语行为等。① 在自身实力局限的情况下,小国的外交策略和行为是灵活的,往往呈现出在"低风险问题"上的"高姿态"和"高风险问题"上的"低姿态"的特征。② 这种偏好无疑推动了小国理性合作的行为倾向。

在维护国家基本特质方面,小国通常也不会采取对抗性策略,而是选择低调的固守防御方式。"防御性默认"(defensive acquiescence)是小国在严峻的国际环境影响下力图维护政体核心价值观的惯用手段。③ 由此来看,小国的对外政策行为本质上属于防御性而非攻击性,并不具有挑战国际现状的特征,其国际行为往往限定在较为狭窄的领域,不能也不会构成对国际安全的威胁。

第五,小国群体增加了国际安全体系的伸缩性和稳定性。历史表明,大国是世界安全的主要威胁。或者说,只有大国才有"资格"、能力和意图进行国家间对抗或发动国际战争。大国综合实力强大,军事实力远非小国可比,强大的军事潜力、先进的武器装备及其追求国际威望和国际地位的强烈动机是国际竞争与冲突的重要驱力之一。在国际政治经济资源稀缺的情况下,大国间基于国家权力的激烈竞争是国际关系的基本样式,国际安全因而处于大国兴衰及其不确定性关系的动态进程之中。因此,某种意义上看,大国的国际影响力事实上构成了国际安全的潜在威胁,制约大国的国际政治影响力、野心和行为是确保国际安全秩序的重要途径。

消除大国威胁国际安全的根源,就能确保世界的整体和平与稳定。途径之一是在国际体系中建立小国这样的"缓冲器"(shock-absorbing),以部分稀释大国长期拥有的压倒性力量,在大国关系中增加更多的回旋余地,进而促进国际安全体系的稳定性。在国际安全机制中以小国的数量优势影响和规范少数大国的国际行为,形成"多数小国+少数大国"的国际安全架构。以此观之,小国社会的建立是"禁止国际生活中暴力活动的一种激进方式"④。在国际体系演进的过程中,小国群体可以发挥制约

---

① Maurice A. East, "Size and Foreign Policy Behavior: A Test of Two Models", pp. 557-576.
② Iftekhar Ahmed Chowdhury, "Small States in UN System: Constraints, Concerns, and Contributions," NUS: ISAS Working Paper, No. 160, 24 October 2012.
③ Otmar Höll, ed., *Small States in Europe and Dependence*, p. 244.
④ Jean-Luc Vellut, "Smaller States and the Problem of War and Peace: Some Consequences of the Emergence of Smaller States in Africa", *Journal of Peace Research*, Vol. 4, No. 3, 1967, pp. 252-269.

大国行为,促进国际安全的积极作用,是国际体系中维护国际和平与稳定的必要构成。

小国本质上"更和平"这一论断在逻辑上有一定的合理性。"小"产生的国际效应之一是小国的和平倾向。小国相较于其他国家而言更为和平,有利于一定历史时期的国际安全。其一,由于实力相对悬殊,小国没有能力,也没有意愿挑战其他国家,进而威胁国际和平。其二,和平稳定的国际环境对小国的生存与发展尤为重要,这使作为国际和平与稳定秩序最大受益者的小国具有促进国际和平的强烈动机。其三,小国群体的存在有益于国际安全体系的稳定与均衡。小国设置的各种障碍是平衡大国行为的一种有效途径。国际权力等级结构极为森严,但小国也可以推动国际关系层面的互动更为平等。①

然而,就小国在大国关系和国际体系中的平衡功能而论,对小国的国际影响和作用似有夸大之嫌。客观来看,小国可在国际安全中发挥一定的作用,但它们的安全仍然有赖于大国主导的国际体系的和平稳定,以及全球经济的开放性及其平稳发展。在国际安全中,大国建构并领导的国际安全机制、大国安全关系、大国的军事实力和战略等是世界和平与稳定的决定性因素,小国可以发挥一些辅助性的积极作用,但能否作为大国间的平衡力量则是值得推敲的。因此,质疑"小国和平论"的反论同样值得关注。

(二) 小国是国际安全的"麻烦制造者"

小国的天然和平倾向绝非定论。和平稳定的国际环境固然是小国的根本利益所在,相对实力差距极大制约着小国制造国际威胁的能力和潜力,小国的广泛存在及其和平意愿亦一定程度上影响着大国行为,小国群体可以成为国际安全的积极角色。然而,理论和现实也同样表明,小国也有可能充当"麻烦制造者"的国际安全角色。

第一,小国事实上是构成国际安全威胁的重要根源。一个不争的事实是,由于"小"带来的巨大局限性,在经济发展、社会治理和政治稳定方

---

① Jean-Luc Vellut, "Smaller States and the Problem of War and Peace: Some Consequences of the Emergence of Smaller States in Africa", *Journal of Peace Research*, Vol. 4, No. 3, 1967, pp. 252-269.

面,小国普遍面临着能力不足的难题。大多数小国面临的国家安全威胁非常突出,安全脆弱性根深蒂固。对地处边缘地带的诸多小国来说,在新的国际背景下,安全问题的根源往往不是来自外部压力,而是源于国家治理失灵及其带来的社会动荡。从这个角度看,小国的表现呈现出明显的两极分化。一些小国是全球化的受益者,它们政治稳定、经济发展和社会有序;与此同时,还有许多小国却是全球化的失意者,它们深陷规模缺陷的困境之中,经济发展不力,存在着持续不断的内部冲突,国家安全面临的威胁非常突出。这些内乱不断的小国是影响国际安全的重要根源之一,有时甚至引发地区性冲突或战争。因此,小国也是国际安全的重要威胁之一。

第二,从国家性质层面看,小国并不必然具有外交合作倾向性。小国行为的"常规型模式"认为,小国倾向于"为其带来最少风险的行为",其中包括不愿介入冲突或敌对行为,采取模糊策略以避免疏远其他国家,以及较多合作性言语行为。① 但"选择性模式"中的小国行为完全不同,冲突也是小国的行为倾向之一。任何冲突都具有不同的发展阶段。如果在冲突早期就充分认识到其潜在影响,即可更有效地控制局势发展以及最终结果。但是,由于可配置的外交资源更为稀缺,小国外交的规模和组织能力不足。这意味着大多数小国只有少量人员参与监控国际事件和外交决策过程。由此带来的后果是,小国缺乏足以应对广泛国际问题的能力,在认识国际体系的各种事件及其演进趋向方面可能更为迟缓或者更可能产生偏差。总体而言,小国"监控国际体系"的能力较弱,难以认识到其他国际行为体的重大政策变化及其释放的各种"早期预警信号"。这相应就对小国的外交行为产生了深刻影响。②

在应对国际冲突的过程中,小国的反应能力往往较弱。它们获取国际信息的渠道较少,在收集到各种必要的信息之前,局势可能已演进到"一个确定的、清晰的且须采取高危行为的阶段"了。因此,小国更有可能在"一个更高强度、更明晰、通常也更具敌意和威胁性的阶段"采取行

---

① Maurice A. East, "Size and Foreign Policy Behavior: A Test of Two Models", pp. 556-576.
② Ibid.

第二章 小国的安全特性、国际角色与行为倾向

动。① 在这种情况下,"选择性模式"提出的竞争性假设认为,小国很可能表现出较大国更多的冲突性行为,尤其是"冲突性非言语行为"。这是因为它们需要经常采取确定性的、通常具有敌对性质的行动来捍卫自身利益。②

因此,由于大多数小国外交资源匮乏,对国际事务的了解和研究不足,在应对与自己相关的国际争端时往往容易做出不切实际的判断,采取较为极端的行为,因而导致事态失控或者招致大国干涉。以此来看,在国际安全中,小国并不一定具有合作性外交的倾向。相反,它们有时更可能趋于冲突性外交。

第三,从国际层面看,小国行为也是导致国际冲突的重要诱因。作为主权国家,小国的安全目标与大国是相似的,其安全行为与大国并无本质性区别,它们同样受主权国家活动规律的影响。与此同时,大多数小国缺乏维护国家存在和发展的必要实力和能力,更易成为威胁国际安全的动荡根源。以此观之,小国是现代世界的一个"时代错误",是更高生活水平的"障碍",是和平组织的"阻力"。③ 独立小国数量的增加将会加剧国际安全与稳定的危险性。④

小国是大国博弈的重要节点。大国有许多理由掌控战略位置险要的小国,小国或地区因而可能构成了大国战争的诱因。譬如,为了防止其他大国取得先机,小国的重要战略位置就会推动大国发起先发制人的干预行动。小国可能会成为大国拓展全球战略的前进基地或"踏脚石"。在侦察行动、燃料补给、军需储备和发起进攻等方面,大国可以充分利用小国的地理位置。⑤ 小国也会利用大国的战略关注,将自身塑造为大国关系中的重要筹码,力图从大国竞争中获取最大化的利益,争取更大的安全

---

① Maurice A. East, "Size and Foreign Policy Behavior: A Test of Two Models", pp. 559-560.
② Ibid., p. 576.
③ Amry Vandenbosch, "The Small States in International Politics and Organization", pp. 300-301.
④ Peter R. Baehr, "Small States: A Tool for Analysis?" *World Politics*, Vol. 27, No. 3, April 1975, p. 459.
⑤ Tim Sweijs, "The Role of Small Powers in the Outbreak of Great Power War", Centre For Small State Studies Publication Series, University of Iceland, Occasional Paper 1-2010.

空间。因此,它们往往是大国矛盾的"触发器",成为大国之间相互"激怒和冲突的一个持续源泉"。① 在大国关系紧张的背景下,这种情况具有更大的危险性。在两极和多极体系下,联盟体系的紧密程度说明了小国作用的本质。在紧密的联盟体系中,无论是地缘战略、政治、经济还是某些象征性原因,对大国而言,主导或影响小国至关重要。在小国处于竞争地带时尤其如此。当联盟体系紧密且国际体系严重"极化"之时,小国对大国关系和整个国际体系的稳定可能具有破坏性影响。②

小国安全战略选择亦可威胁国际安全格局。为了自我保护,小国追随强者的倾向扭曲了国际均衡态势,打破了权力平衡格局,对整个国际体系的稳定相应造成了威胁。小国在国际舞台上可能会鲁莽行事。小国鲁莽行事是基于这个傲慢的假设:如果遇到了麻烦,大国盟友将会鼎力相助。③ 在这种情况下,大国面临着介入国际冲突的道德压力。如果放弃小国盟友可能产生"多米诺效应",或者削弱大国威望,大国干预的可能性就会大幅上升。因此,小国的"捆绑式策略"可能构成大国冲突的直接原因。

由于实力劣势和体系缺陷,小国往往更大程度上从狭隘的国家安全角度出发,而不考虑地区性和全球性的安全走势。为了解决地区性冲突,小国可能试图诱导大国干涉其内部冲突,或因其"不负责任"的行为,构成大国介入和引发冲突的动机,④由此制造出更多的争端,促使地方性冲突升级为大型国际战争并导致全球性灾难。

从战后国际安全的发展进程看,小国的确构成了国际安全的重要影响因素。某种意义上,它们代表着对国际和平与稳定的威胁。

(三)小国国际安全角色的多样性

二战以后是小国发展的黄金时期。小国数量呈现不断上升之势,其

---

① Tim Sweijs, "The Role of Small Powers in the Outbreak of Great Power War", Centre For Small State Studies Publication Series, University of Iceland, Occasional Paper 1-2010.

② Ibid.

③ Ibid.

④ Jean-Luc Vellut, "Smaller States and the Problem of War and Peace: Some Consequences of the Emergence of Smaller States in Africa", pp. 252-269.

第二章 小国的安全特性、国际角色与行为倾向

生存和发展环境可谓是空前的。与此同时,国际安全也维持着前所未有的相对和平与稳定。这个事实表明,"大国威胁论"的看法有失偏颇,将"小国和平论"建立在"大国威胁论"的基础上似乎不太可靠、也不太客观。

"小国和平论"的理论依据"大国威胁论"并非定论。审视大国与小国在军事能力上的巨大差距,绝大多数小国都是大国背景下的弱国。但这一态势并不必然构成大国对国际和平及小国的安全威胁。从理论上看,如果弱国实力与强国相差悬殊,弱国反而可以享有更大的行动自由,因为强国无需担心弱国的行为及其边际能力的增长。① 从战后历史看,大国并非世界和平的主要威胁,人类社会正在享有一段前所未有的总体和平期。大国威胁论并不符合事实。

大国并不必然总是欺侮小国、威胁国际和平的罪魁祸首。战后小国数量的剧增和极高的存活率足以说明大国绝非小国的"天敌"。在新的国际背景下,大国轻易不会、也没有必要威胁小国。除非小国被令人信服地界定为"恐怖主义者或其他让人憎恨的包庇者",否则,全球舆论都会以"帝国主义或新殖民主义"为由发动(对以大欺小的)抗议。② 事实上,大国之间才会相互防范和彼此竞争,小国一般不会成为它们的"对手"。

与此同时,在大国面前,小国并非总是没有丝毫机会的微不足道的角色。在大小国家的互动中,"小"所赋予的道义优势使得小国并不一定处于下风,或是大国理所当然的"臣服者"和"应声虫"。一个大国对小国做出让步可能不会大费周折,通常会被视为"仁慈或者赏赐行为",而小国在与一个大国的外交活动中未能获取利益则会被看作是"一场灾难"。③ 在国际关系实践中,小国从大国那里得到的利益和妥协并不罕见。因此,大国对小国并不必然展现强势和霸道。

为何会产生这种两极分化的小国角色认知? 两种论断的理论逻辑各有其合理之处,小国的确因为"小"而具有严重的安全缺陷,因为实力不

---

① 〔美〕肯尼斯·华尔兹:《国际政治理论》,第119页。
② Andrew F. Cooper and Timothy M. Shaw, eds., *The Diplomacies of Small States: Between Vulnerability and Resilience*, Palgrave Macmillan, 2009, p.28.
③ Ibid.

济而不得不放弃实力说话的外交手段,也不得不依靠和寻求攸关其生存与发展的和平稳定的国际环境。

第一,小国及其行为的差异性和多样性是小国角色认知多元化的主因。无论采用何种衡量标准,小国都是一个遍布全球各地的庞大群体。在历史背景、文化传统、资源禀赋、安全环境、国家治理等诸多层面,小国之间呈现出了巨大的差异性。这种显著的差异性使得它们的安全特性和安全行为有着惊人的反差。在国际安全领域,它们也表现出了两极分化的角色差异。部分小国国家治理出色,积极参与国际安全事务,为世界上的维和促稳、济灾扶贫做出了应有的贡献。与此同时,也有诸多小国深陷规模困境,国家动荡,民不聊生,它们不仅是区域安全的隐患,也是国际安全重点关注和维和的对象。如此看来,将全球所有小国视为同一模板或类型,对其国际安全角色做出一概而论的评估是不现实的。

第二,价值偏差是小国安全角色认知两极化的主观成因。大多数小国的和平意愿与和平外交思维是客观存在的。但这并不意味着"小"是和平的前提和必需条件,抑或小国本质上就更为和平。出现这种简单化的判断与研究主体的价值中立偏离相关,它可能是小国精英或小国倾向者"自我标榜"的结果。针对此种现象,有学者指出,小国已经养成了某种"自以为是"(self-righteousness)的心态,自称是"公正的捍卫者",总是"吹嘘"对人类文明发展和文化生活做出了较大国更大比例的贡献,认为自己要比大国更和平、更无私、更民主。① 将小国的显著缺陷建构为一种道义优势和先天美德,这或许是小国自我肯定、自我提升,挖掘国际比较优势,塑造独特性的一种特殊认知方式。

第三,高估了"小"对小国国际安全角色的建构性影响。小国的普遍性特征并不必然衍生相同的行为方式和国际角色。它们的行为方式也有巨大反差,它们与国际安全之间的关系也不会因为共同的"小"而表现出同样的认知和行为,更不会塑造同样的国际角色。小国行为与角色形成是多因素交互作用的结果,"小"只是其中的一个普遍性背景。理论演绎尚须与现实紧密结合才能获得一个更具说服力的推论。因"小"而推演

---

① Amry Vandenbosch, "The Small States in International Politics and Organization", p.303.

小国更具和平或更具威胁的逻辑貌似合理,但忽视了小国特殊性和多样性的特征,这不免有些武断。

总的来说,尽管更多人倾向于认为小国更为和平,但仍存在不少异议,甚至是完全相反的论断。因为小国是一个多样性和差异性显著的群体,其对国际安全的影响呈现出多元化的特征,所以评估和定位小国的国际安全角色,必须结合具体案例进行具体分析,不能一概而论,更不能以偏概全。

三、小国的安全战略与行为倾向

随着国际安全的日趋多样化和复杂化,小国在国际安全中的分量不断加大。在安全行为方面,相较更大国家,在国际体系和国家安全特性的双重作用下,小国逐步形成了较为独特的安全战略和行为模式。小国安全战略及安全行为方式是国家行为演进的结果,在维护和促进小国安全利益的同时,对国际安全也产生了不可忽视的影响。

(一)国际体系变迁与小国安全战略选择

小国的安全战略选择与其自身条件、国际环境有很大的相关性,并会随着国际体系的变迁做出调整和改变。一般而言,超然于国际冲突之外最符合小国的安全利益,因此,小国本质上倾向于中立和不结盟政策。但在国际现实中,小国本质上并无多少安全政策的自主性,结盟和平衡也是外部压力下增加安全感的策略选择。在外部环境需要的时候,小国会选择通过某种联盟方式来保障自身安全。小国战略选择取决于国际体系的性质,因而,体系适应能力是小国生存与发展的必备素质。

不同性质的国际体系影响着小国的安全战略选择方式。追随战略和平衡战略与相应的体系条件密切相连。平衡战略与体系稳定相关,追随战略则与体系变迁相连。同样,当体系不断变化,或者现有秩序开始瓦解,或者新的秩序开始确立之际,追随战略也在纷纷实施。① 国际体系的风吹草动往往是小国调整战略和策略的外在动力。苏联解体之后,东欧国家和俄罗斯周边国家对外战略的大幅调整就是一个突出的例证。

体系性质也深刻影响着小国安全战略的内涵。譬如,国际体系的"极化"与联盟体系的紧密程度之间相互作用。"极化"现象越是明显,联盟就会愈加紧密。与此同时,在大国的强大战略压力之下,小国也会身不由己地选择某个紧密的联盟。

在大国间对立、对峙或对抗的国际格局下,小国面临的外部安全环境充满了不确定性,总体上不利于小国的生存与发展,但这也为其提供了利用大国矛盾的机会。辩证来看,大国相争的国际态势既给小国提供了周旋于大国之间的政策契机,同时也大幅压缩了小国中立和平衡的战略空间。在体系"极化"的背景下,小国利用大国矛盾的空间就会扩大,但被迫选边站带来的战略风险亦空前加大。

第一,大国对抗界定了小国的战略选择空间。在大国相互对立的体系下,小国往往会寻找实现中立的可能性,却往往事与愿违。大国之间在面对诸多争端而无法达成妥协时,通常需要在本来与争议无关的小国问题上做交易,其中包括领土交易和势力范围的划分。在这种情况下,小国是大国的谈判筹码,小国与其说是积极的角色,不如说是一个消极的存在。小国自身并不具备维持体系均势的能力。当主要大国之间出现矛盾和危机时,小国不能确保自身安全。在大国创造新的地区或全球均势时,小国甚至面临被出卖和牺牲的命运。这种现象在国际关系史中屡见不鲜。

第二,在大国对抗性体系下,小国虽然面临着潜在的安全风险,但因自身战略价值相应提高而拥有了大国关注、援助和支持的潜在机遇。由于大国行为的高度关联性,任何一方的政策都可能导致紧张程度的上升和资源的进一步消耗②,在实力对比无法确定的情况下,大国关系越紧张,大国越需要寻求小国的支持。为此,大国往往会给予小国尽可能多的

---

① Randall L. Schweller,"Bandwagoning for Profit: Bringing the Revisionist State Back In", *International Security*, Vol. 19, No. 1, Summer 1994, p. 107.

② 〔日〕浦野起央:《国際政治における小国》,東京南窓社 1992 年版,第 34 页。

第二章　小国的安全特性、国际角色与行为倾向

承诺。如果战争危险越大,那么大国之间"争取小国支持的竞争就会更加激烈"。① 20世纪中期,两极对峙的焦点是两个超级大国围绕意识形态和势力范围展开争夺。大国势不两立,需要解释和捍卫自身立场,寻求广泛的国际支持。在这种情况下,"大国冲突提升了小国的国际地位"。在联合国,小国因能阻止两大阵营或者其中一方的提案而处于一种有利的谈判位置上。②

总体来看,大国之间的紧张和竞争越是升级,对非同盟及同盟小国付出的代价(承诺的利好)就越高。大国之间的合作度而不是对抗程度越高,与非同盟小国合作的代价也会越小。③ 体系性质明显影响着小国的外交空间和选择方式。

在这种体系下,小国的安全战略难题是国际体系的不确定性。由于大国实力处于动态的进程中,小国无法对大国实力和能力及其发展趋势做出准确预判,在大国相互对峙的情况下,小国选择加入一方都将对另一方构成巨大的压力,能否得到对方国家的谅解是一大难题。均势变化也必然带来小国立场的调整,小国自身需要做出风险最小化的政策选择,但也未必能消除之前选择留下的隐患。④ 这种不确定性可能给小国带来致命的决策错误和灾难性后果。2008年俄格战争对格鲁吉亚的教训就是一个典型例证。

在大国关系较为稳定的国际体系下,小国安全战略选择呈现的是多样性和丰富性的新特征。冷战结束以来,全球安全环境发生了重大变迁,国际安全呈现出总体和平与稳定的态势。在传统的国际关系中,战争被视为国际政治的一个正当手段,小国在该进程中受到很多限制。但在核时代背景的国际关系中,大国之间的战争前景已经大大淡化了。在这种形势下,大国关系相对平稳发展,经济相互依赖,关系不断深化,全球军事安全秩序相对稳定。从大国战略竞争方面看,在全球化持续深入发展和多极国际格局逐渐显现的背景下,大国之间的关系受相互利益依存和共

---

① 〔日〕浦野起央:《国際政治における小国》,東京南窓社1992年版,第33页。
② Amry Vandenbosch, "The Small States in International Politics and Organization".
③ 〔日〕浦野起央:《国際政治における小国》,東京南窓社1992年版,第35—36页。
④ 同上书,第33页。

同应对全球性挑战等诸多因素的影响,日益呈现竞争与合作同步加强的景象,传统意义上爆发大国战争的可能性变得越来越小。① 与此同时,大国的高科技军事装备高速发展,相当程度上降低了传统势力范围和小国军事基地的战略价值,小国从大国对峙中获取战略筹码和政策机会的难度随之增加。

因此,国际体系的深刻变化,一方面为小国安全创造了更好的生存环境,另一方面也为小国的安全战略提供了更多的选择空间和政策回旋余地。

第一,小国的安全战略更为依赖国际安全机制。全球化时代的地理意义、安全含义和安全手段已经发生了显著变化,军事安全不再是国际安全的唯一构成,各种非传统安全问题迅速成为国家安全和国际安全的重要内涵。总体而言,当今国际安全主要受军事、政治、经济、社会和环境五个方面因素的影响。其中,军事安全关注国家间的武装攻击与防御能力、国家间相互意图的认知这两个层面的互动;政治安全关注国家组织、政府体系和赋予其合法性的意识形态的稳定性;经济安全关注维持福利和国家权力的资源、金融和市场的必要需求;社会安全关注在社会变迁的背景下,维持传统的语言、文化、宗教和习俗的可持续性;环境安全关注地区及全球生物圈等所有人类活动依靠的基本支持系统。这五大领域之间相互作用,不可分割。② 小国传统的安全重心主要放在邻近的安全问题上,但是,新型的安全威胁是全球性的,不再明确限定在某个单独的地区,各种全球性、地区性问题和挑战也被纳入小国安全关注的范畴。由于普遍性的规模和能力劣势,小国在应对这些安全问题上具有更大的外部依赖性。国际安全机制对于小国而言是促进国家安全不可或缺的环节。

第二,小国安全战略选择的余地更大。新的国际环境总体上有利于国际和平与稳定,这为小国经济发展和国内治理创造了良好的外部环境。与此同时,大国之间竞争与合作交织而非对抗、对立的新型关系样式,使

---

① 高祖贵:《国际战略与安全环境发展的三大趋势》,《国际问题研究》2010 年第 4 期,第 49 页。

② Barry Buzan, *People, States and Fear: An Agenda for International Security Studies in the Post-Cold War Era*, pp.19-20.

得小国可以不必在排斥性的两强或多强之间做两难抉择,具有地缘战略位置的小国也不再成为强国处心积虑争夺的势力范围。这种战略环境无疑赋予小国更大的对外战略行动空间。

然而,不同类型的小国在全球化时代所采取的安全战略是不尽相同的。在相互对立的大国间进行外交博弈曾经是弱小国家争取经济利益的传统手法。但在新的全球环境下,这种以外交选择换取经济好处的做法已经行不通了,国际关系尤其大国关系的相对稳定使其丧失了获取援助和支持的潜在外交支点。

总之,在大国关系相对稳定的国际背景下,小国获得了更理想的外部安全环境和更多的安全战略选择方式,小国的安全自主性有了前所未有的提高,也为小国的外交智慧提供了更广阔的活动空间。在这种情况下,国家实力和能力是决定小国在国际安全中的地位、角色以及安全战略选择的主要依据。

在不同的体系背景下,小国安全战略的政策空间和选择方式不一,面临的政策机遇和战略挑战也不尽相同,但外部环境始终是小国维护国家安全的着力点。简单来说,体系性质界定了小国的战略选择空间,综合实力和地缘位置等因素限定了小国的战略选择手段和方式。不管是什么安全战略,因地制宜、创造良好的国际环境是小国降低安全不确定性和缓解安全脆弱性的根本途径。

(二) 军事威慑能力建设与安全策略选择

小国更加依赖稳定、有序的国际安全环境或外部大国提供的安全保障,然而,安全外部依赖性存在不确定性,使小国本质上无法实现安全自助。譬如,在大国选择不介入冲突的情况下,小国就得"完全依靠自己的能力"来处理安全问题。① 维护国家安全仍需具备一定的军事威慑能力。

第一,安全弱点严格界定着小国军事能力建设的性质。在资源限制、安全缺陷和国际背景下,小国的军事威慑战略的效力相对有限,防范的主要对象基本上是周边邻国的潜在威胁,对全球安全并不构成实质性影响。

---

① Hans H. Indorf, *Strategies for Small-State Survival*, p. 32.

小国的最佳战略不是"胜利征服的规划",而是"威慑"。① 小国的安全自主性和军事威慑能力的提高依托于良好的国家治理和必要的经济实力。在诸多小国之中,只有少数发达小国具备这样的内在条件。即便是小强国,军事威慑能力也仅仅是国家安全维护的众多环节之一,战略意图不是进攻性而是防御性的,外部力量和国际安全体系仍是确保小国安全更为关键的途径。

第二,全面防卫的国家安全组织方式是小国强化威慑能力的重要手段。在军事安全方面,小国维护国家安全的办法是增加军事投入,最大限度地利用人力资源,组织和建立"全民皆兵"的国家安全体系。"全面防卫"(Total Defence)作为小国的常规军事组织方式,一方面显示了捍卫国家安全的坚定决心,另一方面给潜在入侵者增加了军事占领的难度。

第三,面对来自大国的潜在威胁,小国通过装备先进武器来威慑潜在敌手,增加大国对其反对甚至入侵的"机会成本",增加"大国支持或者满足其要求的有利条件"。② 小国采取这种安全途径也存在难以摆脱的安全困境。第二次世界大战后,主要大国的军事技术快速发展,形成了对小国的压倒性军事优势,小国与大国之间的军事差距急剧扩大。在这种背景下,小国如果不选择发展诸如核武器这样的毁灭性武器,在几个主要大国面前就彻底失去了自卫的希望。在与核国家存在可能冲突的情况下,核小国可以"减少大国介入的可能性"③,并对周边的潜在威胁形成巨大的威慑,同时也大幅提高了安全自助和行动自由的空间,从根本上缓解了小国的安全脆弱性。

然而,姑且不论核能力开发或其他毁灭性武器开发对小国国力和技术的要求,拥有核武器本身也会降低小国的安全系数。这表现在以下几个方面:(1)小国拥有核武器与大国控制核武器的意图是相悖的,双方的关系较以前更容易受伤;(2)小国拥有核武器将面对几乎所有大国的压力,甚至是经济、政治和军事制裁;(3)战争时期,核小国可能遭受的损失远高于常规兵器时代④,使用核武器对幅员狭小的小国而言可能意味着

---

① Hans H. Indorf, *Strategies for Small-State Survival*, p. 6.
② 〔美〕罗伯特·A.达尔、爱德华·R.塔夫特:《规模与民主》,第112—113页。
③ 〔日〕浦野起央:《国際政治における小国》,東京南窓社1992年版,第36页。
④ 同上书,第37页。

国家的彻底毁灭。因此,通过装备大规模杀伤性武器、甚至核武器实际上并不能带来和平,反而会引火上身,进一步威胁和毒化小国的生存环境。

总体而言,小国军事能力建设是确保国家安全的必要举措。威慑能力越高,遭遇安全威胁的可能性就会越低。但这并不意味着小国实现了安全自立,小国安全外部依赖性的特征依然明显。以国家安全为目标的对外战略是增强小国安全感的主要方向。

(三) 外交是维护小国安全的主要途径

国家安全是核心国家利益,是国家生存与发展的前提条件。因此,世界各国均高度重视安全战略的制定和实施。安全缺陷特性对小国安全战略提出了更高的要求。其中,外交是小国促进安全利益的主要手段。

第一,军事手段不是确保小国安全的根本途径。显著的脆弱性是小国安全特性的根本特征。小国安全的潜在威胁是权力更大、军事实力更强的国家。因此,基于硬实力的自卫能力只是小国维护国家安全的途径之一,其目的严格限定在防御性层面;基于智慧的战略谋划对小国规避军事对抗,维护长远安全利益更加重要。

一方面,军事实力与潜能的缺陷迫使小国将维护国家安全置于谋略而非力量之上。在军事安全方面,小国仅具有限的自助能力,也不能通过防御行动有效应对外部威胁。与此同时,小国的武器装备也高度依赖外部,在冲突中会动员比大国更高比例的军事力量,这就大幅降低了其介入大规模冲突的能力。① 较大国家具有更大的军事潜能和"纵深防御"优势,小国则缺乏实力和灵活防御能力。

另一方面,较弱的战争承受力制约着小国使用军事手段的可能性。由于冲突对小国的影响更为严重,因此,避免和控制冲突是小国安全的重要环节。对小国而言,进入公开冲突阶段之后,局势发展难以控制②,由此带来的后果是无法承受的,甚至直接影响到国家的生存。

由此看出,小国规模狭小,实力有限,战争能力相对虚弱,"对抗的想

---

① Francis Domingo, "The RMA Theory and Small States", *Military and Strategic Affairs*, Vol. 6, No. 3, December 2014, pp. 47-48.

② 〔挪威〕约翰·霍尔斯特、奥德乌斯·巴特里克斯:《新时代小国的防卫策略》,林哲夫、李崇僖译,台北:前卫出版社 2001 年版。

法终究徒劳无益"。① 小国不能以武力塑造自身环境,其安全就必须依赖与其能力和特性相适应的一系列战略,不得不依靠"战略远见、技巧和战术"来"智胜"侵略者。② 这就对小国安全战略和策略提出了更高的要求。

第二,明智的安全战略是小国生存的重要保障。小国安全战略的终极目标是确保国家生存,而不是寻求国际体系变迁中的影响力,其战略成效不仅取决于小国的综合实力、地理位置和安全战略的合理选择,更在于大国关系主导的国际体系的性质。

在权力政治体系中,小国安全战略的主要焦点无疑是与大国和平相处并获取大国的支持,如何处理好与大国,尤其毗邻大国的关系是小国的安全之本。大国是国际安全格局的建构者和主导者,安全战略选择余地更大,小国则必须依托和利用国际体系来缓解安全脆弱性。成功的小国不仅在于维持和发展一定的军事威慑能力,更在于形成了一套借助大国力量维护自身安全的对外战略。

第三,外交是小国维护安全的关键手段。外交而非军事手段对小国更具安全意义。通过外交途径,小国可以获得国家利益,诉诸世界舆论,在面临暴力和冲突的情况下尤其如此。与一定的军事能力相结合,小国利用外交手段同样可以抗御大国的各种要求。③ 总体来看,谨慎而深思熟虑的对外政策通常是小国的"第一道防线",娴熟的外交技巧可以缓解小国的军事、经济和政治缺陷。④ 然而,有效促进安全利益的外交途径对小国的外交能力提出了挑战和更高的要求。在任何国际体系下,尤其是在对抗性的国际格局下,小国"不适宜的行为、有缺陷的政策和有悖常规的举动都可能招致致命的后果"。相反,强国对他国大多数明显的威胁行为漫不经心,因为只有极少数威胁才能对其构成威胁并造成损失,所以它

---

① A. Wess Mitchell and Leah Scheunemann, "Small States and Geopolitical Change: The Case of the Czech Republic", Center for European Policy Analysis(CEPA), No.8, 2014.
② Hans H. Indorf, *Strategies for Small-State Survival*, Graham Brash Pte Ltd., 1985, p.7.
③ Francis Domingo, "The RMA Theory and Small States", *Military and Strategic Affairs*, Vol. 6, No.3, December 2014, p.48.
④ Bilveer Singh, *Singapore: Foreign Policy Imperatives of a Small State*, Singapore: Centre for Advanced Studies, National University of Singapore, 1988, p.2.

第二章 小国的安全特性、国际角色与行为倾向

们可以一再重复相同的蠢举,而无须担心错失采取有效行动的良机。①不言而喻,强国在外交方面更为游刃有余,在安全方面具有明显的优势,它们"对于进行何种博弈游戏以及如何进行更具有发言权",而"承受沉重压力的弱者必须谨小慎微"。② 小国的战略误判和过度借助外力恐怕会带来国家的灾难。因此,固有的安全脆弱性要求小国外交必须更加审慎和灵活。

(四) 小国安全战略中的追随与平衡

从历史上看,基于国家安全的对外战略主要有联盟、平衡、中立这些常规性选项。当一个国家面临某个威胁性力量时,就不得不采取"防备"(arm against)或"投靠"(side with)的策略。用学术行话来说,就是"平衡"(balance)或"追随"(bandwagon)。这是经过精确盘算的策略。③ 中立政策也是小国的政策偏好,可以帮助小国远离大国竞争和对抗的漩涡,但确保永久中立地位殊为不易,现实中难度极大。总体来看,追随和平衡是小国的普遍性安全行为策略。

1. 追随大国的联盟方式是小国安全行为偏好

在能力相对有限的情况下,小国需要通过利用各种层次和方式的"联盟"④手段来确保自身安全。这对小国的生存和发展有着不可替代的作用。

第一,"追随"⑤是小国接受监护的捷径。小国之所以参加联盟,是因

---

① 〔美〕肯尼斯·华尔兹:《国际政治理论》,信强译,苏长和校,上海世纪出版集团2008年版,第210页。
② 同上书,第209页。
③ A. Wess Mitchell and Leah Scheunemann, "Small States and Geopolitical Change: The Case of the Czech Republic", Center for European Policy Analysis(CEPA), No.8, 2014.
④ "联盟"与"结盟""同盟""联合"等术语同义。联盟的形式并不仅仅局限于军事领域,在政治、经济、宗教甚至价值观方面也有联盟。联盟的紧密程度取决于条约的性质和内容,既有共进共退的紧密联盟,也有相互承诺含糊的松散型联盟;既有法律文件基础上的制度性联盟,也有基于共同利益构建的密切合作关系框架上的一般性联盟。总之,随着国际关系的日趋复杂,"联盟"是一个应用宽泛的术语。此处的联盟泛指国家间某种程度的安全承诺及相关合作关系。
⑤ "追随"又被称为"追随强者""搭战车""顺从"等。

为"它们从根本上说必须——而且比其他国家更多地——依赖其他国家。"①从构成上看,有小国与大国联盟和小国间的联盟这两种较为普遍的合作形式。两种形式对小国安全的意义和影响各有不同。

依赖大国保护历来是小国求存求安的重要手段。追随强者无疑是小国的安全战略偏好。政治行为体是选择"制衡"还是"追随",取决于系统的结构。华尔兹指出,在国内政治中,只要某个人选最有可能胜出,几乎所有的人都会选择追随强者,而不会再有人试图通过结盟来阻止其赢得权力。追随强者而非均势便成为典型行为。② 这种社会现象在国际关系中同样适用。在国际体系下,"追随"的典型表现便是与大国结盟或与强者为伍("加入更强集团""与危险根源结盟"或"向威胁屈服")。追随战略很少涉及成本,它通常在收益预期下制定而成。这就是追随战略更为普遍的原因。③ 在大国保证保护其领土和人口免遭外部侵略的基础上,小国可能会寻求同盟以保障国家安全。

确立联盟关系是小国维护和促进自身安全的主要战略之一。小国追随强国的动因多种多样:其一,阻止更强大的国家支配某个特定地区或抵抗某个外部威胁,是小国追随大国的基本动因。其二,通过与威胁性国家或集团结盟,以避免自身受到攻击,将威胁转移到他处。其三,通过制衡对立集团或者威慑侵略,联盟增加了国家的权力,在维护国家安全方面,小国因此节省了宝贵的物质资源。其四,通过追随强国,小国可以更容易采购武器装备,并维持一定的军事威慑能力。其五,追随大国或联盟也是为了获得诸如增加对外贸易、支持国内政体、提高国际信誉等非军事利益。冷战结束后,波兰、捷克和匈牙利这些东欧国家积极寻求北约(NATO)成员国资格,目的不仅在于增加国家安全系数,同时也着眼于通过此举强化其新的民主体制,增强与美国和欧洲发达国家之间的经贸关系。对这些国家而言,北约成员资格也是加入欧盟的第一步。

---

① 〔美〕詹姆斯·多尔蒂、小罗伯特·普法尔茨格拉夫:《争论中的国际关系理论》,邵文光译,世界知识出版社1987年版,第483页。
② 〔美〕肯尼斯·华尔兹:《国际政治理论》,信强译,苏长和校,上海世纪出版集团2008年版,第133页。
③ Randall L. Schweller, "Bandwagoning for Profit: Bringing the Revisionist State Back In", *International Security*, Vol. 19, No. 1, Summer 1994, p. 93.

第二章　小国的安全特性、国际角色与行为倾向

第二,小国间联盟本质上无法解决小国的安全难题。更具追随大国行为倾向的根本原因是小国间联盟对小国安全缺乏实质意义。小国间联盟意在通过汇合集体的力量,抗衡可能的外来干预,保障各自的和平与稳定。在国际政治中,小国间联盟有利于小国提高威信、影响力以及外交能力。但是,它显然缺乏实质性的安全意义,更大程度上是创造一个维护和促进它们间的相互关系架构,而非共同对外的象征性机制。

小国联盟的战略目标存在巨大局限性,往往限定在"低级政治"层面。小国选择与小国结盟,最重要的目标仍然是"安全和生存"。① 但对任何小国来说,小国间在战略安全方面的合作难以实现求存自保的根本目标。如果一个国家以增加军事实力为目标,则小国之间的联盟很难发挥有效的作用。② 小国联盟的潜在价值"在于维持当地或区域的现状,或在没有外来大国干涉的情况下解决小国之间的争端。只要小国能保持内部一致意见,就使大国难以对它们所在的地区进行干预。"③可以看出,小国联盟的主要目的并不全是针对威胁性大国,更为现实性的战略意图是缓解和解决小国之间的争端,或者共同建构稳定的地区安全环境。在领土主权等问题处理的过程中,减少甚至避免彼此间的冲突对小国来说尤其必要。相较大国,小国之间更有可能存在领土争端。许多小国的领土边界通常是由大国在战争之后或者作为非殖民化的结果而武断划分的,领土纠纷非常普遍。从这个角度看,小国间联盟具有预防相互冲突、维护地区国际环境的积极意义。

小国联盟的效果非常有限。其主要原因是:(1)相对实力有限;(2)共同利益与自我利益难以协调是合作的最大难题;(3)成本与利益分配的不均衡影响合作的广度和深度;(4)"集体行动的逻辑"导致小国之间的合作存在难以克服的困境。小国联盟往往由于小国数量的增多,导致了内部政治、军事行动难以协调,最终导致整个联盟行动止步不前。(5)小国联盟的背后往往无法避免大国的影响。然而,小国联盟也能够在某种

---

① 〔日〕浦野起央:《国際政治における小国》,東京南窓社1992年版,第30页。
② 〔美〕詹姆斯·多尔蒂、小罗伯特·普法尔茨格拉夫:《争论中的国际关系理论》,第483页。
③ 同上。

程度上实现自身的目标,如阿盟、非盟、东盟等就发挥出了与自身实力不相称的影响力。

第三,追随行为面临诸多不确定性。大国结盟的战略动机本质上还是基于本国战略利益。对大国或超级大国而言,与小国结盟主要是为了扩张军事、外交影响力,或者是阻止其他竞争对手获取这样的影响力。一个强国往往会迫使弱小盟国在利益和政策上按自己的意愿行事。究其原因,联盟中的利益分配实际上是权力分配的反映,政策制定同样也是权力分配的反映。一个国家越强大,它在联盟内的负担就越大。相较小国盟友,大国对联盟做出了更多的贡献,在安全联盟中承担的责任与贡献的比例显然也要大得多。这意味着它们获得了更大的支配权。这种联盟特性对其中的小国产生了重大影响。

天下没有免费的午餐。小国参加联盟也存在显而易见的弊端。小国参加安全同盟衍生的一个不可避免的后果是丧失或部分丧失行动自由,国家的自主性将受到某种程度的削弱。如果与一个强大的邻国结盟,尤其在外军进驻的情况下,弱小国家可能就会不得不放弃部分主权和自治权。与此同时,联盟决策同样影响到小国的国内政策。在大国盟友可能施加的巨大压力下,小国国内政治会受到巨大的影响,政治、经济和外交政策也会不可避免地面临大国盟友的干预。此外,加入联盟的小国可能面临敌对集团的更大威胁,国际体系、大国关系变动会带来很大的战略风险。由此来看,大小国家之间的联盟本质上具有内在的不稳定性。这体现在以下几个方面:

(1)联盟是有效遏制潜在对手而促进了和平,还是国际冲突的催化剂,这在理论上和现实中并没有一个明确的结论。因此,联盟是否是小国安全的明智选择,能否为小国提供一个可持续的安全环境,很难判断。

(2)小国在联盟中处于被动地位。小国与大国结盟的结果是小国能够依靠大国的某些承诺获得某种程度上的信心和安全感,但这往往只具象征性价值。在大国意图与小国利益相违背的时候,小国往往只有较小的选择空间。在国际体系中,世界性大国数量有限,可供小国取舍的追随对象不多,因而小国追随战略的政策余地不大。相反,大国在联盟体系建立的过程中有更多的政策灵活性,选择小国盟友的空间也更为广阔。大国会选择新的盟友,而不会为了一个小国而甘冒大国战争之险。① 在大小国家联盟的不对称关系中,小国试图借助大国盟友与另一个大国进行对抗的策略,终究是不现实的。大国盟友不会为了局部的小国利益而与另一个大国爆发一场大规模冲突。因此,小国追随大国始终面临理想和现实反差巨大的潜在困境。

(3) 大国盟友对小国的承诺存在不确定性。联盟承诺的确影响了潜在挑战者发起国家间军事冲突的可能性,这是因为联盟提供了其他国家可能介入潜在冲突的信息。然而,不同的联盟安排提供了不同的信息。要求盟友基于潜在目标国家而进行干预的联盟承诺,减少了军事冲突爆发的可能性,但是,对潜在挑战者予以回击的联盟承诺,以及面临外部力量而袖手旁观的联盟,则会增加挑战者挑起危机的可能性。②

(4) 在大国关系或体系变动的情况下,大国可能会降低联盟承诺和支持力度,进而影响小国的安全环境。因此,虽然联盟的可信度是确保小国安全的关键,但在武装冲突或战争的情况下,小国往往不能确定大国盟友是否会履行联盟承诺。

2. 追随毗邻大国还是域外大国

追随强者是小国普遍使用的安全策略。然而,追随对象的选择对小国安全战略的有效性和可持续性影响巨大。

传统的地缘政治理论认为,与毗邻大国和睦相处是小国至关重要的生存之道。因此,在政治安全方面追随毗邻大国是许多小国的理性选择。

首先,毗邻大国最具威胁潜力,因而是小国安全战略的优先合作对象。地理邻近度是威胁认知的基本指标,力量投放能力随着距离的增加而下降,因此,邻近国家造成的威胁要比遥远的国家大得多。③ 小国追随战略的必要性应该随着某个威胁性国家的接近和攻击性军事能力的增加

---

① Tim Sweijs, "The Role of Small Powers in the Outbreak of Great Power War", Centre For Small State Studies Publication Series, University of Iceland, Occasional Paper 1-2010.

② Brett Ashley Leeds, "Do Alliances Deter Aggression? The Influence of Military Alliances on the Initiation of Militarized Interstate Disputes", *American Journal of Political Science*, Vol. 47, No. 3, July 2003, pp. 427-439.

③ Stephen M. Walt, "Alliance Formation and the Balance of World Power", *International Security*, Vol. 9, No. 4, Spring 1985, p. 10.

而增加。[1] 小国面临的主要潜在威胁是较强邻国。面对毗邻大国的巨大实力优势,与大国毗邻的小国非常脆弱,小国自保的最佳途径显然是争取与其和睦相处。选择"追随"而不是"平衡",对毗邻大国的潜在威胁做出反应,是实现这一目的的普遍性策略。

其次,由于交通便利,文化相近,邻国之间的经济文化联系往往非常密切。毗邻大国是小国经济发展的重要保障,来自毗邻大国的援助、投资、技术和市场是小国经济持续发展的关键环节之一。通过追随毗邻大国,小国能够获取必不可少的经济支持。

此外,追随毗邻大国可以获得强大的政治支持。在处理与其他国家的争端时,亦可得到毗邻大国的外交支持。

域外大国也是许多小国追随战略的重要选项。这一般出于以下几种战略动因和政策算计:

(1) 追随战略的选择对象通常是国际安全体系中的最强者。国家往往为力量所吸引。一个国家越是强大,它所表现出来的吸引力就越大,其他国家与其结盟的可能性就越大。相反,如果它的国际地位相对下降,则会导致盟友倾向于选择中立策略,最坏的情况下则会倒向他国。[2] 以此来看,如果域外大国的综合实力明显超过毗邻大国,那么小国追随前者的可能性就会显著增加。

(2) 毗邻大国和域外大国处于战略竞争或博弈态势。国际政治基本上是大国之间的游戏,大国关系总是充满了战略博弈的色彩。它们之间往往存在历史过节、现实矛盾和战略竞争等问题,在安全领域也相互警惕与防备。究其原因,全球影响、国际地位与国家利益高度关联,大国互动本质上是出于维护或促进各自的现实利益和战略利益。大国的复杂关系塑造着国际格局,也为其他行为体营造着特定的安全战略环境。在这种情况下,与大国毗邻的小国的战略价值会随着大国博弈程度的上升而提高。大国竞合关系为小国提供了战略利用的可能性,也增加了域外大国

---

[1] Giorgi Gvalia, et al., "Thinking Outside the Bloc: Explaining the Foreign Policies of Small States", *Security Studies*, Vol.22, 2013, p.104.

[2] Stephen M. Walt, "Alliance Formation and the Balance of World Power", *International Security*, Vol.9, No.4, Spring 1985, p.7.

借助小国制衡毗邻大国的战略动机。

（3）如果小国认为追随域外大国或联盟是国家发展的最佳途径,也会舍弃毗邻大国而选择域外大国或联盟。强者代表着"未来的潮流"的信念促使国家选择追随更强大的一方。① 因此,在小国的外交决策中,政治理念和社会认同这些观念性因素的影响可能会超越传统的地缘政治动因。波罗的海国家、东欧国家、古阿姆集团成员国等纷纷选择加入北约和欧盟,这固然和苏联崩溃之后特定的历史背景相关,但是,对苏式价值观和发展模式的负面认知,以及对西方价值观和发展模式的强烈认同,是这些国家大幅调整对外战略,推动"脱俄入美(欧)"政策的内在动因。

（4）如果与毗邻大国存在不可调和的利益矛盾,小国往往会选择追随域外大国的策略,试图通过外部支持来维护和促进自身核心利益。邻国之间总是存在领土、跨界民族等问题,这些争端可能因为毗邻大国权力下降、国内政治需求、域外大国插手等原因而爆发。在这种情况下,小国倾向于追随域外大国,给毗邻大国施加压力,利用大国博弈来实现自身的政策目标。

追随域外大国的策略可能面临不可预测的战略后果。首先,在大国博弈的背景下,尤其是卷入大国战略竞争中,追随域外大国意味着对毗邻大国战略利益的损害,从而会恶化与毗邻大国的关系,甚至直接导致军事对抗和冲突。其次,追随域外大国以维护和促进自身安全利益,取决于域外大国联盟承诺的可靠性。域外大国能否为了小国利益而与毗邻大国进行直接对抗,似乎充满了不确定性。此外,在历史的长河中,大国兴衰是历史规律,大国关系也在时代的变迁中不断变化,小国追随域外大国的现实条件亦会发生重大变动,该策略的可持续性存在疑问。

总之,对于小国的长远安全而言,追随战略的关键之处在于如何在域外大国和毗邻大国之间、在短期利益和长远利益之间寻找一个微妙的平衡点。

3. 小国的平衡策略：功能与局限

与"追随"相比,"平衡"(Balance of Power)是小国试图增强自身安全

---

① Randall L. Schweller, "Bandwagoning for Profit: Bringing the Revisionist State Back In", *International Security*, Vol. 19, No. 1, Summer 1994, p. 96.

自立性的战略手段。"平衡"战略的操作主体不仅需要让自己成为大国竞相关注的战略"筹码",微妙的大国关系及其演进也对其外交技巧提出了高要求,因此,该战略是大多数小国很难操作的"游戏"。

"平衡",或称"均势""权力均衡""力量平衡"等,是现实主义思想中确保国际和平的基本思路,也是小国为了维护并增进自身利益而游走、周旋于大国之间的有效工具。"平衡"是指加入某个联盟,以抵御拥有更多资源的潜在威胁性国家或同盟。① 在现实中,国家有不同的理由来选择平衡或追随强者战略。平衡战略是捍卫价值目标的"自我保护"(self-preservation)行为,追随战略通常是为获取所觊觎价值目标的"自我延伸"行为(self-extension)。② 在西方外交史上,"均势"这个名词最早载入的条约是在1713年西班牙王位继承战争后交战国签订的《乌得勒支和约》。这个和约总结了过去的经验教训,认为要确保和平与稳定就必须维持"均势"。此后均势被更多的国家或国家集团当作处理国际关系的一个原则,也成为小国对外战略的重要手段。

权力均衡对国际和平与稳定具有积极作用。在一个仍然以主权国家对权力的追求为动力的世界中,和平只能通过两种方法来维持:一是社会力量的自我调节机制,它表现为国际舞台上的权力角逐,即权力均衡;另一种方法是以国际法、国际道德和世界舆论的形式对权力角逐加以规范性限制。③ 在当代国际关系中,均势具有一些新的含义。新兴独立国家活跃于国际政治舞台,形成了地区均势,核武器的出现对传统大国关系转换过程中武力手段的使用起到了一定的制约作用,国家间相互依赖关系的深化促使传统均势规则发生了一些变化。

"权力平衡"一直是国际关系的一大特征。虽然"权力平衡"的含义不言而喻,但也可从几个方面加以理解。"权力平衡"可以描述为国际体系的基本特性。在缺乏一个更高权威来管制国际关系的情况下,国家通

---

① Francis Domingo, "The RMA Theory and Small States", *Military and Strategic Affairs*, Vol. 6, No. 3, December 2014, p.49.

② Randall L. Schweller, "Bandwagoning for Profit: Bringing the Revisionist State Back In", *International Security*, Vol. 19, No. 1, Summer 1994, p.74.

③ 汉斯·摩根索:《国家间政治——权力斗争与和平》,徐昕、郝望、李保平译,北京大学出版社2006年版,第51页。

过构建权力均衡以降低被攻击的风险。"权力平衡"是一个针对体系中发生的权力集中而构建抵消性联盟的过程。它可以指由两个或更多国家或集团构成的平衡性力量所形成的态势,也可以是维持与促进这一力量均衡态势的政策。此外,它又可以理解为国际关系结构,国家间在特定行动和权力关系调整方面达成的某种安排,这可能是更低或更高军备水平的反映。① 国际和平和秩序取决于权力均衡。也就是说,权力在若干国家之间或一个由国家组成的集合体内部的大致均等的分配,可以防止其中任何一个国家获得高于别国的权势。

实施平衡战略有内外两个前提条件。其一,国际安全体系的相对稳定和多极化态势是平衡战略的必要外部条件。在大国对抗的"极化"格局下,小国安全战略选择的空间就会大幅压缩,平衡战略就会受到"选边站"的巨大压力。其二,小国具备较强的自卫能力,同时具有大国所关注的诸如战略位置或战略资源等战略价值。这是小国实施平衡战略的政策筹码。

然而,小国无法摆脱依赖外部力量的基本特性。小国可以借大国之力操作"平衡"术,但其本身无法充当"砝码"和"平衡者"的角色,或者说发挥的作用是有限的。在冷战的两极格局下,大国与小国之间的实力悬殊如此之大,以至于处于超级大国阴影下的小国不仅丧失了平衡的能力,而且在相当大的程度上丧失了游离进退的自由。在先前的时代,这种游离进退的自由曾使小国在权力均衡中扮演非常重要的、常常是决定性的角色。② 由此看来,均势战略既需要高超的外交技巧,也需要敏锐的洞察力,同时需要必不可少的战略"筹码"。对绝大多数小国来说,这个战略的局限性非常明显。

(五)不对称关系与小国的行为倾向

由于存在显而易见的的权力差距,小国应对大国和小国的行为方式差异显著。一般来说,小国更有可能对其他小国而非大国采取对抗性行

---

① Report of the Secretary-General, *Concepts of Security*, Department for Disarmament Affairs, UN, A/40/553, New York, 1986.
② 〔美〕汉斯·摩根索:《国家间政治:权力斗争与和平》,第376页。

动。有研究指出,如果小国领导人期待某个更小国家的支持却未能如愿,它就会更易于发出与其断绝外交关系的威胁。① 小国领导人对外部干预内政的行为非常敏感,在确信他国正试图颠覆其政权的时候尤其如此。如果对象国所提供的经济、政治或军事支持低于此前的水平,尤其是因为出现替代性资源的时候,他们也会对某个国家或某个组织的其他成员感到不满。然而,他们更可能会挑选一个相对微不足道的国家,而不是大国作为发泄对象。② 在处理与较大国家的关系时,小国则要慎重得多。避免与强国发生直接冲突是小国安全的主要目标。

1. 不对称关系中的小国潜在优势

新的全球体系赋予了小国新的国际角色,提高了小国促进国家利益、发挥国际影响的可能性。国际行为体在某种程度上似乎抛弃了"唯大是好"的传统观念,"小"正在成为国际体系的有机组成部分。在国际关系中,大国有大国的国际定位和行为偏好;与此同时,国际问题的多样性和复杂性也为小国提供了独特的行动空间、发挥作用的余地及提升国际地位的机会。挪威、马耳他、卡塔尔、以色列、新加坡等就是小国外交的佼佼者,它们以微不足道的"小"发挥着与其物理规模不相称的国际影响力。虽然不能说世界已经进入到"小国时代",但21世纪的小国也不能被简单地视为由大国或强国主导的体系中的"结构性虚弱"的"小人国"(Lilliputians)。③ 在国际体系中,实力差距是小国参与国际互动的巨大劣势。这无可非议,然而,"小"也赋予小国一定的生存与策略优势。

第一,道义和舆论优势。在当今世界政治经济体系下,小国具有许多源自"小"的优势。对于众多小国而言,"小"是一个局限性,但实际上也是一个机会。④ 同情弱小乃是人类的天性。在大小国家互动中,国际社

---

① Susan Aurelia Gitelson, "Why do Small States Break Diplomatic Relations with Outside Powers? Lessons from the African Experience", *International Studies Quarterly*, Vol. 18, No. 4, December 1974, p. 455.

② Ibid., pp. 460-461.

③ Andrew F. Cooper and Timothy M. Shaw, eds., *The Diplomacies of Small States: Between Vulnerability and Resilience*, Palgrave Macmillan, 2009, p. 4.

④ John Stephen Moolakkattu, "Peace Facilitation by Small States: Norway in Sri Lanka", *Cooperation and Conflict*, Vol. 40, No. 4, 2005.

会往往会给大国提出更高的要求,施加更大舆论压力,而对小国一方的行为则倾向于理解和同情。小国占据着国际道德的"高地",因"小"而博得国际舆论、非政府组织和国际社会的同情和关注及外来援助。

第二,国际体系赋予的优势。二战后,规范国家行为的国际制度日趋丰富完善。国际制度既是大国主导构建的一系列机制、规则和规范,也是主要大国维护自身利益的重要途径。与此同时,相对有序的国际社会改善了小国生存与发展的外部环境,也为小国参与国际互动带来了有利因素。联合国确立的主权国家(无论大小)相互平等、互不侵犯、互不干涉的国际规则严格制约着大国"以大压小"的政策冲动,事实上弱化了大国传统的实力优势地位,因而更有利于小国的对外交往。现实来看,在与大国互动中,小国通常能够抢占先机,获取更多的实际利益。

第三,政策工具的灵活性。小国是发现国际体系破绽的专家,是要求发达国家或大国给予宽大和特殊待遇或债务减免的行家里手。小国非常有效地利用着"小"的特征,玩弄"无足轻重的重要性"(importance of being unimportant)或"无能为力者的权力"这样的游戏。[①] 小国的"为所欲为"涉及诸多领域,包括离岸金融中心、出售主权、开设赌场等不一而足,即便违反了贸易规则,也能免遭贸易报复。[②] 在大的国家那里,这似乎是不可想象的。

第四,国际安全的"搭便车者"。在当今国际体系下,因为无伤大局的"小",小国能够安享国际制度提供的"公共物品",无需付出相应代价而成为国际安全的"搭便车者",在许多国际领域往往拥有更大的灵活性和行动余地,可为大国之不可为,可不为大国之必为。这是"小"赋予小国的天然优势。

2. 不对称冲突的小国动因

国际关系并非仅仅是大国关系,大小国家间的不对称关系同样是国际关系的重要构成。小国与大国同样存在矛盾和争端,它们之间的不对称"对抗"或冲突是国际关系中的重要现象。在当今国际舞台上,美国、

[①] Andrew F. Cooper and Timothy M. Shaw, eds., *The Diplomacies of Small States: Between Vulnerability and Resilience*, p.44.

[②] Ibid., p.43.

中国和俄罗斯都有被小国"挑战"的经历。小国的天然优势是其"挑战"大国的现实背景。日趋规范化的国际秩序使得小国更能平等地与大国互动,也更有勇气与大国"斗争"。

一般来说,小国不应主动抗衡大国,因为实力差距注定了大小相争的结果。小国敢于"挑战"大国的动因是多方面的。

(1) 存在难以调和的领土争端。领土争端是个敏感问题,大小国家都不会轻易妥协让步。对资源稀缺的小国而言,领土更是增加生存与发展机会的物质基础。在这种情况下,大小国家之间的外交冲突不可避免。在外力介入的背景下,外交冲突可能会逐渐升级。

(2) 大国干预导致的不对称冲突。小国非常重视维护国家的主权独立性,大国干涉内政会触动小国的主权神经。在大小国家交往的过程中,小国越脆弱,对外部干涉就越敏感,越注意显示和捍卫自己的主权地位。一旦涉及小国的司法、行政管辖等主权问题,大国干预可能引发小国的反抗意识,进而产生外交纠纷。譬如,在"迈克尔·菲事件"①和"约翰内斯·范·达姆事件"②中,新加坡通过外交"对抗"显示了在内政问题上"小国不该屈服于大国"的政治姿态,收获了捍卫主权和小国尊严的良好声誉。

(3) 小国领导人的政治策略。对抗大国是一些小国政治领导人的精确政治算计,视之为提高个人政治声望而进行国内政治动员的特殊手段。以弱抗强、以小搏大往往会带来不错的声誉,是彰显个人政治勇气和智慧的理想途径。在国内政治中,领导人敢于直面和抗御强权国家,不仅可以

---

① 1994 年,18 岁的美国少年迈克尔·菲(Michael Fay)在新加坡被控以偷窃和在他人汽车上乱涂乱画的罪名,被判入狱 4 个月,罚款 3000 新元,鞭 6 下。该事件引发了新美之间的外交纠纷。时任美国总统克林顿和一些议员纷纷为迈克尔求情,之后新加坡将鞭刑从 6 下减至 4 下。S. R. Nathan, "My Foreign Ministry Years", in Tommy Koh, et al., eds., *The Little Red Dot: Reflections by Singapore's Diplomats*, Singapore: World Scientific, 2005, pp. 9-34.

② 1991 年 9 月 27 日,荷兰籍工程师约翰内斯·范·达姆(Johannes van Damme)在新加坡樟宜机场被发现携带海洛因而被捕,1994 年 9 月 23 日以走私毒品罪被处决。他是新加坡独立后处决的第一位欧盟国家公民和第一位西方人士。此前,荷兰政府曾为其求情,但遭到新加坡的拒绝。S. R. Nathan, "West Need Not Fear Vendetta by Singapore", Letter to the Editor, *New York Times*, October 1, 1994. http://www.nytimes.com/1994/10/01/opinion/l-west-need-not-fear-vendetta-by-singapore-024490.html. Accessed 20 May 2014.

第二章 小国的安全特性、国际角色与行为倾向

借此塑造个人英雄主义形象,亦可激发民族自豪感,并获得一定的民意支持和政治筹码。当然,与大国对抗也是转移国内政治矛盾的策略之一。

(4)与毗邻大国之间的历史纠葛带来的矛盾和冲突。在种族、宗教等领域,小国与邻近的较大国家之间往往存在重叠关系,有时会出现民族或宗教情感纠纷。在毗邻强国介入小国的民族或宗教问题时,两者之间的争端和冲突就不可避免。

(5)与域外大国相互利用导致的冲突。一些小国出于利益或战略考虑,可能会充当某个大国的"代理人"而与另一个大国发生对抗或冲突。在这种情况下,小国已经卷入到大国博弈的复杂游戏之中,大小国家之间的互动可能更加激烈,也更具危险性。

3. 不对称冲突中的小国行为逻辑与策略

二战以来,随着大规模杀伤性军事技术的出现,大国之间发生直接冲突的可能性越来越低。在这种背景下,不对称冲突成为国际冲突中最普遍的表现形式,它是不对称关系的极端方式。不对称冲突并不意味着强国占据优势或最终获胜。研究发现,在过去200年间的所有不对称战争中,近30%的胜者是弱国(weak actors)。与此同时,随着时间的推移,弱国获胜的几率也在增加。① 这种有反常理的现象说明,权力差距并非决定不对称冲突结果的唯一变量。影响以弱胜强的因素固然众多且复杂,但小国在不对称冲突中的行为策略不可忽视。

(1)不对称策略是小国应对不对称冲突的基本逻辑。不对称战争是交战双方破坏力反差极大的武装冲突。在军事冲突中,"破坏能力"和"战争成本容忍度"是决定战争结局的两大主要因素。② 大国的优势在于更强的"破坏能力",但成本容忍度存在不确定性;小国的优势在于更强的成本容忍弹性,破坏能力则不具对抗性。因此,在大小国家的不对称冲突中,大国的最优取胜策略是发挥军事能力优势,速战速决;小国的取胜策略则是努力提高大国的冲突成本,在持久对抗中不断降低大国的容忍

---

① Ivan Arreguín-Toft, "How the Weak Win Wars: A Theory of Asymmetric Conflict", *International Security*, Vol. 26, No. 1, Summer 2001, p. 96.

② Patricia L. Sullivan, "War Aims and War Outcomes: Why Powerful States Lose Limited Wars", *Journal of Conflict Resolution*, Vol. 51, No. 3, June 2007, p. 501.

度,最终迫使大国偃旗息鼓。

扬长避短的不对称策略是弱小国家应对强国的最佳方式。研究认为,在其他条件均等的情况下,当强国使用"直接攻击",而弱国使用"直接防御"策略时,强国应会迅速获得决定性胜利;当强国使用"直接攻击"策略,而弱国使用间接策略时,弱国应该获胜;当强国使用间接策略,而弱国使用直接防御策略时,强国应该失败;当强国诉诸蛮力攻击以游击战防御的弱国,强国应该获胜。简言之,强国更有可能赢得"策略相同的互动"(same-approach interactions),而输掉"策略相反的互动"(opposite-approach interactions)。① 在后一情况下,小国虽然遭受了物质损失,但争取了时间。强国的军事承诺和目标在持久对抗中不断拖延下去,时间成为强国在不对称冲突中产生政治脆弱性的重要因素。② 随着对抗的长期化,强国政府的政治压力便会不断上升,要求终止战争的社会呼声就会越高,不对称对抗态势将向有利于弱势的一方发展。总之,在不对称冲突中,小国没有与大国对等反制的资本和能力,但采取不对称的对抗策略可一定程度上抵消对手之长、弥补自己之短。

(2)避免直接对抗,发挥不对称优势。实力差距决定了直接对抗不是小国获胜的根本途径,也决定了小国的理性行为策略。

首先,避免直接对抗应该是小国在不对称冲突中必须遵守的理性原则。大国应对小国的基本策略无非"威逼"和"利诱"两种方式,这是说服小国不违背自身战略利益、在具体政策行为上与自己同向而行的有效举措。如果"利诱"策略失效,"威逼"甚至军事对抗有可能成为政策选项。对处于弱势地位的小国而言,诱导大国使用柔性策略而非强制策略合乎自身的安全利益。因此,在所有政策工具中,避免与大国直接对抗是小国在不对称互动中理应遵守的行为法则。

其次,挑选对自己至关重要、对大国则非关键利益的目标。研究认为,弱小国家敢于挑战强大国家,是因为某项特定利益在小国眼中的价值要比大国高,弱小国家愿意为获得这一利益采取更加积极进取的态势。

---

① Ivan Arreguín-Toft, "How the Weak Win Wars: A Theory of Asymmetric Conflict", *International Security*, Vol. 26, No. 1, Summer 2001, pp. 104-110.

② Ibid., pp. 121-122.

大国出于利益与成本的综合考虑,可能采取妥协退让的态度。一个国家的安全、繁荣和政权生存等核心利益越是重要,为了维护和促进这些利益,行为体愿意承担的成本就会越高。因此,在挑战大国时,弱小国家需考虑该项利益对大国的重要性。重要性越低,则小国得手的可能性越大;大国的利益舍弃度越大,小国得手的概率就越大,采取主动进攻行为的可能性也越大。①

此外,加大对手获胜成本是降低大国发动战争的动因。成本容忍度会不断变化,其范畴包括从不接受任何人员和物质损失到为了获胜而不计任何代价。② 军事实力影响的相对大小以及战争意志会按照关键目标的性质而发生变化。相较战争能力,战斗决心带来的影响更大,强国更可能低估获胜成本。在战前评估中,只有在使用武力达成政治目标的成本低于成本容忍度的时候,强国才会选择军事手段。实际成本超过一个国家的战前预期成本越多,超出其成本容忍度的风险就越大,也更有可能在战争目标达成之前被迫单方面撤军。对军事强国来说,目标屈服程度决定了军事能力(破坏力)和决心(成本容忍)要比人力和物质成本具有更大的影响。相较破坏能力,对手的成本容忍度更为抽象,很难做出准确评估,因而战前获胜成本评估也就更不准确。相对军事实力而言,战斗决心带来的影响在不断上升。在这种情况下,强国可能会低估军事行动成本的风险,在其最终目标是弱小对手必须屈服时,这样的不确定性无疑最高。③

最后,展示抗争决心以弱化对手的政治意愿。强国输掉小型战争是因为其决心远不及弱小对手。当强国使用武力手段追求某个目标时,实力虚弱的行为体的成本容忍优势就不可能挫败强国的破坏力优势。如果以蛮力手段追求政治目标的话,在实现自身目标、摧毁对手能力方面,强国占据了压倒性优势,成本容忍带来的影响就会大大减少。④ 当冲突升

---

① 谢晓光、岳鹏:《小国挑战大国的原因和策略》,《国际政治科学》2013 年第 4 期。
② Patricia L. Sullivan, "War Aims and War Outcomes: Why Powerful States Lose Limited Wars", *Journal of Conflict Resolution*, Vol. 51, No. 3, June 2007, p. 501.
③ Ibid., pp. 497-498.
④ Ibid., p. 507.

级为暴力对抗时,破坏力会直接影响其实现政治目标的可能性。在其他条件均等的情况下,行为体相较对手的破坏能力越强,其认定对手不堪一击或坚守战争目标的可能性就会越高。由于物质资源或作战能力存在明显的差距,战争结局也就更为明晰。如果继续战斗只会徒费人力和资源损失而无法获胜,弱势一方往往会选择求和。① 在这个前提下,小国的获胜策略是在冲突目标和方式上避免激发对手不惜一战的决心。

第二次世界大战后,在选择以武力反击大国时,弱国和非国家行为体的平均战死率高达 81%。然而,即便自身损失与大国损失之比不断上升,弱国也不可能屈服于强大对手。② 小国与强国对抗所造成的巨大损失是小国抗争决心的激发器。小国的顽强抵抗最终会导致强国逐渐产生得不偿失的政治判断,降低彻底制服小国的目标。

(3) 寻求其他大国和区域组织的实际支持。在不对称冲突中,当弱小国家获得外援时,实力对比并不能完全决定双方的行为选择。弱小国家如果试图在向大国发起的挑战中取胜,一个最重要的条件是要确保大国能克制使用武力的冲动,避免大国采取超过小国承受能力的实质性行动,即小国"取胜的必要条件是大国动武决心的有限性"。③ 统计显示,在二战以后大小国家之间的 55 次较量中,小国有 16 次获得外援,最终结果都是以大国失败告终,大国的失败率为 100%。在另外 39 次与大国的较量中,小国没有获得外援,最终大国有 10 次以失败告终,大国的失败率约为 25.64%。这说明在与大国的较量中,外援对小国能否取胜有着重要影响。当小国获得外部援助时,大国就不得不面对极高的失败率。在这种情况下,大国将倾向于选择放弃使用武力,以避免更大的损失。④ 因此,单凭一己之力,小国无法抵御实力更强国家的对抗性行为,争取外援是小国摆脱不对称冲突中力量劣势的关键策略选项。

(4) 凸现"小"的道德和舆论优势,弥补自身力量缺陷。在信息化和

---

① Patricia L. Sullivan, "War Aims and War Outcomes: Why Powerful States Lose Limited Wars", *Journal of Conflict Resolution*, Vol. 51, No. 3, June 2007, p. 501.
② Ibid., p. 507.
③ 谢晓光、岳鹏:《小国挑战大国的原因和策略》,《国际政治科学》2013 年第 4 期。
④ 同上。

全球化时代,不对称冲突当然不是单纯的军事对抗,也是涵盖政治、经济、外交等途径的综合性互动。发挥"小"赋予的天然优势,小国可以在一定程度上抵消不对称冲突中的力量缺陷。诉诸外交途径、国际规范和世界舆论,指控大国对手"以大压小"和"恃强凌弱",以阻止大国的"冒险"和强制行为。为了达到吸引国际关注、成为舆论焦点的目的,一些小国可能会主动寻衅滋事,制造事端。其中,通常表现在语不惊人不罢休的刺激性言语行为上,但也可能有制造国际冲突的实际行动。当今世界,小国本质上不是大国的对手和威胁,大国也没有与小国冲突的政治意愿,国际形象受损是大国非常顾忌的后果。因此,在不对称冲突中,小国可以充分发挥"小"的道义优势,通过外交途径争取国际支持,通过国际法等国际行为规范削弱对手行动的合法性,通过国际舆论营造有利于自身的氛围,小国亦可大幅降低强国使用硬实力的可能性,在不对称互动中促进自身利益。

四、小结

影响国际安全的因素复杂多样且彼此交织。无政府状态、国内体制和个人因素都有可能是构成冲突和战争的成因。与此同时,国家之间的空间距离、经济发展水平的差距、政体差异等也会增减国际冲突的可能性。显然,国家规模也是影响国际安全的重要因素之一。在国际关系之中,安全问题是最能凸显小国缺陷的领域。安全脆弱性界定了小国的国际安全角色及其安全行为方式。

第一,规模效应建构了小国的安全特性。与较大国家,尤其大国相比,绝大多数小国在军事资源、潜能和能力上根本无法相提并论,它们几乎丧失了安全自主的可能性,很难承受国际冲突带来的严重后果,在变动的国际情境中也很难获利。即便小强国也难以通过军事实力和军事组织的途径根除这种固有的安全缺陷,这种安全特性根深蒂固。体系依赖导致小国对维持和平现状具有强烈诉求,外部环境对小国安全至关重要,大多数小国存活与延续的根本原因在于体系的和平与稳定,它们的安全往往取决于外部环境的性质。

第二,在国际安全格局中,安全特性和行为方式建构了小国不同的国际安全角色。一方面,由于军事实力的严重失衡和对国家环境的依赖性,小国本质上更具和平倾向。另一方面,由于信息和外交资源的局限以及许多小国的国内治理问题,一些小国更有可能成为国际安全的威胁源泉。然而,塑造国际安全角色的关键更在于小国的国家治理及其安全战略思维和行为方式选择。

第三,国际体系和安全特性的共同作用深刻影响着小国的安全行为方式。除了体系的善意和安排之外,安全战略选择是小国安全必不可少的环节。国际体系的性质界定了小国的战略选择空间,综合实力和地缘位置则限定了小国的战略选择手段和方式。可以看出,同盟、平衡和中立这些常规的对外战略各有利弊。在不同性质的体系下,小国的安全战略选择各不相同。当今世界为小国提供了良好的生存与发展环境,这为小国的安全战略创造了更多的选择空间。总体来看,小弱国更趋于仰赖全球和地区安全机制,而小强国则有更多条件选择军事威慑与对外战略相结合的混合型策略。

总之,随着时代的迅猛发展,小国已经成为国际社会的重要组成部分。它们可能给国际安全增添了一股全新的积极力量,在大国关系格局中扮演着重要角色。在国际安全中,小国显然是不可或缺且值得持续关注的研究对象。

第三章

挪威模式：和平卫士的综合安全战略

第二次世界大战结束后，国际体系发生了巨大变化。新的国际环境为小国提供了空前的发展机遇和活动空间，以及更为灵活多样的安全战略选择。挪威的混合型安全战略是小国维护国家安全的典范之一。通过国家安全与国际安全的协调统一，挪威为自身争取了相对稳定的外部环境。这是可持续发展的前提，该国也由昔日的"斯堪的纳维亚的穷亲戚"蜕变为全球最富裕、安全和民主的国家之一。审视挪威的安全战略演进的进程可以看出，作为一个发达小国，在历史背景和地缘安全环境的作用下，该国构建了一套适合自身国情的混合型安全战略，在有效维护国家安全的同时，也塑造了"和平卫士"的显赫国际声望。挪威是促进国际安全的小国楷模，其安全战略实践可以归纳为发达小国依据国情和外部环境而逐渐摸索出的富有成效的"挪威模式"。

一、挪威的国家特性与地缘特点

挪威位于北欧斯堪的纳维亚半岛。该国西濒北海与挪威海，北临巴伦支海，东与俄罗斯、芬兰、瑞典三国接壤，南隔斯卡格拉克海峡与丹麦相望。挪威国土面积为38.5万平方公里（包括斯瓦尔巴群岛、扬马延岛等属地)。① 人口约514.78万,其中,挪威人占总人口的94.4%(含北部芬马克郡居住的少数民族萨米人),外来移民占总人口的5.6%。②

挪威的国家治理极为出色。二战以来,该国经济一直呈稳步高速增长态势,国内生产总值(GDP)从1961年的56.32亿美元提高到2014年的5002.44亿美元(参见图3-1)。如今,该国已是一个高度发达的小国。人均国内生产总值高达97013美元,在全球诸国中高居第二位。③ 在2014年度衡量国家综合治理水平的人类发展指数(HDI)世界排名中,挪威高居榜首。④ 除这些出色的国家治理表现之外,挪威的地缘政治特点也非常突出。

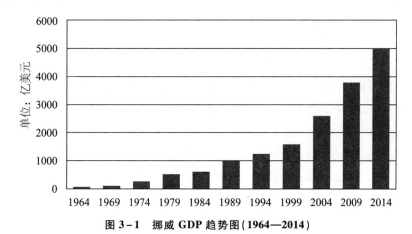

图3-1 挪威GDP趋势图(1964—2014)

数据来源:世界银行数据库,http://data.worldbank.org.cn/country/norway。其中,2014年数据来源:国际货币基金组织(IMF) World Economic Outlook 数据库,更新时间:2015年4月14日,http://www.imf.org/external/pubs/ft/weo/2015/01/weodata/

---

① 中国外交部网站:《挪威国家概况》,更新时间:2014年8月。检索来源:http://www.fmprc.gov.cn/mfa_chn/gjhdq_603914/gj_603916/oz_606480/1206_607256/。检索时间:2015年6月22日。

② 美国中央情报局 The World Factbook 数据库:https://www.cia.gov/library/publications/resources/the-world-factbook/。更新时间:2015年5月4日。

③ 国际货币基金组织(IMF) World Economic Outlook 数据库,2015年4月14日更新。2014年,卢森堡人均GDP达11.17万美元,居世界第一。检索来源:http://www.imf.org/external/pubs/ft/weo/2015/weodata/weorept.aspx。检索时间:2015年6月10日。

④ UNDP, 2014 *Human Development Report*, Human Development Index(HDI), 2014. http://www.undp.org/content/undp/en/home/librarypage/hdr/2014-human-development-report.html.

weorept.aspx。检索时间:2015年6月10日。

(一) 欧洲大陆的边缘小国

挪威地处欧洲大陆边缘地带,远离欧洲中心地区。空间距离带来的隔阂导致历史上挪威与欧洲其他地区的联系较为有限。因此,长久以来,挪威成为欧洲大陆上被人遗忘的角落。挪威的地理位置和自然条件为本国的发展打上了深深的烙印。

第一,山地多、耕地少的条件极大地限制了挪威农业的发展。斯堪的纳维亚山脉纵贯挪威全境,2/3国土为高原、山地和冰川,适宜耕作的土地面积较少。据统计,2012年挪威永久性耕地和可耕地仅占国土总面积的2.22%,[①]且多集中于首都奥斯陆附近。此外,挪威地处高纬度地区,日照条件差,因此农作物产量低下,大部分粮食需要依靠进口。

第二,挪威领土纬度跨度为北纬57°13′至北纬71°11′,经度跨度为东经4°13′至东经12°37′,国土形状呈南北狭长延伸之势,东西向最宽处为40千米,最窄处不到8千米,是典型的狭长型国家。这样的领土形状决定了挪威具有狭长型国家的普遍性特征,如战略防御纵深有限、地区差异大、中央与地方及地方之间的联系较弱、地方主义势力强大等。

第三,挪威多高山峡谷,河流众多,水量丰沛且落差较大,水力资源非常丰富。因此,该国的水电工业非常发达,其电力不仅可以满足国内生产和民用的全部需要,还可供出口。根据挪威水资源能源管理局的统计,2012年挪威水力发电占全年发电总量的96.65%(参见表3-1),仅此一项便可满足国内全年的用电需求,挪威也因此被称为"水电之国"。丰富的水电资源使挪威建立起了高度发达的金属生产工业。挪威是全球铝、镁和铁合金等金属的主要供应国,是世界上最大的初级铝金属生产和出口国之一,镁的产量亦居世界前列。

[①] 美国中央情报局 The World Factbook 数据库:https://www.cia.gov/library/publications/resources/the-world-factbook/。更新时间:2015年5月4日。

表 3-1 挪威电力能源的生产与消耗（2012）

项目	规模（10 亿瓦时）	相较 2011 年的变化（%）
水力发电	142898	+17.6
火力发电	3391	
风力发电	1556	
总发电量	147846	
进口电量	4190	+15.8
出口电量	22006	
总消耗量	130030	
电热锅炉消耗量	3569	+4.4
抽水蓄能消耗量	1470	
电能损耗	11016	

数据来源：Norwegian Water Resources and Energy Directorate, http://www.nve.no/en/.

第四，挪威林业资源非常丰富。该国国土的 38% 为森林覆盖，林地总面积约为 122000 平方千米。其中，生产性森林（Productive Forest）面积约为 86600 平方千米。丰富的森林资源为挪威发展木材加业提供了保障，辅之丰富的水电资源，挪威因而成为世界纸浆和纸制品的主要供应国之一。根据联合国粮食与农业组织发布的《纸浆及纸制品生产能力（2013—2018）》报告，挪威是全球 33 个纸浆及纸制品生产国之一。2013 年挪威纸浆产量居全球第 23 位（参见表 3-2）。此外，挪威还出口大量的木材、建筑材料和家具等。

表 3-2 纸浆及纸制品生产能力国家排名（2013）

单位：千吨

国家	造纸用木浆	造纸用其他纤维纸浆	溶解纸浆、木材、其他原材料	纸及纸板	造纸用回收纸浆	合计
中国	8815	8285		101100	59401	177601
美国	49411	—	—	73723	—	123134

第三章 挪威模式：和平卫士的综合安全战略

续表

国家	造纸用木浆	造纸用其他纤维纸浆	溶解纸浆、木材、其他原材料	纸及纸板	造纸用回收纸浆	合计
德国	2610	—	—	22395	16489	41494
日本	8768	5	74	26242	—	35089
加拿大	17258	—	—	11149	—	28407
瑞典	11721	3907	—	10781	—	26409
巴西	15072	57	420	10444	—	25993
芬兰	10520	—	—	10592	—	21112
俄罗斯	7171	0	29	7746	1980	16926
意大利	382	—	—	8536	4715	13633
韩国	553	—	—	11801	—	12354
法国	1699	—	—	8043	—	9742
奥地利	1555	1	432	4840	2331	9159
西班牙	1955	22	—	6181	—	8158
智利	5156	0	0	1104	—	6260
墨西哥	142	17	—	4835	—	4994
波兰	885	—	—	4064	—	4949
英国	230	—	—	4561	—	4791
葡萄牙	2450	0	83	2077	155	4765
南非	1269	71	747	2318	0	4405
荷兰	60	—	—	2792	—	2852
新西兰	1494	0	0	825	227	2546
挪威	**1088**	**—**	**—**	**1078**	**308**	**2474**
比利时	503	—	—	1961	—	2464
哥伦比亚	234	178	0	1165	753	2330
马来西亚	—	—	—	1980	—	1980

83

续表

国家	造纸用木浆	造纸用其他纤维纸浆	溶解纸浆、木材、其他原材料	纸及纸板	造纸用回收纸浆	合计
捷克	446	4	—	622	—	1072
菲律宾	0	25	—	803	—	828
匈牙利	0	19	0	675	—	694
丹麦	—	—	—	117	51	168
秘鲁	—	—	—	138	—	138
古巴	—	—	—	23	—	23

数据来源：Food and Agriculture Organization of United States，http://www.fao.org/.

（二）海洋资源大国

广袤的海洋赋予了挪威丰富的旅游资源、矿产资源和渔业资源，也为其提供了便利的航运条件。正是凭借海洋的恩赐，挪威成为全球重要的旅游目的地国、油气出口国、渔业生产国和海洋航运大国。

受第四纪冰川侵蚀作用影响，挪威拥有漫长的海岸线和众多的峡湾。这些峡湾既是观光胜地，又具有重要的军事价值。二战时，德国曾将半数军舰隐藏于这些峡湾之中。挪威的近海大陆架蕴藏着以石油和天然气为主的丰富能源资源。根据挪威石油管理局的报告，截至2013年底，挪威大陆架石油天然气总量达到142亿标准立方米油当量（含已开采的油气）[1]，因此成为全球重要的油气生产国和出口国（参见图3-2）。与此同时，巴伦支海域蕴藏着丰富的铁、镍、铜、钴等金属矿产。位于巴伦支海和格陵兰海之间的斯瓦尔巴德群岛及其周围海域也拥有储量可观的煤、磷灰石、铁和独特的生物资源。

---

[1] 中国驻挪威大使馆经济商务参赞处网站统计数据。检索来源：http://no.mofcom.gov.cn/article/tjsj/。更新时间：2014年4月24日。

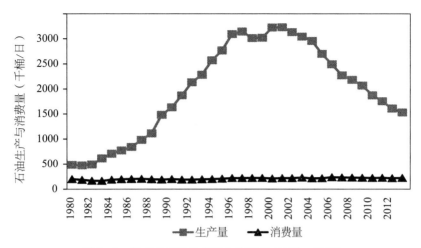

图 3-2 挪威的石油生产量与消费量(1980—2013)

数据来源：United Stated Energy Information Administration, http://www.eia.gov/.

挪威是一个海洋渔业大国。由于其附近海域地处北大西洋暖流和北极寒流的交汇区，挪威拥有世界著名的渔场，主要渔业资源有鳕鱼、毛鳞鱼、鲱鱼、鲑鱼等十几种鱼类。根据联合国粮食与农业组织发布的《2014年世界渔业和水产养殖业报告》，2012年度挪威的海洋渔业生产总量位居世界第11位(参见表3-3)。挪威更是仅次于中国的世界第二大鱼类和水产品出口国。2011年挪威渔民每人年均捕捞量为195吨，远高于智利、土耳其、马来西亚、中国、泰国、印度和印度尼西亚等渔业大国。[①]

表 3-3 2012年海洋渔业产量前11位国家

位次	国家	海洋渔业生产量(吨)
1	中国	13869604
2	印度尼西亚	5420247
3	美国	5107559
4	秘鲁	4807923
5	俄罗斯	4068850
6	日本	3611384

---

① Food and Agriculture Organization of United States, "The State of World Fisheries and Aquaculture: Opportunities and Challenges", 2014, p.31.

续表

位次	国家	海洋渔业生产量（吨）
7	印度	3402405
8	智利	2572881
9	越南	2418700
10	缅甸	2332790
11	挪威	2149802

数据来源：Food and Agriculture Organization of United States, http://www.fao.org/.

挪威西濒挪威海，北临巴伦支海，海岸线绵长，峡湾遍布，天然良港众多，航运条件极为便利，是重要的海运国家。挪威拥有闻名遐迩的商船队，巅峰时期船队总吨位数居世界第三。据联合国贸易和发展会议2014年发布的《海运述评》统计，挪威是世界第十大船主国（参见表3-4）。由此可见这个位于欧洲大陆边缘的小国实为名副其实的海洋大国。

表3-4 拥有最大船队的国家和地区

国家/地区	船舶数量	载重吨（千载重吨）	载重吨数占全世界的百分比（%）	本国船籍载重吨（千载重吨）	外国或国际船籍载重吨（千载重吨）
希腊	3826	258484	15.415	70499	187985
日本	4022	228553	13.630	17871	210682
中国	5405	200179	11.938	73252	126928
德国	3699	127238	7.588	15987	111251
韩国	1568	78240	4.666	16266	61974
新加坡	2120	74064	4.417	41080	32984
美国	1927	57356	3.420	8495	48860
英国	1233	52821	3.150	8264	44557
中国台湾	862	47481	2.832	3859	43622
挪威	1864	42972	2.563	17470	25502

数据来源：UNCTAD secretariat, based on data provided by Clarkson Research Services, http://www.unctad.org.

说明：数据截至2014年1月1日。

与此同时，近年来北极冰盖的加速融化带来了巨大的航运潜力，挪威在北极地区的海洋运输中扮演着越来越重要的角色。北极地区有两条主

第三章 挪威模式：和平卫士的综合安全战略

要航道：一条是由格陵兰岛经加拿大北极群岛到阿拉斯加北岸的航道，这是大西洋和太平洋之间最短的航道，被称为"西北航道"（Northwest Passage）；另一条是以巴伦支海为起点，穿过西伯利亚与北冰洋毗邻海域，绕过白令海峡到达中、日、韩等国港口的"东北航道"（Northeast Passage），该航道亦称"北方航道"（Northern Sea Route）。北极圈范围内的航道还包括挪威航道、格陵兰航道等。挪威北部的瓦尔德港（Vardo）是北方航道的重要起点。挪威航道虽然里程较短，却是北极圈内最繁忙、货物运输量最大的航道。

可以看出，挪威虽然远离欧洲大陆中心，偏居一隅，但拥有得天独厚的自然条件和资源禀赋。该国经济发达，国家治理井井有条，政治社会稳定，人民安居乐业。国内安全无忧，该国有余力和精力放眼世界，在更宽阔的国际舞台上展示挪威的风采，在全球安全事务中扮演积极的角色。与此同时，独特的地理位置和国际环境的巨大影响也深刻塑造着挪威的安全战略架构。挪威是连接北大西洋与亚欧大陆的战略要地，随着北极地区矿产资源和航运潜力的开发，更加成为大国关注的对象。国际格局的演变使得挪威被迫卷入大国的利益争夺和对抗之中。这一切都决定了挪威不可能生活在远离喧嚣、与世无争的田园牧歌之中。

二、挪威安全战略的演变：从中立到结盟

第二次世界大战期间，挪威被法西斯德国占领，历来奉为圭臬的中立政策遭遇挫败。二战结束后，挪威重新审视并大幅调整了国家安全战略。总体看来，该国经历了二战结束后短暂的过渡期、依靠美国和北约的冷战期以及多方位安全战略取向的后冷战期。

（一）挪威的中立传统及其失败

斯堪的纳维亚国家均为小国，它们都具有悠久的中立主义传统。历史上，它们曾奉行中立或不结盟的对外政策，并取得了一定的成功。1905年挪威脱离瑞挪联盟独立至第二次世界大战前，都将中立作为处理对外关系的首要原则。

挪威的中立政策具有深厚的历史积淀。1905年,米切尔森政府出台了一份关于挪威外交政策的指导方针,强调挪威应该避免与任何可能陷入战争的国家结盟。此举得到了挪威民众的广泛赞同。一方面,挪威实行中立的外交政策是由于自身实力弱小,难与其他强国平等对话。长期以来,挪威被视为"斯堪的纳维亚的穷亲戚"。对于长期处于殖民统治下、刚刚获得独立的弱小国家来说,"保持低调和躲避关注"的中立政策无疑是最务实的选择。另一方面,挪威外交政策在很大程度上受到前宗主国瑞典的影响。自拿破仑战争结束以来,瑞典一直奉行中立的对外政策。该政策持续了百年之久。独立后的挪威在对外关系方面承袭了瑞典的传统做法。

第一次世界大战期间,挪威继续坚持中立政策。战争初期,该政策帮助挪威规避了战祸,也给挪威带来了丰厚的经济收益。由于战时物资匮乏,工业生产主要集中于军工领域,参战国在粮食、能源、民用商品等方面都大量依赖海外进口。挪威的水电、矿产以和农产品都成为国际市场上的抢手货,英德两国竞相表示愿高价购买挪威出口的所有鱼类。与此同时,作为中立国,挪威能够同时和交战双方进行贸易。这一时期,挪威商船的总吨位数和出航频率迅速增长,运输的货物也多以战争物资为主。这为挪威带来了可观的财政收入。

然而,单方面的中立并不能换来强国的认可,战争带来的财富和繁荣也不长久。在你死我活的战争状态下,为了尽可能削弱和打击对手,交战双方并不尊重挪威的中立地位。英国以切断对挪威的石油和煤供应为威胁,迫使其答应不再将黄铁矿等关键的战略物资出口德国,同时要求挪威将商船租借给英国使用。德国则发动潜艇战,使挪威船队蒙受了巨大损失。一战结束时,挪威对世界大战最难忘却的经验是"牺牲了一半商船和配备在商船上的二千名船员的生命。虽然挪威失掉比除开不列颠(它能甚为容易地经受这一损失)的任何一个参战国都要巨大的吨位,她不得不以中立的克制态度忍受这场损失;她到1923年在海运国家中竟从第四位下降到第八位。"[①]

---

① 〔英〕托·金·德里:《挪威简史(下)》,华中师范学院《挪威简史》翻译组译,湖北人民出版社1973年版,第415页。

第三章 挪威模式:和平卫士的综合安全战略

挪威作家约斯特伦·布约森曾指出,"挪威的外交政策就是没有外交政策"。① 这种谨慎务实的中立态度使得挪威成功躲避了第一次世界大战的浩劫。但由于自身军事力量弱小,无法有效维护自身利益,挪威的商船队在一战中蒙受了巨大损失,中立国的地位又使得战争结束后挪威迟迟得不到应有的赔偿。中立政策并未确实捍卫挪威的安全利益。

一战之后,挪威延续中立政策,但战争使挪威人逐渐认识到,他们已经越来越难回避自以为与其毫无关系的国际事务。于是,一战后,挪威的对外政策有了新的变化。1920 年,挪威加入国际联盟。虽然在国联中并不介入任何军事行动,但此举因违背了挪威一贯奉行的中立政策而在国内引起诸多非议。1939 年,第二次世界大战爆发时,挪威再次选择宣布中立明哲保身,极力避免卷入战争之中。

战争的发展远远超过了挪威政府的预期,确保中立国地位也远非想象中那样简单。由于拥有重要的地理位置、优越的海港条件和发达的商船网络,对于坐困愁城的英国和缺少出海良港的德国来说,挪威都具有极为重要的战略价值。交战双方对挪威的态度是,不为己用,也绝不可为敌所用。英国曾绕开挪威政府,私下和挪威商船协会接触,向其保证英法联军会在战争中保护其海上航行安全,交换条件是挪威商船需要配合英军运输坦克和其他武器装备。对于极具战略意义的挪威,希特勒岂能熟视无睹。他无视挪威的中立国地位,使用武力手段强行占领该国。1940 年 4 月 8 日,德军突袭中立的挪威。虽然挪威曾组织军队反抗,英法联军也施以援手,但在强悍的德军面前,挪威仍难摆脱小国任人摆布的命运。英挪联军曾一度取得了挪威北部重镇纳维克港,但因德军回攻法国,驻扎于法国境内的英法联军被迫撤退(即著名的"敦刻尔克大撤退")。基于欧洲大陆的战略价值考量,挪威的存亡此时又变得无关痛痒。英国军队迅速撤离北欧,挪威寡不敌众,6 月底挪威全境宣告陷落。德军的占领标志着挪威中立政策的破产。挪威国王和政府在抵抗失败后流亡伦敦,组成流亡政府,与盟国一起抗击希特勒。

然而,瑞士与瑞典的经验告诉我们,即使是在第二次世界大战中,小

---

① 田德文编著:《列国志·挪威》,社会科学文献出版社 2007 年第 1 版,第 66 页。

国的中立仍然是可以实现的。不过,这一目标面临诸多现实障碍和困难,需要许多先决条件。对挪威来说,敏感的地理位置和丰富的战略资源此时不是优势,而是招致强敌的主要障碍。适度的军事威慑力同样是确保中立地位的前提。入侵挪威的低微成本和巨大的侵略收益,是难以阻遏潜在入侵者动用武力的冲动的。因此,小国要保持中立,并不能依靠"保持低调和躲避关注"。对挪威这样具有重要地缘战略价值的小国来说尤其如此。挪威中立政策失败的另外一个主要原因是自身军事力量的弱小,毫无威慑力可言。1933年挪威军队仅有470名现役军官与1100名预备役军官。战争前夕,挪威征召的士兵总数不超过10万人,其中大部分人缺乏训练且装备落后。① 这样的军事力量显然难以对他国起到任何实质性的威慑作用。面对强大的德国和英国,挪威中立政策的失败也就显得顺理成章了。

(二) 二战后的调整期:"搭桥"政策

第二次世界大战的惨痛经历使挪威认识到,由于位处战略位置及其商船队具有军事价值,"永久中立政策是不现实的了"。它也同样确信,只有"在各大国继续合作的基础上搞集体安全,今后的和平才能有保障。"②因此,二战结束后,挪威提出了"搭桥"(Bridge Building)政策,即放弃中立,将和平寄希望于联合国主导的集体安全体系上,试图置身于大国集团政治之外,将国家角色定位为沟通"东西方的桥梁"。相较之前的中立主义,这一政策的核心"不是消极地在相互敌对的大国之间保持不偏不倚的姿态,而是力图在大国之间发挥积极的外交努力,促进大国合作,以确保国际安全与秩序。"③

"搭桥"政策的提出一方面是基于对国际和平前景的乐观预期,另一方面则是1946年2月挪威外交大臣特里格夫·赖伊当选为联合国秘书

---

① Efraim Karsh, *Neutrality and Small States*, Rutledge, 2011, p.190.
② 〔英〕阿诺德·汤因比、维罗尼卡·M.汤因比编著:《国际事务概览·第二次世界大战·欧洲的重组》,劳景素译,上海译文出版社2007年版,第735页。
③ 崀大为:《战后初期北欧国家安全政策的调整:试论北欧平衡的形成》,《欧洲》2001年2期,第92页。

第三章 挪威模式：和平卫士的综合安全战略

长,"给挪威带来了它在该组织中的某种既得利益"。① 二战结束后初期,美苏忙于战后恢复和中欧地区的争夺,也无暇顾及挪威。

然而,随着美苏关系走向相互对抗的冷战格局,挪威"搭桥"政策的基础逐渐动摇。1946 年,苏联对挪威的北方属地斯瓦尔巴德群岛(又称斯匹次卑尔根群岛)提出主权要求,挪苏领土争端成为两国关系恶化的前兆。国际形势的变化以及北方强邻的威胁使挪威的统治精英逐渐认识到,"各大国已在为未来可能的冲突准备战略阵地;在这样一场冲突中,北冰洋很可能成为战略上至关重要的一大战场;不仅斯匹次卑尔根群岛本身,就连挪威北部海岸也都将构成苏联防线前缓冲工事的一部分。"② 1946 年,美国提出"欧洲复兴计划",挪威被纳入援助范围内。此外,挪威同英国合作对抗纳粹的经历,使其与瑞典、丹麦等其他北欧国家相比更倾向于同英美结盟。1948 年 2 月,捷克斯洛伐克政局动荡("二月事件"),接着苏联又对芬兰施加压力并对挪威开始"神经战"。这一系列因素导致挪威对苏联和联合国的幻想彻底破灭,同时也为其加入北大西洋公约组织(简称"北约")埋下了伏笔。

(三) 加入北大西洋公约组织

冷战初期,除了加入西方国家集团之外,挪威还有另外一个可行的安全战略选择,即与瑞典、丹麦组建中立的北欧防务联盟。

1948 年 5 月 3 日,瑞典外交大臣恩登向挪威和丹麦两国提出建立斯堪的纳维亚防务联盟的建议。瑞典为该联盟预设的条件是联盟参与国只限于北欧国家,每个参加国必须各自拒绝参加任何大国集团,联盟的基础必须是中立。③ 该建议得到了挪丹两国的积极响应,但挪威提出了新的谈判条件:斯堪的纳维亚防务联盟不能排除与西方大国合作的可能性,而应该同其保持密切的联系,以便得到西方的武器装备和安全支持。最终,由于挪威与瑞典在防务联盟应该保持中立还是倒向西方的问题上立场冲突且难以调解,加之美国反对这一计划,挪威和丹麦最终放弃加入斯堪的

---

① 〔英〕阿诺德·汤因比、维罗尼卡·M.汤因比编著:《国际事务概览·第二次世界大战·欧洲的重组》,劳景素译,上海译文出版社 2007 年版,第 735 页。
② 同上书,第 736 页。
③ 刘同舜、姚椿龄:《战后世界历史长编·1953》,上海人民出版社 1992 年版,第 129 页。

纳维亚防务联盟。谈判破裂后,加入美国主导的北约军事集团成了挪威唯一的选择。

挪威对瑞典中立防务联盟的提议犹豫不决源自多方面的考虑。首先,对前宗主国的战略意图持有疑虑。挪威20世纪初才从瑞典控制下独立出来,对瑞典主导地区防务事务较为敏感,且瑞典在邻国面临生死攸关的威胁时通常行明哲自保之策,这让挪威怀疑瑞典所做承诺的可信度。其次,挪威认为一个中立的北欧防务联盟不够强大,无法完全依靠自身进行有效防御。此外,二战中被占领的经历让挪威人认识到事先与西方大国进行防务联系的必要性。挪威自19世纪后半期以来一直与英国交好,二战中英国的帮助让挪威决定战后依然要维系这种友好关系。① 正是在上述种种因素的作用下,挪威放弃了建立斯堪的纳维亚防务联盟的选项,并于1949年4月作为创始会员国加入北约军事集团。此前,挪威就加入北大西洋公约组织一事照会苏联:"挪威曾希望联合国成为在全世界范围内维护和平的强有力组织,但这种希望落空了。因此,挪威有必要谋求改善其自身安全防卫措施,办法就是如同联合国宪章所期望的做出区域性安排。为了达到这个目的,挪威会同瑞典和丹麦进行了多次磋商,但没有任何结果。所以,挪威有必要对加入大西洋区域性组织的可能性进行调查。"②

挪威的这一举动反映了当时欧洲小国普遍存在的矛盾心态:既寻求区域内的合作,又试图得到域外大国的帮助;既想从西方大国获得对潜在威胁的安全威慑,又不想承担联盟的成员国义务;既希望得到美国的经济援助和安全承诺,又要努力平衡与苏联的关系以免触怒毗邻大国。加入北约后,为了向苏联表达和平意愿,挪威提出了"基地政策",即:挪威决不奉行侵略政策,除非本国受到攻击或面临威胁;挪威决不会为了政治目的而让别国使用挪威领土,也不会向外国提供军事基地。挪威此举是向苏联表明,它并不反对苏联,亦不想与其兵戎相见。虽然莫斯科表示不接受挪威的解释,并认为挪威关于侵略问题的保证是不充分的。但从冷战时期的实际情况看,挪威加入北约的实质目的也的确是为了维护国家与

---

① 丁祖煜、李桂峰:《美国与北欧防务联盟计划的失败》,《史林》2008年第2期,第142页。
② 〔英〕彼得·卡尔沃科雷西编著:《国际事务概览(1949—1950)》,王希荣译,上海译文出版社1991年版,第178页。

地区的和平。挪威在美苏之间左右逢源的努力反映出一个小国在大国博弈中生存的艰难。

(四)冷战结束后的综合安全战略

冷战结束后,挪威与时俱进,再次调整了国家安全战略,逐渐构建起了一套全方位的综合安全战略。在新的历史时期,维护国家的主权、领土完整和政治自由是挪威安全政策的首要目标;维护联合国主导下的世界秩序,着重强调人权与国际法是挪威基本的安全利益;通过北约机制强化与发展跨大西洋安全共同体是重中之重;北极是国内战略投资最重要的地区。① 具体而言,挪威的综合安全战略主要包括军事建设和外交行动两个方面。

冷战结束后,挪威的军事投入总量呈现了稳中有升的发展态势。虽然军费开支占GDP的比重总体呈下降趋势,2005年以来这一比重基本稳定于1.5%左右,但经济总量的持续提升使得挪威的军费开支总额维持着稳定上升态势。2009年挪威军费开支总额突破70亿美元,2013年达到75.02亿美元,创历史最高(参见图3-3)。挪威军费开支依循《索里亚莫里亚宣言》(Soria Moria Declaration)的相关规定,主要用于北极地区的防卫开发、支援国际维和与冲突管理以及参与国际军事行动等方面。

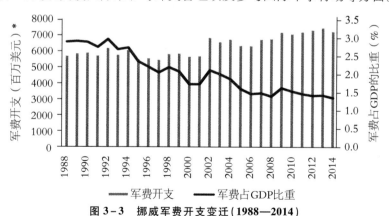

图 3-3　挪威军费开支变迁(1988—2014)

数据来源:SIPRI Military Expenditure Database, http://www.sipri.org/.
* 以2011年定值美元计算。

---

① Norwegian Ministry of Defence, "Norwegian Defence 2013: Facts and Figures", 2014, p.2.

二战期间被纳粹德国侵占的惨痛记忆让挪威人认识到增强自身军事力量的重要性。"9·11"事件之后,日益严峻复杂的全球安全形势对小国的防卫能力提出了更高的要求。为此,挪威致力于建设一支高质量、灵活机动、具备快速部署能力的现代化军队,以维持一定的军事威慑力度,有效维护国家安全和利益。

经过不懈努力,挪威军力已较为可观。挪军总人数约23000人,其中陆军约9000人,海军约4000人,空军约4100人,国民警卫队常驻人数约550人,动员后总兵力可达8.3万人。挪军主要武器装备包括"豹-2A4"坦克、"CV-9030"装甲车、"南森"级护卫舰、"乌拉"级潜艇、"F-16A"战斗机、"NH-90"直升机等(挪威武器装备情况参见表3-5)。[①] 挪威实行义务兵役制,18至44周岁的男性公民都有服兵役的义务,士兵服役期12个月。挪威议会2013年通过法案,规定自2015年起将义务兵役制扩展至女性公民,成为欧洲首个和平时期征召女性服兵役的国家。近年来,挪威推动军队改革,努力提高人员素质,注重发展武器装备,军队实力不断增强。

表3-5 挪威陆海空三军主要装备

陆军装备		海军装备		空军装备	
坦克(辆)	52	各型军舰(艘)	62	各型战机(架)	104
装甲车(辆)	684	护卫舰(艘)	5	歼击机/拦截机(架)	47
自动火炮(门)	54	轻型护卫舰(艘)	0	固定翼战机(架)	47
牵引火炮(门)	150	潜艇(艘)	6	军用运输机(架)	39
多管火箭炮(门)	0	海防巡逻艇(艘)	26	教练机(架)	10
		水雷对抗舰(艘)	9	直升机(架)	45
				武装直升机(架)	0

资料来源:全球火力官网(GFP):http://www.globalfirepower.com/country-military-strength-detail.asp?country_id=norway。Last Updated:April 1, 2015。检索时间:2015年6月10日。

促进国际和平、参与国际维和是挪军的重要使命之一。挪威是世界

---

① 中国驻挪威王国大使馆网站:《挪威国家概况》。http://www.chinese-embassy.no/chn/nwgk/t694363.htm。更新时间:2014年8月8日。检索时间:2015年6月9日。

第三章　挪威模式：和平卫士的综合安全战略

上参加国际维和行动较早、次数和人数较多的国家之一,1947年以来先后参与40余项国际维和行动,参与人员约6万人次。①

后冷战时代,为维护国家安全利益,挪威积极参与北约、欧盟、联合国等多边合作机制,推动与美、俄等大国关系的发展和北欧地区安全合作。此外,挪威还为世界的和平与发展做出了不懈的努力。这种以和平为导向的外交政策构成了挪威混合型安全战略的核心。

三、多边安全合作机制：挪威的战略主线

第二次世界大战后的一大历史趋势是,国家之间相互联系、相互作用和影响的程度不断广化和深化,一个国家的安全与其他国家的安全紧密关联。在这种情况下,国际安全治理机制的发展对国家安全的重大意义也就日渐显著了。对缺乏安全自立性的小国而言,国际安全治理机制更是确保国家安全的关键途径。多边安全机制亦是挪威安全的主要依托。挪威的对外安全战略具有多层面、多途径的混合型特征。作为世界上最强大的军事集团,北约(NATO)是大多数欧洲国家的安全屏障。欧盟的安全合作则不尽如人意,它与北约安全架构之间存在一定的竞争关系,欧洲国家对它的政策态度较为多元分化。然而,欧盟安全政策框架同样是确保地区稳定的有效尝试。与此同时,挪威积极参与并影响着联合国的国际安全事务,视联合国为促进国际安全、维护小国权益的全球多边机制。

(一)北约：挪威的安全支柱与战略基石

冷战时期设立的区域性军事集团——北约是欧洲小国寻求安全的一大靠山。受自身军力的限制,挪威将北约的集体防务作为在战争等极端情况下维护国家主权独立和领土完整的"安全网"。由于民间强烈的疑欧主义倾向,挪威并没有像丹麦、瑞典、芬兰等其他北欧国家一样选择加

---

① 中华人民共和国驻挪威王国大使馆网站:《挪威概况》,2014年8月8日更新,http://www.chinese-embassy.no/chn/nwgk/。

入欧盟,因此,北约成为挪威参与大西洋安全共同体合作与对话的主要机制,也是挪威在国际谈判中的重要筹码和参与多边军事行动的主要渠道。借由北约机制,挪威得以提升自身的国际影响力,实现了"以小搏大"的目的。

加入北约既是基于战略威慑的考虑,也是挪威国内的社会共识,同时亦体现了其一贯的政治立场。挪威地处斯堪的纳维亚半岛西部,濒临广阔的北大西洋。不同于北欧其他国家,挪威国土直接暴露于大国的潜在武力威胁之下。地缘战略位置与二战的经历,使得挪威人深切地认识到,要维护自身的独立与安全,必须借助强大的外部力量。将本国安全寄托于联合国与北欧防务联盟的希望落空以后,北约便成为挪威获得安全威慑的唯一选择。

1949年3月3日,挪威议会以118票对11票通过决议,决定参加筹建北约的谈判。同年3月29日,挪议会又以130票对13票同意加入北约。挪威加入北约不仅是政治精英的共识,在国内也有着广泛的民意基础。根据非政府组织"人民与防务"(People and Defence)进行的关于挪威国家安全的社会调查,多数受访者认为加入北约有利于挪威的国家安全。近20年来,这一比例保持在相对稳定的范围内,约占总受访人数的60%至70%左右。在恐怖主义盛行的当下,认为加入北约增加了国家被攻击风险的受访者呈上升趋势,但比例相对较小,约占总受访人数的10%(参见图3-4)。强大的民意支持是挪威加入北约的重要社会基础。

虽然地处欧洲大陆的边缘,历史上与中心地区交集甚少,但挪威是一个不折不扣的西方国家。政治上,挪威是一个君主立宪制的民主国家;经济上,私有制在国民经济中占据主导地位;文化上,挪威人普遍信仰新教路德宗。诚如挪威外交大臣兰格所言:"毫无疑问,在地理上、经济上、文化上,我们都是西方的一部分,我们决心要使我们的国家作为西方的民主国家而继续存在。"[①]二战中与英国协同作战、共同对抗纳粹德国的经历使得挪威相较丹麦、瑞典两国来说与英美的联系更为密切,因此,挪威是

---

① Barbara G. Haskel, "The Scandinavian Option: Opportunities and Opportunity Costs in Postwar Scandinavian Foreign Policies", Universitetslorlaget, 1979, p. 42.

最倾向于加入美英主导的西方联盟的北欧国家。挪威加入北约,不过是其一贯政治立场的延续。

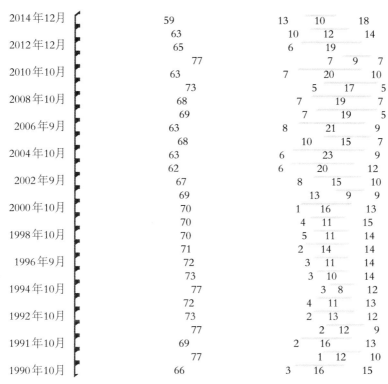

图3-4　北约对挪威国家安全影响的民意调查(1990—2014)

资料来源:People and Defence, http://www.folkogforsvar.no/.

挪威是北约集体防务的"净消费国"。但对北约来说,挪威亦有重要的战略价值,是北约框架中不可缺少的一环。这主要体现在三个方面:其一,在东西对抗的冷战时期,挪威有助于阻止苏联在北欧的军事扩张。其二,挪威的加入有利于北约成员国间的权力制衡。在北约内部的政治协商和谈判中,挪威一直都扮演着"左翼"的角色。冷战时期,由于自身敏感的战略位置,挪威极力避免"东西方对立的格局主宰国际政治走向进而带来战争和动荡"。① 其三,挪威的地理位置有利于收集有关苏联/俄罗斯的军事情报。挪威在北约的政治立场主要体现在以下几个方面:积极推动地区局势的缓和以及有关军控的严肃讨论;积极寻求参与到东西方阵营关于中欧地区的协商和谈判中;努力缓和东西方尖锐对峙的局面;批评北约内部的不民主政权、殖民压迫以及主要大国在北约以外地区所实行的联盟政策。

北约成立之初仅有12个创始成员国,经过6轮增扩之后,该组织目前已拥有28个成员国,是世界上最大的军事集团(参见3-6)。重视并融入该军事集团是挪威安全战略的支柱。

表3-6 北约成员国一览表(1949—2015)

序号	批次	成员国	加入时间	备注
1	12个创始成员国	比利时	1949	1949年4月4日签署《北大西洋公约》
2		加拿大	1949	1949年4月4日签署《北大西洋公约》
3		丹麦	1949	
4		法国	1949	
5		冰岛	1949	
6		意大利	1949	
7		卢森堡	1949	
8		荷兰	1949	
9		挪威	1949	
10		葡萄牙	1949	
11		英国	1949	
12		美国	1949	

---

① Johan Jørgen Holst, "Norwegian Security Policy: Options and Constraints", *Cooperation and Conflict*, Vol.7, No.1, 1972, p.80.

续表

序号	批次	成员国	加入时间	备注
13	冷战时期加入北约的国家	希腊	1952	为防止共产主义在欧洲蔓延,北约于1952年2月18日正式吸纳希腊、土耳其两国入盟。
14		土耳其	1952	
15		德国(西德)	1955	1955年5月5日,《波恩—巴黎公约》正式生效,德国(西德)被占领状态结束之后第二天正式成为北约第15个成员国。1990年东西德统一,统一后的德国继续为北约成员国。
16		西班牙	1982	西班牙1982年5月30日正式加入北约。但由于国内公众反对等原因,该国在入盟初期有相当大保留,之后才逐渐完全融入北约体系。
17	冷战结束后第一批加入北约的前华约成员国	捷克共和国	1999	1997年北约马德里峰会正式邀请该国加入北约。
18		匈牙利	1999	
19		波兰	1999	
20	冷战后第二次东扩加入的成员国	保加利亚	2004	2002年北约布拉格峰会正式邀请该国加入北约。
21		爱沙尼亚	2004	
22		拉脱维亚	2004	
23		立陶宛	2004	
24		罗马尼亚	2004	
25		斯洛伐克	2004	
26		斯洛文尼亚	2004	
27	最近加入的成员国	阿尔巴尼亚	2009	2008年4月布加勒斯特峰会邀请该国加入北约,2009年4月1日该国完成入盟程序。
28		克罗地亚	2009	

数据来源:NATO, "What Is NATO", 2015。来源:NATO: http://www.nato.int/nato-welcome/index.html#members,以及 NATO, "Member countries", August 20, 2013。检索来源: NATO: http://www.nato.int/cps/en/natohq/topics_52044.htm。检索日期:2015年5月19日。

积极响应北约的政策倡议显示了挪威对北约机制的高度重视。2002年以来,通过一系列改革政策,北约转型为一个更加积极主动、先发制人的军事联盟。挪威积极响应并支持北约的改革,将支持北约改革、参与国际多边军事行动与增强自身军事能力、履行联盟义务、维护联盟团结、拉近与美国的关系等紧密联系在一起。通过对北约做出的军事贡献,挪威试图抵消冷战结束后美国和其他欧洲盟友减少对自身兴趣带来的负面影响,以提升在北约的影响力和话语权(troops for influence)。此外,随着决策过程更加民主化,北约各项行动不再仅由大国主宰,小国也能够广泛参与到决策和行动之中,它们在北约的影响力更多地取决于"自身的政治意愿和对联盟行动所做出的贡献"。① 2005 年芬兰大西洋委员会(the Atlantic Council of Finland)发布的《小国与北约:影响与适应》报告中,依据各成员国的军事远征能力(expeditionary capability)对各国"为北约做出贡献的能力"进行排名(参见表 3-7),挪威在北约成员国中位于第三档,即具有"一定的军事远征能力"(focused expeditionary capability),仅次于美、英、法、意、西等传统军事强国。一国军事远征能力与其"为北约做出贡献的能力"直接相关,进而影响到该国在北约中的地位和作用。在上述种种因素的共同作用下,挪威在北约的决策和行动过程中发挥着与自身实力不成比例的巨大影响。

表 3-7　北约成员国军事远征能力的量化评估

具有全方位的军事能力	美国
具有完全的军事远征能力	英国,军事重组后的法国 荷兰,军事重组后的西班牙和意大利
具有一定的军事远征能力	比利时,加拿大,丹麦 德国,挪威
具有有限的军事远征能力	波兰,土耳其
具有维稳的军事能力	爱沙尼亚,保加利亚,捷克,希腊,匈牙利,拉脱维亚,立陶宛,卢森堡,葡萄牙,罗马尼亚,斯洛文尼亚,斯洛伐克
无军事能力	冰岛

资料来源:Martti Setälä, ed., "Small States and NATO: Influence and Accommodation", The Atlantic Council of Finland, 2005, p.19.

说明:图表有所修改。

---

① Martti Setälä, ed., "Small States and NATO: Influence and Accommodation", The Atlantic Council of Finland, 2005, p.14.

第三章 挪威模式:和平卫士的综合安全战略

北约对挪威的重要意义之一体现在北极问题的处理上。挪威试图在北约地区引入北约力量来抗衡俄罗斯。北极丰富的自然资源、潜在的航运条件和重要的地理位置都是挪威关注的重点。作为北约成员国,挪威在提升北约在北极的作用上也最为积极。挪威高层明确希望北约在北极问题上扮演更大角色,并推动北约提高对北极的认知和监测水平。2009年5月,一名挪威高官在参加北约会议时公开表示,北约在北极"绝对能够扮演一定的角色",因为"北约是除一个国家以外(暗指俄罗斯)所有北冰洋国家的安全和防务战略核心"。近年来,北约秘书长应邀访问挪威时,都会在挪威高官陪同下前往参观在北极圈内的军事司令部。在挪威的影响下,北约高层对北极问题的看法也"常受挪威政府或军方高官的影响。"[①]虽然北约对加强在北极的影响并不积极,北约前秘书长拉斯穆森也曾多次表态,北约无意加强在北极的军事存在,但挪威仍然积极推动北约增强在北极地区的军事影响。挪威前首相延斯·斯托尔滕贝格曾表示,北约当前的立场并不会危及挪威加强北极防务的计划,"挪威将北极地区作为防务的重点,同时还将继续鼓励北约和欧盟在北极安全中扮演更重要的角色。"[②]由此可以看出北约对于挪威的重要意义:北约是挪威国家安全与国家利益的重要保障,是挪威参与国际军事合作、提升自身国际影响力的重要渠道,是挪威安全战略中最重要的环节,是挪威国家安全的支柱。

然而,挪威关于北约对其安全的影响,存在不同的声音。有观点认为,挪威参与北约或美国领导的国际军事行动并不必然导致挪威军力的发展,这样的举措反而限制了挪威外交斡旋的空间,削弱了挪威的领土防卫能力,甚至可能招致恐怖分子的忌恨,成为恐怖袭击的对象。[③] 此外,加入北约意味着挪威安全主要依靠美国的军事力量,也在一定程度上依赖英国和加拿大的支持。但是,相较双边关系,挪威更倾向于多边安全机

---

① 李尧:《北约与北极:兼论相关国家对北约介入北极的立场》,《太平洋学报》2014年第22卷第3期,第56页。
② Defense News, "NATO Rejects Direct Arctic Presence", http://www.defensenews.com/article/20130529/DEFREG/305290022/NATO-Rejects-Direct-Arctic-Presence.
③ Nina Græger, "Norway between NATO, the EU, and the US: A Case Study of Post-Cold War Security and Defence Discourse", *Cambridge Review of International Affairs*, Vol.18, No.1, p.92.

制。因此,不能将挪威—北约关系等同于挪美关系。这种过分简化的观点忽略了两者之间的潜在矛盾和冲突。与此同时,挪威过度依赖北约的集体防务引起了人们对国家主权和独立的担忧。虽然拒绝美国在本国领土建立军事基地的请求是挪威维持与美国的平等伙伴关系、避免沦为美国附庸的一项重要政治措施,但这一事实是基于挪威可以向美国在德国和冰岛的军事基地寻求帮助的前提下的。面临危急情况时,挪威可能不得不看美国的脸色。

(二) 挪威的欧盟政策:处理对欧关系的"挪威方式"

冷战结束后,欧盟不断扩员,国际影响力日趋增大(参见表3-8)。与此同时,欧洲一体化进程也取得重大进展。在欧共体(EEC)基础上形成的欧盟(EU)脱胎换骨,声名远播。欧盟不仅在既有的经贸合作领域进一步深度融合,成为一个高度一体化的经济集团,在外交和安全领域也有新的构想和安排。1991年12月,欧洲理事会在荷兰南部小城马斯特里赫特召开会议,通过了具有里程碑意义的《欧洲经济货币联盟和政治联盟条约》(即《马斯特里赫特条约》,简称《马约》)。《马约》为欧共体的未来发展提出了全面构想和目标,标志着欧洲一体化已从一个经济和贸易集团开始发展为一个外交和安全、司法与内务等事务的政治经济集团,同时也意味着欧盟三大支柱之一的共同外交与安全政策的正式形成。

表3-8 欧盟成员国一览表(1958—2015)

序号	国家	加入时间	备注
1	比利时	1958	创始成员六国于1951年创立欧洲煤钢联营,并于1957年成立欧洲经济共同体和欧洲原子能共同体。
2	法国	1958	
3	德国	1958	
4	意大利	1958	
5	卢森堡	1958	
6	荷兰	1958	
7	丹麦	1973	三国于1973年1月1日正式加入欧共体。
8	冰岛	1973	
9	英国	1973	

续表

序号	国家	加入时间	备注
10	希腊	1981	希腊军政府倒台并在1974年重建民主后,于1981年1月1日成为欧共体第十个成员国。
11	葡萄牙	1986	两国于1986年1月1日正式加入欧共体。
12	西班牙	1986	
13	奥地利	1995	三国于1995年1月1日正式加入欧盟。
14	芬兰	1995	
15	瑞典	1995	
16	塞浦路斯	2004	2004年5月1日,八个中东欧国家在冷战结束后正式加入欧盟。此外,马耳他和塞浦路斯也正式加入欧盟。这是迄今欧盟最大的一次扩员。
17	捷克共和国	2004	
18	爱沙尼亚	2004	
19	匈牙利	2004	
20	拉脱维亚	2004	
21	立陶宛	2004	
22	马耳他	2004	
23	波兰	2004	
24	斯洛伐克	2004	
25	斯洛文尼亚	2004	
26	保加利亚	2007	这两个东欧国家于2007年1月1日正式加入欧盟。
27	罗马尼亚	2007	
28	克罗地亚	2013	克罗地亚于2013年7月1日正式加入欧盟。

资料来源:European Union, *The history of the European Union*, 2014. http://europa.eu/about-eu/eu-history/index_en.htm。检索日期:2015年5月10日。

1997年《阿姆斯特丹约条约》(简称《阿约》)对欧盟共同外交与安全政策目标做了如下界定:(1)依照《联合国宪章》的原则,维护欧盟的共同价值观、根本利益和独立;(2)全面加强欧盟及其成员国的安全;(3)按照《联合国宪章》的原则与《赫尔辛基最后文件》的原则以及《巴黎宪章》的目标,维护和平与加强国际安全;(4)促进国际合作;(5)发展和巩固民主与法治、尊重人权和基本自由。1999年12月,赫尔辛基欧盟首脑会议启动了欧洲共同安全与防务政策框架(Common European Security and Defense Policy,简称CESDP),以建立一支欧盟快速反应部队为首要目标,计划构建一系列新的防务和军事合作机制。欧洲安全防务政策(ESDP)是欧盟试图推动地区安全一体化的政策框架,为欧洲安全合作规划了蓝图。

维护和促进欧盟国家的安全利益当然是欧洲安全防务政策架构的终极战略目标。然而,该政策框架的另一重要使命是改变欧盟长期以来形成的安全外部依赖性,相应提高欧洲的安全自主性和独立性。具体而言,作为国际体系中的核心行为体之一,为了建设一支与其经济实力相匹配的全球性力量,欧盟必须摆脱对美国的过度安全依赖,同时建立一支欧盟自身掌握的军事力量,这是欧盟提高国际地位的必要条件之一。

然而,二战以来,北约一直都是欧洲国家安全战略的基础。欧盟安全防务政策实质上与美国主导的北约存在竞争关系。鉴于美国和欧盟军事实力的显著差距,欧盟安全合作实践困难重重。欧盟国家对北约和欧洲安全和防务政策的认知差异显著。在北约和欧盟安全框架的政策偏好方面,欧洲小国可以分为三个类型:

其一,倾向于美国和北约的国家。挪威、丹麦、荷兰、葡萄牙、希腊、斯洛文尼亚、波罗的海国家和"维谢格拉德国家"(Visegrad States)属于"欧洲-大西洋取向的国家",它们竭尽所能"维持美国在欧洲的存在,将欧洲和美国视为西方文明不可分割的组成部分"。[1] 其中,斯洛文尼亚、葡萄牙和希腊谨慎地看待欧洲安全防务政策的发展,认为北约是其优先政策选择,欧洲安全防务政策则被视为北约的补充。[2]

其二,在北约和欧盟之间保持中立姿态的国家。基于不加入任何联盟的传统中立策略,芬兰、瑞典、奥地利、爱尔兰和马耳他在欧盟和北约之间选择平衡策略,以此作为展示外交"灵活性"、扩大结构性权力的手段。

---

[1] Arūnas Molis, "The Role and Interests of Small States in Developing European Security and Defence Policy", *Baltic Security & Defence Review*, Volume 8, 2006, p.86.

[2] Ibid., p.90.

第三章　挪威模式：和平卫士的综合安全战略

这些国家积极寻求构建西方安全结构的重叠性机制，以满足自身安全需求。①

其三，倾向于支持亲欧洲政策的国家。这些国家是传统上受法国影响的比利时和卢森堡，以及与土耳其存在过节的塞浦路斯。它们谋求加强与欧盟核心国家而非与美国的战略关系。对这些欧洲大陆主义取向的国家（eurocontinentalist）而言，欧洲联邦是其重视的政策目标。它们的长远利益"不是维持跨大西洋共同体，而是欧洲的战略独立性"。②

欧盟小国对美国（北约）和欧盟安全机制的不同认知反映了这些国家在权衡国家利益和地区利益、域外大国与欧盟机制、权力差异与战略取向时的矛盾心态。安全保障的核心是军事实力，这是获得政策认同和支持的关键背景。因此，在欧盟军力无法与美国军力相提并论之前，欧盟国家的上述分歧是难以消除的。

可以看出，挪威是北约的主要支持者，欧盟安全和防务政策则不是其安全战略的重点。现实中，挪威对欧政策和欧洲安全合作的政策态度摇摆模糊，表现出了较为明显的矛盾性。一方面，挪威向来积极参加各种欧洲合作机制。挪威是欧洲理事会、欧洲自由贸易区、欧安会的创始国之一。另一方面，挪威是唯一在欧共体/欧盟成员国资格问题上经历过三次大讨论（1961—1963年、1970—1972年、1989—1994年）、四次正式申请（1962年、1967年、1972年、1994年）、两次全民公投（1972年、1994年）并最终拒绝加入欧共体/欧盟的国家。这样的矛盾性也体现在挪威与欧盟的安全关系方面。

长期以来，欧共体/欧盟在挪威官方的安全话语体系中处于缺失状态。其中一个重要原因是挪威两次全民公投拒绝加入欧盟。③ 虽然1972年和1994年的两次全民公投只具有咨询性质，没有法律约束力，但"两次公投的失败却为挪威的欧盟成员资格自动设定了一个国内政治条件，即

---

①　Arūnas Molis,"The Role and Interests of Small States in Developing European Security and Defence Policy", *Baltic Security & Defence Review*, Volume 8, 2006, p.91.

②　Ibid., p.92.

③　Nina Græger,"Norway between NATO, the EU, and the US: A Case Study of Post-Cold War Security and Defence Discourse", *Cambridge Review of International Affairs*, Vol.18, No.1, p.92.

没有民众的许可,挪威无法成为欧盟的一员"。① 两次公投的失败使得"入盟"问题成为挪威的政治雷区,政党和当权者多持自我约束态度,对该问题避而不谈。另外一个原因是,长期以来,挪威官方认为欧盟的共同防务与安全政策是不现实的,也是难以实现的,自然没有理由过多涉及。②

与此同时,对于欧盟以及欧洲一体化进程,挪威政府则一直保持着积极开放的态度,并努力通过各种方式与欧盟建立各种正式和非正式的联系。譬如,挪威政府积极推动将西欧联盟作为欧共体/欧盟与北约之间的联络机制;通过欧洲经济区(EEA)协定,5000条欧盟立法条款被纳入挪威的法律体系;挪威参与了超过35个欧盟的研究、发展和文化项目;为了维持斯堪的纳维亚国家间的合作,挪威加入了《申根协定》,对欧盟多数成员国开放边界;挪威执行欧洲委员会指令的比例高达98%;同时,挪威还积极参与欧盟民政和内务合作,以及共同安全和防务政策方面的危机管理;此外,挪威还为欧盟东扩提供了基金资助。③ 然而,即便如此,挪威也未能实质性地参与到欧洲安全防务政策的框架之中。

总体来看,挪威对欧政策的矛盾性主要根源于国内。④ 首先,经济因素影响着挪威人民对欧洲一体化和欧盟/欧共体的态度。多数挪威人,特别是中下层民众,并不认为加入欧盟会使挪威经济受益。由于自身丰富的自然资源和良好的经济状况,挪威对欧洲的经济依赖并不严重。近年来欧洲深陷经济危机的泥潭,加入欧盟反而会在一定程度上增加财政负担,进而拖累挪威经济。

其次,挪威人担心加入欧盟会损害其民族认同。历史上曾先后遭受丹麦(1380—1814年)和瑞典(1814—1905年)统治的经历对挪威政治的影响极为深远。挪威人非常重视"民族自决",难以认同欧盟。他们对欧

---

① 李明明:《论挪威的疑欧主义及其"欧洲问题"》,《欧洲研究》2010年第6期,第130页。
② Nina Græger, "Norway between NATO, the EU, and the US: A Case Study of Post-Cold War Security and Defence Discourse", *Cambridge Review of International Affairs*, Vol. 18, No. 1, pp. 92-93.
③ 李明明:《论挪威的疑欧主义及其"欧洲问题"》,《欧洲研究》2010年第6期,第136页。
④ 有关挪威对欧政策矛盾性原因的分析,参照李明明:《论挪威的疑欧主义及其"欧洲问题"》,《欧洲研究》2010年第6期,第134—135页。

第三章 挪威模式:和平卫士的综合安全战略

盟所谓"人民间紧密团结的联盟"的定位十分反感,认为加入欧盟有损国家的独立和主权。

此外,挪威独特的民主方式是挪威人不信任欧盟的重要根源。在长期受外族统治的历史以及民族国家构建的独特进程背景下,挪威形成了一种来自草根阶层的、某种程度上具有反精英性质的乡村文化与平等主义的民主传统。① 普通挪威人对城市精英文化存在一种天生的反感,他们倾向于对抗来自城市的主流文化和中央权力。欧盟的官僚体制和民主赤字常常被反对者宣传为对挪威民族的巨大威胁。

挪威不是欧盟成员国,却又积极参与到欧盟的一体化进程当中,有学者将这样的政策称为"挪威方式"(Norwegian Method)。② "挪威方式"实质上是一种"准成员国身份",其最显著的体现是1994年挪威加入欧洲经济区。"挪威方式"取得了一系列成就,但是其局限性也日益显现。一方面,就挪威国内而言,越来越多的欧盟条款进入本国法律体系之中,这一现象引起了极大争议。与此同时,挪威的欧盟政策缺乏连续性,也限制了"挪威方式"发挥更大的作用。另一方面,欧洲经济区机制正面临着巨大的外部压力。虽然欧洲经济区协定规定允许"技术性升级",但随着欧盟一体化的发展,其涵盖的领域更加多元,制度设计逐步深化,仅仅通过欧洲经济区的方式已经难以覆盖欧盟的整体事务。③

不同于政府的积极态度,挪威民间对欧洲一体化和加强与欧盟国家合作关系的态度一直比较消极。以挪威加入欧盟战斗群(EU Battle Group)一事为例。挪威国内的反对声音可以分为四类:挪威并非欧盟成员国,凭何为别人送命;挪威宪法禁止将本国部队交予外国人指挥,加入欧盟战斗群有损国家的独立和主权;挪威政府只关心加强北约内部团结

---

① 在民族国家形成的过程中,挪威没有土地贵族,却存在着强大的自由农民阶层。十九世纪初期,挪威民主化与民族形成的动力主要来自自由农民阶层与城市激进知识分子组成的政治联盟,工人阶级政党则是到了20世纪30年代才在政治上崛起,并取代农民阶级成为主导阶级。挪威学者托尼森将这种自农民而工人的政治整合过程称为"由阶级构建民族"。民族国家构建的独特进程使挪威社会形成了强大的乡村政治传统和反精英主义倾向。

② Kjell A. Eliassen and Nick Sitter, "Ever Closer Cooperation? The Limits of the 'Norwegian Method' of European Integration", *Scandinavian Political Studies*, Vol. 26, No. 2, 2003, p. 125.

③ Ibid., pp. 141-142.

和促进与美国关系的发展,并不真正在乎他国的利益和诉求,因此将加入欧盟战斗群与联合国维和行动相挂钩的论调都是无稽之谈;质疑欧盟作为全球安全行为体的地位和作用,进而质疑挪威的参与是否有必要,认为积极向欧盟靠拢会削弱挪威在北约的地位和影响,同时也不利于挪美双边关系的发展。① 对该项决定的普遍反对说明挪威国内对政府的欧盟政策仍然存在争议,但毫无疑问,欧盟对挪威安全和防务的影响正在逐渐增强。

挪威不能在大西洋伙伴关系(主要是挪美关系)和欧洲之间作出取舍,但这不意味着对挪威而言两者具有同等的重要性。挪美关系和北约成员国地位构成了跨大西洋关系的核心,而"欧盟也是这些关系中的一部分"。② 从安全角度看,挪威安全战略的主线是美国及其主导的北约,而非欧盟安全机制。

(三) 联合国:塑造"和平卫士"形象的国际舞台

挪威非常重视联合国的安全功能。二战结束后初期,挪威一度将自身的防务寄希望于联合国领导下的集体安全机制。作为小国,挪威在处理国际事务时具有明显的多边主义倾向。作为全球多边主义最重要、最广泛、最具合法性的国际机制,联合国自然得到挪威的青睐。挪威前驻华大使郝图安曾提到:"挪威始终支持联合国领导的多边国际体系,无论是在世界和平的问题上,还是在推动发展的日程和项目方面,抑或是在与贫困做斗争的问题上都是如此。"③ 在挪威看来,联合国及其发展并非遥远的局外事,而是攸关自身安全利益的份内事。因此,支持联合国事务,推动联合国发展是挪威外交的重点之一。

挪威为联合国做出了重要贡献。在财政支持方面,作为一个小国,挪威在向联合国缴纳会费方面丝毫不逊色于其他大国(参见表 3—9)。如

---

① Nina Græger, "Norway between NATO, the EU, and the US: A Case Study of Post-Cold War Security and Defence Discourse", *Cambridge Review of International Affairs*, Vol. 18, No. 1, 2005, p. 97.

② Ibid.

③ 〔挪威〕郝图安:《和平与和解:挪威追求世界和平的努力》,吴小平译,《世界经济与政治》2007 年第 8 期,第 66—67 页。

果换算成人均贡献的话,它几乎在联合国所有的相关领域中都遥遥领先。除了例行的会费,挪威对联合国的财政贡献还包括各类普通和专项的自愿捐款。据统计,2013年挪威对联合国财政贡献总额为13亿美元,在所有会员国中居第7位,仅次于美国、日本、英国、德国、加拿大和瑞典。[①]挪威对联合国的捐助主要集中在扶贫、发展和人权方面,是联合国人道主义发展项目和活动的第五大捐助国。此外,联合国安理会的大厅也是挪威捐建的。

表3-9 挪威向联合国缴纳会费情况统计表(2004—2014)

年份	排名	估定比重(%)	实际缴纳金额(美元)
2004	23	0.679	9750663
2005	23	0.679	12082866
2006	23	0.679	11587801
2007	20	0.782	15645902
2008	20	0.782	14302908
2009	20	0.782	19051993
2010	19	0.871	18418172
2011	19	0.871	23068772
2012	19	0.871	22517360
2013	22	0.851	23923977
2014	22	0.851	24029288

数据来源:Committee on Contributions, General Assembly of United Nation, http://www.un.org/en/ga/.

在人员参与方面,挪威人曾担任联合国的多个重要的职位。联合国首任秘书长特里格夫·赖伊就是挪威人。挪威首任女首相布伦特兰夫人1984年被任命为联合国环境与发展委员会主席。挪威人还先后出任过世界卫生组织总干事、联合国难民事务高级专员、联合国秘书长中东事务特使、主管人道主义事务和人道主义援助的联合国副秘书长、联合国人口基金会副主席、联合国和平建设委员会副主席、联合国儿童基金会副会长

[①] Norway-Mission to the UN 网站:http://www.norway-un.org/.

等重要职务。① 此外,挪威还积极派遣人员参与联合国的维和行动,参与联合国的维和行动被列为挪威防务部队的主要任务之一。1945年以来,挪威先后参加了20余项联合国主导下的国际维和行动,5万余名士兵参与其中。当前,挪威参与的联合国主导的维和行动主要集中于索马里、南苏丹和中东地区。

挪威一直都是联合国改革的支持者。挪威认为,"冲突的复杂性与非线性本质得到了越来越多的认同,达到较高层次的一致性对于完成联合国维和行动来说是必需的。要达到较高层次的一致性,就必须依赖众多行为体在军事、政治、发展和人道主义等多方面行动上的同步协作。联合国政策中规范变迁扩展了维和行动的范围,联合国的制度改革却没有跟上这一步伐。"②因此,挪威密切关注联合国的改革进程,特别是人道主义改革进程,同时积极为联合国未来任务整合提供计划与实施建议。早在1996年,北欧国家联合国经济和社会领域改革项目便提出,联合国应增强在国家层面促进发展的能力。十年之后,挪威前首相延斯·斯托尔滕贝格成为联合国全系统一致性问题高级别小组的联合主席。该小组的主要任务是提升联合国在促进全球发展方面的能力。该小组发布的工作报告极大改变了联合国在国家层面的组织和工作方式,同时也增强了所在国的责任感和主动性。该小组同时提议,建立一个新的机构来协调管理联合国在妇女权益和性别平等方面的工作。2010年联合国妇女署正式建立。该署由联合国妇女发展基金等四个独立机构合并而成,它的建立被视为联合国机制改革进程中的重要里程碑,同时对于促进妇女权益和性别平等也发挥着重要作用。

挪威积极参与联合国的人事管理和维和行动,为联合国财政做出了突出的贡献,同时也是联合国改革的积极支持者。挪威重视联合国主要有以下几个原因:

其一,挪威重视国际机制和国际法的作用,认为只有在一个规范性的国际社会中,自身的安全和主权才能得到真正保障。联合国则是制定和

---

① 孔寒冰:《小国中的"大国":挪威现象》,《世界知识》2005年第5期。
② 〔挪威〕郝图安:《和平与和解:挪威追求世界和平的努力》,吴小平译,《世界经济与政治》2007年第8期。

维持国际规范的主体,所制定的法律法规需要经过全体成员国的一致同意,具有极强的合法性和影响力。① 因此,挪威极为重视联合国的规范性作用,并努力在其中发挥影响力。

其二,联合国是全球最重要的多边合作机制,所有成员国享有平等的国际法地位和权利。联合国也就成为小国就自身关切的议题发表观点的主要舞台。同时,联合国也是非政府组织、学术界、社区代表、利益团体沟通和对话的重要渠道。总之,联合国是全球的"政治竞技场"。挪威上至政府、下至民间组织和科研团体都积极参与联合国主导下的各种交流平台,努力发出自己的声音,表达自己的观点和利益诉求。

其三,挪威外交政策主张维护全球和平与安全,确保人权的进步和经济可持续发展。近年来,非传统安全因素对国际事务的影响日趋上升,各种非传统安全威胁层出不穷,如恐怖主义、大规模杀伤性武器的扩散、跨国犯罪、环境问题、大规模流行性传染病等。挪威认为必须提高自身的应对能力并加强在这些领域的国际合作。为实现上述目标,挪威借助联合国这个最佳平台,积极参与联合国维和与重建行动,积极参与打击恐怖主义和有组织犯罪的国际合作,支持联合国"千年发展计划"。挪威主张加大预防性投入,增加对发展中国家的援助,以消除冲突根源、促进和平发展。

在挪威的官方语境中,联合国是挪威外交政策的重要支柱,是构建挪威和平国际形象的良好途径,因而是挪威最重视的多边机制。然而,在纷繁复杂的国际社会中,国家利益才是决定国家行为的根本因素。挪威并非时时事事都支持联合国介入。如在捕鲸问题上,挪威就公开表示海洋物种问题通常是渔业机构事务,与联合国大会无关,并希望将争议局限于国际捕鲸委员会内部,而不必在联合国为自己的捕鲸行为辩护。

四、挪威安全战略中的大国因素和北欧政策

美国是北约的核心力量和主导者,因而是挪威安全战略框架中的重

---

① Norwegian Ministry of Foreign Affairs, "Norway and the United Nations: Common Future, Common Solutions", Meld. St. 33 (2011-2012), Report to the Storting (white paper), 2013, p.12.

点。对美关系是挪威因应潜在安全威胁的主要依靠。与此同时,作为毗邻大国,处理好与俄罗斯的关系,避免成为美苏(俄)战略博弈的牺牲品,亦是挪威生存的关键。在因应这两个大国的过程中,挪威也在借助北欧国家的次级区域合作方式,谋求增加政策筹码和灵活性。

(一)美国:挪威安全的关键伙伴

挪美关系是挪威最重要的双边关系。挪威政府对两国关系的定位是:"美国是挪威最重要的盟友,友好、密切的挪美关系对挪威至关重要。"① 对挪威而言,对美关系具有双重重要意义。一方面,美国是挪威的北约盟友,挪威的国家安全相当程度上依赖美国的军事支持与核保护。另一方面,两国在经贸、能源、环保、人权、非传统安全等诸多议题上拥有共同利益,美国是挪威的全球伙伴。

共同利益是挪美盟友关系的基础。挪威和美国彼此之间都具有重要的战略价值。美国对挪威的重要意义自不必多言:挪威的国家安全主要依靠美国的军事力量。美国对北约盟友的防务和安全负有责任,在危急情况下,挪威可以向美国在德国及冰岛的军事基地求助。美国为挪威提供军事训练和大量先进的武器装备。因此,挪威极力维护与促进和美国的双边关系。对于美国所倡导的一系列多边军事行动和人道主义干预,挪威积极提供资金和人员支持。在外交、环保、文化、反恐、人权等国际议题上,挪威也与美国保持协调一致,支持美国的各项倡议和行动。挪威试图通过军事贡献和人员、资金支持来换取美国对自身的关注和兴趣。

挪威对美国同样具有重要的战略价值。冷战时期,挪威本土、港口与海岸可作为战时进攻苏联的海(潜)空基地;北欧三国与德国共同扼守波罗的海进入大西洋的通道,可防止苏联波罗的海舰队进入大西洋;挪威海岸是防御苏联北方舰队的理想场所;虽然挪威的斯匹次卑尔根群岛不设防,但也不能为苏联所用。反之,如果挪威陷落,苏联就可以从侧翼直接威胁荷兰与英国海岸,甚至经由大西洋威胁格陵兰与北美。② 因此,虽然

---

① Ministry of Foreign Affairs, "Norway's relationship to the US", https://www.regjeringen.no/en/topics/foreign-affairs/security-policy/innsiktsmappe/norway_us/id448299/.

② 丁祖煜、李桂峰:《美国与北欧防务联盟计划的失败》,《史林》2008年第2期,第145页。

大多数布鲁塞尔条约成员国并不欢迎挪威加入,认为力量薄弱的挪威加入只会增加自身的防务负担,美国仍然坚持将挪威拉入筹备中的北大西洋公约组织。

作为北约盟友,挪美在防务以及面临重大危机时密切合作。在利比亚问题上,挪威是最早参与利比亚军事行动并向利比亚派遣战机的北约国家之一。挪威向利比亚派遣的6架F-16战斗机在利比亚军事行动中发挥了重要作用。在阿富汗问题上,挪威是北约国际安全援助部队(International Security Assistance Force,简称ISAF)的重要成员。挪威向阿富汗派遣了500余名士兵和警察培训官,领导了一支"省级重建小组"(Provincial Reconstruction Team,简称PRT),每年向阿富汗提供约1.2亿美元的发展援助。同时,挪威还向阿富汗国家武装信用基金和法律与秩序信用基金提供了慷慨援助,对阿富汗的国家转型具有重要意义。在双边防务合作方面,挪威与美国合作紧密,每年约有500名挪威军人(包括飞行员)在美国接受训练。美国是挪威的主要武器供应国,挪威选择将美国的F-35战斗机作为其新一代超音速战机,4架F-35战机将于2016年交付挪威。在核安全方面,挪威积极支持奥巴马总统关于建立"无核世界"的倡议。2010年,在华盛顿召开的首届核安全峰会上,挪威承诺向联合国原子能机构在发展中国家进行的核安全工作提供330万美金的资金。① 挪威还参与了打击核恐怖主义的全球行动倡议及八国集团防止大规模杀伤性武器扩散的全球伙伴关系行动。

作为全球伙伴,挪美在许多国际问题上保持一致,通过合作促进双方的共同利益。美国与挪威都是"开放政府伙伴关系"(Open Government Partnership,简称OGP)的创始会员国,这一努力旨在增强政务透明度、反腐、增强政府责任以及保障公民权益。挪美在中东、索马里和南苏丹的人道主义援助方面保持密切的合作关系,包括向巴勒斯坦政权提供资金以支持当地的恢复和建设工作;向非洲之角提供人道主义援助以帮助其摆脱饥荒的影响;在南苏丹,美国、挪威、英国是苏丹三方协调小组(Sudan

---

① The White House, "Fact Sheet: The United States and Norway-NATO Allies and Global Partners", https://www.whitehouse.gov/the-press-office/2011/10/20/fact-sheet-united-states-and-norway-nato-allies-and-global-partners.

Troika)的成员。2010年,挪威与美国建立正式的"全球议题对话"(Global Issues Dialogue,简称 GID)机制,旨在增强两国在公民安全和人权等方面的合作,其中一个关键领域是保障女性在冲突解决与和平建设方面的平等参与地位。在贸易、投资和就业方面,2010年挪美双边贸易总额超过 150 亿美元,挪威在美国的直接投资总额达 144 亿美元,仅德克萨斯和路易斯安那两州便有 130 余家挪威公司。美国对挪威的出口创造了约 2 万个就业机会。2010 年底,挪威的主权财富基金巨头——全球政府养老基金(Government Pension Fund Global,简称 GPFG)持有约 280 亿美元的美国债券和 970 亿美元的美国股份。在文化领域,美国约有 500 万人宣称具有挪威血统,这几乎与挪威本国人口相当。挪美之间的文化联系源远流长,两国在教育和科技交流方面积极开展合作。2012 年挪威赴美旅游人数超过 29.6 万人次,相比 2011 年增长了 7%。①

随着东欧剧变和苏联解体,美国成为全球唯一的超级霸权,曾经作为协防苏联前哨的挪威的战略价值自然随之下降。这也成为挪威与美国之间龃龉的根源。2003 年美国绕开联合国安理会,联合英国对伊拉克发动军事行动。美国在伊拉克问题上的单边主义倾向限制了大西洋伙伴关系的发展,同时也造成欧洲国家的内部矛盾和分歧(法国、德国、奥地利等多个国家对美英联军的军事行动表示谴责)。② 在伊拉克战争期间,作为北约盟友的挪威没有派兵加入美英联军,但派出了包括 113 名士兵和 23 名军官的工程师中队赶赴伊拉克,负责排雷和工程维修工作。③ 这被看作是挪威支持美国、维护挪美关系的重要举动。这一决定在挪威国内遭到了诸多反对和批评,担心挪威可能因此成为恐怖分子袭击的目标。

由于实力的悬殊差距,挪威在挪美双边关系中毫无疑问是更为脆弱和敏感的一方。大国与小国行为方式存在巨大差异,美国倾向于单边主义,而挪威更重视多边国际机制。但是,挪美矛盾只是态度的分歧而非利

---

① The White House, "Fact Sheet: The United States and Norway-NATO Allies and Global Partners", https://www.whitehouse.gov/the-press-office/2011/10/20/fact-sheet-united-states-and-norway-nato-allies-and-global-partners.

② Nina Græger, "Norway between NATO, the EU, and the US: A Case Study of Post-Cold War Security and Defence Discourse", *Cambridge Review of International Affairs*, Vol.18, No.1, p.98.

③ Ibid., p.99.

第三章　挪威模式：和平卫士的综合安全战略

益的差异。在可预见的未来，挪威的防务安全仍将依赖美国，美国仍是挪威最重要的安全盟友和全球伙伴。

(二) 俄罗斯：毗邻的威胁性大国

挪威对苏联和俄罗斯的态度一直处于摇摆之中。挪威将苏联(俄罗斯)视为自身安全的主要威胁。冷战时期，挪威与苏联关于斯瓦尔巴德群岛的领土争端成为挪威加入北约的重要原因，苏美两极争霸的格局使挪威处于随时可能卷入美苏正面冲突的不安和恐惧之中。随着冷战结束，俄罗斯对挪威的安全威胁有所下降，但作为与挪威陆上接壤且共享巴伦支海的国家，俄罗斯仍是挪威领土防卫的首要对象。"巴伦支海上空手术刀事件"①的历史记忆使挪威人时刻警惕着身边的庞然大物。2015年2月，挪威警察安全机构发布《2015年年度威胁评估》报告，将俄罗斯列为挪威国家安全的主要威胁。②

然而，面对冷战时期的主要对手，挪威并非一味强调对抗。加入北约后，挪威通过基地政策向苏联传达自身的和平意愿。两国在经贸方面延续着一贯的合作传统，在水电方面的联系尤为密切。挪威与苏联签署了一系列合作协议：1957年5月22日至6月6日，两国专家联合委员会就共同开发帕茨河达成协议；1960年3月23日，两国在莫斯科签署了合同，授权挪威企业在帕茨河修建一座总装机容量为52000千瓦的水电站；1962年3月15日，挪苏两国在奥斯陆签署新的渔业协定。在冷战的二分思维下，挪威与苏联自然而然将对方划到"敌人"的行列，现实中的两国关系却并非单纯的"敌我对立"。对相对弱小的挪威而言，与毗邻大国维持稳定的关系是保障自身安全的重要前提。

当前，挪俄双边关系的焦点主要集中于北极问题。北极地区对于两

---

① 1987年9月13日，挪威空军的"P-3B"型反潜巡逻机在苏联沿岸执行侦察任务时，遭遇一架苏联的"苏-27"战机。苏军战机第3次逼近"P-3B"时，从"P-3B"的右翼下方高速掠过，用垂直尾翼在"P-3B"的右侧的一号发动机上，像手术刀一般划开了一个大口子，"P-3B"险些坠毁，苏联战机则因垂尾损坏很快返航。这就是冷战时期著名的"巴伦支海上空手术刀"事件。

② Norwegian Police Security Service, "Annual Threat Assessment 2015", http://www.pst.no/media/75477/NTV_2015_engelsk.pdf. 检索时间：2015年5月8日。

国都具有重要的战略价值,因此利益冲突在所难免。挪俄之间曾在巴伦支海大陆架划界问题上存在一些争议,两国在渔业领域也有纷争。挪威认为,北约成员国的身份有助于其与俄罗斯进行平等谈判,保护自己的国家利益。因此,挪威希望依靠北约的支持,与俄罗斯在北极权益问题上讨价还价。俄罗斯方面则主张北极合作须排除军事因素及北约的参与。俄罗斯前总统梅德韦杰夫曾表示,北极的合作发展前景"无论如何都不能与北约在北极扩大势力范围联系在一起"。①

与此同时,挪威也在积极寻求与俄罗斯在北极问题上展开合作。延斯·斯托尔滕贝格 2013 年初曾强调,对包括俄罗斯在内的北极理事会国家来说,对话是十分关键的,挪威正努力与俄罗斯保持更好的关系。② 挪威积极致力于与俄罗斯在北极展开军事合作,挪海军与俄北方舰队的海上联合演习也逐步走向常规化和制度化。2006 年,挪威公布了新的《北极战略》,其中强调挪俄关系"基于务实、利益与合作",处于"挪威北极主要政策的核心双边范畴"。③ 2010 年 9 月,挪俄签署《巴伦支海和北冰洋的海域划界与合作条约》,正式解决了两国之间的海洋边界线问题,为联合开发北极石油天然气能源扫除了障碍,同时也意味着两国关系取得新突破。此外,由于绝大多数北约成员国不承认挪威单方面宣布的斯瓦尔巴德渔业保护区,挪威在处理与其他国家的渔业争端时得不到北约的支持,这进一步加强了挪威与俄罗斯合作的意愿。

(三) 挪威的北欧政策:协调与合作

二战后,挪威、丹麦、冰岛加入北约,瑞典坚持武装中立,芬兰通过 1948 年《苏芬条约》与苏联保持一种"特殊关系"。虽然五国根据自身情况选择了不同的安全政策,但北欧的地区合作并未中断。1952 年成立的北欧理事会以及 1971 年成立的北欧部长理事会都是北欧国家政府间合

---

① 环球网:《俄警告北约勿插手北极,称对此"严重关切"》,http://mil.huanqiu.com/world/2010-09/1105467.html。
② 李尧:《北约与北极:兼论相关国家对北约介入北极的立场》,《太平洋学报》2014 年第 22 卷第 3 期,第 57 页。
③ 同上。

作交流的重要平台。

北欧国家之间的防务合作始于20世纪50年代共同参与联合国维和行动与培训维和部队的经历。这一时期,北欧国家参与了联合国在苏伊士运河以及黎巴嫩的和平援助行动,在此过程中组建了"北欧共同部队"(Nordbat)及"北欧-波兰多国维和部队"(Nordic-Polish IFOR Brigade)。此外,北欧国家(主要是瑞典、挪威、丹麦、芬兰四国)还承担了联合国和平援助部队的教育和训练任务。这一任务的组织与协调最初由北欧联合委员会(NORDSAMF)承担,直至1997年"北欧国家联合维和部队"(NORDCAPS)成立。2003年北欧国家联合维和部队被正式纳入联合国框架内,成为北欧国家防务合作的典型成果。2009年北欧五国决定整合原有的北欧国家联合维和部队(NORDCAPS)、北欧军备合作(NORDAC)与北欧保障防御结构(NORDSUP),将其合并为北欧防务合作(NORDEFCO)。这标志着北欧国家的防务合作进入了一个新阶段,北欧防务合作成为北欧国家进行防务合作的基本框架。当前,北欧国家努力探索在北欧防务合作框架之下开展多种形式的国际交流与合作。

对于推动北欧的地区防务合作,挪威一直持积极态度。2014年挪威作为北欧防务合作轮值主席国,在提升地区防务合作水平、推动成员国对话交流方面做出了积极贡献。这主要包括:促进成员国之间的安全政策对话;提升北欧参与国际维和的军事能力;确保训练与演习持续进行;在能力建设和军备合作方面采取结果导向型评价方法,在资源流向最具潜力的领域进行投资;加强在后冲突国家和新兴民主国家进行能力建设和安全改革方面的国际合作,并努力将其推广至联合国、北约和欧盟;增进北欧防务合作与北欧军工行业的交流与对话;复兴公私伙伴关系领域的合作;发展与第三方的对话与合作关系,如与波罗的海国家开展网络安全合作等。① 对于北欧防务合作的发展方向,挪威前首相延斯·斯托尔滕贝格曾向北欧五国外长会议提交过一份报告。报告认为,面对气候变暖导致的环境变化和日益复杂的国际安全形势,北欧五国有必要加强和深化相互间的外交与安全合作。报告提出了13项具体合作建议,其中包括

---

① Nordic Defence Cooperation,"NORDEFCO Annual Report 2014",p.7.

组建一支北欧联合部队参加国际维和行动,建立统一防空系统,扩大在军事训练、军事演习、军事运输、武器装备采购等方面的合作等。

北欧国家是挪威开展防务合作的重要伙伴。这既是基于北欧国家相似的历史、语言、文化、社会背景,也是基于共同的利益追求。北欧国家都是小国,国际环境的变动对其安全的影响往往更为突出,加之北欧国家具有较为浓厚的和平主义传统,它们普遍追求建立和平的、机制化的国际环境,以缓解自身的安全脆弱性。对历史上曾饱受侵略和战争之苦的挪威来说尤其如此。挪威坚信:"相较各国的单独行动,北欧国家协同合作将对和平援助做出更大的贡献。"①

北欧防务合作对挪威具有重要意义。然而,这并不意味着北欧防务合作将取代北约在挪威国家安全中的支柱地位,挪威也无意将北欧防务合作发展成"小北约"。② 对挪威而言,北欧防务合作的意义体现在三个方面:其一,拉近北欧国家(特别是瑞典与芬兰)与北约之间的关系,提升北约的集体安全能力(如完善北约的空中监测与控制系统),维护地区的稳定与和平;其二,增强北欧国家的军事实力,提升各国为北约、欧盟或联合国主导下和平行动做出贡献的能力;其三,防范俄罗斯,保护本国在北极地区的战略利益。

近年来,俄罗斯在格鲁吉亚和乌克兰问题上的强势风格引起了北欧国家的恐慌与担忧,联合起来防范俄罗斯、维护国家和地区和平成为北欧国家的当务之急。但无论如何,北欧防务合作都不可能在短时间内取代北约的作用。北欧防务合作的发展在一定程度上促进了挪威—北约关系的巩固。此外,北欧防务合作发展的前景也并非一帆风顺。相较挪威,瑞典和芬兰对于推动北欧防务合作的态度相对谨慎,这与其长期奉行军事不结盟的政策密切相关。瑞典认为,北欧防务合作采取怎样的形式仍然需要各国认真思考和对待。芬兰对北欧防务合作的过快发展也持审慎态度。

---

① Norwegian Ministry of Defence, "Norwegian Defence 2013: Facts and Figures", p.10.

② Ministry of Defence, "Nordic Defence Cooperation-A mini-NATO to the North?", https://www.regjeringen.no/en/aktuelt/nordic-defence-cooperation-a-mini-nato-/id648561/.

第三章　挪威模式：和平卫士的综合安全战略

五、追求世界和平的尝试和努力

冷战结束以来,挪威的安全政策有两个突出特征:一方面,积极加强与美国等西方国家的盟友关系,巩固北约作为挪威国家安全支柱的地位,推动北约在国家和地区安全事务中发挥更大作用;另一方面,挪威认为,实现全世界范围内的普遍和平与和解是保障自身安全的重要前提。因此,挪威利用小国的特殊优势,在全球的冲突解决与和平谈判中发挥着"第三方"的调停作用。同时,挪威还推动人道主义国际规范的建立与实施。挪威这种和平外交亦被称作"挪威模式"(Norwegian Model)。

(一)"挪威模式":谋求和解与稳定

对类似挪威这样的小国而言,参与国际安全事务受到体系缺陷和能力差距的严重制约。这就要求它们在大国主导的国际安全格局下,凸现自身优势,寻找一套有别于大国的参与方式,发挥独特的安全作用。挪威意识到自身缺乏战略力量,在推动和平进程中没有能力使用"胡萝卜加大棒"这些决定性手段,①遂逐渐摸索出一套扬己之长,避己之短,既行之有效、又颇具小国特色的国际安全参与方式。这就是世人津津乐道的"挪威模式"。该模式主要包括四个方面的内容:积极参与多边维和行动;在国际冲突谈判中进行调停与斡旋;为贫穷国家提供发展援助;推动人道主义国际规范的建立和实施。

第一,多边维和行动的积极参与者。通过提供"第三方"的援助,挪威展示出对遍及世界各地的个体受害者和结构性文化暴力冲突的广泛同情心,其中,维和行动成为其人道主义使命不可分割的构成要素。为此,挪威积极参与联合国的维和行动。仅以阿富汗为例,挪威驻派该地的维和军人占全国军队总人数的近10%。在过去50年内的联合国维和行动

---

① John Stephen Moolakkattu, "Peace Facilitation by Small States: Norway in Sri Lanka", *Cooperation and Conflict*, Vol. 40, No. 4, 2005.

中,挪威总共派遣了5万余人。① 由于联合国在诸多方面受到限制,挪威也追求在联合国框架外发挥影响力。北约是挪威参与多边安全合作的另一个重要机制依托,挪威参与了北约在巴尔干半岛、阿富汗、利比亚等地的军事行动。此外,挪威运用自身的资源、政治意愿和远见在国际冲突中扮演了扭转乾坤的重要角色。

第二,国际冲突的积极调停者。在过去的几十年中,挪威通过不同方式,在不同程度上参与了世界各个国家和地区的和平进程。这些国家和地区包括亚洲的斯里兰卡、菲律宾、印度尼西亚的亚齐,非洲的埃塞俄比亚、厄立特里亚、苏丹,拉丁美洲的危地马拉、哥伦比亚、海地,中东地区的巴勒斯坦和以色列,欧洲的塞浦路斯等。② 以挪威在斯里兰卡国内冲突中的作用为例。1983年泰米尔猛虎组织成立之后,一直试图以武力建立一个独立国家,造成斯里兰卡多年内战。从20世纪末开始,挪威就在斯政府和猛虎组织之间进行和平斡旋。2001年底,在斯里兰卡政府邀请下,挪威外交大臣扬·彼得森与和平特使索尔海姆在双方间进行艰难的调解。2002年2月,斯里兰卡政府军和猛虎组织达成了无限期停火协议,后又决定于9月在泰国举行正式和平谈判。由于双方分歧较大,僵局一直未能打破。为重启斯里兰卡和平进程,挪威政府于2003年9月、2004年9月和11月、2005年1月又多次派遣副外交大臣赫尔格森和特使索尔海姆到访科伦坡,在斯里兰卡政府和猛虎组织之间斡旋调停。在斯里兰卡政府与反政府武装组织的会谈之中,挪威发挥了重要的调停作用。挪威强大、富裕、慷慨、和平、西方背景、无殖民统治历史、小国的国际角色,提供了其在许多国家,尤其第三世界国家间的国际冲突中可以令人信服地充当"仲裁者"的便利,从而发挥重要国际影响。维和行动和国际调停为挪威赢得了"和平卫士"的国际美誉。

第三,国际援助的积极提供者。挪威追求世界和平的努力不仅体现在一系列积极参与冲突解决进程的调停上,也体现在挪威将共同发展作为自身安全战略的重要构成上。2014年挪威对外发展援助的总额为317

---

① 〔挪〕郝图安:《和平与和解:挪威追求世界和平的努力》,吴小平译,《世界经济与政治》2007年第8期,第67页。

② 同上,第66页。

亿挪威克朗(参见表3-10),主要援助对象包括阿富汗(7.578亿克朗)、巴西(7.062亿克朗)、南苏丹(6.066亿克朗)、老挝(5.864亿克朗)和圭亚那(5.818亿克朗)。2015年挪威政府对外援助预算为325亿克朗,较2014年增加了近10亿克朗。挪威的发展援助主要集中于多边合作、经济发展与贸易、推进善治、环境与能源、健康与社会服务以及教育等方面。2013年挪威官方发展援助占国民总收入的1.07%,这一指标不仅在乐善好施的北欧国家中独占鳌头,即使在所有经济合作与发展组织(简称经合组织,OECD)成员国中也是稳居榜首。①

表3-10 挪威对外发展援助分布情况(2010—2014)

单位:百万挪威克朗

地区\年份	2010	2011	2012	2013	2014
总计	26423.9	26653.2	27638.2	32805.3	31662.5
非洲	5735.5	6063.5	5563.7	6158.5	6358.4
美洲	1382.3	1432.0	2151.1	4784.4	1758.1
亚洲	3214.0	2785.6	2636.4	2750.2	3340.5
欧洲	683.5	633.8	657.8	575.8	627.0
大洋洲	10.9	14.8	9.1	9.4	10.2
中东	892.3	904.4	1082.3	1679.9	1689.5
非地理分布	14505.4	14818.9	15537.8	16847.2	17878.9

数据来源:Norad-Norwegian Agency for Development Cooperation, http://www.norad.no/en/front/.

第四,国际规范的倡导者和塑造者。挪威倡导并推动人道主义国际规范的建立与实施。20世纪90年代中期以来,挪威一直呼吁国际社会正视和解决地雷所造成的人道主义问题。在挪威的积极推动下,1997年9月在奥斯陆举行的国际扫雷大会通过了《关于禁止使用、储存、生产和转让杀伤人员地雷及销毁此种武器的公约》。在实践中,挪威不仅派专业

---

① 经合组织国家发展援助委员会(OECD-DAC)主要使用官方发展援助占国民收入的比例(ODA/GNI)来衡量援助国的贡献度。

人员参与国际清除地雷行动,还提供财政支持。仅在 2009 年至 2013 年间,挪威就为国际禁雷行动捐助了 2.374 亿美元,在所有捐助国中居第 3 位,仅次于美、日(参见表 3-11)。在国际政治中,尤其在与可持续发展活动、冲突的和平解决、穷国与富国间的资源转移以及参与国际机制相关的领域,挪威总是扮演着"规范企业家"(norm entrepreneurs)的角色。这些活动往往是在国际关系常规框架之外实现的。

表 3-11　国际禁雷行动主要捐助国(2009—2013)

国家	捐助金额(百万美元)					
	2009 年	2010 年	2011 年	2012 年	2013 年	总计
美国	118.7	129.6	131.4	134.4	113.9	628
日本	48.0	46.8	43.0	57.6	64.0	259.4
挪威	35.7	50.3	53.4	48.4	49.6	237.4
欧盟	48.1	49.8	19.3	60.7	39.6	217.5
荷兰	18.4	22.8	21.3	24.1	23.4	110
英国	17.9	16.3	18.0	22.0	22.8	97
德国	23.7	23.4	23.6	23.8	22.1	116.6
瑞士	15.0	15.7	17.5	18.4	20.8	87.4
澳大利亚	19.4	24.4	45.7	24.0	14.5	128
瑞典	14.9	13.0	12.2	14.1	12.9	67.1

数据来源:International Campaign to Ban Landmines, Landmine Monitor 2014.

(二) 挪威的和平研究:学术促进和平

作为政治与学术互动的结果,自成一派的和平研究也是"挪威模式"的重要组成部分。"长期以来,北欧国际关系研究主要集中于和平与安全两大主题,而且形成了自身的学术流派和研究优势,在当代世界国际关系研究领域具有重要的影响。"[①]这样的概括性描述同样适用于挪威。作为诺贝尔和平奖的评选与颁发地,挪威的和平研究具有悠久的历史和浓厚的科研氛围。挪威早在 20 世纪 50 年代就出现了和平研究。1959 年,国

---

① 吴志成、杨娜:《北欧的国际关系研究评析》,《教学与研究》2011 年第 10 期,第 83 页。

际和平研究所(PRIO)在奥斯陆成立,创始人约翰·加尔通最先使用了"和平研究"(Peace Research)一词,并创办了著名的《和平研究》杂志。该所的研究方向主要包括直接暴力(如战争、军备竞赛和裁军)和结构暴力(如歧视、压迫和社会不平等)研究。早期的和平研究关注战争与军备竞赛问题,旨在防止战争的爆发,主要由北欧理事会资助。该所还与奥斯陆大学合作,举办了"国际暑期学校研究生课程班",每年有来自超过25个国家的学者在这里进行和平研究的跨文化探讨。①

挪威的和平研究不仅拥有雄厚的学术基础,同时也获得了政府的重视和投入。挪威政府每年投入大量资源用于和平及其相关问题的研究,以及组织一些分享经验的研讨会和沙龙。其中的一个重要机制是一年一度的"奥斯陆论坛"(Oslo Forum)。该论坛始于2003年,由挪威外交部和日内瓦人道主义对话中心主办,设立的初衷是"尽可能地把来自所有的不同制度背景下的高层的、活跃的斡旋者,并且是至少追踪过一个冲突的斡旋者集中起来。在一个非正式但严肃的环境中,让他们进行坦诚和实质性的高层次经验交流。"②可以看出,重视并推动和平研究是挪威参与国际安全事务的重要一环。这不仅有助于促进全球范围内安全问题的探讨,增加国家间的相互理解和国际共识的形成,同时也为挪威"和平卫士"的国际名声增添了砝码。

(三)"挪威模式"的本质:对话与发展

重视对话的价值是挪威外交政策的重要精神渊源。在追求和平的进程中,挪威努力寻求与各利益相关方对话,共同缔造和平。同极端恐怖分子和反对势力对话,并试图理解他们的诉求,这本身就具有重要意义。20世纪70年代,挪威同巴勒斯坦解放组织(PLO)对话;20世纪90年代,挪威同被美英视为恐怖集团的泰米尔猛虎组织(LTTE)对话;挪威在南非同包括非洲国民代表大会(ANC)在内的反对集团进行对话。这些对话都取得了显著成效。如在中东地区,通过几十年的接触,挪威与所有国家和

---

① 刘成:《和平学》,南京出版社2006年版,第7—8页。
② 〔挪威〕郝图安:《和平与和解:挪威追求世界和平的努力》,吴小平译,《世界经济与政治》2007年第8期,第69页。

政治集团都保持着开放的沟通渠道。最终,挪威所倡导的多方对话带来了奥斯陆进程以及1993年《奥斯陆协议》的签署,实现了巴勒斯坦的临时自治。

重视发展问题是挪威对外政策实践中的另一重要原则。挪威人认为,"冲突与贫穷互为因果,贫穷会带来不稳定,威胁全球安全以及挪威自身的安全,只有根除贫穷,才能带来稳定与安全。"①这样的安全观不仅是政府的立场,更是挪威国内逐渐凝聚的社会共识。2004年挪威政府发布的白皮书是其对外援助中最重要的文件之一,它明确提出挪威对外援助的中心目标是消减贫困、促进发展。2008年挪威外交部发布的《一号议题》提出发展援助所关注的"5+1"优先事项,即气候变化、环境保护和可持续发展,和平、人权和人道主义,妇女和性别平等,石油和清洁能源,优良的政府管理和反腐败,加上千年发展计划相关的健康议题。2009年挪威将气候变化、冲突和资金列为发展和减少贫困的三大关键因素。随着全球化的深入发展,挪威逐渐认识到"全球发展伙伴"的重要性。挪威主张建立更加紧密的国际合作和国际分工,呼吁支持全球公共产品的生产和维护,使贫穷国家能够拥有更好的发展环境。②

通过分析挪威追求和平与和解的努力,可以看出"挪威模式"的本质:对话与发展是和平的基础。

(四)"挪威模式"成功的原因

"挪威模式"的起源、发展与成功,一方面是出于挪威对全人类的关切与同情,另一方面也是现实因素作用的结果。当然,国家治理的出色表现是不可或缺的前提。

第一,挪威对外政策中的道德因素。自1905年成为独立国家以来,挪威外交政策始终体现出一种道德驱动力,并随着时间的推移,挪威外交政策中道德因素的重要性日益凸显。作为一个人口稀少、资源有限的小

---

① [挪威]郝图安:《和平与和解:挪威追求世界和平的努力》,吴小平译,《世界经济与政治》2007年第8期,第66页。

② 关于挪威对外发展援助战略,详见:黄梅波、陈岳:《挪威对外援助政策及管理机制》,《国际经济合作》2011年第6期,第34—38页。

第三章 挪威模式：和平卫士的综合安全战略

国,挪威在国际上发挥了与其资源禀赋不成比例的巨大作用。这一现象的背后是挪威外交政策独特的精神渊源。

(1) 它与挪威本国自身的历史经历有关。挪威自独立以来就一直致力于维护社会的平衡,它关注社会中各种不同团体的要求,努力建设一个稳定并且拥有较高生活水平的社会,力争为本国营造一个永久和平的环境。

(2) 挪威拥有追求和平的政治资源和政治体制。从传统上看,传教士在挪威的政治生活中发挥着很大作用,他们是挪威外交政策中国际主义道德驱动力的重要来源。

此外,挪威的工人运动以及在国内政治中有重要影响的社会民主党、工党等党派在考虑外交政策时也都具有这种道德驱动力。[①]

第二,良好的国家形象和国际声誉。挪威没有殖民统治的历史,曾是亚非地区非殖民地化运动的拥护者之一。挪威拥有良好的国内记录,是第一个设立政府资助的和平研究所的国家。挪威社会冲突保持着低水平,平等是公认的社会规范,公民与决策者之间共同分担社会责任。与其他北欧国家相比,挪威的自杀率很低。它避免进行人身惩罚、相信公共权威、广泛使用协调委员会来处理问题、强调性别平等。挪威国内反对侵略的力量非常强大,因此冲突基本上是可以预期和避免的。[②] 良好的国际声誉决定了冲突各方容易接受挪威作为"中间人"和"调停者"。追求和平的对外政策和中立的国家形象使得挪威能够在冲突调停和仲裁中发挥积极的影响。

第三,"挪威模式"的归纳与推行。在参与国际政治的过程中,挪威逐渐形成了以解决冲突和追求和平为主要特征的对外政策,这种政策亦被称作"挪威模式"。艾德丽安·海斯认为,"挪威模式"形成的关键包括以下几个因素:(1)个人信誉,源自个人信用的合法性;(2)保守秘密;(3)长期承诺;(4)在关键时刻政府提供的支持;(5)积极推动;(6)中立的态度,

---

[①] 关于挪威对外政策中的道德因素,参见〔挪威〕郝图安:《和平与和解:挪威追求世界和平的努力》,吴小平译,《世界经济与政治》2007 年第 8 期,第 65—69 页。

[②] John Stephen Moolakkattu, "Peace Facilitation by Small States: Norway in Sri Lanka", *Cooperation and Conflict*, Vol. 40, No. 4, 2005.

冲突各方都接受挪威作为一个不存偏见的、具有合作兴趣的调停者和中间人。①"挪威模式"是挪威在长期参与国际维和行动中逐渐形成的一套切身经验总结，其中包含了维和意愿、外交能力、行为策略、具体方法等环节。究其成因，小国"小"的特性无疑也是挪威模式成功的重要背景。

六、小结

在国际安全体系中，挪威扮演着一个较为独特的国际安全角色。在联合国等多边框架下，该国提供了资金和人员支持，努力促进联合国的机制和法制建设。该国利用"小"赋予的优势和便利，通过许多国际途径，在诸多国际争端中发挥着维稳促和的积极作用。这不仅有益于挪威的国家安全，也为该国塑造了良好的国际形象，"和平卫士"的国际声誉是挪威长期以来致力于世界和平事业的客观评价。事实上，挪威对国际安全的正面影响超过了许多规模庞大的国家。以此来看，小国虽小，在促进国际和平进程中也完全可以扮演超越国家规模和能力的重要角色。

第一，出色的国家治理是小国做出国际贡献的前提。外交离不开国内政治经济基础。发挥国际安全作用的先决条件是国内政治的稳定。挪威国内政治社会和谐祥和，国家财政充实，人民生活优裕。这为该国着眼世界、发挥积极国际作用创造了条件。与此同时，与国家发达相伴随的是高水平的治理能力，这也是该国做出国际贡献的重要成因。

第二，小国安全与周边安全环境高度相关。二战以来，欧洲国家吸取历史教训，以地区合作的形式将地区各国整合在一起，共同构建了一个相互依赖、相互合作的区域环境。其间，虽有两极对抗的阴影，但大国关系的相对稳定确保了欧洲的总体和平态势。这样的地区环境是挪威经济发展和国家治理的前提，也为该国将安全视野投向联合国等多边机制、积极

---

① Adrienne Hayes, *The path to peace? An examination of the Norwegian model of conflict mediation in the Guatemalan and Sri Lankan peace processes*, University of Washington Dissertation, 2007, p.18. From Marcus Foster, "Small states in Peacemaking Roles: The Norwegian Model of Conflict Resolution in Sudan", *Research Discourse*, Vol.1, No.2, Autumn 2010.

第三章 挪威模式：和平卫士的综合安全战略

参与国际安全事务创造了条件。

第三，联盟战略仍是挪威国家安全的支柱。挪威远离欧洲大陆中心，偏居一隅，加之得天独厚的自然资源禀赋，曾将中立主义作为处理对外关系的首要原则。然而，由于地处沟通东西的战略要地，挪威逐渐成为大国觊觎和争夺的对象。伴随着国际格局的演变、北极地区矿产资源和航运潜力的开发，挪威被迫卷入大国的利益争夺和对抗之中。历史表明，挪威的中立政策是行不通的。因此，该国不得不选择追随体系中的强国以求自保的策略。挪威安全战略的重心主要包括两个环节：其一，北约是国家安全的支柱，美国是最重要的安全依靠；其二，追求在全球范围内发挥维和促稳的积极作用。

第四，时代背景赋予挪威实施混合型安全战略的可能性。为克服小国的安全脆弱性，维护国家的独立与主权，后冷战时代的挪威采取了将自身防务与国际安全相统一的混合型安全战略。挪威的混合型安全战略包括"双边—地区—全球"几个层次。在双边层面上，以挪美关系为基轴，平衡大国关系，推动与俄罗斯在北极地区的协调合作。在地区层面上，积极推动北欧地区防务合作，与欧盟保持积极开放的合作关系，积极参与北约的决策和行动，维护地区稳定与和平。在全球层面上，挪威重视联合国的作用，积极参与国际安全事务，寻求世界的和平与和解，努力构建更为和平、稳定的国际环境。

这些复杂的战略设计与增强自身防务水平的努力一道构成了冷战后挪威国家安全的"多重保险"。在大国仍然占据主宰地位的国际体系中，挪威凭借自身的智慧和勇气探索出了一条"小国的和平之路"。

第四章

格鲁吉亚的西向战略:理想对赌现实

遍观世界诸大陆,毗邻大国是许多小国面临的地缘政治环境。在综合实力严重不对称的情况下,如何与毗邻大国相处攸关小国安危。现实主义理论认为,在小国的对外战略中,毗邻大国理应是优先考虑的因素,妥善处理与毗邻大国的关系至关重要。在国际实践中,不少小国或采取追随毗邻大国的策略,或采取不偏不倚的中立政策,或实施周旋于大国之间的平衡战略,均取得了确保国家安全的终极目的。究其实质,这些策略均以毗邻大国的理解和默许为前提,并且没有与毗邻大国的战略利益构成明显的对抗和冲突。然而,一些小国抛却了这些传统的生存智慧,在忽略毗邻大国战略认知和利益关切的情况下,贸然介入大国战略博弈的进程中,力图实现亲外而疏近的政治抱负。在活生生的地缘政治现实面前,这样充满理想主义色彩的战略意愿往往难如人意,甚至会带来始料不及的悲剧性后果。格鲁吉亚的安全战略选择及其结局就是一个经典案例,地缘环境类似的小国可以从中获得启示。

一、格鲁吉亚的国家概况与安全特性

格鲁吉亚地理位置险要,地处各方力量交汇的战略要冲。历史上,该国曾先后为拜占庭、塞尔柱王朝、奥斯曼帝国、萨珊波斯、阿拉伯帝国以及蒙古帝国直接或间接统治。1783年,东西格鲁吉亚先后并入俄罗斯帝

第四章　格鲁吉亚的西向战略：理想对赌现实

国。俄国十月革命后,格鲁吉亚曾短暂独立,后并入苏俄,①成为苏联的加盟共和国之一。独立以来,格鲁吉亚政治经济发展并无出色之处,依旧非常落后。小小国家,却国中有国,动荡不定。国家安全面临着来自国内外的双重挑战。

(一) 年轻的小弱国

格鲁吉亚独立建国于冷战结束之际,属于所谓"新小国"范畴。②1990年11月4日,格鲁吉亚发表独立宣言,定国名为"格鲁吉亚共和国"。1991年4月9日,该国正式脱离苏联,获得独立地位。格鲁吉亚刚独立后不久,"自由格鲁吉亚圆桌会议"领导人兹维亚德·加姆萨胡尔季阿(Zviad Gamsakhurdia)当选为总统。1992年1月,格鲁吉亚国内发生动乱,总统加姆萨胡尔季阿被迫流亡海外。此后,苏联戈尔巴乔夫时期的著名外长爱德华·谢瓦尔德纳泽(Eduard Shevardnadze)被推举为国家委员会执行主席。1995年格鲁吉亚新宪法颁布,谢瓦尔德纳泽当选为总统,改国名为"格鲁吉亚"。

短暂的安宁后,格鲁吉亚迎来了举世瞩目的颜色革命。2003年11月,格鲁吉亚境内爆发大规模反政府游行示威运动,在各方调停下,年迈的谢瓦尔德纳泽被迫辞职(即所谓"玫瑰革命")。作为反对派领袖的亲美政治家米哈伊尔·萨卡什维利(Mikhail Saakashvili)于2004年1月当选为"玫瑰革命"(Rose Revolution)后首任格鲁吉亚总统。2008年,萨卡什维利赢得大选,连任至2013年。萨卡什维利当选总统后,在国内进行了大规模改革。在其任内,格鲁吉亚经济得到了较大发展。然而,格鲁吉亚的居民生活水平和失业率并没有得到显著改善。政治西化是萨卡什维利极力推行的主要工作。此君曾在欧美接受教育,西化色彩非常明显。他在格鲁吉亚多次实施民主化改革,但在执政过程中也表现出某种"独裁

---

① Robert Nalbandov, *Democratization and Instability in Ukraine, Georgia, and Belarus*, Strategic Studies Institute, U.S. Army War College Press, June 2014, p.48.
② 冷战结束后,一大批小国独立建国,学界称这些年轻的小国为"新小国"。

倾向",譬如,在2007年11月亦有镇压政治反对派的行为。① 同样在其任内,格鲁吉亚与俄罗斯爆发了俄格战争,并导致格俄关系降至冰点。战争结束后,俄罗斯正式承认阿布哈兹和南奥塞梯两区的独立地位。2013年,萨卡什维利卸任总统一职。同年10月,乔治·马尔格韦拉什维利(George Margvelashvili)当选格鲁吉亚新一任总统。

独立后的格鲁吉亚实行立法、司法、行政三权分立制度。1995年8月,该国通过了第一部宪法。2004年"玫瑰革命"之后,格鲁吉亚议会通过了"关于组建内阁"的宪法修正案,规定该国为总统制三权分立国家。② 2010年5月,格鲁吉亚制宪委员会决定将总统的部分权力转移至议会和总理。③ 同年9月,格议会再次以多数票通过宪法修正案,实行总统与总理之间相对均衡的权力分配。新宪法生效意味着格鲁吉亚成为议会总统制国家。④

格鲁吉亚经济禀赋不佳、自然资源匮乏,没有邻国阿塞拜疆那样丰富的油气资源。但是,萨卡什维利上台执政后,格鲁吉亚的国内经济和对外贸易增速明显加快。⑤ 截至俄格战争前夕,格鲁吉亚经济净增长率连续几年为当时世界上经济增速最快的国家之一。然而,俄格战争终止了这一良好发展态势,格鲁吉亚经济在2009年出现了明显的负增长。其后,在欧美等国的外部援助和自身努力下,格鲁吉亚经济恢复了增长(参见图4-1)。

---

① Jeffrey Mankoff, *The Big Caucasus: between fragmentation and integration*, Washington, DC 20006: the Center for Strategic and International Studies(CSIS), March 2012, p.3.

② 中华人民共和国外交部:《格鲁吉亚国家概况》,2014年。检索来源:http://www.fmprc.gov.cn/mfa_chn/gjhdq_603914/gj_603916/yz_603918/1206_604186/.

③ Jim Nichol, *Georgia [Republic]: Recent Developments and U.S. Interests*, Congressional Research Service, June 21, 2013, p.2.

④ 中华人民共和国外交部:《格鲁吉亚国家概况》,2014年。检索来源:http://www.fmprc.gov.cn/mfa_chn/gjhdq_603914/gj_603916/yz_603918/1206_604186/.

⑤ Ministry of Economy and Sustainable Development of Georgia(2014), *Macroeconomic Indicators*. Retrieved from http://www.economy.ge/en/economy-in-figures/macroeconomic-indicators.

第四章　格鲁吉亚的西向战略：理想对赌现实

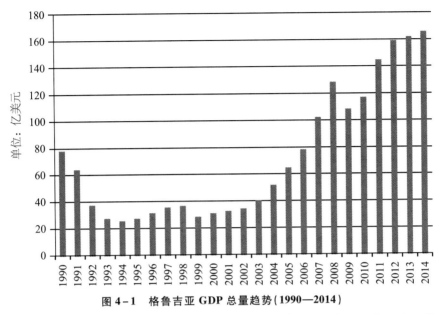

图 4-1　格鲁吉亚 GDP 总量趋势（1990—2014）

数据来源：世界银行数据库：http://data.worldbank.org.cn/country/georgia。其中，2014 年数据来自国际货币基金组织（IMF）官网：http://www.imf.org/external/pubs/ft/weo/2015/01/weodata/weorept.aspx。检索时间：2015 年 6 月 9 日。

格鲁吉亚是一个发展中小国。虽然该国经济进入 21 世纪后得到了一定程度的发展，但总体来看，经济根基依然脆弱，人民基本生活水平改善程度仍相当有限。虽然 2006 年格鲁吉亚人均 GDP 约 3133 拉里（GEL），到 2014 年该国人均 GDP 约 6529 拉里，已经翻番（参见图 4-2）。[①] 但是在世界范围内，甚至在外高加索三国（阿塞拜疆最高，亚美尼亚其次但略高于格鲁吉亚）中，格鲁吉亚人均 GDP 水平都处于极低水平。[②]

经济发展总体滞后严重影响了国内的就业和社会稳定，即便在经济增长期间，格鲁占亚内失业率也并未有效减少。格鲁吉亚经济与可持续发展部（Ministry of Economy and Sustainable Development of Georgia）的官方数据显示，该国 2003 年的失业率为 11.5%。除了 2005—2008 年期间

[①] 2015 年 6 月 23 日，格鲁吉亚货币单位拉里（GEL）与美元的汇率约为 2.24∶1。检索来源：https://www.mataf.net/zh/currency/converter-USD-GEL。检索时间：2015 年 6 月 24 日。

[②] Jeffrey Mankoff, *The Big Caucasus: between fragmentation and integration*, Washington, DC 20006: the Center for Strategic and International Studies（CSIS）, March 2012, p.5.

有少许下降之外,格鲁吉亚的失业率一直居高不下。截至2012年,该国失业率仍然高达15.0%,仍远高于俄格战争前的最高水平(参见图4-3)。

图4-2　格鲁吉亚人均GDP趋势图(2006—2014)

数据来源:Ministry of Economy and Sustainable Development of Georgia, *Macroeconomic Indicators*, 2014, Retrieved from http://www.economy.ge/en/economy-in-figures/macroeconomic-indicators。其中,2013、2014年数据来自国际货币基金组织(IMF)官网:http://www.imf.org/external/pubs/ft/weo/2015/01/weodata/weorept.aspx.

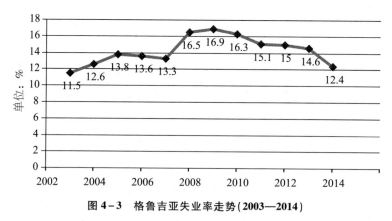

图4-3　格鲁吉亚失业率走势(2003—2014)

数据来源:Ministry of Economy and Sustainable Development of Georgia, *Macroeconomic Indicators*, 2014, Retrieved from:http://www.economy.ge/en/economy-in-figures/macroeconomic-indicators。2013、2014年数据来源:中国驻格鲁吉亚大使馆经济商务参赞处:http://ge.mofcom.gov.cn/article/jmxw/201506/20150600992250.shtml。检索时间:2015年6月29日。

（二）位置险要的利益交汇之地

尽管格鲁吉亚经济状况不佳，也不是重要的能源生产国，但所处的地理位置却非常关键。从地缘位置来看，格鲁吉亚北接俄罗斯，东邻阿塞拜疆，南抵土耳其，并隔亚美尼亚与伊朗相望。这样的地理位置为格鲁吉亚提供了地缘政治经济价值。

毗邻大国的小国所具有的地缘战略价值不言而喻。它不仅关系到毗邻大国的周边稳定，也有可能构成大国战略博弈的关键节点，成为大国互动中的敏感区域。这样的小国虽然势单力薄，却可能深刻影响地区安全环境和国际体系的稳定。毗邻俄罗斯的格鲁吉亚就具有这样的地缘政治特征。它是俄美战略博弈的必争之地，是美国和北约东扩，进而将影响力扩展至里海和中亚地区的关键通道，也是俄罗斯维护传统战略空间和地区影响力的重要区域。如此看来，地理位置赋予了格鲁吉亚颇具地区性，乃至全球性的战略价值，同时也带来了涉足大国博弈谋求自身利益的政策筹码。

格鲁吉亚占据的中亚/里海地区与欧洲之间的能源要道颇具经济价值。因此，如果管线过境阿塞拜疆和格鲁吉亚进入土耳其，恰好可以绕开俄罗斯与伊朗。正因处在这一战略位置上，格鲁吉亚遂成为西方国家修建中亚/里海地区—欧洲管线的青睐之选。

当前，里海地区向欧洲市场输油量最大的"巴库（阿塞拜疆）-第比利斯（格鲁吉亚）-杰伊汗（土耳其）管线"（The Baku-Tbilisi-Ceyhan pipeline，简称BTC），途经格鲁吉亚首都第比利斯。① 该管线（BTC）已于2006

---

① 该管线是世界上最长的管线之一。BP, *Baku-Tbilisi-Ceyhan (BTC) Pipeline: Spanning three countries from the Caspian Sea to the Mediterranean coast*, 2014, Retrieved from http://www.bp.com/en_ge/bp-georgia/about-bp/bp-in-georgia/baku-tbilisi-ceyhan--btc-pipeline.html。最开始以英国石油公司（BP）领头的企业联合与阿塞拜疆签署的合同中并不包含俄资企业和伊朗企业。但在盖达尔·阿利耶夫（Heidar Aliev）1993年担任阿塞拜疆总统后，该国与BP等投资集团进行重新谈判并修订了合同。新合同决定引入俄资企业"卢克石油"（Lukoil）。阿新政府引入俄资被认为是向俄罗斯政府示好。参见：Tuncay Babali, "Implications of the Baku-Tbilisi-Ceyhan main oil pipeline project", *Perceptions*, Winter 2005, p.31.

年正式启用,平均每天向外输出约 100 万桶原油。① 此外,向土耳其和格鲁吉亚供应天然气的"南高加索管线"(The South Caucasus Pipeline,简称 SCP)同样过境格鲁吉亚后进入土耳其境内。② 在这两条管线之外,起始于阿塞拜疆境内的英国石油公司(BP)的"西线出口管线"(Western Route Export Pipeline,简称 WREP)也有一半经过格鲁吉亚境内。③ 显然,途经格鲁吉亚的几条能源管线在提升该国战略地位的同时,也为该国带来了不菲的财政收入。④

能源管线塑造着地缘政治的新面貌。在土耳其推动下最终成型的"巴库-第比利斯-杰伊汗管线"项目改变了南高加索地区甚至更大范围的地缘政治格局。时任美国能源部长的比尔·理查德森(Bill Richardson)在参加管线项目国际协定签订仪式时坦言:"这不仅仅是另一项石油天然气交易或另一条新管线,它将可能改变该地区的整体地缘政治。"⑤ 格鲁吉亚前总统谢瓦尔德纳泽也表示,该项目是该国独立以来的主要成就之一。⑥ 后来继任的萨卡什维利则更为直白地表示,"巴库-第比利斯-杰伊汗管线"的成功运营是里海国家的一次"地缘政治胜利"(Geopolitical Victory),因为这有效降低了俄罗斯对格鲁吉亚和阿塞拜疆的地缘政治压力。⑦ 能源管线过境提高了格鲁吉亚的战略地位,增强了其实施对外战略的动力和勇气,可能也构成了该国遂行西向战略的心理条件和决策依据。

---

① The U. S. Energy Information Administration (EIA), *Country Analysis Note*: *Georgia*, 2014, Retrieved from http://www.eia.gov/countries/country-data.cfm? fips = GG.
② Ibid.
③ 该管线终点在格鲁吉亚黑海海滨的苏普萨(Supsa)港口。BP, *Western Route Export Pipeline*(*WREP*), 2013, Retrieved from http://www.bp.com/en_ge/bp-georgia/about-bp/bp-in-georgia/western-route-export-pipeline-wrep-.html.
④ 据称,格鲁吉亚每年仅"巴库-第比利斯-杰伊汗管线"(BTC)的过境费(Transit Fees)至少有 6 亿美元。除过境费外,该项目还给格鲁吉亚带来许多其他有形、无形收益(譬如创造就业岗位等)。Tuncay Babali, "Implications of the Baku-Tbilisi-Ceyhan main oil pipeline project", *Perceptions*, Winter 2005, p.46.
⑤ Tuncay Babali, "Implications of the Baku-Tbilisi-Ceyhan main oil pipeline project", *Perceptions*, Winter 2005, p.40.
⑥ Ibid., p.44.
⑦ Ibid., p.46.

(三) 国内民族问题:心腹之患

格鲁吉亚是高加索地区的一个小国,国土面积仅约 6.97 万平方公里(约为北京市 4 倍,与宁夏回族自治区相当)①,人口仅仅 463 万。根据该国官方数据,格鲁吉亚人口中近 83.8% 为格鲁吉亚人,其次为阿塞拜疆人和亚美尼亚人(分别占总人口的 6.5% 和 5.7%)。俄罗斯人在格鲁吉亚独立后纷纷离去,目前仅占全国人口的 1.5%(参见图 4-4)。②

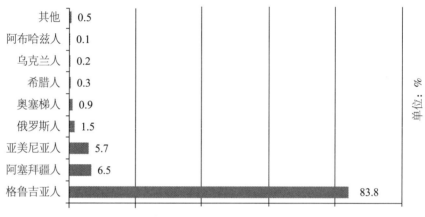

图 4-4 格鲁吉亚的民族构成(2014)

数据来源:The Administration of the President of Georgia, *About Georgia*, 2014, Retrieved from The Administration of the President of Georgia:https://www.president.gov.ge/en/Georgia/AboutGeorgia.

然而,人口仅数百万的格鲁吉亚是一个民族问题突出并造成国内持续动荡的国家。格鲁吉亚民族问题最严峻的是阿布哈兹和南奥塞梯两大离心力强劲的地区。

阿布哈兹面积约 8660 平方公里,总人口约 24 万。阿布哈兹议会于 1992 年 7 月宣布独立,这直接导致格鲁吉亚政府进行武装镇压。同年 10 月,联合国安理会通过决议,向该地区派遣联合国格鲁吉亚观察团(U.N.

---

① 当然加上了事实上处于独立状态的阿布哈兹与南奥塞梯两地的面积。
② The Administration of the President of Georgia, *About Georgia*, 2014, Retrieved from The Administration of the President of Georgia:https://www.president.gov.ge/en/Georgia/AboutGeorgia.

Observer Mission in Georgia，简称 UNOMIG）。① 次年，俄罗斯及北高加索"志愿兵"与阿布哈兹分离主义者一起击溃了格鲁吉亚政府军，并于 1994 年 5 月与格方达成政治解决协议。此后，俄罗斯通过独联体渠道向冲突双方的中间地带派驻维和部队。② 2006 年，阿布哈兹北部分裂势力向格鲁吉亚政府发难，格鲁吉亚政府军进行反击并最终将其击败。此后，俄罗斯政府以格鲁吉亚增加阿布哈兹北部的"军队"和警力将会威胁到阿布哈兹当局为由，先后向该地区派驻了数百名空降兵和工程兵。③ 2008 年俄格战争爆发之前，阿布哈兹当局与格鲁吉亚政府之间曾多次就国内流离失所人员重返家园以及阿布哈兹独立问题的解决途径进行对话和谈判，但在这些问题上双方大多针锋相对，互不相让。

与阿布哈兹相比，南奥塞梯面积更小，只有 3900 平方公里，人口也仅约 7 万。作为伊朗人的一个分支，奥塞梯人早在中世纪便在格鲁吉亚和拜占庭的影响下皈依了基督教。随着蒙古人的入侵，奥塞梯人迁徙至高加索地区，并在格鲁吉亚形成大量的奥塞梯人社区。格鲁吉亚 1921 年被并入苏联版图，南奥塞梯作为格鲁吉亚中央省的一个自治区融入苏联。④ 苏联即将解体前的 1989 年，南奥塞梯曾试图与北高加索的北奥塞梯一起加入俄罗斯。⑤ 在格鲁吉亚宣布独立之际，南奥塞梯领导人也谋求脱离格鲁吉亚获得独立地位。⑥ 1991 年和 1992 年，格鲁吉亚政府军试图控制南奥塞梯的军事行动曾两度受挫。在俄罗斯的调停下，冲突双方勉强达

---

① 由于联合国安理会成员国对格鲁吉亚问题莫衷一是，格鲁吉亚观察团最终于 2009 年 7 月终止任务。The Department of Peacekeeping Operations, *UNOMIG*, 2007. Retrieved from United Nations: http://www.un.org/en/peacekeeping/missions/past/unoig/.

② Jim Nichol, *Georgia [Republic]: Recent Developments and U.S. Interests*, Congressional Research Service, June 21, 2013, pp.17-18.

③ Ibid., p.18.

④ Peter Roudik, *Russian Federation: Legal Aspects of War in Georgia*, The Law Library of Congress, September 2008, p.3.

⑤ Jim Nichol, *Georgia [Republic]: Recent Developments and U.S. Interests*, Congressional Research Service, June 21, 2013, p.18.

⑥ Charles King, "The Five-Day War: Managing Moscow After the Georgia Crisis", *Foreign Affairs*, November/December, 2008, p.4.

第四章　格鲁吉亚的西向战略：理想对赌现实

成停火协定(即《索契协定》)。① 此外,由俄罗斯、格鲁吉亚和北奥塞梯三方共同组成的约1100余人(其中,俄罗斯人约530名、格鲁吉亚人约300名,北奥塞梯人约300名)"维和"部队也正式组建,并在南奥塞梯首府欣茨瓦利附近的安全带驻防。②

1993年格鲁吉亚政府军在试图控制阿布哈兹地区的行动中再度惨败。至此,南奥塞梯与阿布哈兹两个地区事实上从格鲁吉亚分离出去了。③ 俄罗斯的"维和"行动被广泛认为实际上强化了这两个地区的独立状态。④ 此外,俄罗斯政府还大量授予南奥塞梯和阿布哈兹公民以俄罗斯国籍。有数据称,约80%的阿布哈兹人拥有俄罗斯公民身份,且参加俄罗斯议会选举。2001年当选南奥塞梯地区"总统"的爱德华·科科伊季(Eduard Kokoity)虽然出生在南奥塞梯,但实际上是居住在莫斯科的俄罗斯公民。⑤ 两个地区均不认同格鲁吉亚政府。有民调显示,两地多数居民倾向于获得独立或者并入俄罗斯。⑥

尽管如此,1992—2004年期间的南奥塞梯局势一直维持着脆弱的和平。然而,刚当选格鲁吉亚总统的萨卡什维利2004年宣称其任内将致力于收复失地,这一政治承诺迅速激化了南奥塞梯争端。⑦ 2006年南奥塞梯不顾格鲁吉亚政府的反对,举行全民公投以"确认"其独立状态。2008

---

① Roy Allison, "Russia resurgent? Moscow's campaign to 'coerce Georgia to peace'", *International Affairs*, 84 (6), 2008, p.1146.

② Peter Roudik, *Russian Federation: Legal Aspects of War in Georgia*, The Law Library of Congress, September 2008. 以及 Jim Nichol, *Georgia [Republic]: Recent Developments and U. S. Interests*, Congressional Research Service, June 21, 2013, p.18.

③ Charles King, "The Five-Day War: Managing Moscow After the Georgia Crisis", *Foreign Affairs*, November/December, 2008, p.4.

④ Jeffrey Mankoff, *The Big Caucasus: between fragmentation and integration*, Washington, DC 20006: the Center for Strategic and International Studies (CSIS), March 2012, p.1. 以及 Charles King, "The Five-Day War: Managing Moscow After the Georgia Crisis", *Foreign Affairs*, November/December, 2008, p.5.

⑤ Roy Allison, "Russia resurgent? Moscow's campaign to 'coerce Georgia to peace'", *International Affairs*, 84 (6), 2008, p.1147.

⑥ Jim Nichol, *Georgia [Republic]: Recent Developments and U. S. Interests*, Congressional Research Service, June 21, 2013, p.17.

⑦ Roy Allison, "Russia resurgent? Moscow's campaign to 'coerce Georgia to peace'", *International Affairs*, 84 (6), 2008, pp.1146-1147.

年7月到8月,南奥塞梯局势急转直下。在这期间,南奥塞梯武装力量开始袭击格鲁吉亚政府据点和居民定居点,俄罗斯"志愿兵"的加入则进一步恶化了南奥塞梯局势,并最终引发格俄直接对抗。

毫无疑问,没有毗邻大国的理解和政治支持,格鲁吉亚是无法解决国内民族分裂问题的。国内复杂难解的民族问题显然是格鲁吉亚国家安全之大患,也是最终触发俄格直接对抗的导火索。不言而喻,在这个充满变数的潜在危机中,俄方占据压倒性军事优势和政策上的主动地位,格鲁吉亚则没有多少政策余地,处于严重被动的态势。

综合观之,作为"新小国"的格鲁吉亚,国力薄,军力弱,缺乏促进经济持续发展的先天条件,境内民族问题极为严峻,主权和领土完整无法得到保障,国家治理处在艰难的转型之中。即使位处颇具战略价值的地理位置可以增加一些国际影响力和经济发展的机会,但也容易因此卷入复杂的地缘政治博弈中,进而面临不可预知的战略风险。从国家安全角度看,类似格鲁吉亚这样的小弱国是难以通过安全自立途径确保自身安全的。在地缘政治环境的制约之下,合适的对外战略乃是维护和促进国家安全利益的关键。其中,一个关键环节是妥善处理与毗邻大国的关系。

二、毗邻大国与格鲁吉亚的地缘环境

苏联解体后,即便继承其衣钵的俄罗斯在国力和国际地位上大损,但凭借辽阔的国土、不俗的经济基础和科技实力、富足的自然资源以及不可小视的强悍军力,俄罗斯仍是国际舞台上的重量级角色。与此等世界性大国毗邻是小国不得不从战略高度予以重视的外部背景。俄格关系在相当程度上主导着格鲁吉亚安全发展的态势,也深刻影响着两国安全战略的走向。

(一)难以脱钩的对俄关系

俄格两国有合有分。复杂的历史背景构成了两国在现实互动中绕不开的远因。1783年,东格鲁吉亚正式并入俄罗斯帝国(西格鲁吉亚随后

第四章 格鲁吉亚的西向战略:理想对赌现实

并入)。1917年十月革命后,格鲁吉亚曾短暂独立,但旋即又与亚美尼亚、阿塞拜疆一起加入新生的苏俄。① 苏联解体后,格鲁吉亚也随之独立。1992年7月1日,俄格正式建立外交关系。1993年12月,在阿布哈兹的军事行动失败后,为了寻求俄罗斯及其他独联体成员国的理解和支持,格鲁吉亚宣布加入独联体。② 2008年9月2日,俄格战争结束后不久,格鲁吉亚正式断绝与俄罗斯的外交关系。2010年后,俄格关系几乎全面终止,但包含俄格双方、美国和欧盟、欧安会以及联合国在内的关于格鲁吉亚问题的日内瓦对话机制仍在进行。③

由于曾经作为苏联的一员,格鲁吉亚经济结构与俄罗斯有着千丝万缕的关系。一般说来,俄格经贸关系大致可分为三个阶段:2003年"玫瑰革命"前、2008年俄格战争前及俄格战争后三个阶段。

苏联解体后,俄格之间仍然维持着较为紧密的经贸关系。和其他原苏联加盟共和国一样,格鲁吉亚独立之初仍然使用"卢布"作为本国货币,并一直持续到1993年初(俄罗斯使用本国卢布代替了苏联卢布之后)。④ 俄罗斯既是格鲁吉亚农产品出口的主要市场之一,也是格鲁吉亚能源供应的主要来源地。

政治关系的变迁影响着两国经贸关系的发展。2003年格鲁吉亚"玫瑰革命"后,俄格经贸关系开始出现摩擦。格鲁吉亚国际战略基金会的高级研究员弗拉基米尔·帕帕瓦(Vladimer Papava)指出,2003年前后所谓"自由帝国"(Liberal Empire)理念开始在俄罗斯流行。"自由帝国"是指俄罗斯通过经济扩张(主要通过收购和掌控之原苏联地区和国家的核心经济目标的方式实现)而非武力占领的方式,在之原苏联地区重建俄罗斯

---

① Robert Nalbandov, *Democratization and Instability in Ukraine, Georgia, and Belarus*, Strategic Studies Institute, U. S. Army War College Press, June 2014, p.48.

② Kakha Gogolashvili and Emukhvary Ketevan, *Russia and Georgia: Searching the Way Out (Policy Discussion Papers by Georgian and Russian experts)*, Georgian Foundation for Strategic and International Studies, 2011, p.53.

③ Ministry of Foreign Affairs of Georgia, *Relations between Georgia and Russia*, 2014, Retrieved from Ministry of Foreign Affairs of Georgia: http://www.mfa.gov.ge/index.php?lang_id=ENG&sec_id=351.

④ Kakha Gogolashvili and Emukhvary Ketevan, *Russia and Georgia: Searching the Way Out (Policy Discussion Papers by Georgian and Russian experts)*, Georgian Foundation for Strategic and International Studies, 2011, p.53.

的经济影响。① 在"自由帝国"理念的指引下,俄罗斯企业在高加索国家并购各类资产。俄罗斯资本率先在亚美尼亚推行"资产债务互换"模式,并以此成功地获得了该国的大量资产抵押。在将亚美尼亚并入"自由帝国"之后,俄罗斯天然气公司、外贸银行等大型俄企又开始在格鲁吉亚大规模收购包括格鲁吉亚联合银行(United Georgian Bank)在内的各种资产。俄罗斯的这些举动都或多或少地激起了格鲁吉亚的不满。②

即便如此,邻国之间的天然经济联系也很难割舍。在2006年结束前,俄格经贸关系依然呈整体上升之势(参见图4-5)。此后,作为对格鲁吉亚西向战略的回应,俄罗斯开始对格鲁吉亚实施一系列障碍性政策。2005年12月,俄罗斯以植物检疫规范为由禁止从格鲁吉亚进口蔬菜制品。2006年3月底,俄罗斯开始禁止格鲁吉亚向其出口酒类、面包等制品。同年4月底,俄罗斯禁止格鲁吉亚向其出口矿泉水产品。2006年7月初,俄格边境上的唯一合法的边检站(Kazbegi-Zemo Larsi)因重修被迫关闭。2006年10月,俄罗斯开始断绝与格鲁吉亚的一切空中、陆地和海上联系。③ 2010年3月,俄格边检站才再度开放。④

除货物贸易外,俄罗斯亦在格鲁吉亚开展直接投资(但并非主要投资国,参见图4-6)。2003年间,俄罗斯在能源和可回收产业的直接投资有显著上升的趋势。截至2009年,俄罗斯在格鲁吉亚直接投资额约为102.534亿美元。⑤

---

① Kakha Gogolashvili and Emukhvary Ketevan, *Russia and Georgia: Searching the Way Out* (*Policy Discussion Papers by Georgian and Russian experts*), Georgian Foundation for Strategic and International Studies, 2011, pp.54-55.

② Ibid., pp.55-56.

③ 据称俄罗斯此举是因为格鲁吉亚政府于2006年逮捕了4名俄罗斯军事情报官员。Roy Allison, "Russia resurgent? Moscow's campaign to 'coerce Georgia to peace'", *International Affairs*, 84(6), 2008, p.1147.

④ Ministry of Foreign Affairs of Georgia, *Relations between Georgia and Russia*, 2014. Retrieved from Ministry of Foreign Affairs of Georgia: http://www.mfa.gov.ge/index.php?lang_id=ENG&sec_id=351. 以及 Kakha Gogolashvili and Emukhvary Ketevan, *Russia and Georgia: Searching the Way Out*(*Policy Discussion Papers by Georgian and Russian experts*), Georgian Foundation for Strategic and International Studies, 2011, p.56.

⑤ Ministry of Foreign Affairs of Georgia, *Relations between Georgia and Russia*, 2014, Retrieved from Ministry of Foreign Affairs of Georgia: http://www.mfa.gov.ge/index.php?lang_id=ENG&sec_id=351.

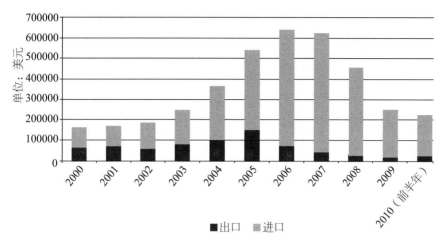

图 4-5 格鲁吉亚对俄罗斯进出口基本情况（2000—2010）

数据来源：格鲁吉亚外交部：Ministry of Foreign Affairs of Georgia, *Relations between Georgia and Russia*. Retrieved from Ministry of Foreign Affairs of Georgia, 2014：http://www.mfa.gov.ge/index.php? lang_id=ENG&sec_id=351.

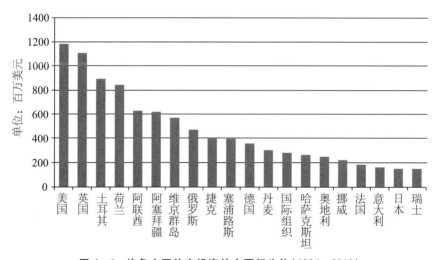

图 4-6 格鲁吉亚外来投资的主要行为体（1996—2012）

数据来源：Ministry of Economy and Sustainable Development of Georgia, *Foreign Direct Investments*, 2013, Retrieved from http://www.economy.ge/en/economy-in-figures/investments.

俄罗斯与格鲁吉亚显然分属大国和小国范畴，双方的实力差距一览无遗。即便在世界范围内审视，俄罗斯也是个不折不扣的庞然大物。与格鲁吉亚偏居南高加索一隅不同,俄罗斯横跨欧亚,是世界上国土面积最大的国家。从人口、自然资源、科技实力、经济规模等基本条件上看,俄罗斯对格鲁吉亚而言同样是个超级巨人。

格鲁吉亚与俄罗斯的武装力量差距判若云泥,高下立判。以2008年俄格战争爆发时为例,格鲁吉亚全部武装力量仅21150人(其中陆军17767人,海军495人,空军1310人,国民警卫队1578人)。① 而同一时期,俄罗斯的武装力量则强大得令人吃惊:全部武装力量约102.7万人(其中陆军36万人,空降兵3.5万人,海军14.2万人,空军16万人,战略威慑部队8万人,指挥和支持部队25万人);此外,俄罗斯还拥有44.9万准军事人员。② 英国国际战略研究所(IISS)的《军事平衡2009》(The Military Balance 2009)认为,参与俄格战争的俄罗斯部队主要来自北高加索军区(North Caucasus MD)。③ 仅从俄罗斯北高加索军区的武装力量看,格鲁吉亚也远不能与之相提并论——俄北高加索军区拥有约9万兵力(其中地面部队和空降兵约88600人,海军约1400人)(参见表4-1)。④

表4-1 俄格武装力量对比

单位:人

类别	格鲁吉亚	俄罗斯联邦	俄罗斯北高加索军区(North Caucasus MD)
海军	495	140000	1400
陆军	17767	360000	88600
空军	1310	160000	
空降兵	N/A	35000	
指挥和支持部队		250000	
准军事人员	N/A	449000	

数据整理自:The International Institute for Strategic Studies(IISS), *The Military Balance* 2009, London: The International Institute for Strategic Studies(IISS), 2009.

---

① The International Institute for Strategic Studies(IISS), *The Military Balance* 2009, London: The International Institute for Strategic Studies(IISS), 2009, pp.176-177.
② Ibid., p.217.
③ Ibid., p.210.
④ Ibid., p.225.

当然,如果纳入军事装备、技术和人员素质等因素后再加以比较,俄格军事差距则会进一步加大(参见表4-2)。

表4-2 俄格两国陆海空三军主要装备比较

陆军装备		海军装备		空军装备	
坦克(辆)	俄:15398	各型军舰(艘)	俄:352	各型战机(架)	俄:3429
	格:200		格:9		格:67
装甲车(辆)	俄:31298	护卫舰(艘)	俄:4	歼击机/拦截机(架)	俄:769
	格:1946		格:0		格:0
自动火炮(门)	俄:5972	驱逐舰(艘)	俄:12	固定翼战机(架)	俄:1350
	格:118		格:0		格:11
牵引火炮(门)	俄:4625	轻型护卫舰(艘)	俄:74	军用运输机(架)	俄:1083
	格:230		格:0		格:32
多管火箭炮(门)	俄:3793	潜艇(艘)	俄:55	教练机(架)	俄:346
	格:265		格:0		格:13
		海防巡逻艇(艘)	俄:65	直升机(架)	俄:1120
			格:4		格:41
		水雷对抗艇(艘)	俄:34	武装直升机(架)	俄:462
			格:0		格:11

资料来源:全球火力官网(GFP):http://www.globalfirepower.com/country-military-strength-detail.asp? country_id = georgia。http://www.globalfirepower.com/country-military-strength-detail.asp? country_id = russia。Last Updated:April 1, 2015。检索时间:2015年6月10日。

说明:未纳入俄罗斯的核力量,俄罗斯海军还有1艘航空母舰。

显然,俄罗斯是格鲁吉亚必须直面的毗邻大国。历史上,两国形成了很难割舍的复杂关系;现实中,两国经贸、文化交往也无法轻易脱钩。作为大国,俄罗斯对格鲁吉亚的经济影响颇大,对其内部的民族问题也握有政策主动权。常理来看,俄罗斯这个毗邻大国是格鲁吉亚生存与发展的关键性因素。因此,格鲁吉亚与俄罗斯互动的结果在相当程度上决定了其安全环境。

(二) 大高加索地缘环境：地区乱局

大高加索地区处在欧亚大陆的中心地带，具有关键性的战略意义。有鉴于此，该地长期以来都是诸多国际行为体竞相涉足的利益交叠之地。总体而言，俄罗斯、美国和欧盟是该地区经济和安全层面的主要行为体。随着俄罗斯和西方影响力的相对下降，土耳其、伊朗甚至乌克兰在某种程度上都开始积极地介入到该地区的事务中来。① 当然，对不同国家而言，这一地区的意义不同。俄罗斯仍将该地区视作其传统势力范围，土耳其则开始不断强调其与阿塞拜疆甚至中亚诸国之间的种族关系，欧盟许多成员国也越来越关心如何解决欧洲边远地区的不稳定状态。②

战略博弈之地自然很难保持持续稳定。无论从次数、烈度还是持续时间来看，高加索地区都是苏联中最不稳定的地区。③ 自20世纪90年代初车臣问题出现以来，民族分裂势力就迅速蔓延到大高加索南北两地。格鲁吉亚境内的南奥塞梯和阿布哈兹地区也先后爆发了独立运动；阿塞拜疆境内的纳戈尔诺－卡拉巴赫地区(Nagorno-Karabakh)同样与巴库政府长期僵持不下。

南高加索地区三国(亚美尼亚、阿塞拜疆和格鲁吉亚)的政治经济发展都存在问题(参见表4-3)。格鲁吉亚因萨卡什维利执政后的改革而取得了较好的经济发展；然而，从人均GDP和居民生活水平看，格鲁吉亚仍落后于亚美尼亚和阿塞拜疆两国。阿塞拜疆拥有丰富的油气资源，是三国中GDP总量和人均GDP最高的国家；但阿塞拜疆僵化的政府体制及该国总统伊利哈姆·阿利耶夫(Ilham Aliyev)2011年对公民游行的严厉镇压，使该国的政治氛围紧张。此外，阿塞拜疆也和格鲁吉亚一样，长期为分裂主义所困扰。与前两国相比，亚美尼亚的形势也极不乐观。该国自纳戈尔诺－卡拉巴赫战争之后便遭到孤立，孤立迫使亚美尼亚高度

---

① Jeffrey Mankoff, *The Big Caucasus: between fragmentation and integration*, Washington, DC 20006: the Center for Strategic and International Studies(CSIS), March 2012, p.2.

② Jim Nichol, *Armenia, Azerbaijan, and Georgia: Security Issues and implications for U.S. interests*, Congressional Research Service, January 14, 2009, p.2.

③ Jeffrey Mankoff, *The Big Caucasus: between fragmentation and integration*, Washington, DC 20006: the Center for Strategic and International Studies(CSIS), March 2012, pp.1-2.

依赖俄罗斯,这使得西方世界极难向其施加影响。① 格俄之间的矛盾、阿塞拜疆与亚美尼亚之间的矛盾,使得南高加索三国难以在地区问题以及对俄关系上达成共识。

表4-3 南高加索三国主要经济指标比较

国家	2010 GDP（亿美元）	2010 GDP（PPP,亿美元）	2010人均GDP(美元)	2010人口（万）	2010 GDP增长率
亚美尼亚	93.7	168.3	2840.4	296.3	2.1%
阿塞拜疆	543.7	910.6	6008.2	905.4	5.0%
格鲁吉亚	116.7	225.1	2629.4	445.3	6.4%

数据来源:Jeffrey Mankoff, *The Big Caucasus: Between Fragmentation and Integration*, Washington, DC 20006: The Center for Strategic and International Studies(CSIS), March 2012, p.5. 2010年人口数据来源:http://data.worldbank.org.

格鲁吉亚与土耳其南北相望,两国自古以来就存在着千丝万缕的联系。在"中亚/里海－欧洲能源管线项目"的动议阶段,俄罗斯建议该管线继续绕行俄罗斯北高加索地区,并与已有的"巴库－季霍列茨克管线"(Baku-Tihoretsk pipeline)相连。但在土耳其看来,"巴库－季霍列茨克管线"已造成新生的"突厥兄弟国家"阿塞拜疆过度依赖俄罗斯,如果再将新的能源管线项目与该管线连接起来,这种依赖只会更加严重。因此,土耳其从1994年9月开始积极游说相关各方选择经过格鲁吉亚并最终抵达土耳其地中海海滨杰伊汗港的"巴库－第比利斯－杰伊汗"线路。② 然而,美国政府出于政治原因坚决反对伊朗介入该管线项目,土耳其与亚美尼亚之间的敌对关系,以及阿塞拜疆的纳戈尔诺－卡拉巴赫问题的升级,都使该管线已无通过伊朗和亚美尼亚境内的可能。最终,格鲁吉亚以其能够绕开俄罗斯、伊朗和亚美尼亚的特殊战略位置,成为中亚/里海－欧洲能源管线的过境国。③ 1999年11月17—19日,土耳其、格鲁吉亚和阿

---

① Jeffrey Mankoff, *The Big Caucasus: between fragmentation and integration*, Washington, DC 20006: the Center for Strategic and International Studies(CSIS), March 2012, p.4.

② Tuncay Babali, "Implications of the Baku-Tbilisi-Ceyhan main oil pipeline project", *Perceptions*, Winter 2005, p.33.

③ Ibid., p.34.

塞拜疆三国在伊斯坦布尔正式签订《巴库－第比利斯－杰伊汗原油管线项目国际协定》(The Intergovernmental Agreement of the Baku-Tbilisi-Ceyhan Crude Oil Pipeline Project)。

大高加索地缘关系非常复杂，许多原苏联加盟共和国内部问题成堆，彼此间也存在着各种利益纠葛。这既制约了它们之间的政治经济合作，不利于地区安全环境的稳定发展，也为外部力量的介入创造了条件。某种程度上，周边乱局可能令格政府对区域合作的方式感到沮丧，并促使格鲁吉亚将战略视野转而投向遥远的西方世界。

（三）古阿姆集团的战略动向：脱俄入美（欧）

苏联解体后，原属苏联阵营的国家掀起了脱俄入欧（美）的政治经济潮流。加入欧盟和北约成了这些国家经济和安全战略的核心目标。古阿姆集团（GUAM）的使命之一便是在摆脱俄罗斯传统影响的同时，全方位融入西方世界。

该集团是由格鲁吉亚（Georgia）、乌克兰（Ukraine）、阿塞拜疆（Azerbaijan）、摩尔多瓦（Moldova）四国于1997年建立的一个亲西方政治联合体。[1] 高加索地区以及黑海周边地区无疑是大国博弈的角力场。在这个多方角力之地，古阿姆集团属于该地区国家自发抱团应对外部影响的区域性组织。2006年5月，古阿姆首脑签署宪章，将该组织更名为"民主与经济发展组织"（The Organization for Democracy and Economic Development），并宣称组织目标是"与西方实现经济与安全一体化"。[2] 2007年召开的古阿姆首脑峰会决定设立包括经济、贸易、安全等在内的八个委员会和常设秘书处。[3]

总体来看，古阿姆集团成员国有摆脱和反抗俄罗斯主导并确保能源

---

[1] Jeffrey Mankoff, *The Big Caucasus: between fragmentation and integration*, Washington, DC 20006: the Center for Strategic and International Studies(CSIS), March 2012, p.14.

[2] Jim Nichol, *Armenia, Azerbaijan, and Georgia: Security Issues and implications for U. S. interests*, Congressional Research Service, January 14, 2009, p.28.

[3] Ibid.

第四章　格鲁吉亚的西向战略：理想对赌现实

运输和供给安全的共同诉求,①是"一个面临共同问题和共同威胁认知的战略联盟。"②具体来看,古阿姆成员国之间的合作主要集中在以下几个方面：

第一,加强能源合作。除阿塞拜疆之外,古阿姆成员国均严重依赖俄罗斯的能源供应。尽管阿塞拜疆拥有丰富的油气资源,但其出口油气的管线均通过俄罗斯境内或严重受俄罗斯影响的地区。因此,俄罗斯对这些国家的能源安全的潜在威胁不言而喻,古阿姆集团就能源展开合作也在情理之中。③ 早在1997年,古阿姆就曾针对保护格鲁吉亚境内的输油管线进行过联合军事演习。2008年俄格战争后,这一议题的重要性更加凸显。

第二,在维护领土完整方面强化合作。古阿姆成员国都或多或少地面临着分离主义的威胁,而这些分离主义与俄罗斯存在着直接或间接的关系。格鲁吉亚的阿布哈兹和南奥塞梯地区就是明显的例子。因此,在维护领土完整方面的合作也是古阿姆集团的核心目标之一。譬如,乌克兰等国代表在2006年建议古阿姆组建维和部队,以替代俄罗斯在所谓"冻结冲突"地区的维和人员。古阿姆还多次通过决议,呼吁俄罗斯在格鲁吉亚问题的"单边行动"上保持克制。④

第三,密切西向战略的协调。苏联解体后,出于经济发展、社会稳定、政治改革及试图平衡俄罗斯影响力等动因,古阿姆成员国均渴望获得西方世界的财政和政治支持,甚至安全支持。⑤ 这些需求不可避免地给古

---

① Jim Nichol, *Armenia, Azerbaijan, and Georgia: Security Issues and implications for U. S. interests*, Congressional Research Service, January 14, 2009, p.27. 此外,由于乌兹别克斯坦曾短暂加入该组织,因此该组织也曾简称 GUUAM。

② Tomas Valasiek, *Military Cooperation between Georgia, Ukraine, Uzbekistan, Azerbaijan and Moldova in the GUUAM Framework*. Retrieved from Belfer Center for Science and International Affairs, December 2000. http://belfercenter. ksg. harvard. edu/publication/3102/military_cooperation_between_georgia_ukraine_uzbekistan_azerbaijan_and_moldova_in_the_guuam_framework. html.

③ Ibid.

④ Jim Nichol, *Armenia, Azerbaijan, and Georgia: Security Issues and implications for U. S. interests*, Congressional Research Service, January 14, 2009, p.28.

⑤ Tomas Valasiek, *Military Cooperation between Georgia, Ukraine, Uzbekistan, Azerbaijan and Moldova in the GUUAM Framework*. Retrieved from Belfer Center for Science and International Affairs, December 2000. http://belfercenter. ksg. harvard. edu/publication/3102/military_cooperation_between_georgia_ukraine_uzbekistan_azerbaijan_and_moldova_in_the_guuam_framework. html.

阿姆打上了"亲西方"和"亲美"的政治烙印。在2003年格鲁吉亚的"玫瑰革命"和2004年乌克兰的"橙色革命"以及摩尔多瓦的政治改革之后，古阿姆的民主化倾向日渐明显。在首脑会议及各种场合，古阿姆集团强调该组织的目标是"巩固黑海及更广泛地区的民主"①。

第四，推动军事与安全合作。古阿姆组织还试图在俄罗斯主导的独联体安全机制之外建立一个相对独立的安全和军事合作框架，并最终加入北约。古阿姆集团多次动议通过建立自己的维和部队以取代俄罗斯维和部队。在2003年古阿姆集团峰会上，格鲁吉亚与乌克兰公开表示，该组织内部的军事合作将有助于古阿姆成员国最终获得北约成员国的资格。②

从国际认知的角度看，古阿姆集团是一个强烈认同西方、排斥俄罗斯的国家组合。从战略层面审视，古阿姆集团的战略诉求是，在俄欧之间的过渡区域抵制和压缩俄罗斯的传统影响力，吸引和扩展西方力量。某种程度上，该集团的战略意图符合欧盟和北约东扩的战略安排。对于美国及其欧洲盟友而言，古阿姆集团无疑为西方进一步蚕食俄罗斯战略空间提供了便利条件。因此，美国非常重视古阿姆集团的战略价值，并与其保持着极为密切的合作关系。美国国会研究机构（Congressional Research Service）的报告坦言，古阿姆集团曾获得美国的重大支持③，其中包括财政、政治和军事等各种各样的支持。美国曾经与古阿姆组织在第比利斯、华盛顿、纽约等地签署和发表20余次双边协定和声明。④

当然，俄罗斯无法对古阿姆集团明显的西向战略动向保持淡定。从心理层面看，原苏联加盟共和国纷纷翻脸，弃俄就美，曾经一言九鼎的主

---

① Jim Nichol, *Armenia, Azerbaijan, and Georgia: Security Issues and implications for U. S. interests*, Congressional Research Service, January 14, 2009, p.27.

② Ibid.

③ Ibid., p.28。该报告称美国国会曾直接或间接地给予GUAM以财政支持。

④ Organization for Democracy and Economic Development-GUAM. (2014). *GUAM-USA FRAMEWORK PROGRAMM*, Retrieved from Organization for Democracy and Economic Development-GUAM: http://www.guam-organization.org/en/node/291. Organization for Democracy and Economic Development-GUAM(2014), *GUAM and USA*, Retrieved from Organization for Democracy and Economic Development-GUAM: http://www.guam-organization.org/en/node/434.

第四章　格鲁吉亚的西向战略：理想对赌现实

导者被弃之如敝屣,沦为公开排斥和抛弃的对象。这实在令其五味杂陈,情何以堪。更让俄罗斯焦虑的是,古阿姆集团的战略意图一旦成为事实,那就意味着西方的军事力量推进到了俄罗斯腹地周边,俄罗斯将在家门口直面世界上最庞大的经济和军事集团。这种战略前景使得俄罗斯对包括格鲁吉亚在内的古阿姆集团的动向保持着高度警惕感和排斥感。

事实上,美俄战略博弈已经到了最关键、最敏感的最后阶段。将俄罗斯的邻国纳入西方势力范畴是美欧东扩的决定性环节,而阻止涉及自身战略利益的周边国家弃俄入美(西方)则是俄罗斯不可退让的战略底线,俄罗斯的这一政策态度非常明确。俄罗斯领导人曾多次明确表示不能接受"东部伙伴关系"(Eastern Partnership,简称 EaP)国家(包括亚美尼亚、阿塞拜疆、白俄罗斯、格鲁吉亚、摩尔多瓦、乌克兰)加入欧洲一体化进程,①对这些国家加入北约的努力也公开抵制。对亲西方的古阿姆集团,俄罗斯从一开始就认定其组织功能有替代"独联体"(CIS)之嫌,并要求该集团吸收俄罗斯为成员国。不知不觉中,格鲁吉亚已经卷入到了大国战略博弈的危险游戏之中,且很快就不幸成为美俄战略互动的碰撞点。

(四)俄罗斯国家安全战略调整：重塑地缘安全环境

作为格鲁吉亚的北方"超级大国",俄罗斯的国家安全战略对格鲁吉亚的国家安全至关重要。这个毗邻大国安全战略的重大调整不仅意味着地区安全环境的重塑,也对包括格鲁吉亚在内的周边国家的安全构成了直接影响。

俄罗斯曾于 1997 年、2000 年、2009 年三度颁布和修订《国家安全概念》。其中,最具转折性意义的当属 2000 年度国家安全概念的推出。2000 年 1 月,刚被任命为代总统的普京签署总统令,通过了《俄罗斯国家安全概念(2000)》(National Security Concept of the Russian Federation

---

① Sergi Kapanadze, *Georgia's vulnerability to Russian Pressure Points*, European Council on Foreign Relations, June 2014, p.1. Jeffrey Mankoff, *The Big Caucasus: between fragmentation and integration*, Washington, DC 20006: the Center for Strategic and International Studies (CSIS), March 2012, p.19.

2000）。① 俄罗斯国家安全概念的酝酿出台是美俄战略态势不断演进的产物。苏联解体之后，俄罗斯国家安全战略经历了叶利钦和普京两个重要阶段。在叶利钦执政时期，继承苏联衣钵的俄罗斯国力大损，叶利钦一度推行西向战略，试图通过认同西方价值观，融入西方阵营，最终成为一个实质性的欧洲国家。然而，这只是俄罗斯一厢情愿的战略愿景。西方继续坚持传统的权力思维逻辑，认为这是削弱俄罗斯战略利益的历史机遇。在俄罗斯进行艰难的国内改革时，"北约"不仅没有如同"华约"一样解散，反而通过战略转型解决了生存危机，并大力推进东扩计划。至今，北约曾经完成了三轮东扩，这严重威胁了俄罗斯的国家安全。与此同时，欧盟也积极东扩，东向步伐紧锣密鼓。

值得关注的是，科索沃战争在美俄关系以及欧盟与俄罗斯关系上具有转折性意义。② 在俄罗斯看来，美国及其主导的北约在1999年的科索沃战争中根本没有顾忌俄罗斯的立场，北约的军事行动也让俄罗斯了解到自身与北约军力的巨大差距。雪上加霜的是，北约还在同年宣布将吸纳波罗的海三国为成员国。

西方咄咄逼人的战略压迫迫使俄罗斯不得不重新审视自己对西方的认知，并直接促使俄罗斯在2000年的国家安全战略中重新界定了与西方世界的安全关系。③ 随着北约东扩的步伐日近家门，传统的战略空间不断萎缩，俄罗斯与美国的战略博弈也越来越激烈。在严峻的外部压力下，普京时代的俄罗斯大幅调整了叶利钦时代的国家安全战略。2000年度《国家安全概念》事实上表明了俄罗斯国家安全的主要目标是应对西方不断东扩的战略压力。

其一，明确西方世界是对国际关系的重大挑战。该文件指出，国际社会中存在一种趋势，即：以美国为首的西方国家倾向于"绕开国际法的基

---

① 俄罗斯联邦政府在1997年曾颁布《俄罗斯国家安全蓝图》（Russian National Security Blueprint 1997）。参见：Rossiiskaya Gazeta, *Russian National Security Blueprint*, 1997, Retrieved from Federation of American Scientists：http://www.fas.org/nuke/guide/russia/doctrine/blueprint.html.

② Mark Kramer, *What is Driving Russia's New Strategic Concept*? Harvard University, PONARS, 2000, p.2.

③ Ibid.

本规则",并对世界政治中的核心问题采取以"武力"为主的"单边解决方式"。① 这个看法标志着冷战结束后俄罗斯国家安全战略基调的转变。西方不再是俄罗斯积极融入的对象,而是国际关系中的不稳定因素。

其二,明确俄罗斯世界大国地位的国际角色。该文件强调,由于悠久的历史和丰富的文化传统,"俄罗斯是世界上的主要国家之一",凭借经济、科学技术、军事潜力及其在欧亚大陆上的独特战略位置,"俄罗斯将在全球进程中持续扮演重要角色",俄罗斯国际层面的国家利益在于"维持和强化其强国地位(positions as a great power)和多极世界中的影响力中心(influential center)之一的角色"。

其三,明确指出了俄罗斯的主要威胁来源。《俄罗斯国家安全战略(2000)》专门列举了俄罗斯在国际层面面临的主要国家安全威胁。它们包括:(1)特定国家和特定政府间联合(intergovernmental associations),试图削弱包括联合国和欧安会(OSCE)在内的既有国际安全保障机制;(2)俄罗斯在全球范围内的政治、经济和军事影响力逐步衰弱;(3)军事—政治集团和联盟(尤其是北约东扩)的强化;(4)外国军事基地和大型军事集团在俄罗斯边境附近出现的可能性加大;(5)大规模杀伤性武器(WMD)及其运载工具的扩散;(6)独立国家联合体(CIS)一体化进程的削弱;(7)俄罗斯联邦国界临近地区以及独联体国家爆发的冲突及其升级;(8)针对俄罗斯的领土主张。② 该文件也或明或暗地指出"一些国家开始试图在政治、经济、军事以及其他层面上削弱俄罗斯"。在国际问题处理上,这些国家无视俄罗斯利益的任何尝试"都将有损国际安全与稳定",他们"试图阻碍俄罗斯强化其作为多极世界中的影响力中心之一的努力,并在欧洲、中东、外高加索地区、中亚和亚太地区阻碍俄罗斯国家利益的实现并试图削弱其地位"。③ 西方此前不断东扩的态势让俄罗斯承受着越来越

---

① The Ministry of Foreign Affairs of Russia(2000), *The National Security Concept of the Russian Federation*, Retrieved from Basic documents on domestic and foreign policy:http://www.mid.ru/bdomp/ns-osndoc.nsf/1e5f0de28fe77fdcc32575d900298676/36aba64ac09f737fc32575d9002bbf31! Open Document.

② Ibid.

③ Ibid.

大的战略压力。在西方步步为营的攻势面前,俄罗斯抛弃了成为西方一员的幼稚想法,转而奉行防范西方的新战略。

其四,该文件表达了俄罗斯试图维持国际影响力的决心。在以美国为首的西方国家主导的国际体系下,俄罗斯是一个失意者。因此,俄罗斯对该体系试图削弱其影响力的行为感到非常不满。譬如,俄罗斯对"北约"在科索沃等问题上绕开联合国等全球性安全机制,不断东扩的行为忍无可忍,并明确将其视为国家安全威胁。1997年俄罗斯颁布的国家安全战略将与西方国家的关系定义为"伙伴关系"(partnership),但短短三年之后,新的国家安全战略的基调已经彻底转向。它直言不讳地抨击美国和西方世界的所作所为,并将其视作本国的重要安全威胁。① 冷战结束后,美国为首的西方世界紧抓苏联崩溃的历史机遇,掀起一连串的战略进攻行动,影响力不断拓展。然而,其战略得益实质上是建立在俄罗斯战略利益受损的基础之上。因此,俄罗斯国家安全战略的重大变化是西方战略压迫的逻辑产物。

俄罗斯新世纪安全战略的大幅调整重新定位了俄美(西方)关系的内涵与性质。西方不再是俄罗斯试图密切合作的伙伴,而是损害和削弱俄罗斯战略利益的主要对手。丢掉幻想,准备斗争,是普京时代俄罗斯因应西方战略压力的新思路。一方面,俄罗斯紧跟世界新军事革命的步伐,积极重整军备,加速军队的现代化进程,强化军队的战斗力,并大幅提高战略威慑能力。另一方面,俄罗斯将邻近国家视为涉及自身核心利益的战略性区域,对北约东扩采取了更加坚决的斗争策略。对周边国家积极投向西方,尤其是加入北约的尝试予以明确的警告和行动上的抵制。

毗邻大国安全战略的重大转型重新界定了地缘政治环境,对周边小国具有深刻影响。世纪之交,在俄罗斯国力不振、国内民族问题尖锐②、国家安全战略尚未转型的背景下,北约东扩仍在有条不紊地部署和推进,毗邻俄罗斯的波罗的海小国乘此良机顺利加入北约。2000年之后,北约

---

① Mark Kramer, *What is Driving Russia's New Strategic Concept*? Harvard University, PONARS, 2000, p.1.

② 其间包括两次惨烈的车臣战争:第一次车臣战争(1994年12月至1996年8月)和第二次车臣战争(1999年8月至2000年2月)。

东扩进程就不得不与安全战略重塑的俄罗斯进行抗争了,美俄博弈的战略风险日趋清晰。对奉行西向战略的格鲁吉亚而言,与毗邻大国发生战略冲突的可能性至此已注定不可避免了。

三、格鲁吉亚的国际认知与西向战略抉择

传统观点认为,面对"威胁性大国"[①],尤其毗邻的威胁性大国,小国通常会采取追随战略而不是以防御为目标的平衡战略。然而,格鲁吉亚的对外战略似乎与此常识相背离。2008年8月俄格战争结束后,即便俄罗斯在距离格鲁吉亚首都仅仅25英里的地方部署军力,格鲁吉亚仍追求西方取向的对外政策,并努力寻求加入欧盟和北约。[②] 因此,在理解小国行为方面,权力取向的现实主义逻辑并不一定完全适用。有研究认为,精英观念、认同和社会秩序偏好发挥的作用要比普遍认识到的更大。"精英观念、认同和社会秩序偏好是理解格鲁吉亚对外政策行为的关键"。[③] 具体来看,格鲁吉亚基于精英观念的国际认知超越了地缘政治的现实,成为其酝酿和推行对外战略的重要内因。其结果是,格鲁吉亚逐渐疏远近在咫尺的俄罗斯,在西向战略的紧锣密鼓声中,不断激化与毗邻大国的战略矛盾,最终酿成惨烈的流血冲突。

(一)认同西方与西向战略的形成

精英观念广泛影响着格鲁吉亚对外政策的方向、节奏和范围,是该国脱俄入西战略思想的基础。格鲁吉亚的政治精英和专家认为,时代发展彻底颠覆了该国传统的国际认知。精英观念和身份认同"决定着该国对结构性环境变迁的解读和反应",并影响着"精英寻求实现国家目标的战

---

① "威胁性大国"是指因相对实力显著占优可能带来潜在或现实威胁的大国。实力是衡量威胁的客观指标和前提条件,但这并不意味着实力必然带来现实威胁。
② Giorgi Gvalia, et al., "Thinking Outside the Bloc: Explaining the Foreign Policies of Small States", *Security Studies*, vol.22, 2013, p.115.
③ Ibid., p.102.

略制定"。① 冷战结束后,格鲁吉亚政治精英逐渐形成了一套颠覆性的政治观念,他们普遍认为:其一,格鲁吉亚是一个欧洲国家,而不再是一个"后苏联式国家"(a post-Soviet state);其二,现代化是"玫瑰革命"后最重要的国家目标;其三,唯有通过融入西方及欧洲-大西洋政治军事体系,国家的现代化才有实现的可能。② 这三大观念界定了格鲁吉亚的对外政策的目标和取向,也决定了该国对俄、对西方的政策方向。

格鲁吉亚的欧洲观与现代化观念直接相关。在格鲁吉亚精英看来,对外政策是建设现代化国家的重要手段。20世纪90年代,格鲁吉亚依然是世界上最腐败和最失败的国家之一。该国精英将其归咎于"俄罗斯发展模式"(Russian model of development)③,认为俄罗斯模式是一个被历史事实所证明的失败模式,是制约格鲁吉亚现代化进程的根本障碍。因此,极力摆脱俄罗斯的传统影响,全方位融入欧美体系,被视为改变国家命运和前途的必然选择和彻底解决诸多现实问题的灵丹妙药。在具体政策安排中,这个战略意愿的必经步骤便是,在国家安全层面谋求加入北约,在经济发展层面力图加入欧盟。

国家安全战略的发布意味着格鲁吉亚上述战略构思的具体化。2005年格鲁吉亚官方首次发布了《国家安全概念》(National Security Concept of Georgia)报告。《国家安全概念(2005)》指出,该文件是确保国家发展和明确国家基本价值和利益的"主旨性文件",并"将被视为所有战略和计划的基础"。④ 从内容上来看,该文件的实质性内容包含四大部分:(1)格鲁吉亚基本国家价值;(2)格鲁吉亚国家利益;(3)国际安全面临的威胁、风险及挑战;(4)国家安全政策的主要方向。该文件反映了格鲁吉亚国家安全战略的基本取向和政策重点:

第一,格鲁吉亚的"基本国家价值"主要包含"独立""自由""民主和

---

① Giorgi Gvalia, et al., "Thinking Outside the Bloc: Explaining the Foreign Policies of Small States", *Security Studies*, vol. 22, 2013, p. 117.
② Ibid., p. 110.
③ Ibid., p. 113.
④ The Government of Georgia, *National Security Concept of Georgia* (2005), The Government of Georgia, Retrieved from http://www.parliament.ge/files/292_880_927746_concept_en.pdf. p. 1.

法制""繁荣""和平"与"安全"六大方面。①

第二,格鲁吉亚国家利益的主要内涵是"确保领土统一""确保民族团结和公民认同(Civil Accord)""地区稳定""强化临近国家和地区的自由民主""强化国家的能源安全运输功能""国家与地区的环境安全"和"维持民族与文化特性"。②

第三,国家安全面临的主要威胁、风险和挑战来自内外,俄罗斯是防范的重点。"领土完整"是格鲁吉亚的主要安全威胁之一,也是其他威胁和不稳定因素的根源之一。该文件隐晦地指出,分裂主义者受到"格鲁吉亚境外势力"的"启发和支持",并最终造成了阿布哈兹和南奥塞梯地区"事实上的分离"。③ "军事入侵"是格鲁吉亚可能面对的安全威胁。尽管"公开军事侵略格鲁吉亚"的可能性较小,但来自国家和非国家行为体的跨界侵犯(Incursion)的威胁是的确存在的。值得注意的是,该文件专门提及阿布哈兹和南奥塞梯公民被大量授予俄罗斯国籍这一现象,认为这种现象将可能是一种"潜在威胁"。在特定情况下,这就可以成为"干预格鲁吉亚内政的借口"。④ 此外,"邻国冲突的外溢""国际恐怖主义""走私和跨国有组织犯罪""俄罗斯联邦在格军事基地""经济和社会发展的挑战"等亦属于格鲁吉亚的国家安全威胁。

第四,确定格鲁吉亚的国家安全政策的主要方向,其内容主要包括:(1)应该"强化公共管理,巩固民主制度";(2)格鲁吉亚还应该通过加强"武装力量"建设,健全文官治军制度,加强与国际社会在反恐和促进世界和平与安全领域的合作等具体措施,"增强国家防卫能力";(3)格鲁吉亚政府还应该致力于阿布哈兹和南奥塞梯地区与政府控制下的地区之间的融合,以"重建格鲁吉亚的领土完整";(4)作为一个"黑海之滨的东南欧国家",格鲁吉亚应该"融入北大西洋公约组织和欧洲联盟",认为这种

---

① The Government of Georgia, *National Security Concept of Georgia* (2005), The Government of Georgia, Retrieved from http://www.parliament.ge/files/292_880_927746_concept_en.pdf. pp.1-2.
② Ibid., pp.2-3.
③ Ibid., p.3.
④ Ibid.

融入代表着格鲁吉亚外交和安全政策的"最优先事项"。①（5）格鲁吉亚国家安全政策之优先"外交关系"包括"与美国的战略伙伴关系""与乌克兰的战略伙伴关系""与土耳其的战略伙伴关系""与亚美尼亚和阿塞拜疆的伙伴关系""与俄罗斯联邦的伙伴关系"等双边关系；加强包括"古阿姆集团"（GUAM）、"黑海经济合作组织"（BSEC）、黑海海军合作特遣部队（BLACKSEAFOR）、"乌克兰倡议"（Ukraine Initiative）等"黑海地区合作"机制；此外，格鲁吉亚应该加强"区域间合作"和积极参与包括联合国、欧洲安全与合作委员会（OSCE）、欧洲理事会等"多边合作论坛"。②（6）除上述优先事项外，文件还列举了"打击国际恐怖主义、走私和跨国有组织犯罪""经济安全政策""社会安全政策""能源安全政策""信息安全政策""环境安全政策""保持文化传统"等主要国家安全政策的优先事项。③

　　由此可见，国家安全概念的出台标志着格鲁吉亚国家安全战略发生了根本性变化，俄格关系的传统定位也在出现转折性漂移。格鲁吉亚安全战略的根本目标是脱俄入美（西方），经济上融入欧盟，安全上加入北约。这既是该国试图加强国家安全、促进经济发展的主要途径，也是其欧洲身份的自我认同"获得外部肯定的重要方式"。④ 至此，格鲁吉亚已实际上主动融入到欧盟和北约东扩的进程之中。然而，这个重大战略调整的前景却存在的一个巨大的不确定性因素，那就是它并未获得毗邻大国的理解或默认。邻国之间的对外战略及其变化是相互影响的。在俄罗斯看来，格鲁吉亚的战略动向实质上是北约东扩的有机构成，是对俄罗斯战略利益的直接挑战，也是对其相关政策态度的公开蔑视。格俄关系急速恶化之势似乎已是不可挽回的了。

---

　　① 该文件还详细列举了一系列北约与格鲁吉亚之间诸如"个人伙伴行动计划"（Individual Partnership Action Plan，简称 IPAP）等安全合作项目。

　　② The Government of Georgia, *National Security Concept of Georgia*（2005）, The Government of Georgia, 2005. Retrieved from http://www.parliament.ge/files/292_880_927746_concept_en.pdf. pp.8-13.

　　③ Ibid., pp.13-16.

　　④ Giorgi Gvalia, et al., "Thinking Outside the Bloc: Explaining the Foreign Policies of Small States", *Security Studies*, vol.22, 2013, p.116.

第四章　格鲁吉亚的西向战略：理想对赌现实

（二）脱俄投美与格美关系发展

美俄战略博弈是西方东进与俄罗斯坚守传统战略空间之间的角逐。美国对俄战略的重要手段之一是大力扶植亲美力量，以此作为削弱俄罗斯传统势力范围的战略触角。事实上，支持包括格鲁吉亚在内的南高加索国家实现民主化，确立自由市场体制，维持社会稳定，以及融入更广泛的国际社会是美国的一贯主张。[1] 其中，格鲁吉亚是美俄战略博弈的焦点，是美国高度重视并鼎力扶持的战略筹码。

其一，格鲁吉亚领导人的西化观念和亲美姿态为美国的东进战略创造了理想条件。冷战结束后，西方势力在全球体系中坐大。在苏联分崩离析的背景下，西方模式似乎占据了压倒性优势，追随西方模式的国际潮流一度势不可挡。许多国家的政治社会精英强烈认同西方价值观和发展模式，视之为国家振兴的良方。与此同时，美国及其西方盟友也在大力鼓吹西方文明的普世性和必然性，千方百计培育各国潜在的西化政治精英。格鲁吉亚政坛对西方模式极力崇拜正是这一国际背景下的产物，这对美国和西方的全球战略无疑极为有利。

其二，格鲁吉亚是里海能源通向西方的"关键通道"，[2]位处高加索关键地带，是虎视俄罗斯核心腹地的战略要冲，因而是制衡俄罗斯的理想选择。

其三，格鲁吉亚的战略动态可能会在南高加索国家、进而在中亚国家中产生示范效应和连锁反应，引发该地区更多国家脱俄就美。这样，以美国为首的西方在亚欧大陆上就会形成舍我其谁的战略态势，在全球权力结构中占据压倒性优势地位。

其四，格鲁吉亚是推介西方价值观的样板。2003年"玫瑰革命"之后，格鲁吉亚被美国视为"自由市场和民主化改革的标杆"，并成为美国在苏联国家及其他地区推动民主化的"紧密伙伴"。有鉴于此，格鲁吉亚一跃而为美国东扩进程中重点培养的国家。

---

[1] Jim Nichol, *Armenia, Azerbaijan, and Georgia: Security Issues and implications for U. S. interests*, Congressional Research Service, January 14, 2009, p.2.

[2] Ibid., p.32.

在这个大背景下,美格之间展开了全方位的紧密合作。这表现在政治支持、经济援助和军事协作等方面:

第一,美国不断激励格鲁吉亚亲美政府,反复重申对格政治支持,美格之间高层互动密切。2005年美国总统乔治·布什访问格鲁吉亚首都第比利斯,并对萨卡什维利政府的民主化和经济改革目标大加赞扬。① 2008年9月初,俄格战争结束后不久,美国副总统切尼就造访第比利斯,抚慰遭受重创的格鲁吉亚。切尼明确表示:美国"坚定支持格鲁吉亚维护领土完整","完全支持格鲁吉亚最终入盟北约","将帮助格鲁吉亚人民抚平创伤,重建经济,确保格鲁吉亚的民主、独立,协助其进一步融入西方",美国将提供大量资金支持格鲁吉亚的战后重建。② 2009年1月9日,美国国务卿赖斯与到访的格鲁吉亚外长瓦沙泽(Grigol Vashadze)在华盛顿签订了《美格战略伙伴关系宪章》(U. S. -Georgia Charter on Strategic Partnership)。根据该宪章,美格将在"提升安全""强化民主实践与民主价值""可持续经济发展"(对签订双边自贸协定进行可研)、"人文交流"等领域深化合作。③ 美国的超规格政治支持的主要考虑是,坚定格鲁吉亚西向战略的决心,给予格鲁吉亚以域外大国安全保护的希望,最终给美俄博弈留下更大的行动空间。

第二,对格鲁吉亚援助是美国进一步扶持格鲁吉亚的重要环节。随着北约东扩进程的加速,格鲁吉亚在美国东进战略中的地位也在水涨船高,美国对格援助的力度呈现出节节攀升之势。1992—2010年期间,美国累计向格鲁吉亚提供了33.69亿美元的援助(参见表4-4),④是格鲁吉亚最大的援助国。

---

① Jim Nichol, *Georgia [Republic]: Recent Developments and U. S. Interests*, Congressional Research Service, June 21, 2013, p.2.

② Office of the Vice President, *Remarks by Vice President Cheney and President Saakashvili of Georgia After Meeting*, September 4, 2008, Retrieved from The White House: http://georgewbushwhitehouse. archives. gov/news/releases/2008/09/20080904. html.

③ U. S. Department of State, *U. S. -Georgia Charter on Strategic Partnership*, 2010, Retrieved from U. S. Department of State: http://www. state. gov/r/pa/prs/ps/2010/10/149084. htm.

④ Jim Nichol, *Georgia [Republic]: Recent Developments and U. S. Interests*. Congressional Research Service, June 21, 2013, p.29.

表4-4 美国对格鲁吉亚援助走势(1992—2010)

单位:万美元

年份	和平与安全	公正与民主治理	投资	经济增长	人道主义援助
1992	0	121	15	114	2666
1993	280	341	44	182	16054
1994	145	600	95	1194	7300
1995	30	400	80	818	9198
1996	117	515	60	1064	7685
1997	202	659	100	1016	852
1998	2549	1783	375	3385	4241
1999	3075	1658	530	3261	3427
2000	3193	2148	407	3529	3174
2001	3748	1370	103	3840	5785
2002	6518	2243	471	3176	2468
2003	7041	2042	152	2622	2620
2004	6380	1552	1229	2517	2874
2005	5655	1753	1555	3106	419
2006	7819	1847	1061	2313	1227
2007	7935	1647	957	2284	5831
2008	13982	4045	1777	46602	5831
2009	12233	4270	2539	15072	7577
2010	8721	2552	1165	2112	404

数据来源:Jim Nichol, Georgia [Republic]: Recent Developments and U. S. Interests. Congressional Research Service, June 21, 2013, pp.37-38;以及 FY 2010 U.S. Government Assistance to and Cooperative Activities with Eurasia, Foreign Operations Assistance Fact Sheet:Georgia, United States Department of State, June 2014;但两处的数据间略有出入。

俄格战争结束后,美国更是追加大笔援助资金缓解格鲁吉亚的经济困难。2008年9月,布什政府宣布向格鲁吉亚提供10亿美元的战后重建和人道主义援助资金(参见图4-7)。① 从大力经济援助格鲁吉亚可见，美国高度重视这个小国具有的地缘战略价值。

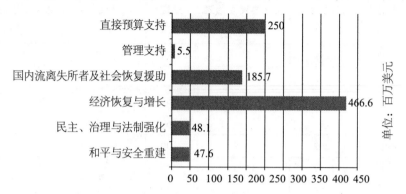

图4-7 美国对格鲁吉亚10亿美元追加援助明细(2008)

数据来源：Jim Nichol, *Georgia [Republic]: Recent Developments and U. S. Interests*. Congressional Research Service, June 21, 2013, p.39.

第三，安全合作是美格合作的重点之一。这主要由两大部分组成：② 其一，美国帮助格鲁吉亚进行军事现代化建设。早在2002年，美国便向格鲁吉亚提供了大量安全援助。截至2012年，美国已累计向格鲁吉亚提供了数亿美元的安全援助(参见表4-5)。其二，美国支持格鲁吉亚积极参与包括阿富汗战后维和在内的军事行动。格鲁吉亚部署的驻阿富汗国际维和部队(The Georgia Deployment Program-ISAF)项目就是美国支持格鲁吉亚军队"走出去"的案例之一。

表4-5 美国对格鲁吉亚主要安全援助及合作项目(2002—2012)

项目	年度(美国财年)	金额(万美元)	用途
训练与装备项目(GTEP)	2002—2004	6400	主要用于对格鲁吉亚军官、士兵及部分警察和边防力量的培训

---

① American Forces Press Service, *U. S. to Provide \$1 Billion for Georgia Reconstruction, Humanitarian Aid*, September 3, 2008, Retrieved from The Department of Defense: http://www.defense.gov/news/newsarticle.aspx? id =51022.

② Jim Nichol, *Armenia, Azerbaijan, and Georgia: Security Issues and implications for U. S. interests*, Congressional Research Service, January 14, 2009, p.33.

续表

项目	年度(美国财年)	金额(万美元)	用途
维持和稳定行动项目(SSOP)	2006—2008	12420	训练7800名格军士兵参与美国领导下的伊拉克联军行动①
无专属项目	2008	880	特种部队训练
阿富汗部署项目	2009	不明	负责支持格鲁吉亚士兵与美国海军陆战队共同布防阿富汗
联合准备支持项目	2010—2012	12890	训练及武装格鲁吉亚军队

数据整理计算自:Jim Nichol, *Georgia [Republic]: Recent Developments and U. S. Interests*, Congressional Research Service, June 21, 2013, pp.30-31.

(三) 融入欧盟:格鲁吉亚的重要政治目标

融入欧洲是格鲁吉亚直言不讳的对外战略目标。在《国家安全战略(2005)》中,格鲁吉亚就直接将"融入北大西洋公约组织和欧洲联盟"列为"国家安全战略的主要方向"。《格鲁吉亚外交部2013年度报告》同样明确指出,融入欧洲和欧洲-大西洋地区(Euro-Atlantic)是"格鲁吉亚外交政策的基石",将格鲁吉亚建设成一个欧洲民主国家并融入欧洲是该国"实现未来和平与安全的最可靠途径"②。

"欧盟梦"体现在格鲁吉亚政府诸多改革环节和政策细节之上。作为一个人口仅数百万、全年GDP仅数百亿美元的小国,格鲁吉亚政府网站无不体现了该国融入欧洲-大西洋地区的强烈意愿。格鲁吉亚政府网站不仅专门开辟内容丰富翔实的英文界面,还在许多网站制作推出"融入欧洲-大西洋地区"(Euro-Atlantic Integration)的专题板块。③ 此外,格鲁

---

① 截至2007年,格鲁吉亚向伊拉克派遣2000军人,成为最大的兵源国之一。这些军人大部分在俄格战争之后撤回国内。Jim Nichol, *Georgia [Republic]: Recent Developments and U. S. Interests*, Congressional Research Service, June 21, 2013, p.35.
② Ministry of the Foreign Affairs of Georgia, *Annual Report* 2013, Ministry of the Foreign Affairs of Georgia, 2013, p.16.
③ The Administration of the President of Georgia, *Useful Recourses*, 2011, Retrieved from https://www.president.gov.ge/en/UsefulRecourses.

吉亚政府还专门设立了"融入欧洲及欧洲-大西洋地区部"(The State Ministry of Georgia on European and Euro-Atlantic Integration),该部负责格鲁吉亚"融入欧盟"(EU Integration)、"融入北约"(NATO Integration)等重要事务。① "欧盟梦"魂牵梦绕,融入欧洲之心不可谓不急切。

格欧双边合作最早始于格鲁吉亚独立之初(即1992年左右)。1996年格鲁吉亚与欧盟签署了《伙伴与合作协定》(The Partnership and Cooperation Agreement,简称PCA)。1999年该协定正式生效。1997年格鲁吉亚议会通过议案,开始根据欧盟法修订国内法。2003年7月,欧盟正式任命南高加索特别代表(Special Representative for The South Caucasus)。翌年6月,欧盟委员会决定在亚美尼亚、阿塞拜疆和格鲁吉亚三国启动"欧洲睦邻政策"进程(The European Neighbourhood Policy,简称ENP)。② "欧盟睦邻政策"国家一共16个,包括亚美尼亚、阿塞拜疆、埃及、格鲁吉亚、以色列、约旦、黎巴嫩、摩尔多瓦、摩洛哥、巴勒斯坦、突尼斯、乌克兰、阿尔及利亚、白俄罗斯、利比亚和叙利亚。其中,阿尔及利亚正在谈判中,白俄罗斯、利比亚和叙利亚则几乎被完全排除在"欧盟睦邻政策"框架之外。

2009年欧盟、欧盟成员国,与乌克兰、摩尔多瓦、格鲁吉亚、亚美尼亚、阿塞拜疆、白俄罗斯等东欧国家共同发起了"东部伙伴关系倡议"(Eastern Partnership)。欧洲对外行动署(European External Action Service)指出,该倡议旨在推进欧盟与这些国家之间的政治经济合作,并推动这些国家更加"接近"欧盟。③ 截至2014年,该倡议已经在布拉格、华沙和维尔纽斯召开了三次峰会。2013年11月28至29日,在立陶宛首都维尔纽斯召开的第三届东部合作峰会(The Third Eastern Partnership Summit)上,格鲁吉亚与欧盟共同启动了"双边联系协定"进程(The Associa-

---

① Office of the State Minister of Georgia on European and Euro-Atlantic Integration, *Activities of the Office*, 2014, Retrieved from http://www.eu-nato.gov.ge/en/structure/activities.

② 按照欧盟官方网站版,与欧盟签署该"睦邻政策"即意味着签署国认同民主、人权、法制、善治、市场经济原则和可持续发展等理念。欧盟通过该"睦邻政策"向签署国提供"财政支持""经济一体化""赴欧旅行的便利化"和"技术和政策支持"。European External Action Service, *European Neighbourhood Policy(ENP)*, 2015. Retrieved from http://eeas.europa.eu/enp/index_en.htm.

③ European External Action Service, *Eastern Partnership*, 2013, retrieved from http://eeas.europa.eu/eastern/index_en.htm.

tion Agreement)①,签订了允许格鲁吉亚参与欧盟领导的危机管理行动的协定。② 2014年6月27日,欧盟、欧洲原子能共同体及两个组织的成员国与格鲁吉亚政府共同签署了《联系协定》(The Association Agreement)。同年7月18日,格鲁吉亚议会投票通过批准《欧盟-格鲁吉亚联系协定》。③

格鲁吉亚"入盟"确实是吸引外部投资,扩大出口市场,进而摆脱经济发展难题的现实选择。然而,这似乎不仅仅是经济问题,更是涉及地缘战略环境的大问题。因此,毗邻大国俄罗斯的态度是格鲁吉亚"入盟"进程中的巨大变数。

(四) 加入北约:格鲁吉亚安全战略的核心愿景

与"入盟"相比,加入北约则是一个更加敏感和复杂的议题,它引发的连锁反应更加激烈,也更具危险性。

加入北约是格鲁吉亚国家安全战略的重点目标。与许多苏联阵营的国家一样,格鲁吉亚独立后便开启了谋求北约成员资格的进程。早在1992年,格鲁吉亚就成为北大西洋合作委员会(The North Atlantic Cooperation Council,简称NACC)的成员国之一。1994年格鲁吉亚成为北约"和平伙伴关系"(Partnership for Peace)的一员。1995年开始,格鲁吉亚派遣人员参与北约的培训。1997年5月,欧洲-大西洋合作委员会(EAPC)成立,格鲁吉亚成为其创始成员国之一。

世纪更迭之际,格鲁吉亚实质上加快了融入北约的步伐。1999年格鲁吉亚加入北约"和平伙伴关系"项目中的"计划与评估进程"(PARP)。为了与北约发展更紧密的安全合作关系,格鲁吉亚于1999年决然退出独联体(CIS)《共同安全协定》(Collective Security Treaty)。在2000年的总

---

① 联系国协定是一国正式加入欧盟的重要步骤之一。格鲁吉亚与欧盟双边联系国协定的谈判于2013年7月结束。谈判结束后于维尔纽斯峰会正式启动。在协定启动之后,欧盟已于2014年7月签署该协定。Ministry of the Foreign Affairs of Georgia, *Annual Report* 2013, Ministry of the Foreign Affairs of Georgia, 2013, p.19.

② Ministry of the Foreign Affairs of Georgia, *Annual Report* 2013, Ministry of the Foreign Affairs of Georgia, 2013, pp.17-18.

③ Office of the State Minister of Georgia on European and Euro-Atlantic Integration, *Activities of the Office*, 2014, Retrieved from http://www.eu-nato.gov.ge/en/structure/activities.

统大选中,谢瓦尔德纳泽宣称将在总统任期内推动格鲁吉亚正式加入北约。① 在 2002 年的北约布拉格峰会上,格鲁吉亚总统正式转达了该国加入北约的计划。同年 12 月,格鲁吉亚国家安全委员会通过了"格鲁吉亚融入欧洲-大西洋国家项目"(The State Program on Georgia's Euro-Atlantic Integration)(参见表 4-6)。

表 4-6 北约伙伴关系国一览

伙伴关系类型	序号	国家
欧洲-大西洋伙伴关系委员会(Euro-Atlantic Partnership Council,简称 EAPC)	1	亚美尼亚
	2	奥地利
	3	阿塞拜疆
	4	白俄罗斯
	5	波斯尼亚与黑塞哥维那
	6	芬兰
	7	马其顿
	8	格鲁吉亚
	9	爱尔兰
	10	哈萨克斯坦
	11	吉尔吉斯斯坦
	12	马耳他
	13	摩尔多瓦
	14	黑山
	15	俄罗斯
	16	塞尔维亚
	17	瑞典
	18	瑞士
	19	塔吉克斯坦
	20	土库曼斯坦
	21	乌克兰
	22	乌兹别克斯坦

---

① Robert Nalbandov, *Democratization and Instability in Ukraine, Georgia, and Belarus*, Strategic Studies Institute, U. S. Army War College Press, June 2014, p. 61.

续表

伙伴关系类型	序号	国家
北约地中海对话（NATO's Mediterranean Dialogue）	1	阿尔及利亚
	2	埃及
	3	以色列
	4	约旦
	5	毛里塔尼亚
	6	摩洛哥
	7	突尼斯
伊斯坦布尔合作倡议（Istanbul Cooperation Initiative，简称 ICI）	1	巴林
	2	卡塔尔
	3	科威特
	4	阿联酋
全球伙伴（Partners across the Globe）	1	阿富汗
	2	澳大利亚
	3	伊拉克
	4	日本
	5	巴基斯坦
	6	韩国
	7	新西兰
	8	蒙古
国际组织	1	联合国
	2	欧盟
	3	欧安会（OSCE）

资料来源：NATO，"PARTNERS"，June 2，2012. 检索来源：NATO：http://www.nato.int/cps/en/natohq/51288.htm.

参加北约具体军事行动是格鲁吉亚推动加入北约进程的政策手段。1999 年格鲁吉亚第一次以非成员国身份参加了北约组织的科索沃维和行动。① 2003 年格鲁吉亚再度参加北约领导的军事行动，加入驻阿富汗

---

① Office of the State Minister of Georgia on European and Euro-Atlantic Integration，*Georgia and the NATO*，2013，Retrieved from http://www.eu-nato.gov.ge/en/nato/relations/summits.

国际维护部队(ISAF)。该国为驻阿富汗国际安全援助部队(ISAF)派遣了1600余名军人。这一数量居非北约成员国派遣人数之首。格鲁吉亚政府还表示,在2014年后继续参与培训阿富汗国家安全部队的新一轮北约行动——"坚决支持"(Resolute Support)。① 2013年10月10日,北约秘书长拉斯穆森在布鲁塞尔表示,北约伙伴国格鲁吉亚将在2015年正式加入北约快速反应部队。

格鲁吉亚加入北约的不懈努力获得了北约的积极回应。2004年格鲁吉亚成为与北大西洋联盟签署"个人伙伴行动计划"(IPAP)的首个国家。2006年在成功完成"个人伙伴行动计划"之后,格鲁吉亚被准许加入"紧密对话"计划(Intensified Dialogue),这是获得"成员国行动计划"(MAP)资格前的最后步骤。2008年4月3日,在罗马尼亚召开的布加勒斯特北约峰会上正式成立了"北约-格鲁吉亚委员会"(The NATO-Georgia Commission,简称NGC)。② 由于存在内部分歧,北约仅发表了一个关于格鲁吉亚日后将加盟的承诺,没有授予格鲁吉亚"成员国行动计划"资格(相当于北约候选国)。

短短数月之后,俄格战争爆发,格鲁吉亚加入北约的进程戛然而止。然而,在这场破坏性战争之后,格鲁吉亚依然不改初衷。战争的硝烟尚未散尽,格鲁吉亚便继续踏上了加入北约的征程。

四、俄格战争与格鲁吉亚的安全战略走向

对于格鲁吉亚急不可待的西向战略举动,俄罗斯自然不能熟视无睹。事实上,在格鲁吉亚寻求加入北约的每个步骤上,俄罗斯都做出了明确而坚决的反应。逐步升级的政策回应凸现了俄罗斯对格鲁吉亚加入北约尝试的强烈焦虑感,并视之为俄美战略博弈的决定性焦点。这是一场战略上的零和博弈。格鲁吉亚成功加入北约就意味着北约东扩的压倒性胜

---

① Ministry of the Foreign Affairs of Georgia, *Annual Report* 2013, Ministry of the Foreign Affairs of Georgia, 2013, p.29.

② 该委员会设立于2008年,其宗旨是监督北约2008年布加勒斯特峰会决议的执行进程。该委员会自设立后已经多次集会。

第四章 格鲁吉亚的西向战略:理想对赌现实

利,并由此引发俄西南部国家如法炮制,不仅北约力量会深度渗入南高加索地带,受俄罗斯传统影响的中亚地区或许也将进入北约的战略视野之中。对俄罗斯而言,这一前景意味着本国战略的溃败,战略空间必将大幅压缩,国家安全利益面临巨大现实威胁,国际威望也会遭受重挫,甚至不再是一个令人敬畏的世界性大国了。因此,从战略层面审视,俄罗斯毫无妥协退让的空间。今日养虎,来日为患;今日不主动,来日更被动,俄罗斯已然到了背水一战的时刻了。多番互动之后,格鲁吉亚"入约"已经演变为俄格、俄美、俄与北约、甚至俄与西方之间的战略摊牌。

为阻止格鲁吉亚加入北约,俄罗斯首先采取了外交手段,不断敦促格鲁吉亚和美国(西方)考虑俄罗斯的安全关切,明确表示反对北约东扩,更绝不允许格鲁吉亚加入北约。然而,强硬的外交措辞并未阻止北约东扩的步伐,也未打消格鲁吉亚誓入北约的念头。其次,俄罗斯祭出经济制裁手段,以表达自己的强硬立场。2006年与北约签署"伙伴行动计划"之后,俄罗斯随即对格鲁吉亚实施了经济和能源制裁,如对格鲁吉亚天然气出口价格提高一倍,并禁止格鲁吉亚的葡萄酒和矿泉水进入俄罗斯市场。① 然而,格鲁吉亚不仅没有因此改变初衷,反而加快了加入北约的步伐。在外交和经济手段无法阻止格鲁吉亚加入北约的情况下,俄罗斯用实际行动说话的条件已经具备,只需要一个合适的机会。

(一)俄格战争与西方的反应:格鲁吉亚西向战略的验证

俄罗斯的机会终于来临。在不可避免的战略摊牌中,俄格战争不期而至。2008年8月7日,南奥塞梯当局与格鲁吉亚政府互相指责对方违背停火协定,并发动大规模进攻。格鲁吉亚政府军以"被动反击"为由,迅速出兵控制了南奥塞梯首府欣茨瓦利。翌日,俄罗斯"以维持和平、保护在南奥塞梯的本国公民为由",对格鲁吉亚展开了大规模军事打击。② 这是一场强、弱国家之间的不对称战争。当争端升级到大打出手的阶段

---

① Giorgi Gvalia, et al., "Thinking Outside the Bloc: Explaining the Foreign Policies of Small States", *Security Studies*, vol. 22, 2013, p. 119.
② 如上所述,俄罗斯曾作为联合维和部队的一方在南奥塞梯地区派驻维和人员。格鲁吉亚的军事行动被指导致了俄军人员伤亡。Peter Roudik, *Russian Federation: Legal Aspects of War in Georgia*, The Law Library of Congress, September 2008, p. 3; p. 10.

时,小国的安全脆弱性就清晰地呈现在世人面前,战争结局也是毫无悬念可言。① 短短数天时间,在较小比例参战的俄军攻击之下,格鲁吉亚聚举国之力精心打造的武装力量便顷刻瓦解且一败涂地。

俄格战争是俄罗斯相关政策的直接表达。它用一场军事冲突明确告诉格鲁吉亚:加入北约意味着俄格关系的破坏,格鲁吉亚的国家安全就没有保障。与此同时,这也是对美国和北约的严厉警告:格鲁吉亚等国对俄罗斯战略安全至关重要,绝不能容忍它们加入北约。这是俄罗斯设定的战略底线。为此,俄罗斯不惜诉诸军事手段,不惧与大国对抗和世界大战。如果美国和北约坚持吸纳格鲁吉亚加入北约,最终后果将是与俄罗斯的直接对抗。

格鲁吉亚敢于忽略俄罗斯的政策立场,积极加入北约,甚至不惜与俄罗斯发生正面对抗,有几个基本评估。

(1)俄罗斯基于国际压力和对美国强大实力的顾忌,不会诉诸武力。这样,格鲁吉亚就会像波罗的海国家那样顺利成为北约成员国。

(2)与俄罗斯对抗符合美国和北约的战略利益,可以换来西方更大力度的支持,因而是加速"入约"进程的资本。

(3)在不可避免的俄格冲突后,美国及其西方盟友会提供强大的支持,格鲁吉亚可以在外援帮助下有效与俄罗斯抗衡。这样,通过高烈度的冲突,格鲁吉亚可以一举完成脱俄入美(西方)和彻底解决国内民族分离问题的双重使命。

那么,俄格战争爆发后,格鲁吉亚所期待的美国和西方作出的反应,不仅攸关格鲁吉亚与俄对抗的结局,同时也是检验格鲁吉亚安全战略成败与否的关键指标。

第一,声援、调停和政治支持是西方的主要应对方式。俄格战争爆发后,格鲁吉亚政府在西方发起了大规模公关行动,期待美国和西方提供有

---

① 在俄格战争中,俄方74人阵亡,170人受伤,损失了6架军用飞机。俄军和南奥塞梯民兵缴获了65辆坦克、20多辆军车、2辆装甲车、约10个空防装备、数十门迫击炮和高炮。格方阵亡和失踪170人,1800人受伤。格方有约10辆T-72坦克、3架安-2运输机、4架直升机(3架米-24、1架米-14BT)被击毁,防空系统被彻底摧毁。检索来源:中国工程技术信息网。http://www.cetin.net.cn/cetin2/servlet/cetin.action/HtmlDocumentAction;jsessionid=F1DE4E75E107EAB4309738AE892D9E4F? baseid=1&docno=404197.

第四章 格鲁吉亚的西向战略：理想对赌现实

力支持。萨卡什维利接受美国有线电视新闻网（CNN）采访并发表公开演讲。格鲁吉亚政府组织了大规模示威，并打出标语呼吁欧盟介入。① 然而，格鲁吉亚望眼欲穿的军事支持并未到来，西方的政治支持力道倒是可观。在美国官方严厉指责俄罗斯、强力支持格鲁吉亚的同时，欧盟也在俄格之间进行调停。在法国总统萨科齐的努力下，俄格达成《六点停火协定》（Six-point Cease-fire Agreement between Russia and Georgia）②，并主动将军队撤至阿布哈兹与南奥塞梯地区。③ 停火协定达成后，欧盟又向格鲁吉亚派出监督团（EU Monitoring Mission）负责监督停火协定的执行。④ 在其他诸多问题上，欧盟也在声援格鲁吉亚。譬如，在俄罗斯设置路障给占领区内民众生活带来不便的问题上，欧盟高级代表发言人凯瑟琳·阿什顿（Catherine Ashton）表示，欧盟注意到了俄罗斯在阿布哈兹和南奥塞梯地区与格鲁吉亚临近地区之间设置各种路障的行为，并认为这种行为严重侵犯了格鲁吉亚的主权和领土完整，也给两边的居民带来了极大不便，呼吁"俄罗斯联邦确保撤掉所设障碍物"⑤。

第二，积极筹划格鲁吉亚的重建工作。美国和欧盟国家是格鲁吉亚战后重建的主要援助国。为此，它们还积极举办国际会议，为格鲁吉亚募集资金。2008年10月22日，欧盟与世界银行在布鲁塞尔召开"格鲁吉亚捐赠大会"（The Georgian Donor's Conference），各方最终承诺给格鲁吉亚提供45亿美元的援助。⑥

---

① Charles King, "The Five-Day War: Managing Moscow After the Georgia Crisis", *Foreign Affairs*, November/December, 2008, pp.8-9.
② 停火协定主要内容包括禁止使用武力、停止敌对行为、提供人道主义援助、格鲁吉亚撤军、俄罗斯撤军、开展关于南奥塞梯和阿布哈兹地区安全与稳定的国际讨论和对话。2008年9月，萨科齐与俄罗斯就该问题达成了六点停火协定。Jim Nichol, *Georgia [Republic]: Recent Developments and U.S. Interests*, Congressional Research Service, June 21, 2013, p.19.
③ Charles King, "The Five-Day War: Managing Moscow After the Georgia Crisis", *Foreign Affairs*, November/December, 2008, p.9.
④ Jeffrey Mankoff, *The Big Caucasus: between fragmentation and integration*, Washington, DC 20006: the Center for Strategic and International Studies (CSIS), March 2012, p.19.
⑤ Ministry of the Foreign Affairs of Georgia, *Annual Report* 2013, Ministry of the Foreign Affairs of Georgia, 2013, p.12.
⑥ Office of the State Minister of Georgia on European and Euro-Atlantic Integration, *Georgia-EU cooperation*, 2015. Retrieved from http://www.eu-nato.gov.ge/en/eu/cooperation.

第三,继续推动格鲁吉亚与北约双边关系发展。一方面,北约多次表态支持格鲁吉亚维护领土与主权完整,并呼吁俄罗斯撤回对阿布哈兹和南奥塞梯两地的主权承认,"撤掉(在阿布哈兹、南奥塞梯两地与格鲁吉亚政府控制地区之间)所设障碍物"。① 另一方面,北约也通过一系列实际行动加强了同格鲁吉亚的安全联系。2008 年 12 月,格鲁吉亚加入北约"成员国行动计划",成为北约的意愿入盟伙伴(参见表4-7)。

表4-7 北约意愿入盟伙伴国

序号	国家	邀请加入 MAP 时间
1	马其顿	2008 年布加勒斯特峰会
2	格鲁吉亚	2008 年 12 月
3	黑山	2009 年 12 月
4	波斯尼亚与黑塞哥维那	2010 年 4 月

说明:MAP 指"成员国行动计划"(Membership Action Plan,简称 MAP)。②

2010 年 10 月,北约在格鲁吉亚设立"北约格鲁吉亚联络办公室"(NATO Liaison Office in Georgia)。该办公室的主要职责包括:(1)在格鲁吉亚代表北约;(2)在北约格鲁吉亚委员会的指导下,支持格鲁吉亚加入北约的政治和军事对话及实务性合作;(3)在年度国家计划中确立的欧洲-大西洋一体化目标的框架下,提升北约与格鲁吉亚政府之间的军民合作水平。③ 2013 年 6 月 26—27 日,北约秘书长安德斯·拉斯姆森率该组织的 28 个成员国代表访问格鲁吉亚。此外,格鲁吉亚还通过"年度国家项目"④等政治途径与北约展开积极对话与合作。⑤ 2013 年 9 月 6 日,

---

① Ministry of the Foreign Affairs of Georgia, *Annual Report* 2013, Ministry of the Foreign Affairs of Georgia, 2013, p.11.

② NATO, "NATO enlargement", June 12, 2014. 资料来源:NATO:http://www.nato.int/cps/en/natohq/topics_49212.htm. 检索日期:2015 年 5 月 20 日。

③ NATO, NATO Liaison Office(NLO) Georgia, May 21, 2014. Retrieved from NATO:http://www.nato.int/cps/en/natolive/topics_81066.htm.

④ 年度国家项目包含政治、经济、国防、资源、安全和法制五大领域。格鲁吉亚就这些领域内的民主化改革向北约及其盟国提出咨询。自启动至 2014 年年底已经举行 6 轮。

⑤ Ministry of the Foreign Affairs of Georgia, *Annual Report* 2013, Ministry of the Foreign Affairs of Georgia, 2013, pp.24-27.

欧盟委员会(Council of the European Union)决定延长欧盟监督团(EU Monitoring Mission)的任期至 2014 年 12 月。随着联合国和欧安会(OSCE)观察团被迫离去,欧盟监督团已经成为唯一驻留格鲁吉亚的国际机制。①

俄格战争结束后,格鲁吉亚与北约之间的合作维持着活跃的态势。这自然在情理之中。北约必须摆出不抛弃、不放弃格鲁吉亚的政策姿态,通过积极关注和加强合作以抚慰格鲁吉亚的挫折感,借以坚定格鲁吉亚继续西向的战略安排,同时保留伺机接纳格鲁吉亚"入约"的政策空间。当然,这也是反对俄罗斯"侵略"的必要宣示。然而,在格鲁吉亚实质性的"入约"问题上,俄格战争之后的北约似乎变得小心和谨慎了,这正是俄罗斯所期待的战略结果。

美国和欧盟国家对战时和战后的俄格关系的态度表明,格鲁吉亚存在严重的战略误判,对大国博弈的思路和性质也缺乏清醒认识。其一,它低估了俄罗斯捍卫自身战略利益的决心。其二,它高估了美俄战略博弈的对抗性,而低估了大国关系的现实性。其三,它高估了美国和北约提供军事援助的可能性,同时也高估了自身在西方眼中的战略价值。对美国和北约而言,北约东扩固然重要,格鲁吉亚加入北约具有重大意义,但如果代价太过高昂,存在引发大国战争和世界大战的现实风险,它们恐怕还得三思而行。现实来看,俄格战争最终演变为美俄战略意图和政策底线的相互测试,以及俄美战略博弈的实验场;格鲁吉亚则不幸沦为大国关系中的战略筹码和牺牲品。

(二) 俄格战争对格鲁吉亚的影响

不管动因如何,在大国博弈的复杂背景下,最终品尝苦涩后果的是卷入其中的小国。大小强弱之间的对撞之后,格鲁吉亚成为厮杀的战场,物质损失惨重,民心遭受重创,造成了难以挽回的负面政治、安全、经济与社会后果。

第一,俄格战争导致南奥塞梯和阿布哈兹的实质性独立,格鲁吉亚的领土和主权完整遭到进一步破坏,国家安全环境也空前恶化。2008 年 8

---

① Ministry of the Foreign Affairs of Georgia, *Annual Report* 2013, Ministry of the Foreign Affairs of Georgia, 2013, p. 12.

月26日,俄罗斯正式宣布承认阿布哈兹和南奥塞梯为独立的主权国家。[①] 格鲁吉亚当然拒不承认阿布哈兹与南奥塞梯/欣茨瓦利的"独立",认为这两个地区实际上是俄罗斯控制下的傀儡政权。[②] 但格鲁吉亚对此变局根本无能为力,两地的离心倾向也更加明显。随着时局的发展,两地最终脱离格鲁吉亚的可能性也在大幅增加。2015年3月18日,俄罗斯总统普京与南奥塞梯总统列昂尼德·季比洛夫(Leonid Tibilov)签订了《俄罗斯联邦-南奥塞梯共和国同盟与一体化协定》(Agreement between the Russian Federation and the Republic of South Ossetia on Alliance and Integration)。[③] 按照该协定,南奥塞梯军队、情报机构、执法部门等与俄罗斯合并,俄罗斯与南奥塞梯建立联合防卫及安全地带,开放便捷检查站。[④] 正如格鲁吉亚政府和欧盟所担忧的那样,该条约几乎是俄罗斯完全兼并南奥塞梯地区的前奏,这将严重威胁地区安全。[⑤] 格鲁吉亚国中之国的分裂之势也已无可挽回。显然,这与俄格战争及双边关系的急剧恶化高度关联。

在俄罗斯认可阿布哈兹与南奥塞梯的背景下,内部民族问题也成了

---

① 参见俄罗斯总统梅德韦杰夫总统令:Президент России. (2008). УКАЗ Президента РФ от 26.08.2008 N 1261 "О ПРИЗНАНИИ РЕСПУБЛИКИ ЮЖНАЯ ОСЕТИЯ". Retrieved from Президент России:http://document.kremlin.ru/page.aspx? 1114437.

② 俄罗斯政府和阿布哈兹当局都坚决反对这一说法。来自阿布哈兹的人道主义项目中心(Center for Humanitarian Programs)的阿尔达·伊诺-伊帕(Arda Inal-Ipa)认为,驻扎于阿布哈兹的俄军只是为了维持该地区的安全,并表示俄罗斯与阿布哈兹尽管合作密切,但也存在分歧,两者之间显然不是所谓的傀儡关系。Archil Gegeshidze and Inal-Ipa Arda, *Meeting Summary*: *Georgian-Abkhazian Relations*, Chatham House, December 2011, p.3.

③ The Russian President's official website, "Meeting with President of South Ossetia Leonid Tibilov", March 18, 2015。检索来源:The Russian President's official website: http://en.kremlin.ru/events/president/news/47873。检索日期:2015年4月19日。以及 Olga Razumovskya, "Pact Brings South Ossetia Closer to Russia: EU says signing of treaty clearly violates Georgia's sovereignty", March 18, 2015。检索来源:*The Wall Street Journal*: http://www.wsj.com/articles/russia-tightens-control-over-breakaway-georgian-region-of-south-ossetia-1426688743。检索日期:2015年4月19日。

④ 新华网:《俄罗斯与南奥塞梯合并加强军事融合,美与欧洲不予承认》,2015年3月21日。检索来源:新华网:http://www.cq.xinhuanet.com/2015-03/21/c_1114716740.htm。检索日期:2015年4月20日。

⑤ Olga Razumovskya, "Pact Brings South Ossetia Closer to Russia: EU says signing of treaty clearly violates Georgia", http://www.wsj.com/articles/russia-tightens-control-over-breakaway-georgian-region-of-south-ossetia-1426688743.

第四章　格鲁吉亚的西向战略：理想对赌现实

格鲁吉亚的外交议题。格鲁吉亚政府一直致力于减少或者阻止国际社会对阿布哈兹或南奥塞梯地区独立地位的承认。例如,2013年7月12日,格鲁吉亚与瓦努阿图确立了外交和领事关系,随后瓦努阿图放弃了之前承认阿布哈兹独立的政策,并在格瓦建交公约中表示"阿布哈兹和欣茨瓦利地区/南奥塞梯自治共和国"是格鲁吉亚领土的一部分。① 尽管如此,这两个地区实际上的独立状态并无有效改善。

在承认两地独立的同时,俄军开始在格鲁吉亚境内部署兵力。截至2013年初,俄罗斯已在南奥塞梯和阿布哈兹建立了军事基地,并在两地长期驻军约7000人,俄军黑海舰队的舰只也经常停泊于阿布哈兹海港。② 俄罗斯大军压境,格鲁吉亚安全环境更趋严峻。

第二,俄格双边经贸关系遭受重创。由于战争,格鲁吉亚自俄罗斯的进口贸易额比例,从2005年占总进口的15.4%骤降至2008年的6.7%;格方对俄方的出口额比例,则从2005年占总出口额的17.8%下降至2008年的2.0%。③ 截至2013年,俄罗斯始终位列土耳其、阿塞拜疆、乌克兰三国之后,是格鲁吉亚第四大贸易伙伴,双边贸易额占格鲁吉亚国际贸易总额的7.2%。④

总体来看,格鲁吉亚仍在向俄罗斯输出劳动力,俄罗斯也依旧是格方的主要投资国之一。据格方统计,格鲁吉亚在俄劳工为该国带来了不菲的外汇收入。截至2010年,俄罗斯是仅次于荷兰和美国的格鲁吉亚第三大FDI来源国。⑤ 此外,俄罗斯仍能在格鲁吉亚的白酒出口、侨汇、投资、

---

① Ministry of the Foreign Affairs of Georgia, *Annual Report* 2013, Ministry of the Foreign Affairs of Georgia, 2013, p.12.
② Jim Nichol, *Georgia [Republic]: Recent Developments and U. S. Interests*, Congressional Research Service, June 21, 2013, pp.20-21.
③ Kakha Gogolashvili and Emukhvary Ketevan, *Russia and Georgia: Searching the Way Out* (*Policy Discussion Papers by Georgian and Russian experts*), Georgian Foundation for Strategic and International Studies, 2011, p.58.
④ 其中,土耳其、阿塞拜疆、乌克兰所占比例分别为14.2%、12.5%和7.4%。参见:Ministry of Economy and Sustainable Development of Georgia, *Foreign Trade*, 2015, Retrieved from http://www.economy.ge/en/economy-in-figures/foreign-trade.
⑤ Kakha Gogolashvili and Emukhvary Ketevan, *Russia and Georgia: Searching the Way Out* (*Policy Discussion Papers by Georgian and Russian experts*), Georgian Foundation for Strategic and International Studies, 2011, p.59.

石油供应等问题上发挥影响力。①

第三,俄格战争带来了严重不良的社会影响,它直接导致了阿布哈兹和南奥塞梯对格鲁吉亚人的"种族清洗"(Ethnic Cleansing)。由于这种"种族清洗",大量格鲁吉亚人成为流离失所者(Internally Displaced Persons)。根据美国布鲁金斯学会(The Brookings Institution)的报告,截至2011年5月,格境内尚有约25.61万流离失所者,占该国总人口的5.5%左右。这些流离失所者或者产生于20世纪90年代左右的阿布哈兹和南奥塞梯与格鲁吉亚政府间的冲突,或者产生于2008年的俄格战争。根据产生时间段的不同,这些流离失所者还被分为"旧流离失所者"(old IDPs)和"新流离失所者"(new IDPs)。俄格战争所造成的"新流离失所者"约占流离失所者人口总数的7%。②

大量流离失所者给格鲁吉亚带来了极大的经济损失和财政负担。格鲁吉亚难民与流离失所者安置部(The Ministry for Internally Displaced Persons, Accommodation and Refugees)③部长表示,该部年度预算约占国家总预算的15%。到俄格战争时,该部预算甚至一度翻番(参见图4-8)。④鉴于此,格鲁吉亚政府反复呼吁国际社会关注这一问题。2013年6月13日,在格鲁吉亚的呼吁下,联合国大会起草了《格鲁吉亚、阿布哈兹和欣茨瓦利地区/南奥塞梯境内流离者与难民状况》(Status of Internally Displaced Persons and Refugees from Abkhazia, Georgia and the Tskhinvali Region/South Ossetia, Georgia)的决议草案;约同一时期,联合国国内流离失所者人权特别报告员(United Nations Special Rapporteur on the Human

---

① Sergi Kapanadze, *Georgia's vulnerability to Russian Pressure Points*, European Council on Foreign Relations, June 2014, p.1.

② Elizabeth Ferris and Stark Chareen, *From Responsibility to Response: Assessing National Approaches to Internal Displacement*, The Brookings Institution-London School of Economics, November 2011, p.179.

③ 后更名为"难民与被占区流离失所者安置部"(Ministry of Internally Displaced Persons from the Occupied Territories, Accommodation and Refugees of Georgia)。参见该部官网:http://www.mra.gov.ge/eng.

④ Elizabeth Ferris and Stark Chareen, *From Responsibility to Response: Assessing National Approaches to Internal Displacement*, The Brookings Institution-London School of Economics, November 2011, pp.223-224.

Rights of Internally Displaced Persons)夏洛卡·贝亚尼(Chaloka Beyani)就该问题专程出访格鲁吉亚。①

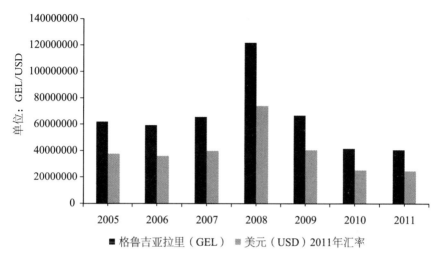

图4-8 格鲁吉亚政府为安置流离失所者的预算(2005—2011)

数据来源:Elizabeth Ferris and Stark Chareen, *From Responsibility to Response: Assessing National Approaches to Internal Displacement*, The Brookings Institution-London School of Economics, November 2011, p.224.

除流离失所人员的问题外,格鲁吉亚还面临着俄罗斯在阿布哈兹和欣茨瓦利②等占领区设立铁丝网(barbed-wire fences)等人为障碍的问题。在格方看来,俄方行为严重扰乱了居民的自由生活,侵犯了他们的基本人权。③ 欧盟与北约曾多次就"路障"问题向俄罗斯施压。

总体来看,短暂的俄格战争对格鲁吉亚造成了巨大伤害。国家主权和领土完整遭到进一步破坏,物质损失不计其数,经济发展更加艰难,安全环境更趋严峻。

---

① Ministry of the Foreign Affairs of Georgia, *Annual Report* 2013, Ministry of the Foreign Affairs of Georgia, 2013, p.13.
② 南奥塞梯首府。
③ Ministry of the Foreign Affairs of Georgia, *Annual Report* 2013, Ministry of the Foreign Affairs of Georgia, 2013, pp.10-11.

（三）俄格战争与双方安全战略的调整

俄格战争之后，该地区安全环境发生了重大变化，俄格关系的对抗性色彩更趋浓厚，两国各自开始反思和调整国家安全战略。

1. 格鲁吉亚国家安全战略的修正

格鲁吉亚政治精英反思的结果是：对西方政治理念的认同保持不变，既有西向战略保持不变，入盟和入约的战略目标保持不变，对俄认知和政策保持不变。以上均体现在该国国家战略的修正之中。

2008年8月战争结束后，旧版的《国家安全概念（2005）》显然不能适应新的安全环境。在这种前提下，2011年12月，格鲁吉亚议会通过了修订版《国家安全概念（2012）》。① 与旧版类似，2012年版的《国家安全概念》实质性内容包含以下五大部分：(1)格鲁吉亚的安全环境；(2)格鲁吉亚的国家价值；(3)格鲁吉亚的国家利益；(4)格鲁吉亚国家安全面临的威胁、风险及挑战；(5)国家安全政策的优先事项。② 与旧版《国家安全概念（2005）》一样，新版本重申了"主权与领土完整""自由""民主与法制"等核心国家价值（参见表4-8）。③

第一，格鲁吉亚安全环境日趋严峻，坚持认为脱俄入欧（美）是国家安全战略的关键。该文件称"国际和地区最近几年的变化极大改变了格鲁吉亚的安全环境"。该文件明确指出，"俄罗斯联邦在2008年8月对格鲁吉亚的大规模军事入侵"表明，"公开的军事侵略"仍是某些特定国家实现政治目标的"工具"。俄罗斯的侵略恶化了格鲁吉亚以及更大范围内的整个高加索地区的安全环境，④因此，融入欧洲的进程"对格鲁吉亚的安全而言相当重要"，格鲁吉亚是"欧洲和欧洲－大西洋（Euro-Atlantic）

---

① Neil MacFarlane, *Georgia: National Security Concept versus National Security*, London SW1Y 4LE: Chatham House, August 2012, p. 3. Ministry of Defence of Georgia, *Strategic Defence Review 2013-2016*, Tbilisi: Ministry of Defence of Georgia, 2013, p. 12.

② Ministry of Foreign Affairs of Georgia, *National Security Concept of Georgia*, 2012, 2014, Retrieved from Ministry of Foreign Affairs of Georgia: http://www.mfa.gov.ge/index.php?lang_id=ENG&sec_id=12, pp. 3-28.

③ Ibid., p. 4.

④ Ibid., p. 3.

第四章 格鲁吉亚的西向战略:理想对赌现实

的一部分",北约和欧盟东扩"对格鲁吉亚十分重要"。①

第二,丰富了"格鲁吉亚国家利益"的内涵。除了旧版中既有的"国家利益"之外,修订版《国家安全概念》增加了"发展国家制度并强化民主""建设健全有效的国家安全体系""融入欧洲和欧洲-大西洋地区""确保经济的长期稳定增长""强化网络安全""人口安全""与海外侨胞的关系"等诸项新的"国家利益"。② 值得注意的是,修订版文件首次明确将"融入欧洲和欧洲-大西洋地区"列为本国的核心国家利益之一。

第三,强调俄罗斯是格鲁吉亚的主要安全威胁。该文件将"俄罗斯入侵格鲁吉亚"的"八月战争"及俄罗斯对阿布哈兹和南奥塞梯的占领列为国家安全面临的首要挑战和威胁,认为"俄罗斯新一轮军事侵略的风险"是该国安全的另一威胁。与旧版相当隐晦的叙述不同,修订版不仅明确将"俄罗斯"列为最大的国家安全威胁和挑战,措辞也更直截了当。譬如,该文件表示"俄罗斯试图引发格鲁吉亚外交政策的变化并暴力推翻该国的民选政府","目的在于将格鲁吉亚变为一个失败国家(Failed State),阻碍格鲁吉亚融入欧洲和欧洲-大西洋地区的选择,也在于将格鲁吉亚强制带回俄罗斯的政治轨道"。③ 该文件还列举了包括上述两项在内的和"占领区流离失所人员和难民的权利""网络威胁""人口挑战"等相关的具体国家安全威胁和挑战。

第四,应对俄罗斯是国家安全的优先事项。该文件将"结束格鲁吉亚的占领状态及同俄罗斯联邦的关系"列为头号"优先事项"。该文件指出,格鲁吉亚深知与俄罗斯联邦关系的重要性和必要性,但两国关系必须建立在平等的基础之上,两国关系离开了"尊重格鲁吉亚的主权和领土完整及结束占领状态"就断不可能存在所谓"平等"。④

---

① Ministry of Foreign Affairs of Georgia, *National Security Concept of Georgia*, 2012, 2014, Retrieved from Ministry of Foreign Affairs of Georgia: http://www.mfa.gov.ge/index.php?lang_id=ENG&sec_id=12, p.3.
② Ibid., pp.5-6.
③ Ibid., p.8.
④ Ibid., pp.12-13.

表4-8 格鲁吉亚新旧版《国家安全概念》比较

序号	分类	《国家安全概念(2005)》	《国家安全概念(2012)》
1	安全环境	无	最近几年发生的重大变化
2	国家价值	独立、自由、民主与法制、繁荣、和平、安全	主权与领土完整、自由、民主与法制、安全、繁荣、和平
3	国家利益	确保领土完整,确保民族团结与公民认同,维护地区稳定,强化邻国和邻近地区的自由与民主,强化国家的运输功能及能源安全,确保国家及邻近地区的环境安全,维持民族与文化特质	确保主权和领土完整,发展国家制度与强化民主,发展有效的国家安全体系,增强民族团结与公民认同,融入欧洲和欧洲-大西洋地区,确保经济的长期稳定增长,确保能源安全,确保地区稳定,强化格鲁吉亚的运输角色,确保格鲁吉亚及本地区的环境安全,确保公民融合与维持民族和文化特质,增强网络安全、人口安全和与海外侨胞的关系
4	国家安全的威胁、风险及挑战	对领土完整的侵犯(Infringement),邻国冲突的外溢,军事干预,国际恐怖主义,走私和有组织的跨国犯罪,俄罗斯驻格军事基地,经济和社会挑战,能源相关挑战,信息相关挑战,环境挑战	俄罗斯联邦对格鲁吉亚领土的侵占及其从占领地区发起的恐怖主义行为,俄罗斯新的军事侵略的风险,占领区的国内流离失所者和难民的权利侵犯,高加索地区的冲突,国际恐怖主义与跨国有组织犯罪,经济与社会挑战,能源挑战,网络安全威胁,环境挑战,人口挑战,公民融合的挑战,文化遗产遗迹的损毁
5	国家安全政策的主要方向/优先事项	加强公共管理与民主制度的巩固,加强国家防卫能力,重建领土完整,融入北约与欧盟,加强外交关系,经济安全政策,社会安全政策,能源安全政策,信息安全政策,环境安全政策,保护文化遗产	结束对格鲁吉亚领土的侵占及与俄罗斯联邦的关系,发展国家制度与强化民主,实施接触性政策,发展国防与安全体系,融入北约与欧盟,同南高加索国家开展合作,加强外交关系,打击国际恐怖主义与有组织的跨国犯罪,经济安全政策,能源安全政策,教育政策,社会安全与医疗政策,网络安全政策,环境安全政策,保护文化遗产,人口政策,公民融入政策,加强与海外侨胞关系

根据以下资料整理:The Government of Georgia, *National Security Concept of Geor-*

gia, The Government of Georgia, 2005, retrieved from http://www. parliament. ge/files/292_880_927746_concept_en. pdf. Ministry of Foreign Affairs of Georgia, *National Security Concept of Georgia*, 2012, 2014, retrieved from Ministry of Foreign Affairs of Georgia: http://www. mfa. gov. ge/index. php? lang_id = ENG&sec_id = 12.

俄格战争后,除《国家安全概念》之外,格鲁吉亚还修订出台了另外三份重要的"国家安全战略"(《国家威胁评估》、《国家军事战略》、《战略防务评估》)文件(参见表4-9)。① 基于格鲁吉亚《国防计划法》(Law on Defence Planning)及2008年俄格战争以来国家安全环境的突变,该国在2010年重新修订了格鲁吉亚《国家威胁评估(2007—2009)》(National Threat Assessment 2007—2009)。修订后的《国家威胁评估》主要负责应对2010—2013年期间的政治、经济、军事、自然和跨国性威胁。②

表4-9 2008年后格鲁吉亚政府主要修订的战略文件

根本性战略文件(Fundamental strategic documents)	《国家安全概念》(NSC)
	《国家威胁评估》(NTA)
战略文件(Strategic documents)	《国家军事战略》(NMS)
	《战略防务评估》(SDR)

根据以下资料整理:Ministry of Defence of Georgia, *Strategic Defence Review* 2013-2016, Tbilisi: Ministry of Defence of Georgia, 2013, p. 11.

《国家军事战略》于2005年首次发布,并在2014年再度更新。③ 新的《国家军事战略》重申了俄罗斯侵占格鲁吉亚领土所带来的威胁及该国融入NATO和欧盟的基本战略方向,并明确了格鲁吉亚武装部队的主要使命及完成这些使命的具体途径和方法(参见图4-9)。④

---

① 格鲁吉亚国家安全委员会主导下修订。Ministry of Defence of Georgia, *Strategic Defence Review* 2013-2016, Tbilisi: Ministry of Defence of Georgia, 2013, p. 11.
② Ministry of Defence of Georgia, *National Military Strategy*, Tbilisi: Ministry of Defence of Georgia, 2014, p. 2.
③ Ministry of Defence of Georgia, *Strategic Defence Review* 2013-2016, Tbilisi: Ministry of Defence of Georgia, 2013, p. 2.
④ Ibid., p. 6.

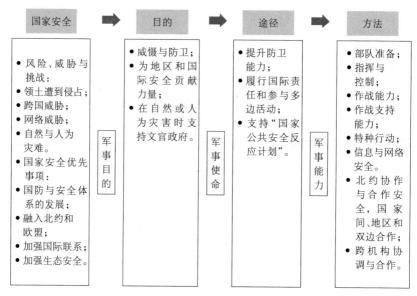

图 4-9 格鲁吉亚国家安全战略主要内涵

根据以下资料整理：Ministry of Defence of Georgia, *National Military Strategy*, Tbilisi: Ministry of Defence of Georgia, 2014, p.16.

早在 2004 年,格鲁吉亚政府就启动了《战略防务评估》(Strategic Defence Review)的制定。格鲁吉亚国防部于 2006 年发布了《战略防务评估(2007—2009)》,格鲁吉亚总统紧接着在 2007 年签署通过了该文件。① 俄格战争后,在北约专家等各方建议和协助下,格鲁吉亚国防部和该国武装力量(GAF)于 2012 年 10 月发布了修订版《战略防务评估(2013—2016)》(Strategic Defence Review 2013-2016)。②

2. 俄罗斯国家安全战略的修正

2009 年 5 月 12 日,俄罗斯联邦政府修订了《俄罗斯国家安全概念(2000)》并发布了新的《面向 2020 年的国家安全战略》(Russia's National Security Strategy to 2020)。③ 尽管这份诞生于俄格战争后不久的《国家安

---

① Ministry of Defence of Georgia, *Strategic Defence Review* 2013-2016, Tbilisi: Ministry of Defence of Georgia, 2013, p.5.

② Ibid., p.4.

③ *национальной безопасности Российской Федерации до 2020 года* (2009), Retrieved from http://www.scrf.gov.ru/documents/99.html.

第四章　格鲁吉亚的西向战略：理想对赌现实

全战略》被指具有某种"缓和"和"安抚"性质（Conciliatory Character）①，但不可忽视的是该文件在某些具体"威胁"上的措辞和态度却更加决绝。

该文件第 17 条明确指出，"北大西洋公约组织（NATO）仍然试图将其联盟的军事设施向俄罗斯边界附近地区扩张"，这种"试图赋予北约以全球性功能（Global Functions）的做法与国际法规范背道而驰"，这对俄罗斯而言是"无法接受的"。文件还表示俄罗斯愿在平等和符合欧洲－大西洋地区总体安全利益的基础上继续与北约展开合作。②

一方面，由于国力的相对恢复、俄格战争及梅德韦杰夫政府试图"重启"俄美关系等因素，《面向 2020 年的国家安全战略》相比《国家安全战略（2000）》减少了受害者心态（Victimhood）下的反西方话语，也未明确将美国列为国家安全隐患。③ 另一方面，该文件关于北约的条款向西方国家放出了明确的信号，即北约东扩将触及俄罗斯的国家安全"红线"。

随着俄格战争的结束，俄格均随之调整了各自的国家安全战略。从格鲁吉亚国家安全战略的调整看，由于俄格战争带来的阿布哈兹与南奥塞梯实质性独立，"主权与领土完整"成了格鲁吉亚最重要的"国家价值"，确保国家主权与领土完整成为该国的最高"国家利益"。此外，新的国家安全战略也表明，格鲁吉亚已明确将俄罗斯视为国家安全的核心威胁。与此对应的是，安全环境的急速恶化也导致格鲁吉亚进一步向北约、欧盟、美国等靠拢。正因如此，"融入欧洲和欧洲－大西洋地区"被视为格鲁吉亚 2010 年国家安全战略中的核心国家利益之一。

从俄罗斯国家安全战略的调整看，2000 年的国家安全战略中便早已明确，俄罗斯对北约（NATO）在科索沃等问题上绕开联合国等全球性安全机制及其不断东扩的行为极为不满，并将其视作明确的国家安全威胁。

---

① Katarzyna Zysk, *Russian national security strategy to 2020*, Retrieved from Norwegian Institute for Defence Studies, June 15, 2009: http://www.geopoliticsnorth.org/index.php? option = com_content&view = article&id =152: russian-national-security-strategy-to-2020&catid =35&Itemid =103.

② The Security Council of the Russian Federation (SCRF), *Russia's National Security Strategy to 2020*, International Relations and Security Network (ISN), May 2009. Retrieved from http://www.isn.ethz.ch/Digital-Library/Publications/Detail/? id =154915, pp.3-4.

③ Keir Giles, *Russia's National Security Strategy to 2020*, NATO Defense College, June 2009, pp.8-11. Javier Morales, *Russia's New National Security Strategy: Towards a 'Medvedev Doctrine'?* The Elcano Royal Institute, September 2009, p.1.

新版俄罗斯国家安全战略不仅继续将北约东扩视为本国的安全威胁,还明确表示"无法接受"。这实际上表明,在俄罗斯看来,来自北约的安全威胁明显加剧了。作为回应,俄罗斯抵制北约东扩的决心也随之强化。俄罗斯对北约威胁认知的恶化意味着格鲁吉亚寻求加入北约以保障国家安全的可能性大幅减小。

综上所述,格鲁吉亚因俄格战争之后国家安全环境的恶化而更趋西向,而俄格战争也进一步强化了俄罗斯抵制北约东扩的决心。如此观之,俄格战争不仅恶化了格鲁吉亚的安全环境,同时也不可避免地增加了俄格安全战略中的相互敌意。

五、小结

俄格关系不仅仅是普通的双边关系、小国与毗邻大国之间的关系。两国关系是一场国际关系的大戏。它饱含了带有理想主义色彩的喜剧性,也不乏蕴含现实主义意味的悲剧性;它是大国战略博弈的实验场,也是政治意愿和地缘现实之间、物质取向思维和观念取向思维之间的碰撞。面对冷战结束后的这一经典案例,其中的许多问题值得深入反思。

(一)俄格战争反思

按照常理,小国和毗邻大国之间是不会爆发军事冲突的。然而,梳理俄格战争背后的复杂背景,战争爆发的逻辑也就不难理解了。

第一,内部分裂是外部干预的捷径。正如格鲁吉亚前外长瓦沙泽(Grigol Vashadze)所言,"俄格战争既不是自2008年8月开始,也并没有在那时结束"。[①] 2008年俄格战争的爆发有着极为深层次的历史诱因。自其独立以来,格鲁吉亚就存在阿布哈兹和南奥塞梯分离主义问题,这两个问题又不可避免地与俄罗斯纠缠在一起,时而因停火协定而暂时偃旗息鼓。由于阿布哈兹和南奥塞梯问题始终未得到解决,俄格战争的隐患

---

① Grigol Vashadze, *Georgia's Relations with Russia from 1991 to the Present*, Chatham House, October 2009, p.3.

第四章 格鲁吉亚的西向战略：理想对赌现实

也就从未消除。

第二，科索沃问题是俄格战争的历史诱因。对俄格战争研究者来说，1999 年的科索沃问题也许是极易被忽视的一个历史诱因。科索沃战争直接导致了俄罗斯《国际安全战略(2000)》的出台，该文件意味着俄罗斯对与以美国为首的西方安全关系的再界定。这种安全观的转变以及美国武力干预科索沃问题的先例，在某种程度上"合理化"了俄罗斯对周边进行武力干预的可能性。早在美国及北约试图武力介入科索沃问题时，俄罗斯就表示，美国及北约应该遵守联合国 1244 号决议并尊重塞尔维亚的主权完整。在俄罗斯看来，美国为首的北约武力干预科索沃以及单方面承认科索沃的行为将打开"潘多拉盒子"，可能引起一连串类似的独立运动。然而，美国及北约显然没有理会俄罗斯的警告。当格鲁吉亚境内的南奥塞梯问题爆发后，俄罗斯不可避免地将南奥塞梯问题与科索沃问题联系起来，甚至将两者等量齐观。时任俄罗斯总统梅德韦杰夫在俄格战争期间表示，"你们(美国及西方)不能在一些问题上采取某种标准，然后又在另一问题上采取另外的标准"。① 梅氏显然将科索沃问题与南奥塞梯问题联系起来了。在这种认知下，俄罗斯一如当年美国和北约干预科索沃一样，直接武装干预南奥塞梯，并旋即宣布承认其"独立"。②

第三，格鲁吉亚积极的西向战略是俄罗斯痛下杀手的重要动因，俄格战争的爆发实质上也暂时延缓了北约的东扩趋势。作为与俄罗斯联系紧密的邻国，格鲁吉亚在科索沃问题爆发后并没有站在俄罗斯一方。相反，格鲁吉亚派遣军队参加了北约在科索沃的维和行动。③ 格鲁吉亚不合时宜的"选边站"，不可避免地疏远了俄罗斯，并引起了俄方的反感。格鲁吉亚在战前雄心勃勃地试图加入北约的行为愈发激起了俄罗斯的不满和

---

① The Economist, "Russia and Georgia: South Ossetia is not Kosovo", August 28, 2008。检索来源：*The Economist*：http://www.economist.com/node/12009678/print。检索日期：2015 年 4 月 24 日。
② Victor J. Marshall, "Russia, Georgia, and the Kosovo Connection", August 22, 2008。检索来源：The Independent Institute：http://www.independent.org/newsroom/article.asp?id=2301。检索日期：2015 年 4 月 20 日。
③ RIA Novosti, "Georgia announces withdrawal of peacekeepers from Kosovo", April 14, 2008。检索来源：RIA Novosti：http://web.archive.org/web/20121008065344/http://en.rian.ru/world/20080414/105041588.html。检索日期：2015 年 4 月 20 日。

愤怒。① 在俄罗斯看来，不痛加"敲打"一番，格鲁吉亚"入约"之旅便无法制止。

第四，俄罗斯是南奥塞梯维和行动的主要参与国，这意味着它拥有根据停火协定实施"强制和平"（coerce Georgia to peace）的理由。早在1993年，俄罗斯便以调停者身份在格鲁吉亚与南奥塞梯之间促和，并派驻了"维和部队"。俄罗斯"维和部队"虽然在某种程度上维持了冲突双方之间的和平，但也给俄罗斯武装干预提供了直接借口。正因如此，俄罗斯政府并不认为2008年俄格战争是"侵略"。此外，俄罗斯也拒绝使用"占领"一词来描述俄军在阿布哈兹和南奥塞梯的实际存在状态。在俄方看来，俄罗斯并未对这两个共和国进行有效控制。② 时任俄罗斯总统梅德韦杰夫2008年8月12日在关于俄格战争的讲话中明确表示："俄罗斯军事行动的目的乃是为了强制格鲁吉亚回到曾经实现过的和平""侵略者（格鲁吉亚）已被严惩并因此损失惨重"。③

第五，早在俄格战争之前，多数阿布哈兹和南奥塞梯公民均同时拥有俄罗斯国籍的客观事实，同样构成了俄罗斯保护国民出兵格鲁吉亚的理由。

第六，俄格双边关系与"领土完整"相关。由于阿布哈兹和南奥塞梯这两部分领土事关格鲁吉亚领土和主权完整，格鲁吉亚在俄格关系中的回旋余地极小。出于领土完整的现代民族国家基本原则，格鲁吉亚势必希望获得两地的控制权。但由于俄罗斯参与维和行动，并大量授予两地居民俄国国籍等，俄罗斯也必然在格鲁吉亚强烈攻击两地时以维持强制和平、保护本国公民等理由进行回击。从这个角度看，俄格关系存在某种形式上的"死结"。

---

① Jeffrey Mankoff, *The Big Caucasus: between fragmentation and integration*, Washington, DC 20006: the Center for Strategic and International Studies(CSIS), March 2012, p.17.

② Kakha Gogolashvili and Emukhvary Ketevan, *Russia and Georgia: Searching the Way Out* (*Policy Discussion Papers by Georgian and Russian experts*), Georgian Foundation for Strategic and International Studies, 2011, p.15.

③ Jim Nichol, *Georgia [Republic]: Recent Developments and U. S. Interests*, Congressional Research Service, June 21, 2013, p.19.

第四章　格鲁吉亚的西向战略：理想对赌现实

（二）格鲁吉亚国家安全战略反思

作为地道的"小国"，格鲁吉亚要确保自身安全诚然不易。格鲁吉亚国土面积狭小，人口也不过四百多万，在这仅有的人口中又呈现出多民族的特征。格鲁吉亚经济单一且总量偏小，国力有限，其地缘位置也乏善可陈：北邻俄罗斯北高加索地区，而高加索地区的北奥塞梯与南奥塞梯存在千丝万缕的历史、民族和社会联系；东南两方则邻近阿塞拜疆、亚美尼亚和土耳其，这两个方向中的阿亚对立以及亚土对立的局面也对地区稳定与合作构成了威胁。可见，格鲁吉亚可资利用的安全资源极度稀缺，所处安全环境并不理想。从历史角度看，格鲁吉亚是个"新小国"，立国根基尚浅，与俄罗斯的历史、地缘联系也导致了俄罗斯对该国安全战略选择的高度敏感。此外，格鲁吉亚处在俄罗斯与西方博弈的中间地带，这种双边博弈极大地压缩了格鲁吉亚国家安全战略的选择空间。

在这种安全资源稀缺和安全环境恶劣的背景下，格鲁吉亚是如何确定自身国家安全战略的呢？显然，格鲁吉亚选择了竭尽所能倒向西方的战略。独立以来，格鲁吉亚一直积极参与北约的对话机制，并作为非成员国派兵参与北约的科索沃、阿富汗、伊拉克等行动，它还明确地将融入"欧洲－北大西洋"列入自己的国家安全战略。

格鲁吉亚倒向西方并未顾及毗邻大国俄罗斯的利益诉求和战略关切，与俄罗斯的关系也就不可避免地恶化了。在第一次阿布哈兹和南奥塞梯危机爆发后，格鲁吉亚曾为赢得俄罗斯的好感而加入独联体。但随后不久，格鲁吉亚又"两面下注"，加入了北约的"和平伙伴关系"（PFP）。在科索沃战争这个关键节点上，格鲁吉亚不仅毅然退出了独联体《共同安全协定》（Collective Security Treaty），还积极参与北约在科索沃的军事行动。2003年"玫瑰革命"以及萨卡什维利在2004年成功当选，更令本身就极为脆弱的俄格关系雪上加霜。美国陆军战争学院（The United States Army War College）的报告指出，当亲美、亲北约和亲欧盟的萨卡什维利2004年成功当选格鲁吉亚总统后，俄罗斯武装干预南奥塞梯就由"是否干预"的问题变成了"何时干预"的问题了。① 这也是与毗邻大国交恶迟早会带来的挑战。

对格鲁吉亚而言,毗邻大国的地缘安全环境是国家安全面临的客观外部条件,毗邻大国影响巨大,攸关国家安危,是国家安全战略不得不高度重视的外在因素。因此,善处与毗邻大国之间的关系是国家安全的优先目标,也应是对外战略努力的方向。然而,格鲁吉亚战略家们的行为完全违背了现实主义的这一经典定律。该国的安全战略无视复杂的地缘安全环境,一味追求自身的政治梦想和安全意愿,表现出了显著的政治理想主义色彩。这种脱离地缘现实的战略取向无法经受实践的严酷考验,俄格战争就是活生生的教训。

(三)"以小事大"与小国安全战略选择

2008年的俄格战争表明俄罗斯与西方之间的博弈日趋激化,也标志着格鲁吉亚安全战略的彻底失败。

格鲁吉亚自立国以来的或者第一次阿布哈兹、南奥塞梯危机以来的国家安全战略究竟为何彻底破产了呢?《孟子·梁惠王章句下》中,齐宣王曾就如何处理邻国关系专门请教孟子。孟子回答说,只有仁德之人才能以大国的身份侍奉小国(惟仁者为能以大事小),只有智慧的人才能以小国的身份侍奉大国(惟智者为能以小事大)。能以大事小者可安天下(以大事小者,保天下),而能以小事大者则能保全其国家(以小事大者,保其国)。② 孟子所谓的"以小事大""以大事小"思想后来成为了朝鲜处理与中国关系的"事大主义"的思想来源之一。③ 在俄格双边关系中,孟子所谓"以小事大""以大事小"的思想似乎仍然具有指导意义。

不难发现,在西方与俄罗斯这组博弈关系中,作为小国的格鲁吉亚选

---

① Ariel Cohen and Robert Hamilton, *The Russian Military and the Georgia War: Lessons and Implications*, The Strategic Studies Institute(SSI), June 2011, p. vii.

② 原文为:以大事小者,乐天者也;以小事大者,畏天者也。乐天者保天下,畏天者保其国。诗云:"畏天之威,于时保之"。见:《孟子·梁惠王章句下》。

③ 孙卫国:《论事大主义与朝鲜王朝对明关系》,《南开学报(哲学社会科学版)》2002年第2期。

第四章　格鲁吉亚的西向战略：理想对赌现实

择了完全倒向前一阵营。换言之，在处理与毗邻大国关系的时候，格鲁吉亚选择的是"选边站"而不是"以小事大"，甚至更进一步选择了"远交近攻"的国家安全战略。也许科索沃战争中北约和美国的强大军力，以及与北约不断紧密的合作让格鲁吉亚产生了某种安全幻觉，那就是单靠美国为首的北约就能确保自身安全。正是因为这种政治幻觉，格鲁吉亚忽略了来自俄罗斯的安全威胁，忽略了"以小事大"的重要性。2008年4月3日，在布加勒斯特峰会上，北约表示将吸纳格鲁吉亚，此后四个月，俄格战争便"出人意料"地爆发了。"不智者"不足以"保其国"，格鲁吉亚的教训很好地证明了不"以小事大"这种"不智"行为的可怕后果。

（四）对其他大国的启示

对其他面临类似背景和问题的大国而言，俄格关系演进及俄格战争亦是深具战略启示的案例。毗邻大国如何处理与周边小国的关系？如何应对周边小国借助域外大国力量采取的对抗性政策？如何阻止域外大国利用周边小国充当"代理人"损害自身战略利益？俄罗斯的应对方式值得思考。

第一，明确国家战略利益的内涵与外延，准确评估小国行为的性质。俄罗斯认为，格鲁吉亚谋求加入北约的行为是北约东扩的关键一环，是美国制衡俄罗斯政策的有机构成，因而是美俄战略博弈的发力点。这将给俄罗斯带来战略空间大幅压缩、安全利益严重损害的严重战略后果。因此，对格鲁吉亚的这一举措，俄罗斯毫无妥协退让的余地，必须防患于未然，坚决予以制止。

第二，维持强大威慑军力，准确评估潜在战略风险。俄罗斯抵制格鲁吉亚加入北约，必将面临美国和西方的负面反应。他们将大力支持，甚至军事援助格鲁吉亚对抗俄罗斯。与美国的军事冲突是俄罗斯必须直面的战略风险。美国和西方对格鲁吉亚的援助程度将会多大呢？美国是否有与俄罗斯发生直接对抗的可能性呢？俄罗斯的基本结论是没有这个可能性。这个结论建立在俄罗斯不可令人小觑的军事力量之上。即便常规军力难与美国和西方抗衡，由苏联传承下来的庞大核力量也是令人望而生畏的巨大威慑。以此来看，美国不敢贸然与俄罗斯直接对抗，对格鲁吉亚的实际支持也就会顾忌俄罗斯的战略底线。这个战略评估是俄罗斯对格鲁吉亚政策行为的基本依据。现实表明：如果一个大国没有足以抗御美国的军力，没有令其感到恐惧的战略手段，没有坚决捍卫自身核心利益的战略意志，就会缺乏政治底气和行动勇气，也就无法阻止美国利用小国损害其安全利益的战略安排。

第三，采取逐步升级的策略，坚定捍卫战略利益。具体来看，在阻止格鲁吉亚加入北约的问题上，俄罗斯采取了步步升级的对策。首先是政治外交手段，旗帜鲜明反对北约东扩和格鲁吉亚加入北约的尝试。其次是经济制裁手段，在外交手段无法有效说服对方关切俄方安全利益诉求的情况下，俄罗斯试图以经济制裁迫使格鲁吉亚更弦改辙。然而，西方对格鲁吉亚的经济援助和格鲁吉亚西向战略的强烈意愿弱化了俄罗斯经济制裁的威力。经济制裁亦未能达到政策目的。最后是强硬的军事手段。军事途径是处理该问题的最后手段，可能损及国家和平形象、恶化俄格关系，却是解决难题最直截了当的有效方式，也是大国规范和纠正小国行为最有效的方法。对俄罗斯而言，俄格战争无疑产生了这样的良好效果：一方面，俄格战争实际上阻止了格鲁吉亚加入北约的步伐，格鲁吉亚加入北约不得不陷入停顿状态；另一方面，俄格战争有效表达了俄罗斯的战略态度，充分显示了该国不容触碰的战略底线。此后，在北约东扩问题上，俄罗斯基本上扭转了此前的战略被动态势。可见，实际行动是战略态度最有效的表达方式。即便实力超群、外交言辞无懈可击、法理昭昭，如果没有切实的具体行动，没有威胁的预期也会让小国步步为营，不断采取与毗邻大国利益相冲突的对抗性行为。

第四，应对毗邻小国的对抗性行为，需要积累影响和制约小国行为的战略筹码。当今世界，公然干预和侵犯邻国是不得人心的。因此，在约束小国行为过程中，毗邻大国需要积累一些合乎情理的行动依据，为可能的对抗性互动创造便利条件。对俄罗斯而言，格鲁吉亚境内的民族争端就是一个拿捏该国的政策利器。俄罗斯凭借格鲁吉亚境内阿布哈兹和南奥塞梯两地的强烈离心倾向，授予这两地大量居民以俄罗斯国籍，同时也不允许格鲁吉亚政府武力控制两地。这为此后俄罗斯的对格鲁吉亚行动留下了巨大的政策想象空间。

第四章　格鲁吉亚的西向战略：理想对赌现实

遍观世界,大小国家相邻相交。在历史的长河中,与毗邻大国交恶者可能会带来短期利益,但长远来看,它必定会付出更为惨痛的代价。大国向善仍需有大国之范,其核心利益不容肆意侵犯;小国求安还需智慧,自保尚需顾及毗邻大国的感受,不可脱离地缘现实而恣意妄行。智者可求自安,不智者不足以谋国,亦不足以安天下。

第五章

卡塔尔的生存智慧：乱局中广结善缘

卡塔尔是个不折不扣的"小富国"和"小要国"。凭借丰富的油气储藏与开发，这个君主制小国的人均国内生产总值高居世界前列，社会福利优渥，民众过着优越的生活。位处海湾要冲的地理位置和具有惊人的财富资源不仅大幅提高了卡塔尔的战略价值和国际地位，也为该国发挥超越其规模的国际影响力创造了有利条件。然而，复杂的周边安全环境所带来的影响是卡塔尔国家安全始终无法摆脱的变数。二战结束以来，中东一直都是国际安全的焦点和热点，阿以战争、两伊战争、两次海湾战争等大型国际冲突次第展开，当前的"伊斯兰国"（ISIS）问题和叙利亚、也门的内战未见消停。域外大国深度介入，区内大国相互争夺，逊尼、什叶两派不和是塑造中东和海湾地区安全环境的几大变量。周边环境复杂多变，富裕的卡塔尔无疑身处险地和矛盾的漩涡之中。对小国而言，这样的生存环境是个巨大的安全挑战，安全战略的抉择也就显得意义非凡。现实来看，虽然国家安全的前景依旧不可预测，但冷战结束以来，卡塔尔的生存战略还是颇为成功的。在国家安全得到有效保障的同时，卡塔尔也是"小国大外交"的典型之一。值得强调的是，特定的地理位置对小国发展和政策行为影响巨大。它赋予了卡塔尔以财富和战略价值，也带来了国家安全的不确定性。地理位置不可更改，理性思维和明智战略却是可为的。这是卡塔尔案例带来的深刻启示。

第五章 卡塔尔的生存智慧：乱局中广结善缘

一、卡塔尔的国家特性：油气立国的小富国

卡塔尔位处波斯湾西南岸的卡塔尔半岛上，南与阿拉伯联合酋长国（阿联酋）和沙特接壤。历史上多次易主，是强国轮番主导之地。新近考古发现，早在公元前4世纪，现在的卡塔尔便有早期人类居住。古希腊历史学家希罗多德认为，航海的迦南人（Canaanite）是卡塔尔的原住民。公元7世纪中叶，卡塔尔半岛及其周边地区开始接受阿里·穆兹尔阿拉伯人（Al Munzir Arabs）的统治。由于国王阿里·穆兹尔·阿里·塔米米（al-Munzir Ibn Sawi al-Tamimi）最终皈依伊斯兰教，卡塔尔也随之融入伊斯兰文明进程。① 公元16世纪，卡塔尔与土耳其结盟，并成功驱离了葡萄牙人。此后，卡塔尔与整个海湾地区一起被纳入奥斯曼土耳其版图。从16世纪到20世纪初的几个世纪里，卡塔尔名义上一直臣属于奥斯曼帝国（实际上由本地部族统治）。② 19世纪中期开始，阿勒萨尼家族开始统治卡塔尔地区。1916年，卡塔尔从奥斯曼土耳其帝国独立，并成为英国的保护国（Protectorate）。

卡塔尔独立是二战后世界范围内非殖民化进程的产物之一。1971年9月3日，卡塔尔最终脱离英国的殖民统治并赢得独立。独立后，卡塔尔并未按照英国的建议加入阿联酋，而是选择了独自立国。在独立后的前20年，强邻沙特是年轻的卡塔尔的安全后盾。1990年，伊拉克入侵科威特事件对小国的安全思维影响巨大，卡塔尔意识到在沙特之外寻找替代性安全保障的必要性。③ 1995年是卡塔尔外交转型的里程碑。谢赫·哈迈德·本·哈利法·阿勒萨尼（Sheikh Hamad bin Khalifa Al Thani）趁其父谢赫·哈利法·本·哈迈德·阿勒萨尼（Sheikh Khalifa bin Hamad Al

---

① Embassy of the State of Qatar, *About Qatar: history*, Retrieved from Embassy of the State of Qatar: http://www.qatarembassy.net/page/history.
② Ibid.
③ Sultan Barakat, *The Qatari Spring: Qatar's emerging role in peacemaking*, London: London School of Economics and Political Science(LSE), 2012, p.3.

Thani)在瑞士度假之际,发动不流血政变,并自任卡塔尔新埃米尔。尽管人们对哈迈德发动政变的原因都莫衷一是,但可以肯定的是,新旧埃米尔之间在内政外交等一系列问题上意见长期相左与政变不无关系。

在小国治理中,领导人往往扮演着独一无二的关键角色。在君主制的卡塔尔,领导人的政治理念和领导风格更是该国内政外交的核心变量。新任埃米尔哈迈德早年留学英国桑德赫斯特皇家军事学院(Royal Military Academy Sandhurst),是自阿曼贾博斯苏丹(Sultan Qabus)之后第一位接受西方教育的海湾国家领袖。哈迈德继位时年仅45岁,是当时海合会国家中最年富力强的领导人。继位之后,在其带领下,卡塔尔迅速崛起为世界上最大的液化气生产国和出口国之一。① 内政之外,哈迈德时期的外交政策开始发生重大转变。深思熟虑的积极外交不仅迅速提升了卡塔尔的国际能见度,同时也有效促进了国家安全利益。富裕的"小要国"类型是卡塔尔构思和推行独特对外战略、扮演相应国际安全角色的前提条件。

(一) 油气立国的海湾小国

卡塔尔是海湾地区的一个名副其实的弹丸小国。该国国土面积不足1.2万平方千米,常住人口仅约206万人,本国公民大约为25万人。② 根据美国中央情报局(CIA)的数据,卡塔尔国土面积约占世界第166位(约为北京市面积的3/4),人口总量则位列全世界第146位(约为北京市人口的1/10)(参见表5-1)。③

---

① Uzi Rabi, "Qatar's Relations with Israel: Challenging Arab and Gulf Norms", *Middle East Journal*, 63(3), 2009, p.444.
② 中华人民共和国外交部:《卡塔尔国家概况》,更新时间:2014年9月。检索来源:中国外交部网站:http://www.fmprc.gov.cn/mfa_chn/gjhdq_603914/gj_603916/yz_603918/1206_604306/1206x0_604308/。检索时间:2015年6月21日。说明:这是最新数据,与表5-1中美国中央情报局的数据有一定出入。
③ The Central Intelligence Agency, The World Factbook: Qatar, 2014。检索来源:The Central Intelligence Agency: https://www.cia.gov/library/publications/the-world-factbook/geos/qa.html#People.

表 5-1　卡塔尔及其周边国家基本国情国力对照表

国家		国土面积（平方公里）	人口	国内生产总值（亿美元）	主要族群
沙特阿拉伯		2149690	27345986	7185	阿拉伯人
叙利亚		185180	17951639	647	阿拉伯人
黎巴嫩		10400	5882562	434.9	阿拉伯人
约旦		89342	7930491	340.8	阿拉伯人
巴勒斯坦	西岸	5860	2676740	无数据	阿拉伯人
	加沙	360	1763387	无数据	
伊拉克		438317	32585692	2218	阿拉伯人
埃及		1001450	86895099	2620	阿拉伯人
利比亚		1759540	6244174	709.2	阿拉伯人
土耳其		783562	81619392	8218	土耳其人
伊朗		1648195	80840713	4119	波斯人
以色列		20770	8018000	2468	犹太人
卡塔尔		11586	2123160	1987	阿拉伯人

数据来源：以色列数据来自以色列外交部：http://mfa.gov.il/MFA/Pages/default.aspx。其他数据均来自美国中央情报局：The Central Intelligence Agency, *The World Factbook*, 2014, Retrieved from The Central Intelligence Agency：https://www.cia.gov/library/publications/the-world-factbook/index.html.

在油气资源发掘之前，与众多海湾国家一样，卡塔尔在国际经济中默默无闻，也不足挂齿。二战之前，卡塔尔经济严重依赖珍珠养殖业。随着二战爆发引发的经济危机以及日本等国人工养殖珍珠技术的突破，卡塔尔经济遭受了毁灭性打击。[1] 然而，境内石油的次第发现彻底改变了卡塔尔的经济面貌，它的经济不仅因此转危为安，而且迅速步入富裕国家之列。1949 年至 1970 年期间，卡塔尔的石油产业不断发展并逐渐实现国有化，卡塔尔政府提供的社会福利和就业能力不断提升，政治权力也愈发集中和强大。

---

[1] Sultan Barakat, *The Qatari Spring: Qatar's emerging role in peacemaking*, London: London School of Economics and Political Science(LSE), 2012, p.3.

二战之后,以石油和天然气为主的能源是世界经济的重要构成(参见图 5-1)。卡塔尔是当今世界上的石油主产国之一。然而,相较其他海湾国家,卡塔尔石油储量相对较小,产量更是石油输出国组织中最低的国家之一(倒数第二)。① 据统计,与沙特的 2520 亿桶、伊拉克的 1120 亿桶、科威特的 965 亿桶的超大储量相比,卡塔尔 252 亿桶的石油储量可谓相形见绌。②

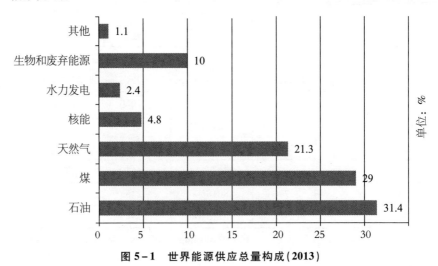

图 5-1　世界能源供应总量构成(2013)

数据来源:International Energy Agency, 2014 Key World Energy Statistics, International Energy Agency, 2014, p.6.

与石油产业相比,卡塔尔的天然气产业则在全球享有显赫地位。数据显示,卡塔尔是世界上第一大液化气(LNG)出口国、仅次于俄罗斯的第二大天然气出口国和仅次于俄罗斯和伊朗的第三大天然气储藏国(参见图 5-2)。天然气输出国论坛(The Gas Exporting Countries Forum)总部设置于卡塔尔首都多哈就充分表明了该国在世界天然气产业上的重要性。

---

① The U. S. Energy Information Administration(EIA), Qatar, 2014. Retrieved from The U. S. Energy Information Administration(EIA): http://www.eia.gov/countries/cab.cfm? fips = qa.
② Christopher M. Blanchard, Qatar: Background and U. S. Relations, Congressional Research Service, November 4, 2014, p.14.

第五章 卡塔尔的生存智慧：乱局中广结善缘

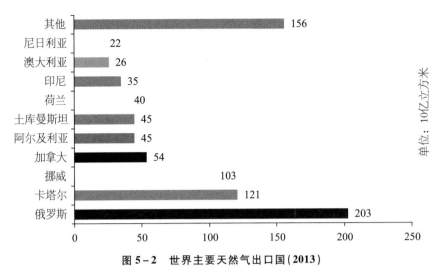

图 5-2 世界主要天然气出口国（2013）

数据来源：International Energy Agency，2014 *Key World Energy Statistics*，International Energy Agency，2014，p.13.

天然气是卡塔尔最重要的能源资源。该国北部气田早在1971年便被发现，但卡塔尔的天然气产业发展并非一帆风顺。根据卡塔尔埃米尔塔米姆经济顾问、卡塔尔最高发展计划委员会执行委员易卜拉欣·易卜拉欣（Ibrahim Ibrahim）的研究，卡塔尔天然气产业及贸易从起步到现在经历了两个重要发展阶段：①在第一阶段（从北部气田发现至20世纪90年代初期），卡塔尔天然气产业主要用于国内能源需求，天然气勘探和开发都未引起卡塔尔政府的足够重视。②尽管这一时期也曾提出过通过天然气管线向海合会国家供应天然气的计划，但该计划因谈判不力几乎搁浅。在第二阶段（从20世纪90年代开始至今），卡塔尔开始勘探和开发其丰富的天然气资源，并大力提高液化气（LNG）的出口能力。由于卡塔尔远离世界主要天然气消费市场，试图向邻近国家输气的计划也陷入僵局，该国最终将注意力转移到液化气出口能力的发展之上，向全球市场输出液化气。1997年，卡塔尔第一艘远洋液化气运输船抵达日本海岸，这是该

---

① Ibrahim Ibrahim and Frank Harrigan, *Qatar's economy*: *Past*, *Present and Future*, Doha: General Secretariat for Development Planning, 2012, p.2.

② Justin Dargin, "Qatar's Natural Gas: the Foreign-policy Driver", *Middle East Policy*, XIV (3), 2007, p.136.

国液化气国际贸易繁荣的肇始。随着卡塔尔的液化气技术、基础设施和产业链的发展和完善,卡塔尔的液化气在全球液化气市场中逐渐崭露头角。到2006年,卡塔尔开始超越印度尼西亚成为世界上最大的液化气出口国。同年,卡塔尔的出口量几乎占全球液化气出口的25%—30%。[①]在全球能源市场上,卡塔尔的影响力日趋突出。

卡塔尔经济增长在很大程度上取决于该国丰富的油气资源,油气产业也是该国经济结构的主要构成。据统计,油气出口收入占该国政府总收入的一半以上,包括油气产业在内的采掘业也长期约占卡塔尔GDP的50%,在20世纪90年代中期至2006年左右,采掘业甚至一度占到该国GDP的56%(参见图5-3)。近些年来,随着卡塔尔有意识地实行经济多元化政策,采掘业在该国经济总量中的比例已有显著下降。2006年以来,卡塔尔的非采掘业在经济总量中的比重明显上升。截至2013年,卡塔尔的非采掘业和采掘业分别占经济总量的59.1%和40.9%。

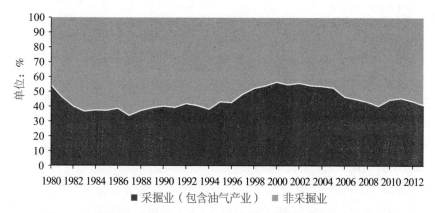

图5-3 采掘业与非采掘业占卡塔尔GDP比例的走势(1980—2013)

数据来源:卡塔尔发展计划与统计部(Ministry of Development Planning and Statistics):Ministry of Development Planning and Statistics, *Gross domestic product by economic activity at* 2004 *prices*(*Million Qatari Riyal*)*-Percentage Distribution*, 2015, Retrieved from Ministry of Development Planning and Statistics:http://www.qix.gov.qa/discoverer/app/open? event = switchWorksheet&worksheetName = ECONO.

油气贸易显然是卡塔尔经济的关键构成。自1995年以来,能源在卡

---

① Kristian Coates Ulrichsen, *Qatar and the Arab Spring*:*Policy Drivers and Regional Implications*, Washington, DC 20036:Carnegie Endowment for International Peace, 2014, p.3.

塔尔出口中的比例一直占到85%以上。长期以来,原油一直都是卡塔尔的第一大出口货物(一度占到总出口量的75%左右)。随着卡塔尔天然气产量的逐步提高,该国天然气的出口量在21世纪初超过原油出口量。目前,天然气已成为卡塔尔最大宗的出口货物(参见图5-4)。

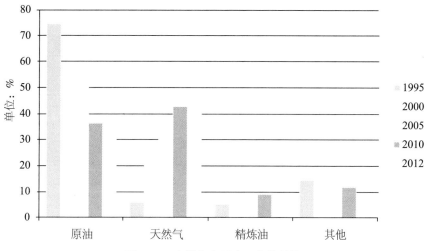

图5-4 卡塔尔主要出口货物结构

说明:出口货物名称采用Hs编码。数据来源:The Observatory of Economic Complexity(MIT), *Products exported by Qatar*(1995-2012), 2014, Retrieved from The Observatory of Economic Complexity(MIT): http://atlas.media.mit.edu/explore/tree_map/hs/export/qat/all/show/2012/.

卡塔尔的主要出口国家和地区日趋多元化。自1995年以来,日本一直是卡塔尔最大的出口对象国,韩国、新加坡、印度、中国和英国在该国出口总量中所占的份额也越来越大(参见表5-2)。

液化气是卡塔尔天然气出口的主要品种。该国天然气的85%都以液化气(LNG)的形式出口到世界能源市场。卡塔尔是世界上天然气储量最大的国家之一(参见图5-5)。2006年以来,卡塔尔一直都是世界上最大的液化气出口国。在这个基础上,卡塔尔还在进一步提升其液化气出口能力。随着天然气"制冷"技术和运输船舶技术的不断发展,卡塔尔液化气出口的能力还可能相应提升。①

表5-2 卡塔尔出口的主要对象国分布（1995—2012）

单位：%

年份	日本	韩国	新加坡	印度	美国	中国	泰国	英国
1995	63.73	6.8	8.6	3.25	2.83	2.71	2.65	0.39
2000	45.2	18.03	9.33	1.74	5.14	3.82	2.17	0.18
2005	39.9	19.5	7.93	3.51	1.62	1.62	2.77	0.68
2010	28.57	15.54	7.15	8.51	0.78	3.46	2.8	4.9
2012	31.06	22.18	6.61	14.53	0.47	6.4	1.05	3.89

数据来源：The Observatory of Economic Complexity (MIT), *Export destinations of Qatar*, 2014, Retrieved from The Observatory of Economic Complexity (MIT): http://atlas.media.mit.edu/explore/tree_map/hs/export/qat/show/all/1995/.

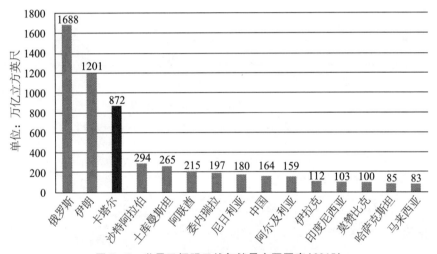

图5-5 世界已探明天然气储量主要国家（2015）

资料来源：EIA, http://www.eia.gov/beta/international/rankings/#? prodact =3-6&cy =2015。检索时间：2015年6月22日。

据英国石油公司（BP）和美国能源信息署（EIA）统计，卡塔尔的液化气主要出口至亚洲市场和欧洲市场。以2013年为例，卡塔尔液化气的63%和30%分别出口到了亚洲和欧洲市场（参见表5-3和图5-6）。

---

① Justin Dargin, "Qatar's Natural Gas: the Foreign-policy Driver", *Middle East Policy*, XIV (3), 2007, p.141.

表 5-3 卡塔尔液化气主要出口国与地区（2001—2013）

单位：亿立方米

国家或地区 \ 年份	2001	2003	2007	2009	2011	2013
北美	6.4	3.9	5.2	5.7	65	26
中南美	0	0	0	1.6	17	13
比利时	0	0	27.5	60.3	61	32
法国	1.5	0	0	1.7	32	18
意大利	0	0	0	15.5	61	52
西班牙	7.8	18.7	44.5	49.8	48	35
土耳其	0	0	0	3.2	6	4
英国	0	0	2.7	57.5	219	86
中国	0	0	0	5.5	32	92
印度	0	0	82.7	82.5	130	153
日本	83	90.5	108.7	102.9	158	218
韩国	66.7	78.8	107.9	92.8	111	183
台湾	0	0	5.7	15.6	53	85
泰国				0	3	14

数据来源：BP, *BP Statistical Review of World Energy*, BP, June 2014, p. 28. BP, *BP Statistical Review of World Energy*, BP, June 2012, p. 28. BP, *BP Statistical Review of World Energy*, BP, June 2010, p. 30. BP：BP 世界能源统计，BP，2008 年 6 月，第 30 页。BP, *BP Statistical Review of World Energy June* 2004, Retrieved from BP：http://www.bp.com/statisticalreview2004；以及 BP, *BP Statistical Review of World Energy*, BP, June 2002, p. 28.

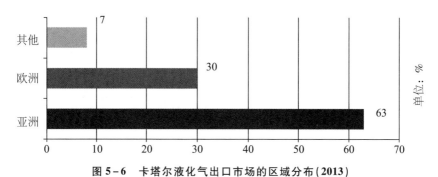

图 5-6 卡塔尔液化气出口市场的区域分布（2013）

数据来源：U. S. Energy Information Administration, *Qatar*, January 30, 2014, Retrieved from U. S. Energy Information Administration: http://www.eia.gov/countries/cab.cfm? fips = QA.

然而,卡塔尔与海合会(GCC)其他国家之间的能源合作却比较出人意料。一方面,卡塔尔之外的五个君主国都面临不同程度的供应不足问题。其中,科威特和阿联酋甚至已经通过市场价格从域外进口液化气。另一方面,卡塔尔虽是世界上第三大常规天然气(Conventional Gas)储藏国和世界第二大液化气出口国,①但与这些毗邻的海合会国家之间仅有一条输气量不大的"海豚线"(Dolphin Pipeline)连接阿联酋和阿曼。② 海合会国家并不是卡塔尔天然气出口的主要对象。这看起来是卡塔尔并不重视毗邻的海合会国家。实际上,因海合会内部的天然气谈判长期受阻,卡塔尔便在20世纪90年代引进外资,并建立了自身的液化气出口工业。海合会其他五国一开始不愿接受卡塔尔的要价,并最终丧失了天然气大量供应的机会。③ 除卡塔尔外,海合会诸国国内天然气价格均为世界上的最低水平(约为1美元/百万英热单位的固定价格),世界其他地区的天然气价格均远高于此。吉姆·克拉尼(Jim Krane)和斯蒂芬·怀特(Steven Wright)指出,海合会国家内部这种市场扭曲一方面因为价格低廉促使国内天然气消费和需求的增加;另一方面,如此低廉的固定价格又导致天然气供应方的无利可图,并进一步阻碍了天然气勘探和生产的积极性。④ 这种价格扭曲现象最终导致海合会五国与卡塔尔之间出现了奇怪的天然气消费—供应状况。除卡塔尔外的五国在2011年的国内天然气产量尚不足以自给自足并成为净进口国。

---

① Jim Krane and Steven Wright, *Qatar 'Rises Above' Its Region: Geopolitics and the Rejection of the GCC Gas Market*, Kuwait Programme on Development, Governance and Globalisation in the Gulf States, 2014, p.2.
② 年输气量可达330亿立方米,但截至2011年,该管线的输气量约为200亿立方米。U. S. Energy Information Administration(January 30, 2014), *Qatar*, Retrieved from U. S. Energy Information Administration: http://www.eia.gov/countries/cab.cfm? fips = QA.
③ 通过海豚线输送到阿联酋的天然气价格仅1.25美元/百万英热单位,到2012年才提升至1.5美元/百万英热单位。
④ Jim Krane and Steven Wright, *Qatar 'Rises Above' Its Region: Geopolitics and the Rejection of the GCC Gas Market*, Kuwait Programme on Development, Governance and Globalisation in the Gulf States, 2014, p.3.

天然气的大规模开发和出口是卡塔尔经济发展的强大引擎。20世纪90年代中期开始,卡塔尔经济开始呈现出"无可比拟"(unparalleled)的高速增长趋势。① 仅以1997年为例,卡塔尔年度经济增长率超过30%。2002—2008年期间,随着全球石油价格的节节上升,卡塔尔经济再度呈现高速增长的态势。据世界银行统计,卡塔尔2002至2008年期间年均增长率16.6%左右。此期间的2004年、2006年、2007年和2008年则更分别高达19.2%、26.2%、18%和17.7%(参见图5-7)。

图5-7 卡塔尔GDP增长趋势(1980—2014)

数据来源:GDP参见:The World Bank Group, *GDP per capita (current US $)*, 2014, Retrieved from The World Bank Group: http://data.worldbank.org/indicator/NY.GDP.PCAP.CD? page=5。GDP年均增长率参见:The World Bank Group, *GDP Growth (Annual%)*, 2014, Retrieved from The World Bank Group: http://data.worldbank.org/indicator/NY.GDP.MKTP.KD.ZG。2014年数据来源:http://www.imf.org/external/pubs/ft/weo/2015/01/weodata/weorept.aspx。检索时间:2015年6月10日。

卡塔尔人均收入曾在20世纪80年代至90年代中期呈下降趋势。20世纪90年代中期后,该国经济高速增长,人均GDP也呈现了空前的快速增长态势。2014年卡塔尔人均GDP达到93965美元,紧随卢森堡和挪

---

① General Secretariat for Development Planning, *Qatar National Vision 2030*, Doha: General Secretariat for Development Planning(Qatar), 2012, p.1. Ibrahim Ibrahim and Frank Harrigan, *Qatar's economy: Past, present and future*, Doha: General Secretariat for Development Planning, 2012, p.2.

威之后位居世界第三。① 对照沙特阿拉伯和美国的经济数据就会发现，20世纪80年代前后，卡塔尔与沙特阿拉伯的人均GDP并无多大差距，并呈现出类似的倒退之势，但自90年代中期开始，卡塔尔人均GDP增幅开始大幅领先沙特阿拉伯。截至2013年，卡塔尔人均GDP已经达到沙特的四倍左右。与此同时，美国人均GDP增长一直相当稳健，但2005年时仍然不可避免地被卡塔尔超越，卡塔尔的人均GDP已接近美国的两倍（参见图5-8）。

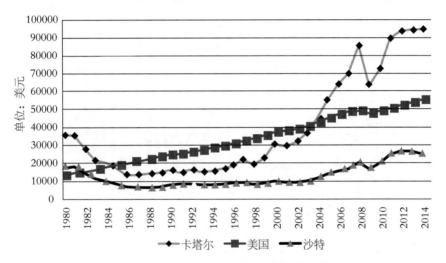

图5-8 卡塔尔与美国、沙特阿拉伯的人均GDP比较（1980—2014）

数据来源：The World Bank Group, *GDP(Current US $)* , 2014, Retrieved from The World Bank Group：http：//data. worldbank. org/indicator/NY. GDP. MKTP. CD。2014年数据来源：http：//www. imf. org/external/pubs/ft/weo/2015/01/weodata/weorept. aspx。检索时间：2015年6月10日。

丰富的天然气资源是卡塔尔对外战略的重要政策基础。它不仅赋予卡塔尔以战略价值，也大幅增加了自身与诸多大国互动的筹码和政策空间。世界上的主要国家都是卡塔尔天然气的重要客户（参见图5-9），天然气外交无疑是卡塔尔安全战略的良好途径。

---

① International Monetary Fund，http：//www. imf. org/external/pubs/ft/weo/2015/weodata/weorept. aspx。检索时间：2015年6月10日。

第五章　卡塔尔的生存智慧：乱局中广结善缘

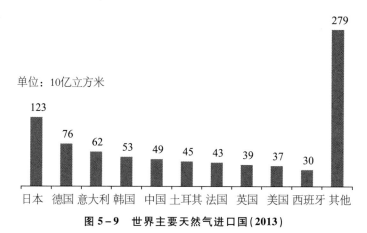

图5-9　世界主要天然气进口国(2013)

数据来源：International Energy Agency, 2014 *Key World Energy Statistics*, International Energy Agency, 2014, p.13.

特有的天然气贸易方式也为卡塔尔独立外交创造了可能性。早在卡塔尔独立之前的1971年，壳牌集团(Shell)就在波斯湾发现了北部气田。在当时看来，北部气田的发现并无多大吸引力，但后来的历史证明正是这些"其貌不扬"的气田最终使卡塔尔受益匪浅。由于该气田的主要产品是"非缔合天然气"(non-associated gas)，也就不会受到石油输出国组织(OPEC)配额等方面的监管和掣肘。吉姆·克拉尼(Jim Krane)和斯蒂芬·怀特(Steven Wright)认为，这种很大程度上独立于石油输出国组织的结果，恰好促使这个新生的王国远离了沙特的区域霸权。① 天然气对外贸易的独立性赋予了卡塔尔政治外交更大的自主性。

天然气的确是卡塔尔处理对外战略过程中的"福音"。随着卡塔尔"绕过"本地的海合会市场，将丰富的液化气投放到广阔的世界能源市场，卡塔尔不仅获得了长足的经济增长，维持了国内的长期稳定。与此同时，通过天然气这个纽带，卡塔尔促进了与诸多强大进口国的关系，获得

---

① Jim Krane and Steven Wright, *Qatar 'Rises Above' Its Region: Geopolitics and the Rejection of the GCC Gas Market*, Kuwait Programme on Development, Governance and Globalisation in the Gulf States, 2014, p.10.

了"超越能源领域之外的全球性影响力"。①

与其他许多小国相比,卡塔尔是幸运的。单凭不期而至的海量油气资源以及能源的巨大世界需求,该国一跃而为超级小富国,享有与其狭小规模完全不对称的国际影响力。这为卡塔尔的对外战略构思提供了优越的内在条件。

(二)独特的伊斯兰小国

丰富的油气资源带来了源源不断的财富。这为奉行古老君主制的卡塔尔的政治和社会稳定打下了扎实的物质基础。

首先,国内政治发展保持长期稳定态势。与其他海湾君主制国家不同的是,卡塔尔比较注重西方世界关注的民主色彩。在海湾君主制国家群体中,卡塔尔有中东"民主典范"之称。② 作为君主制国家,卡塔尔是六个海合会成员国之一。埃米尔由阿勒萨尼家族世袭,为国家元首和武装部队最高司令,掌握国家最高权力。2013 年 6 月,老埃米尔谢赫·哈迈德正式宣布自动退位,其子塔米姆·阿勒萨尼(Tamim bin Hamad bin Khalifa Al Thani)接替为卡塔尔新埃米尔。哈迈德的自动禅位在海湾阿拉伯君主制国家是个稀罕事,因而一度引起热议。根据该国 2003 年 4 月全民公投通过的"永久宪法",此前完全由埃米尔任命的协商会议的 2/3 席位将通过选举产生。但是,政府允诺的选举并未实际兑现。③ 阿拉伯之春之后,卡塔尔一方面启动了一系列福利计划,另一方面则宣布在 2013 年下半年举行第一次选举。当然,所谓"民主典范"的卡塔尔国内亦有不少异见分子和异见活动。④ 但该国基本上能够保持国内政治社会的长期稳定。究其原因,优越的社会福利是政治社会稳定的重要条件。卡

---

① Jim Krane and Steven Wright, *Qatar "Rises Above" Its Region*: *Geopolitics and the Rejection of the GCC Gas Market*, Kuwait Programme on Development, Governance and Globalisation in the Gulf States, 2014, p.3.

② 张卫婷:《卡塔尔国际战略探析》,《阿拉伯世界研究》2013 年第 1 期,第 94—106 页。

③ Christopher M. Blanchard, *Qatar*: *Background and U. S. Relations*, Congressional Research Service, November 4, 2014, p.2.

④ Lina Khatib, "Qatar's foreign policy: the limits of pragmatism", *International Affairs*, 89(2), 2013, p.430.

第五章 卡塔尔的生存智慧：乱局中广结善缘

塔尔拥有海湾国家覆盖最广和力度最大的社会福利网络：免费医疗、免费教育和低廉的房屋价格都在该国国家福利范围之内。[①]

其次，卡塔尔推行了较为温和的宗教政策及融合性民族政策。根据卡塔尔宪法，伊斯兰教是该国国教，与沙特阿拉伯一样同属伊斯兰教中的瓦哈比教派。[②] 但相较沙特，卡塔尔对瓦哈比教义的解读和适用更加温和，譬如卡塔尔妇女拥有更多的自由权利。卡塔尔绝大多数公民均为逊尼派穆斯林，另有5%—15%的人为什叶派穆斯林（参见图5-10）。[③] 这些什叶派穆斯林可以分为三类：巴哈那人（Baharna）、阿贾姆人（Ajam）和移民劳工。巴哈那人主要是来自沙特东部省份和巴林的移民，阿贾姆人则是伊朗移民。什叶派穆斯林虽然人口比例极小，但大多居住于油田和气田等关键区域周围。卡塔尔的什叶派穆斯林融入社会较为成功。什叶派不仅忠于王室，与逊尼派和平相处，两者共享平等的公民权和政治权利。[④] 因此，相对而言，卡塔尔国内种族和宗教相对和谐单一，改革阻力更小，王室面临的国内压力也较小。[⑤]

然而，即便国家富裕，财政宽松，规模缺陷也严重制约着卡塔尔的军事实力与潜能。卡塔尔武装部队总人数仅仅约11800人，略多于巴林的11000人，位列海合会六国倒数第二。军费开支在海湾地区并不起眼（参见表5-4）。

[①] Justin Dargin, "Qatar's natural gas: the Foreign-policy driver", *Middle East Policy*, XIV (3), 2007, p.136.

[②] 瓦哈比教派为伊斯兰教逊尼派中罕百里派（Hanbali）的一支。参见：Council on Foreign Relations, *The Sunni-Shia Divide*, Retrieved from Council on Foreign Relations, 2014: http://www.cfr.org/peace-conflict-and-human-rights/sunni-shia-divide/p33176#!/#resources.

[③] Bureau of Democracy, Human Rights and Labor, *International Religious Freedom Report for 2013*, Retrieved from the U.S. State Department, 2014: http://www.state.gov/j/drl/rls/irf/religiousfreedom/index.htm#wrapper.

[④] Ahmad Khalid Majidyar, *Is Sectarian Balance in the United Arab Emirates, Oman, and Qatar at Risk?* American Enterprise Institute, October 2013, p.5.

[⑤] Uzi Rabi, "Qatar's Relations with Israel: Challenging Arab and Gulf Norms", *Middle East Journal*, 63(3), 2009, p.444.

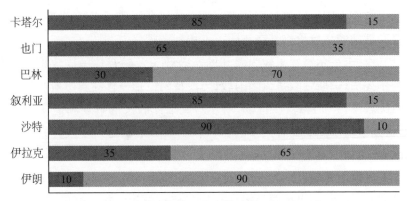

图 5-10 海湾地区部分国家伊斯兰教教派分布

数据来源：Council on Foreign Relations, *The Sunni-Shia Divide*, 2014, Retrieved from Council on Foreign Relations：http://www.cfr.org/peace-conflict-and-human-rights/sunni-shia-divide/p33176#!/#resources.

表 5-4 卡塔尔及周边其他国家军费开支总额（1999—2012）

单位：百万美元

年份	巴林	科威特	阿曼	卡塔尔	阿联酋	沙特	伊拉克	也门	伊朗
1999	441	3200	1600	1400	3200	21800	1400	429	5700
2000	322	3700	1700	1200	3000	22000		498	4000
2001	371	3286	2107	1690	1642	21055		542	3218
2002	331	3477	2518	1855	2490	18501		740	3076
2003	460	3881	2655	1923	2519	18747		809	4150
2004	473	3284	3008	2060	8910	20910		842	5328
2005	500	3568	3695	888	8747	25372		584	7275
2006	532	5024	4076	1072	9482	29541		1066	8864
2007	539	5250	4376	1266	11253	35446		1211	8040
2008	553	6812	4671	1756	13733	38223		1492	9595
2009	742	4184	4018	2500	7957	41276	4118	883	8636
2010	736	4654	4189	3117	16057	45170	4848	1452	27283
2011	959	4070	4304	3457	9320	48500	12028	1363	26359
2012	1028	4616	6731	3670	12700	52510	14727	1654	23932

数据来源：Anthony H. Cordesman, *The Gulf Military Balance*：*Volume I*：*The Conventional and Asymmetric Dimensions*. CSIC, January 2014, p.43.

第五章 卡塔尔的生存智慧：乱局中广结善缘

卡塔尔是个军事小国，缺乏健全的防空体系，海上力量也明显不足（参见表5-5）。由于武装力量薄弱，卡塔尔的国家安全很大程度上依赖美国的保护。① 因此，富裕的卡塔尔也无法解决安全脆弱性的问题，财富基础上的安全自主也是难以实现的。

表5-5 卡塔尔陆海空三军主要装备

陆军装备		海军装备		空军装备	
坦克(辆)	92	各型军舰(艘)	80	各型战机(架)	72
装甲车(辆)	464	护卫舰(艘)	0	歼击机/拦截机(架)	9
自动火炮(门)	24	轻型护卫舰(艘)	0	固定翼战机(架)	15
牵引火炮(门)	12	潜艇(艘)	0	军用运输机(架)	51
多管火箭炮(门)	21	海防巡逻艇(艘)	68	教练机(架)	6
		水雷对抗舰(艘)	0	直升机(架)	43
				武装直升机(架)	0

资料来源：全球火力官网（GFP）：http://www.globalfirepower.com/country-military-strength-detail.asp?country_id=qatar, Last Updated: April 1, 2015。检索时间：2015年6月10日。

总体来看，卡塔尔立国时间较短，国土、人口条件也存在极大的缺陷。得益于丰富的自然资源（尤其是石油和天然气）以及能源出口能力，卡塔尔经济维持了长期高速增长。在国内政治中，相对开明的政治和宗教政策以及极高标准的社会福利，为卡塔尔政治社会的相对稳定提供了条件。然而，财富并非国家安全的绝对保障，弱小的武装力量意味着卡塔尔独立保障自身国家安全的能力不足。"如果金钱不能确保小国的安全，那么小国政府及其人民就会寻求其他生存手段。"②小富国卡塔尔也必须寻求自保之策。身处中东乱局之中的卡塔尔无法独善其身，周边安全环境与该国安全息息相关，也是其安全战略构思的首要背景。

---

① 参见：Committee on Foreign Relations United States Senate, *The Gulf Security Architecture: Partnership with the Gulf Cooperation Council*, Washington: U.S. Government Printing Office, June 19, 2012, pp.15-16. Anthony H. Cordesman, *The Gulf Military Balance: Volume I: The Conventional and Asymmetric Dimensions*. CSIC, January 2014, p.38.

② Mary Ann Tetreault, "Autonomy, Necessity, and the Small State: Ruling Kuwait in the Twentieth Century", *International Organization*, Vol.45, No.4, Autumn 1991, pp.565-591.

二、卡塔尔的周边安全环境：利益交错的矛盾漩涡

小国的突出特点之一是更易受国际环境，尤其周边环境的影响。周边环境的风吹草动对小国安全都将构成巨大冲击。欧盟小国安全无虞，与欧洲国家二战后构建的良好地区安全环境密不可分。与此相对，即便财富丰厚，福利诱人，在中东地区混乱多变的安全环境下，卡塔尔也未能摆脱安全不确定性难题的困扰。第二次世界大战以来，中东和海湾地区从来不缺安全热点，历来都是域外大国深度介入的博弈之地，更少不了区内大国之间和教派之间的长期争执不休。这是一个利益交错、多方角逐的矛盾漩涡。小国无法塑造、也无法逃避生活于其中的周边环境。周边环境亦是卡塔尔安全战略和行为的根本背景。

(一) 复杂的海湾安全环境：群雄争竞

海湾地区是世界能源中心，是国际组织经济的关键区域。域外大国介入和区域大国竞争构成了该地区复杂的安全环境。

第一，中东地区尤其海湾地区是世界能源中心。该地区拥有全球超过一半的石油和1/3的天然气储量。[①] 卡塔尔、沙特、巴林、阿联酋、科威特、伊拉克和伊朗无一不是世界能源市场上的重要行为体。由于该地区的这一能源特性，中东的稳定与世界的发展和稳定息息相关。

第二，海湾地区以及更大范围的中东、北非地区是世界上最动荡和纷繁复杂的地区之一。该地区东有伊朗的核危机、伊拉克的重建与库尔德问题、"伊斯兰国"（ISIS）问题，中有巴林、也门、叙利亚境内的内战，西有延宕已久的黎巴嫩问题、巴以（阿以）问题。2011年爆发的阿拉伯之春延宕至今，整个中东、北非地区动荡不安，政治局势持续紧张。

第三，国家安全问题是该区域国家的优先政策选项。由于地区局势

---

① Committee on Foreign Relations United States Senate, *The Gulf Security Architecture: Partnership with the Gulf Cooperation Council*, Washington: U.S. Government Printing Office, June 19, 2012, p.1.

第五章　卡塔尔的生存智慧：乱局中广结善缘

长期动荡,安全与和平成为卡塔尔和其他海湾国家议程中最为重要的事项之一。从全球范围来看,中东地区的军费总额仅次于北美、西欧与中欧、亚洲－大洋洲三个地区,军费总量占全球的8%(参见图5-11)。

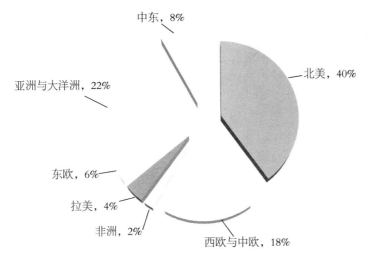

图5-11　全球军事开支区域分布(2012)

数据来源:Sam Perlo-Freeman, Elisabeth Skons, Carina Solmirano and Helen Wilandh, *Trends in World Military Expenditure*, 2012, SIPRI, p.3.

中东国家尤其海湾国家的军费开支占GDP的比例位列世界前茅。据世界银行和美国中央情报局统计,全球军费开支占GDP比重最高的几乎均为中东国家。其中,阿曼军事开支占GDP总额的8.61%,位列世界第二;沙特军事开支占GDP的7.98%,居世界第三位;以色列的军事开支则为GDP总额的5.69%,位列全球第四(参见图5-12)。[1]

第四,域外大国深度介入中东事务。鉴于该地区能源中心的世界地位,第二次世界大战以来,域外大国均高度重视中东的战略意义,视之为世界主导地位的必争之地。美国、苏联/俄罗斯等域外大国纷纷介入该地区。大国介入为中东安全环境带来了更多的不确定性。

---

[1] 东非小国厄立特里亚防务开支占国内生产总值的比例约为20%,居世界第一。中国外交部网站:《厄立特里亚国家概况》,更新时间:2014年7月。检索来源:http://www.fmprc.gov.cn/mfa_chn/gjhdq_603914/gj_603916/fz_605026/1206_605268/。检索时间:2015年6月29日。

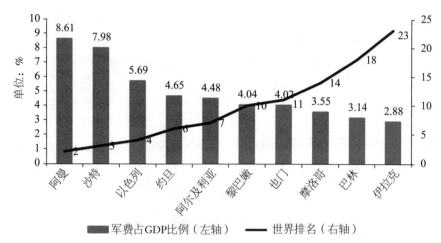

图 5-12 中东主要国家军费开支占 GDP 份额及其全球排名(2012)

数据来源：The Central Intelligence Agency, *The World Factbook*: *Military Expenditure*, 2014, Retrieved from The Central Intelligence Agency: https://www.cia.gov/library/publications/the-world-factbook/rankorder/2034rank.html.

美国国防部资料显示，在其本土之外，美国还设立了中央司令部(CENTCOM)、太平洋司令部(PACOM)、非洲司令部(AFRICOM)、欧洲司令部(EUCOM)、南方司令部(SOUTHCOM)等，并在各地区派驻军队。其中美军中央司令部(USCENTCOM)[①]负责的区域就是中东、西亚地区。

美军中央司令部在中东地区建立了众多军事基地，其中包括：巴林境内的美国第五舰队司令部(5th Fleet HQ)穆哈拉格/麦纳麦基地(Mu-

---

① 中央司令部的职责是："在国内和国际伙伴的协助下促进国家间合作、应对危机、威慑和击溃国家或者非国家行为体所发起之侵略，并支持发展以及在必要的情况下支持重建以确立地区安全、稳定和繁荣的基础。"参见：美国中央司令部官方网站：http://www.centcom.mil。中央司令部的历史由来：美国中央司令部肇始于 1979 年的伊朗人质危机之后。伊朗人质危机以及苏联入侵阿富汗事件的爆发使得美国意识到有必要加强美国在该地区的军事存在。时任美国总统吉米·卡特于 1980 年下令设立快速部署联合特遣部队(Rapid Deployment Joint Task Force,简称 RDJTF)。1982 年 1 月，时任美国总统罗纳德·里根下令将快速部署联合特遣部队进一步提升为常设性的美国中央司令部。中央司令部设立早期主要负责防范苏联入侵伊朗。但到了 20 世纪 90 年代后，中央司令部开始将主要关注点集中到伊拉克。在伊拉克入侵科威特之后，中央司令部在解放科威特和防范伊拉克进一步侵略中发挥了重要作用。"9·11"事件后，中央司令部之后的反恐战争以及伊拉克战争中都极为关键。Andrew Feickert, *The Unified Command Plan and Combatant Commands*: *Background and Issues for Congress*, Congressional Research Service, January 3, 2013, pp.33-34.

harraq/Manama)、科威特境内的阿里·阿尔萨勒姆(Ali Al Salem AB)空军基地、阿·穆巴拉克/科威特国际机场(Al Mubarak/Kuwait International Airport)、阿·贾巴尔空军基地(Al Jaber AB),阿曼境内的马西拉岛空军基地(Masirah Island AB)、阿·慕三纳基地(Al Musanah)、赛迈特空军基地(Thumrait AB),卡塔尔境内的阿里·乌代德空军基地(Al Udeid AB),阿联酋的阿·哈弗拉空军基地(Al Dhafra AB)、富查伊拉基地(Fujairah AB and Port),以及埃及开罗西城空军基地(Cairo West)。另外,美国在中东地区尚有其他基地。[①]

从驻军人数看,美国的海外驻军主要集中在欧洲司令部、太平洋司令部和中央司令部,非洲司令部等其他各部亦有部分驻军。据兰德公司(RAND)2012年的统计数据,美国中央司令部约有7000美军驻扎在中东地区(参见表5-6)。

第五,传统阿拉伯强国影响力大幅下降,地区格局动荡不定。埃及、伊拉克和叙利亚等(甚至某种程度上的沙特)这些地区强国因自身问题而无暇他顾。伊拉克原本是阿拉伯世界中不可忽视的一支力量。但随着美军入侵和萨达姆的倒台,伊拉克开始面临愈发严峻的库尔德问题和"伊斯兰国"兵乱,国内什叶派和逊尼派之间的分歧也越来越明显。[②] 埃及是人口最多的阿拉伯国家,长期以来是阿拉伯国家的领头羊之一。随着穆巴拉克的倒台和国内纷争,埃及在政治伊斯兰力量与世俗势力、军人干政与民选政府之间乱作一团。叙利亚则因为国内反对派和阿萨德政府之间的内战而无暇他顾。这些传统大国的缺位给卡塔尔、阿联酋等小国的活

[①] 在这些基地中,美军主要力量集中于巴林的麦纳麦基地(第五舰队司令部)。截至2012年12月,约6000美军及部分美国国防部文职官员驻扎于此。此外,美军在沙特的存在2003年以后逐渐淡化。参见:Michael J. Lostumbo, et al., *Overseas Basing of U. S. Military Forces: An Assessment of Relative Costs and Strategic Benefits*, Santa Monica, CA: RAND Corporation, 2013, pp.23-24. 以及 Lynn E. Davis, Stacie L. Pettyjohn, Melanie W. Sisson, Stephen M. Worman and Michael J. McNerney, *U. S. Overseas Military Presence: What Are the Strategic Choices?* RAND Corporation, 2012, pp.38-40.

[②] HRH Prince Turki Al Faisal, *Saudi Arabia's New Foreign Policy Doctrine in the aftermath of the Arab Awakening*, Cambridge, USA: Belfer Center for Science & International Affairs; John F. Kennedy School of Government; Harvard University, April 25, 2013, p.4.

跃外交提供了难得的空间。

表5-6 美国境外各大地区司令部及军种分布(2012)

单位:人

地区司令部 \ 军种	陆军	海军	海军陆战队	空军
非洲司令部	65	6	131	17
中央司令部	1834	4103	596	518
欧洲司令部	41933	5847	1083	30900
北方司令部	101	26	10	122
太平洋司令部	58402	36976	23109	35330
南方司令部	745	587	38	229

数据来源:Michael J. Lostumbo, et al., *Overseas Basing of U. S. Military Forces*: *An Assessment of Relative Costs and Strategic Benefits*, Santa Monica, CA: RAND Corporation, 2013, p.20.

(二) 地区组织与地区安全环境

区域组织是地区安全环境构建、管理的重要安排。地区性问题涉及区内诸国安全利益,对更具脆弱性的小国影响更大。地区机制是处理地区性问题的主要途径。因此,在维护地区稳定和区内各国安全方面,区域性组织的作用和影响越来越大。

对卡塔尔而言,海合会和阿盟具有的安全意义不言而喻。这些区域机制不仅是增进卡塔尔安全利益的稳定器,也是其对外战略的重要行动平台。

(1)区域安排总体上增加了地区稳定的可能性。区域安排的出发点就是因应潜在地区问题,促进地区整体和平稳定。这与卡塔尔国家安全高度关联,与其安全利益相互交织。(2)区域安排具有国际制度功能和一定的国际法性质,对区内国家行为提出了规范性要求。对小国而言,区内强国行为受到区域安排的制约和影响,有利于消除大国示强、以大压小的政策冲动,增进区内大小国家平等互动的关系,有效维护国家安全利益。(3)区域安排是常规的国家间互动方式,是区内国家间沟通和交流

第五章 卡塔尔的生存智慧：乱局中广结善缘

的重要平台，也是区内国家间加强相互了解、相互理解、相互信任的外交机会。(4)区域安排给成员国提供了一个在更大范围内展示国家形象、促进国家利益的权威性机制。区域安排也是一个公共产品，充分利用这个更具国际影响力的国际机制，成员国完全可以扮演更大的国际角色。小国亦可借助主席国等机会，对相关议题施加影响，维护和促进自身利益。

第一，"海合会"及其对卡塔尔安全的影响。"海合会"(Gulf Cooperation Council，简称 GCC)全称"海湾阿拉伯国家合作委员会"(The Cooperation Council for the Arab States of the Gulf)，成立于1981年2月4日，总部设在沙特首都利雅得，成员国包含巴林、沙特、阿曼、卡塔尔、科威特和阿联酋六个阿拉伯君主制国家。当今22个阿拉伯国家之中有8个君主制国家，其中6个是海合会成员国。阿拉伯之春爆发后，海合会甚至邀请摩洛哥和约旦加入海合会。如果这两个国家最终加入的话，那就意味着8个君主制阿拉伯国家集合在一起，海合会也会成为名副其实的阿拉伯"国王俱乐部"(Club of Kings)。

根据海合会宪章和其他核心文件，该组织有四大基本目标：(1)促进成员国之间全方位协调、整合及加强内部联系以实现内部团结；(2)深化、加强各国人民之间既有的全面合作；(3)促进经济和金融、贸易、关税发展及交流；促进教育和文化领域、社会和卫生事业、信息以及旅游业、立法及行政事务等领域相同规范的形成；(4)鼓励工业、采矿、农业、水利以及动物资源等领域的科学技术进步，建立科研合作项目以及鼓励私人领域的有益合作。[①]

海合会成员国政体的高度一致性促成了彼此间的政治合作。概括来看，在不同时期和不同议题上，海合会的政治合作主题各有不同。20世纪80年代，海合会成员国最重要的政治和战略目标就是在两伊战争的大

[①]《海合会宪章》第4条：Gulf Cooperation Council (GCC) (1981), *The Charter*, Retrieved from Gulf Cooperation Council (GCC): http://www.gcc-sg.org/eng/indexfc7a.html? action=SecShow&ID=1，以及"基础和目标"资料：Gulf Cooperation Council, GCC, (May 25, 1981), *Foundations and Objectives*. Retrieved from Gulf Cooperation Council, GCC: http://www.gcc-sg.org/eng/index895b.html? action=Sec-Show&ID=3.

环境下防止战争扩散,维持稳定与安全。20世纪90年代,伊拉克进攻成员国科威特成为海合会建立以来的最大威胁,解放科威特就是当时最大的优先事项。支持阿联酋重获波斯湾三个岛屿的主权(1971年后被伊朗所占领)。在阿拉伯世界框架内部,海合会在阿拉伯问题、巴勒斯坦问题、中东和平进程上采取一致行动。此外,海合会政治合作的重点是支持和促进伊斯兰相关事务的处理。① 在海湾和中东事务中,海合会的地区影响力呈现不断上升之势。

寻求安全合作、增进安全利益是海合会的首要任务。② 海合会安全领域合作始于1982年2月在利雅得召开的元首与内政部长会议。该会议宣言表示:"海合会的安全是一个整体,任何对其成员国的攻击即意味着对全体成员国的攻击,共同应对对其成员的攻击是海合会的集体责任","无论何种行为体以何种形式对成员国内政进行干预,均意味着对全体成员国内政进行干预"。③ 2012年海合会首脑及内政部长会议重新修订和通过了《安全协定》(The Security Agreement)。④ 海合会国家还积极地在反对恐怖主义领域展开合作。譬如,2002年海合会通过了《穆斯卡特反恐宣言》(Muscat Declaration on fighting terrorism),2004年签订了海合会反恐协定,2006年在海合会框架下成立了反恐常设委员会。⑤ 海合会国家还在核武器及放射性武器等问题上采取共同政策。⑥

军事合作同样是海合会元首们最关心的事项之一。⑦ 在军事合作领域,海合会展开了许多实质性合作。1982年海合会成立"半岛之盾联合部队"(Al-Jazeerah Shield Joint Forces)。该部队由沙特一个步兵旅和一

---

① Gulf Cooperation Council, GCC, *Political Affairs Cooperation*, Jan. 5, 2014. Retrieved from Gulf Cooperation Council, GCC:http://www.gcc-sg.org/eng/index15af.html? action = Sec-Show&ID =48.

② 余泳:《海合会对外关系的政策逻辑考察》,《阿拉伯世界研究》2013年1月,第58—68页。

③ Gulf Cooperation Council, GCC(n.d.), *Security Cooperation*. Retrieved from Gulf Cooperation Council, GCC:http://www.gcc-sg.org/eng/index142e.html? action = Sec-Show&ID = 50.

④ Ibid.

⑤ Ibid.

⑥ Ibid.

⑦ Ibid.

第五章 卡塔尔的生存智慧：乱局中广结善缘

个各成员国出兵组成的混编旅组成，起初编制为1万人，2002年该部队人数增至2.5万人；由一名沙特将军指挥；部分驻扎在沙特和科威特边境60公里处的沙特哈立德军事基地，其他则分散于各国，紧急事态时进行动员。[①] 2000年海合会签订了《海合会共同防务协定》(GCC Joint Defense Agreement)。在海合会平台下设立"海合会空军及防空指挥中心" (Operations Centers of the Air Forces and the Air Defense)，在雷达覆盖以及早期预警等方面展开合作。海陆空军联合演习是海合会军事合作的重要方式。譬如，2012年伊朗总统内贾德登陆同阿联酋有主权争议的阿布穆萨岛，海合会各国随即在5月份动用"半岛之盾"部队，展开代号为"忠诚岛屿"的联合军事演习。

在卡塔尔安全战略框架中，海合会发挥着不可替代的作用。卡塔尔积极参与海合会的安全行动，视之为国家安全的重要依托。2011年2月，海合会成员国巴林国内发生动乱。仅一个月之后（2011年3月19日），海合会便以恢复该国秩序为名出兵巴林。尽管此次行动的部队多数来自沙特与阿联酋，但作为海合会成员国的卡塔尔也派出少量部队参与。[②] 显然，海合会成员国政体的同质性是其安全合作的重要背景。维护君主制和成员国国内稳定似乎是海合会的主要政治动因。卡塔尔同样需要这个强大的外部力量。

海合会也是卡塔尔改善与周边国家关系的重要途径。在卡塔尔与周边邻国之间的领土争端中，海合会对最终解决问题发挥了突出作用。领土争议是殖民统治遗留的一大问题。卡塔尔独立后和周边国家也存在不可调和的领土争端。海湾地区富含油气资源的特征无疑进一步加剧了领土争端。其中，卡塔尔和巴林的领土争端由来已久。两国多年来对富含天然气和石油资源的海瓦尔岛(Hawar Islands)的领土主权存在争议，并曾于1986年爆发武装冲突。作为海合会的成员国，两国间的紧张关系既影响组织的团结，也恶化了地区局势。因此，海合会成员国积极参与调停。直至2001年，两国同意将该问题提交海牙国际法庭裁决才得以

[①] 余泳:《海合会对外关系的政策逻辑考察》，《阿拉伯世界研究》2013年1月，第4页。
[②] Kristian Coates Ulrichsen, *Qatar and the Arab Spring: Policy Drivers and Regional Implications*, Washington, DC 20036: Carnegie Endowment for International Peace, 2014, p.16.

解决。

　　第二,阿盟是中东安全合作的重要架构,也是卡塔尔对外战略不可或缺的政策平台。阿拉伯国家联盟(the League of Arab States)是一个由22个阿拉伯国家(包括巴勒斯坦在内)组成的松散联盟。根据阿盟宪章,该组织成员国应在军事[①]、经济、沟通(communication)、文化、社会福利和卫生等议题上开展"紧密合作",应放弃以武力方式解决与其他成员国之间(包括与非成员国之间)的争端,阿盟也肩负调解这种争端的责任。[②] 由于缺乏在成员国间执行决议的强制措施,阿盟向来被认为缺乏凝聚力和执行力。正因如此,阿盟作为一种集体安全措施的协调功能也就大打折扣了。譬如,在1990—1991年的海湾战争以及2003年的伊拉克战争中,阿盟均未能协调好成员国之间的相关政策。[③]

　　阿盟成员国分为共和制阿拉伯国家与君主制阿拉伯国家。作为共和制国家的代表,埃及曾长期是阿盟的"领头羊"。阿盟不仅最早由埃及等阿拉伯国家倡议而成,总部也设在埃及首都开罗。埃及前总统纳赛尔广泛倡导泛阿拉伯主义、阿拉伯民族主义,奠定了埃及在阿盟内部的核心地位。埃以和解之后,阿盟曾经短暂中止过埃及的成员国身份。1989年后阿盟再度恢复了埃及的成员国身份。

　　以埃及为首的共和制国家在阿盟内部的长期主导地位带来了君主制和共和制两大模式的竞争。[④] 2003年后,伊拉克萨达姆政权倾覆。2011年阿拉伯之春运动后,埃及穆巴拉克政权也随之垮台。阿盟内部占据主导位置的共和制政府纷纷倾覆,这给君主制国家留下了极大的活跃空间。2011—2012年期间,卡塔尔担任阿盟轮值主席国,在阿盟框架下的影响力逐渐凸现出来。在此期间,阿盟曾先后积极介入利比亚和叙利亚问题:

[①] 根据1950年签订的协定,任何针对阿盟成员国的攻击将被视作对全体同盟国家的攻击。

[②] Jonathan Masters and Mohammed Sergie, *The Arab League*, October 21, 2014. 检索来源:Council on Foreign Relations:http://www.cfr.org/middle-east-and-north-africa/arab-league/p25967. 检索日期:2015年4月27日。

[③] 同上。

[④] 《解放军报》:《阿盟反对巴沙尔政府的深层原因》,2012年2月24日。检索来源:新华网:http://news.xinhuanet.com/world/2012-02/24/c_122750729.htm。检索日期:2015年4月25日。

第五章　卡塔尔的生存智慧：乱局中广结善缘

在利比亚问题上，阿盟支持设立禁飞区并支持推翻卡扎菲政权。在叙利亚问题上，阿盟曾向该国派遣了调查团。在经过调查和大规模内部冲突之后，阿盟最终宣布巴沙尔政府应该及早下台。①

（三）地区大国对卡塔尔安全的巨大影响

中东并无世界性大国，地区性大国及其互动对地区安全局势的发展影响巨大。伊朗、伊拉克、沙特阿拉伯、埃及、以色列是区内的主要行为体。遗憾的是，由于历史、教派、利益、外部因素交织作用，这些区内大国之间往往不能相安无事，而是相互掣肘，甚至刀兵相见。它们利用各种战略手段，寻求地区的主导性地位。对卡塔尔而言，这些国家之间的博弈不可避免带来安全影响，随时可能造成难以承受的冲击和伤害，因而不可轻易开罪邻邦。结交地区诸强、广结善缘、行"无敌"之策是卡塔尔的生存智慧。

第一，毗邻强国沙特阿拉伯是卡塔尔必须首先谨慎对待的地区大国。在文化、地理、人口和经济层面上，沙特阿拉伯都是阿拉伯半岛的主导性国家。沙特是麦加和麦地那两座伊斯兰圣城所在国，在整个伊斯兰世界中享有崇高的宗教影响力。作为占全球石油储量近20%的国家，沙特还是全球的"中央石油银行"（Central Banker of Oil）。② 沙特军力不俗，是海合会国家中军力最强大的国家：拥有约23.35万常规部队，并且还定期从美国采购先进武器装备。③ 不言而喻，毗邻强国沙特是影响卡塔尔安全的首要因素。

然而，与许多小国一味追随毗邻大国不同的是，在强邻面前，卡塔尔表现出了一定的独立性，与沙特维持着"斗而不破"的微妙关系。1995年

---

① Jonathan Masters and Mohammed Sergie, *The Arab League*, October 21, 2014。检索来源：Council on Foreign Relations：http：//www.cfr.org/middle-east-and-north-africa/arab-league/p25967. 检索日期：2015年4月27日。以及Anthony H. Cordesman, Robert M. Shelala and Omar Mohamed, *The Gulf Military Balance*：*Volume III*：*The Gulf and the Arabian Peninsula*, CSIS, January 2014, p.169.

② Committee on Foreign Relations United States Senate, *The Gulf Security Architecture*：*Partnership with the Gulf Cooperation Council*, Washington：U.S. Government Printing Office, June 19, 2012, p.9.

③ Ibid., pp.10-11.

哈迈德政变之前,卡塔尔的内政、外交以及能源政策都与沙特极为相似。① 谢赫·哈利法时期的卡塔尔甚至可谓沙特的一个"卫星国"。② 与老埃米尔不同,1995年政变后继位的哈迈德不仅年富力强,而且颇具民族主义倾向。哈迈德试图推行更具独立性的外交政策,在与沙特的边境领土争端(1992年开始两国边境争端重新发酵)中也毫不妥协。刚继位不久,哈迈德便封锁了卡沙边境,并向争议地区派驻军队加强警戒。③ 1995年12月,卡沙领土矛盾最终在马斯喀特召开的海合会峰会上公开化并达到顶点。卡沙争端不仅恶化了双边关系,也让其他海合会国家左右为难。在部分观察家看来,两国矛盾几乎一度将海合会推到解体的边缘。④ 卡塔尔的"对抗性"姿态争取到了较为有利的结果,1999年,两国签署领土划界协议解决了这个难题。此外,半岛电视台也是卡沙争执的矛盾点。1996年开始,哈迈德创设了中东地区第一个自由媒体半岛电视台。新成立的半岛电视台不仅不时对沙特王室进行抨击,并频繁采访沙特异见人士。半岛电视台的举动令沙特感到不安和惶恐。⑤

进入21世纪后,卡塔尔与沙特之间的分歧仍然广泛存在。在2010年左右,卡塔尔与沙特就因争办阿拉伯国家峰会而争论不休。在穆斯林兄弟会问题上,卡塔尔与沙特的政策也大相径庭。一方面,沙特因历史、意识形态原因将穆兄会视作对其政权的极大威胁,⑥不愿意支持穆兄会;哈马斯同伊朗的关系同样令沙特极为不快。另一方面,卡塔尔却热情拥抱穆兄会,并不断加大对埃及、叙利亚和哈马斯的支持。⑦ 当塞西将军迫

---

① Uzi Rabi, "Qatar's Relations with Israel: Challenging Arab and Gulf Norms", *Middle East Journal*, 63(3), 2009, p.445.

② Christopher M. Blanchard, *Qatar: Background and U. S. Relations*, Congressional Research Service, November 4, 2014, p.4.

③ Uzi Rabi, "Qatar's Relations with Israel: Challenging Arab and Gulf Norms", *Middle East Journal*, 63(3), 2009, p.446.

④ 其中,巴林一直对老埃米尔谢赫·哈利法·阿勒萨尼表示支持。Uzi Rabi, "Qatar's Relations with Israel: Challenging Arab and Gulf Norms", *Middle East Journal*, 63(3), 2009, p.446。

⑤ Uzi Rabi, "Qatar's Relations with Israel: Challenging Arab and Gulf Norms", *Middle East Journal*, 63(3), 2009, p.146.

⑥ 目前,穆兄会是沙特境内的秘密政治组织,因此被视作潜在的反政府威胁。

⑦ 譬如,卡塔尔不仅向哈马斯提供政治支持,还向其提供近4亿美元的援助,并允许其在多哈建立基地。

第五章 卡塔尔的生存智慧：乱局中广结善缘

使埃及穆兄会下台后，沙特很快就表示支持埃及军方行动，并旋即将穆兄会列为"恐怖组织"。相反，卡塔尔却依然对穆兄会表示支持。卡塔尔在穆兄会问题上的态度一度造成卡塔尔与沙特、埃及的紧张关系。

第二，伊朗是卡塔尔经济发展和国家安全不可回避的地区强国。伊朗是卡塔尔最重要的邻近国家之一。两国一衣带水，隔波斯湾相望。总体来看，卡塔尔对伊朗维持着某种"不对抗"关系。① 允许美军在本国驻扎的同时又与德黑兰维持着不错的双边关系，在水火不容的美伊之间竭力保持着微妙的平衡，主要原因是近在咫尺的伊朗能够对卡塔尔的天然气产业构成直接威胁。

天然气是卡塔尔国家收入主要来源。卡塔尔的天然气主要储藏于其北部气田（North Field）。北部气田和伊朗的南帕尔斯气田（South Pars Field）紧紧相连，共同构成世界上最大的天然气储藏带。如此邻近的地理距离使得伊朗能够利用空中力量或导弹在数分钟内攻击卡塔尔北部气田及本土。② 如此看来，伊朗也是一个不可轻易开罪的国家。卡塔尔对伊朗采取不对抗的策略也就顺理成章了。

外交和安全合作是卡塔尔稳定对伊关系的重要手段。2007年时任卡塔尔埃米尔的哈迈德邀请伊朗总统艾哈迈德·内贾德出席海合会会议。此外，卡塔尔还与伊朗开展了某种层面上的安全合作。譬如，卡塔尔武装部队总参谋长就曾于2009年7月访问伊朗革命卫队（IRGC）。两国还于2010年2月签订了安全合作协定。③ 与此同时，在国际社会上支持伊朗无疑赢得了伊朗的好感。2006年6月，卡塔尔利用联合国安理会非常任理事国的特殊身份，呼吁通过政治途径解决伊朗核危机，并明确否决安理会试图给德黑兰中止铀浓缩设定最后期限的议案。2007年1月中旬，卡塔尔时任外相贾西姆·阿勒萨尼还专程访问德黑兰，表示"伊朗核危机理应通过谈判对话而非强力解决。卡塔尔深知伊朗在该地区扮演着

---

① Uzi Rabi, "Qatar's Relations with Israel: Challenging Arab and Gulf Norms", *Middle East Journal*, 63(3), 2009, pp.446-447.
② Anthony H. Cordesman, Robert M. Shelala and Omar Mohamed, *The Gulf Military Balance: Volume III: The Gulf and the Arabian Peninsula*, CSIS, January 2014, p.163.
③ Ibid., p.166.

关键角色"。①

　　凭借与美国和伊朗的平行关系,卡塔尔曾多次在受伊朗影响的国家和亲美国家之间进行调停。随着叙利亚危机的演进,卡塔尔与伊朗之间的"不对抗"状态开始面临挑战。由于卡塔尔本国的宗教状况,该国积极支持叙利亚境内的反对派和逊尼派穆斯林运动。相反,什叶派主导的伊朗则是阿萨德政权和叙利亚执政集团阿拉维派(什叶派分支)的支持者。在叙利亚危机之外,伊朗在伊拉克和巴林支持什叶派穆斯林的行为及在哈马斯问题上与卡塔尔也产生了分歧。卡塔尔与伊朗之间的逊尼派和什叶派之争以及具体问题上的分歧都不可避免地恶化了双边关系。②

　　第三,以色列也是卡塔尔区域外交的特殊对象。阿以问题是包括卡塔尔在内的阿盟的核心关注议题之一。早在阿盟成立初期,包括埃及在内的阿盟成员国就因巴勒斯坦问题与新生的以色列爆发了第一次中东战争。随着阿拉伯国家在数次中东战争中受挫,阿盟曾于 1967 年发布了著名的"喀土穆决议"(Khartoum Resolution)。根据该决议,阿盟将对以色列采取"不和解"(no peace)、"不承认"(no recognition)和"不谈判"(no negotiations)的"三不"政策。③ 尽管阿盟内部存在这种比较统一的对以政策,但作为阿盟一员的卡塔尔却采取了一套相对独立的对以政策。早在 1991 年海湾战争后,卡塔尔开始逐渐提升其与以色列的双边关系,并成为第一个事实上承认以色列的海合会国家。

　　伊拉克 1990 年入侵科威特后,巴勒斯坦解放组织领导人亚希尔·阿拉法特公开表示支持侯赛因·萨达姆。阿拉法特的表态引起诸多海合会国家的不满,并可能导致这些国家改善对以关系。在这个大背景下,卡塔尔参加了 1991 年 11 月召开的马德里和平会议,表示将考虑采取适当的

---

① Minister Shaykh Hamad bin Jasim bin Jabir Al Thani. (n. d.), *Qatar's Ministry of Foreign Affairs website*, Retrieved from http://english. mofa. gov. qa/minister. cfm7m_ cat =2&id =24.

② Anthony H. Cordesman, Robert M. Shelala and Omar Mohamed, *The Gulf Military Balance*: *Volume III*: *The Gulf and the Arabian Peninsula*, CSIS, January 2014, pp. 163-164.

③ Jonathan Masters and Mohammed Sergie, *The Arab League*, October 21, 2014. 检索来源: Council on Foreign Relations: http://www. cfr. org/middle-east-and-north-africa/arab-league/p25967。检索日期:2015 年 4 月 27 日。

第五章 卡塔尔的生存智慧：乱局中广结善缘

行动以停止阿拉伯世界对以色列的联合抵制(Arab boycott)。① 马德里和平会议成为卡以关系正常化的转折点。随着奥斯陆宣言和奥斯陆协定的陆续签订，以卡塔尔为代表的海湾阿拉伯国家与以色列的关系得到进一步提升。1996年4月，以色列总理西蒙·佩雷斯(Shimon Peres)正式访问卡塔尔，同年5月，以色列在多哈设立其在海湾阿拉伯国家的第一个贸易代表办公室。

1996年6月，本雅明·内塔尼亚胡赢得以色列选举接替佩雷斯担任以色列总理一职。内塔尼亚胡执政时期，以色列与阿拉伯国家关系再度紧张。在周边国家对以关系降温的情况下，卡塔尔依旧坚持与以色列保持紧密关系。1997年，卡塔尔再度力排众议邀请以色列参加了在多哈召开的中东北非经济会议(MENA Economic Conference)。

2000年12月，因主办伊斯兰合作组织会议(Organization of the Islamic Conference)，卡塔尔迫于参会方伊朗和沙特的压力，关闭了以色列多哈贸易代表办公室。尽管表面上冷却了与以色列的双边关系，但卡塔尔实际上仍与以色列召开秘密会议，以维持双边关系。②

卡塔尔某种程度上采取务实态度，改善与以色列的关系。但总体来看，卡塔尔支持巴勒斯坦的总体态度仍没有改变(比如支持巴勒斯坦加入联合国等)。2009年1月，加沙战争爆发，卡塔尔关闭了以色列驻多哈的贸易代表办公室。2014年加沙冲突再次爆发，卡塔尔称以色列对加沙的袭击行为是"违反人道的犯罪"。③ 埃米尔谢赫·哈迈德曾在阿盟峰会上这样阐释卡塔尔的巴以政策："(尽管)卡塔尔与以色列保持着经济和贸易领域的非正式关系，但我们希望以色列的反复无常不会迫使我们否定业已取得的微乎其微的进展。只有以色列愿意遵守合乎国际道义的全面而公正的和平原则——以土地换和平，并保证该地区全部人民的和

---

① Uzi Rabi, "Qatar's Relations with Israel: Challenging Arab and Gulf Norms", *Middle East Journal*, 63(3), 2009, p.448.
② Ibid., p.452.
③ Christopher M. Blanchard, *Qatar: Background and U. S. Relations*, Congressional Research Service, November 4, 2014, p.15.

平——我们才会愿意与以色列建立正式关系。"①

卡塔尔的对以政策在阿拉伯世界中的确独树一帜。不同学者对卡塔尔这一外交举动有不同解读。目前来看,大致有以下两种解释:卡塔尔实质上是试图通过与以色列交好而与美国维持紧密关系,以确保自身安全;卡塔尔选择与以建交主要是出于向该国出售天然气的经济动机。② 可以看出,尽管卡塔尔的对以关系时常因各种原因而一波三折,但相对其他阿拉伯国家和海湾国家而言,卡塔尔的对以政策仍然更具独立性和实用主义色彩。

综合来看,卡塔尔面临着极为严峻和脆弱的地区安全环境。作为世界能源中心,中东地区长期以来都是世界上最为动荡和纷繁复杂的地区之一。由于该地区的能源中心地位和长期动荡的特点,美国等域外国家长期介入该地区事务。随着2003年后伊拉克萨达姆政府的倾覆及其后续伊拉克的长期不稳定,埃及、叙利亚等国家也在阿拉伯之春运动后陷入内部问题不可自拔。正是由于这些国家的暂时缺位,以沙特为首的海合会开始空前积极地介入地区安全事务。卡塔尔也开始在阿拉伯之春运动后积极利用海合会、阿盟等地区安全框架开展了极为强势的"介入式外交"。就卡塔尔与地区主要国家的双边关系而言,卡塔尔虽然长期与沙特存在分歧,但整体上与该国维持了"斗而不破"的状态。由于与伊朗地理邻近,卡塔尔积极地与伊朗维持了比较紧密而友好的双边关系。此外,出于自身安全利益等各种考虑,卡塔尔对以色列推行了实用主义外交。

三、积极外交与卡塔尔安全战略实践

外交是小国促进国家安全利益的关键途径之一。安全脆弱性使得小

---

① 埃米尔哈迈德·本·哈利法在开罗阿拉伯联盟紧急峰会上的讲话,转引自:Uzi Rabi, "Qatar's Relations with Israel: Challenging Arab and Gulf Norms", *Middle East Journal*, 63(3), 2009, p.451.

② Uzi Rabi, "Qatar's Relations with Israel: Challenging Arab and Gulf Norms", *Middle East Journal*, 63(3), 2009, p.443.

第五章 卡塔尔的生存智慧：乱局中广结善缘

国无法实现安全自主,在国际互动中也相当程度上排除了使用军事手段的可能性。对外战略与实践因此构成了小国安全行为的主线。小国外交表现在全球、地区和双边等多个层面,以及政治、经济、文化等多个领域之上。实践表明,良好的外交表现是小国安全的有效保障。

外交亦是卡塔尔国家安全战略构思的重点。20 世纪 90 年代中期以来,卡塔尔外交较为引人注目,在诸多国际层面上都有独特表现。卡塔尔积极参与到联合国外交之中,偶有惊人之举。2006 年卡塔尔还投票否决了安理会关于制裁伊朗铀浓缩计划的 1696 号决议案。① 在中东、北非地区维持着活跃的外交态势。借助安理会非常任理事国的席位,卡塔尔曾经深度介入 2006 年黎巴嫩战争之后的调停和重建工作,也是第一个承诺向南黎巴嫩地区派遣联合国维和部队的阿拉伯国家。② 与此同时,在卡塔尔安全战略框架中,域外大国是提高国家安全系数的关键一环。

（一）强化与域外大国的接触和合作

如同世上许多小国,老牌超级大国因所具有的强大吸引力而成为卡塔尔追随的首选。与美国的安全关系是卡塔尔安全的重要保证。早在卡塔尔独立后的第二年(1972 年),美国便与其正式建立了外交关系。卡美之间维持着紧密的经贸关系。美国是卡塔尔的最大进口对象国,其总进口货物的近 12.7% 来自美国。两国于 2004 年正式达成了双边贸易和投资框架协定(TIFA)。此外,卡塔尔还与埃克森美孚公司合作在德克萨斯州建立了一个液化气基站。③ 总体而言,直到 1991 年的海湾战争,卡美关系一直不温不火。其间,卡塔尔还曾因军火采购问题一度遭到美国的武器禁运。海湾战争爆发后,卡塔尔开始同意美国为首的联军从该国境内对伊拉克发起攻击,卡塔尔武装部队曾在沙特东部省份配合联军挫败了伊拉克的袭击。1992 年 6 月,美卡两国正式签订防务合作协定,美军

---

① Uzi Rabi, "Qatar's Relations with Israel: Challenging Arab and Gulf Norms", *Middle East Journal*, 63(3), 2009, p.454.

② Ibid.

③ Anthony H. Cordesman, Robert M. Shelala and Omar Mohamed, *The Gulf Military Balance: Volume III: The Gulf and the Arabian Peninsula*, CSIS, January 2014, p.167.

可使用卡塔尔境内的军事基地。1995年,美国第一时间承认通过和平政变上台的谢赫·哈迈德。从此,两国的紧密军事和安全合作持续至今。2002年12月,美国国防部长拉姆斯菲尔德与卡塔尔外长塔哈尼签署新的军事合作协议,美军享有使用和升级卡境内军事基地的更大权利。2013年12月,时任美国防长查克·哈格尔访问多哈,并与卡塔尔新埃米尔塔米姆将1992年的防务合作协定续签至2024年。① 用美国国务院的官方说法,卡塔尔是美国"可贵的合作伙伴"(Valuable Partner)。②

卡美军事合作主要包含安全合作与军火贸易两个方面。首先,卡塔尔是美国主要的安全合作伙伴之一。卡塔尔与美国签有双边防务合作协定。根据该协定,美军有权使用卡塔尔境内的部分基地,并享有在该国驻军的权利。此外,美军还负责帮助训练卡塔尔武装力量。③ 卡塔尔首都多哈是美军中央司令部中央区司令部下属的美军中央陆军(U. S. Army Central, ARCENT)的前方总部(Forward Headquarters)。④ 两国自20世纪90年代中期开始联合斥资扩建的阿里·乌代德空军基地(Al Udeid Airbase)⑤是美军中央区司令部的后勤、指挥中心和空天一体行动中心(Combined Air and Space Operations Center,简称 CAOC)。⑥ 乌代德基地

---

① Christopher M. Blanchard, *Qatar*: *Background and U. S. Relations*, Congressional Research Service, November 4, 2014, p. 7.

② U. S. Department of State, *U. S. Relations With Qatar*, August 26, 2014, Retrieved from U. S. Department of State: http://www.state.gov/r/pa/ei/bgn/5437.htm.

③ Shabina S. Khatri, "Qatar, US sign 10-year military cooperation pact during official visit", December 11, 2013, Retrieved from Doha News: http://dohanews.co/qatar-us-sign-10-year-military-cooperation-pact-during-official-visit/.

④ Andrew Feickert, *The Unified Command Plan and Combatant Commands*: *Background and Issues for Congress*, Congressional Research Service, January 3, 2013, p. 35.

⑤ 乌代德基地位于多哈南部。

⑥ 该中心是美军中央司令部辖区内(包括阿富汗在内的20多个国家)进行防空、电子战、人员救援等方面指挥的中心。该中心2003年从沙特迁往卡塔尔。参见:Anthony H. Cordesman, Robert M. Shelala and Omar Mohamed, *The Gulf Military Balance*: *Volume III*: *The Gulf and the Arabian Peninsula*, CSIS, January 2014, p. 167;Committee on Foreign Relations United States Senate, *The Gulf Security Architecture*: *Partnership with the Gulf Cooperation Council*, Washington: U. S. Government Printing Office, June 19, 2012, p. 15.

第五章 卡塔尔的生存智慧：乱局中广结善缘

还驻有美军379空中远征联队（Air Expeditionary Wing, 379ᵗʰ AEW）。① 同样位于卡塔尔境内的德尔埃斯萨利亚基地（Camp As Sayliyah）是美军中央司令部的陆军集结待命区（Staging area）。② 根据美国参议院外交关系委员会的官方报告，由于卡塔尔在美军中央司令部战略中的特殊地位，该国约有多达7500名美国驻军。③

反恐合作亦是卡美安全合作的一个重要领域。自20世纪90年代开始，卡美两国便开始就反恐问题展开合作。按照美国官方的说法，卡塔尔自2001年以来的反恐合作"相当重要"。卡塔尔政府无论是在公开场合还是私下场合均表示该国不会支持极端组织。但由于对各种政治势力均奉行"门户开放"政策，卡塔尔实际上始终与激进组织保持着某种程度的关系。美国9·11委员会发布的最终调查报告指出，卡塔尔王室曾向"基地"组织以及"9·11"事件的主要参与者提供支持。④ 美国政府虽含蓄地表示有卡塔尔公民私下支持恐怖主义，却未公开指责卡塔尔政府。⑤

其次，美国是卡塔尔武器装备的主要"卖家"。卡塔尔向来青睐法国武器。但近年来，出于美卡军事关系考虑，卡塔尔开始频频向美国购进先进武器（尤其是导弹防御系统）。2012年以来，美国曾向卡塔尔出售包括萨德（THAAD）火力单元在内的一系列武器（参见表5-7）。美国国际战略研究中心（CSIS）的研究员安东尼·科德斯曼（Anthony H. Cordesman）认为，卡塔尔最近的武器采购可能恰好反映了该国对伊朗威胁和本国天然气基础设施安全担忧的加剧。⑥

---

① Christopher M. Blanchard, *Qatar: Background and U. S. Relations*, Congressional Research Service, November 4, 2014, pp. 6-7.

② Michael J. Lostumbo, et al., *Overseas Basing of U. S. Military Forces: An Assessment of Relative Costs and Strategic Benefits*, Santa Monica, CA: RAND Corporation, 2013, p. 25.

③ Committee on Foreign Relations United States Senate, *The Gulf Security Architecture: Partnership with the Gulf Cooperation Council*, Washington: U. S. Government Printing Office, June 19, 2012, p. 15.

④ The National Commission on Terrorist Attacks Upon the United States, *The 9/11 Commission Report: Final Report of the National Commission on Terrorist Attacks Upon the United States*, The National Commission on Terrorist Attacks Upon the United States, July 22, 2004, pp. 147-148.

⑤ Christopher M. Blanchard, *Qatar: Background and U. S. Relations*, Congressional Research Service, November 4, 2014, p. 11.

⑥ Anthony H. Cordesman, Robert M. Shelala and Omar Mohamed, *The Gulf Military Balance: Volume III: The Gulf and the Arabian Peninsula*, CSIS, January 2014, p. 170.

表 5-7　美国对卡塔尔重要军售清单①

项目	价格（百万美元）	时间
UH-60M 黑鹰直升机	1112	2012 年 6 月 13 日
MH-60R 及 MH-60S 海鹰直升机	2500	2012 年 6 月 26 日
AH-64D APACHE Block III 长弓直升机	3000	2012 年 7 月 12 日
"地狱之火"导弹	137	2012 年 7 月 12 日
萨德（THAAD）火力单元	6500	2012 年 11 月 5 日
爱国者-3 导弹火力单元及导弹	9900	2012 年 11 月 7 日
M142 高机动性火箭炮系统、M57 陆军战术导弹系统等	406	2012 年 12 月 24 日
标枪制导导弹	122	2013 年 3 月 28 日
大型飞机红外对抗系统（LAIRCM）	110	2013 年 5 月 15 日
C-17 Globemaster III 设备与支持	35	2013 年 6 月 27 日
A/N FPS-132 Block 5 预警雷达	1100	2013 年 7 月 29 日

数据来源：美国国防安全合作局（U. S. Defense Security Cooperation Agency）。

显然，与美国的密切军事合作关系是卡塔尔安全战略的支柱之一。其一，美国长期以来都是中东和海湾事务的积极参与者，任何中东国家都不能忽视美国的区域性影响，与美国形成良好合作关系有助于改善国家安全战略态势。其二，与美国建立密切的防务关系是避免"科威特悲剧"的关键手段。卡塔尔深陷众多地区强国编织的地区网络之中，巨大的财富资源是地区强国的潜在觊觎对象。超级大国的军事保护态势可以产生有效的威慑效应，从而避免被武力侵略的命运。其三，通过紧密的军事合作，卡塔尔据此可以获得西方世界的政治外交支持，以发挥更大的区域性外交影响力。

法国是卡塔尔国家安全战略中的另一个关键国家。早在 1994 年，卡

---

① Christopher M. Blanchard, *Qatar: Background and U. S. Relations*, Congressional Research Service, November 4, 2014, p.9.

第五章 卡塔尔的生存智慧：乱局中广结善缘

法两国就签订了防务协定。① 法国是该国最主要的军火供应国之一,卡塔尔现役武器的80%均由法国供应。② 除军火供应外,卡塔尔与法国还每年度进行联合军事训练。尤为重要的是,卡塔尔还在2011年与法国一道在利比亚危机中采取联合军事行动。③

除了与美法保持紧密的安全和能源关系外,卡塔尔还与英国等国保持极为紧密的液化气贸易。卡塔尔2009年3月份开始向英国出口液化气,仅仅两年后,英国便已经严重依赖该国的天然气进口。据统计,截至2012年,天然气已经占英国国内能源总消费的近33%。其中,卡塔尔是该国仅次于挪威的第二大天然气进口来源国与最大的液化气(LNG)进口来源国,占英国国内天然气消费总量的12%。④ 此外,英国还向卡塔尔提供了大量的天然气设备。卡塔尔也在英国进行了大量投资。⑤ 经济和能源合作之外,英国与卡塔尔也保持着一定外交合作。卡塔尔与英国就曾

---

① France Diplomatie, "Cultural, scientific and technical cooperation", 2014。检索来源：France Diplomatie：http://www.diplomatie.gouv.fr/en/country-files/qatar/france-and-qatar/cultural-scientific-and-technical-7278/。检索日期：2015年4月20日。

② Christopher M. Blanchard, *Qatar: Background and U.S. Relations*, Congressional Research Service, November 4, 2014, p.9；及 Anthony H. Cordesman, Robert M. Shelala and Omar Mohamed, *The Gulf Military Balance: Volume III: The Gulf and the Arabian Peninsula*, CSIS, January 2014, p.39.

③ France Diplomatie, "Cultural, scientific and technical cooperation", 2014。检索来源：France Diplomatie：http://www.diplomatie.gouv.fr/en/country-files/qatar/france-and-qatar/cultural-scientific-and-technical-7278/。检索日期：2015年4月20日。

④ U.S. Energy Information Administration, "United Kingdom", July 2, 2014。检索来源：U.S. Energy Information Administration：http://www.eia.gov/countries/cab.cfm?fips=uk。英国从挪威进口的天然气主要通过输气管线,从卡塔尔进口的则是液化气。据2011年数据,从卡塔尔进口的液化气占英国当年液化气进口总量的80%。参见：U.S. Energy Information Administration, *The United Kingdom's natural gas supply mix is changing*, June 20, 2012, Retrieved from U.S. Energy Information Administration：http://www.eia.gov/todayinenergy/detail.cfm?id=6770；以及英国能源和气候变化部(Department of Energy & Climate Change)数据：Department of Energy & Climate Change, *DUKES: foreign trade statistics*, July 31, 2014, Retrieved from GOV.UK：https://www.gov.uk/government/statistics/dukes-foreign-trade-statistics.

⑤ David Roberts, "Qatar's flowering relationship with Paris", November 1, 2012。检索来源：*Financial Times*：http://www.ft.com/intl/cms/s/0/d457bbec-2342-11e2-a66b-00144feabdc0.html#axzz3YnIx8PG3。检索日期：2015年4月20日。

在通过联合国安全理事会关于利比亚的 1970 和 1973 号决议密切合作。① 卡塔尔与英国在 2014 年签订了一项安全合作协定。② 但总体而言,安全合作并非卡英两国的主要合作领域。

卡塔尔与中国等新兴国家的经贸关系也日趋紧密。前卡塔尔外相、首相本·贾西姆就直言"西方已经不是世界的唯一行为体"。前埃米尔哈迈德表示,"中国正向我们走来,印度正向我们走来,俄罗斯也已经在路上了。我不清楚美国和欧洲是否还正在引领(世界)"。③ 尽管卡塔尔与中国等国存在紧密的经贸关系,似乎也意识到了这些国家在国际格局中的角色变化。但总体而言,这些国家仍不是卡塔尔国家安全战略的重点所在。

尽管卡塔尔积极地与西方开展广泛合作并在阿拉伯世界不遗余力地倡导民主价值,卡塔尔与美、英、法等国家的分歧和矛盾也是免不了的。在总体合作十分密切的情况下,卡塔尔与美国等西方国家且在人权、民主、穆斯林兄弟会等问题上存在着严重分歧。西方国家仍将卡塔尔视为"非自由国家"。④ 美国国务院公开出版的《人权报告》还直言不讳地指出,"(卡塔尔)公民不能和平地更换政府、公民的基本自由受到限制";卡塔尔禁止政党存在,并限制公民或者非公民的演讲、出版、集会、结社、宗教自由。⑤ 此外,美国国务院每年度出版的《国际宗教自由报告》(International Religious Freedom Report)也特地就卡塔尔的宗教不自由问题表

---

① Howell Lord, "UK's 'strong and growing' economic relationship with Qatar", July 5, 2011。检索来源:Gov. of UK: https://www. gov. uk/government/speeches/uks-strong-and-growing-economic-relationship-with-qatar。检索日期:2015 年 4 月 25 日。
② Ministry Of Foreign Affairs, "The State of Qatar", October 28, 2014。检索来源:Qatar, U. K. Sign Security Cooperation MoU: http://www. mofa. gov. qa/en/SiteServices/MediaCenter/News/Pages/News20141029072940. aspx。检索日期:2015 年 4 月 25 日。
③ Kristian Coates Ulrichsen, *Qatar and the Arab Spring: Policy Drivers and Regional Implications*, Washington, DC 20036: Carnegie Endowment for International Peace, 2014, pp. 7-8.
④ Freedom House(n. d.), *Qatar*, Retrieved Dec. 16, 2014, from Freedom House: https://freedomhouse. org/country/qatar#. VJAlB9JAWvA.
⑤ Bureau of Democracy, Human Rights and Labor(2014), *Country Reports on Human Rights Practices for* 2013: *Qatar*, Retrieved from the U. S. State Department: http://www. state. gov/j/drl/rls/hrrpt/humanrightsreport/index. htm#wrapper.

示了"关切"。① 与此对应,由于卡塔尔的平衡外交,该国也在诸多问题上与美国及其他国家相左。譬如,卡塔尔一方面宣称将会致力于促进地区和平与支持美国的军事行动。但另一方面,卡塔尔又始终与哈马斯、伊朗等其他势力保持着紧密联系。② 美国国务卿约翰·克里曾谴责卡塔尔为哈马斯提供资金和政治支持。卡塔尔政府则反驳其只是在支持巴勒斯坦人民。③

总体来看,卡塔尔与联合国、美国等全球行为体存在密切的经济和安全合作。尤其重要的是,卡塔尔与美国维持着极为密切的安全、反恐合作关系。卡塔尔与美国的这种安全合作在较大程度上保障了卡塔尔的国家安全。④ 卡塔尔与法国的安全合作也尤为重要,两者在阿拉伯之春中的合作更是体现了双边安全合作的紧密性。除美国之外,卡塔尔还与英国、中国等国存在着较为紧密的经贸关系。但这些国家并非卡塔尔国家安全战略的重心。

(二)卡塔尔的积极区域外交

20世纪90年代中期以来,积极的外交活动使卡塔尔这个弹丸小国名扬海外。正如丽娜·哈提卜(Lina Khatib)所言,无论中东或其他地区发生任何冲突,卡塔尔总能在冲突中找到自己的角色。卡塔尔的积极外交行为使得不少观察者甚至将其戏称为"新沙特"(New Saudi Arabia)。⑤

历史上,自埃米尔哈迈德·阿勒萨尼(Hamad bin Khalifa Al Thani)通过和平政变成为该国埃米尔之后,卡塔尔开始空前积极地介入诸多地区

---

① Bureau of Democracy, Human Rights and Labor(2014), *International Religious Freedom Report for* 2013, Retrieved from the U.S. State Department: http://www.state.gov/j/drl/rls/irf/religious-freedom/index.htm#wrapper.

② Christopher M. Blanchard, *Qatar: Background and U.S. Relations*, Congressional Research Service, November 4, 2014, p.7.

③ Ibid., p.15.

④ David Roberts, "Qatar's flowering relationship with Paris", November 1, 2012. 检索来源: *Financial Times*: http://www.ft.com/intl/cms/s/0/d457bbec-2342-11e2-a66b-00144feabdc0.html#axzz3YnIx8PG3. 检索日期:2015年4月20日。

⑤ Lina Khatib, "Qatar's foreign policy: the limits of pragmatism", *International Affairs*, 89(2), 2013, p.417.

冲突之中。2003年的卡塔尔宪法第七款还专门就"调停"做出了规定：卡塔尔外交政策需"基于通过促进国际争端和平解决的方式,以增强国际和平与安全的原则"。① 卡塔尔2008—2010年期间对也门问题的调停、2008年对黎巴嫩问题的调停、2008—2010年期间对达尔富尔问题的调停,被外界视作其最为高调的三次调停。此外,卡塔尔还曾于2009年对苏丹和乍得纠纷进行调停,2010年对吉布提和厄立特里亚的纠纷进行调停。

"阿拉伯之春"后的"介入式外交"是卡塔尔积极外交的巅峰。"阿拉伯之春"爆发后,卡塔尔一改之前的中立调停者姿态并积极介入"转型阿拉伯国家"。正如卡塔尔前埃米尔哈迈德和首相本·贾西姆所言,阿拉伯世界的问题应该首先使用"阿拉伯方式"解决。②

利比亚内战升温之后,卡塔尔不仅为利比亚反对派提供大量资金、石油援助,甚至直接同北约部队一道派遣特种兵参与战争。③ 在利比亚国家过渡委员会成立之后,卡塔尔更是第一时间予以承认。在利比亚的案例中,卡塔尔的角色已经远非之前的中立式调停者。由于积极的区域干预行为,卡塔尔受到了美、英、法等西方盟友的高度赞扬。④

2012年1月,卡塔尔与沙特一道通过海合会推动阿盟派遣观察团前往叙利亚,并明确为叙反对派提供军事支持。此外,卡塔尔也极力撮合叙利亚反对派的联合。⑤ 在区域性和国际社会的外交努力失败后,卡塔尔又开始公开"督促"巴沙尔总统下台,并呼吁国际社会通过提供资金和武

---

① Kristian Coates Ulrichsen, *Qatar and the Arab Spring: Policy Drivers and Regional Implications*, Washington, DC 20036: Carnegie Endowment for International Peace, 2014, p.6.

② 以2011年3月对利比亚设立禁飞区为例,本·贾西姆就明确表示"卡塔尔将会参与这次军事行动！因为我们坚信这次行动必须有阿拉伯国家参与。" Kristian Coates Ulrichsen, *Qatar and the Arab Spring: Policy Drivers and Regional Implications*, Washington, DC 20036: Carnegie Endowment for International Peace, 2014, p.10.

③ 卡塔尔虽曾派遣米格战斗机参与北约的军事干预行动,但其战斗机并未真正直接参与战事。

④ David Roberts, "Punching Above Its Weight: Could tiny Qatar send ground forces to Libya?", April 12, 2011, Retrieved from Foreign Policy: http://foreignpolicy.com/2011/04/12/punching-above-its-weight-2/.

⑤ Lina Khatib, "Qatar's foreign policy: the limits of pragmatism", *International Affairs*, 89 (2), 2013, p.422.

器等"一切方式"帮助武装叙利亚反对派。①

总体来看,卡塔尔对这些"转型阿拉伯国家"提供了大量的财政支持。据CSIS统计,截至2013年7月,卡塔尔的财政支持仅次于沙特和阿联酋两国,总金额高达70亿美元(参见表5-8)。巨幅对外财政援助无疑是卡塔尔积极外交的催化剂。

表5-8 卡塔尔等海湾国家对转型阿拉伯国家财政支持承诺

单位:百万美元

援助国\受援国	约旦	突尼斯	也门	摩洛哥	埃及
卡塔尔	1250	1000	500	1250	3000
科威特	1250	0	500	1250	4000
沙特	2700	750	3250	1250	9000
阿联酋	1250	200	136	1250	6000

数据来源:Aram Nerguizian, *The Struggle For The Levant Geopolitical Battles and the Quest for Stability*, CSIS, September 18, 2014, p.153.

说明:数据截至2013年7月。

(三) 高调的公共外交与"伊斯兰外交"

除调停外交和"介入式外交",卡塔尔也在积极推行高调的公共外交。这表现在以下几个方面:

第一,卡塔尔与世界上诸多国家开展了频繁而高层次的文化和教育交流活动。美国乔治城大学、布鲁金斯学会、卡内基国际和平研究所等教育和学术机构都在卡塔尔境内设有分支机构。② 此外,卡塔尔还曾举办过亚运会,并已获得2022年世界杯足球赛的举办权。

第二,卡塔尔自20世纪90年代就开始为黎巴嫩、加沙和马里等地区

---

① Sultan Barakat, "*The Qatari Spring: Qatar's emerging role in peacemaking*", London: London School of Economics and Political Science(LSE), 2012, p.2.
② 参见:乔治城大学卡塔尔分校:http://qatar.sfs.georgetown.edu/;西北大学卡塔尔分校:http://www.qatar.northwestern.edu/;Texas A&M 卡塔尔分校:http://www.qatar.tamu.edu/;卡耐基·梅隆大学卡塔尔分校:https://www.qatar.cmu.edu/;伦敦大学学院卡塔尔分校:http://www.ucl.ac.uk/qatar;布鲁金斯学会多哈中心:http://www.brookings.edu/about/centers/doha.

提供人道主义援助。2012年卡塔尔埃米尔就曾专程访问加沙地区。卡塔尔的这些人道主义援助毁誉参半。

第三,1996年成立的半岛电视台(Al Jazeera)是卡塔尔公共外交的又一"国之利器"。半岛电视台是阿拉伯世界第一家24小时不间断播放的新闻机构,"独立性"的自我定位使其几乎完全为国有垄断的阿拉伯新闻市场一枝独秀。与其他绝大多数国有新闻机构往往只会给领导人歌功颂德和进行政治宣传不同,半岛电视台将批评阿拉伯世界的政治家视作"家常便饭"。尽管半岛电视台的这种批评导致了多个国外分支机构被迫关闭,但对阿拉伯世界观众的影响力却逆势增长。自2006年开始,半岛电视台开设英语频道,并直接与全球新闻市场接轨。① 阿拉伯之春爆发后,半岛电视台一方面密集报道埃及和利比亚的国内状况,另一方面却又对近在咫尺的巴林政治变局视而不见。随着电台负责人汉法尔(Waddah Khanfar)为卡塔尔王室人员谢赫·艾哈迈德·贾西姆·阿勒萨尼(Sheikh Ahmed bin Jassim bin Mohammed Al Thani)取代,其自封的"独立性"面临越来越严重的质疑。②

穆斯林遍及各大洲,伊斯兰是一个颇具影响的宗教力量。对于许多伊斯兰国家而言,伊斯兰世界无疑是对外战略的优先选择和重要活动场所。"伊斯兰外交"同样是卡塔尔外交的重要行动方向。

第一,坚定支持埃及的穆斯林兄弟会。早在20世纪五六十年代,许多埃及穆兄会成员就开始流亡卡塔尔。1982年以后,大批叙利亚穆兄会成员也开始流亡卡塔尔。③ 在埃及穆尔西政府被迫下台之后,卡塔尔仍然声称支持穆兄会。由于卡塔尔与沙特对穆兄会的态度存在较大分歧——尽管双方均是穆兄会的主要财政支持者,但沙特将穆兄会视作潜在的政治挑战,而与穆巴拉克政权紧密联系。卡塔尔也因此与沙特在穆兄会政策上出现不和。2014年3月5日,沙特阿拉伯最终与意见相左的

---

① Lina Khatib, "Qatar's foreign policy: the limits of pragmatism", *International Affairs*, 89 (2), 2013, pp.426-427.
② Ibid., p.428.
③ Kristian Coates Ulrichsen, *Qatar and the Arab Spring: Policy Drivers and Regional Implications*, Washington, DC 20036: Carnegie Endowment for International Peace, 2014, pp.8-9.

第五章 卡塔尔的生存智慧：乱局中广结善缘

卡塔尔公开反目，并与阿联酋和巴林一起从多哈召回了驻卡塔尔大使。两天之后，沙特最终宣布穆兄会（与真主党和基地组织一起）为恐怖组织。①

第二，除支持穆兄会以外，卡塔尔也与中东、北非地区的政治伊斯兰力量保持紧密关系。包括突尼斯、埃及、利比亚、叙利亚、也门等国的大批反对派领袖都与多哈存在某种联系。由于政治伊斯兰的极大动员能力，这些领袖在回国后往往能够获得较大的政治影响甚至赢得大选。卡塔尔的影响力也通过这些领袖以及领袖所属的组织延展开来。②

第三，卡塔尔与外国的什叶派关系良好。什叶派穆斯林占到卡塔尔公民数量的5%—15%左右，这些什叶派穆斯林除了主动融入国内社会外，也与伊拉克和伊朗的什叶派保持联系。总体来看，卡塔尔王室与外国的什叶派领袖几乎都保持着良好关系。比如，前埃米尔谢赫·哈迈德·阿勒萨尼就曾于2010年12月访问德黑兰。在会见伊朗最高领袖哈梅内伊后，两国发表联合声明，表示将努力促进什叶派和逊尼派的团结。2011年，伊拉克著名什叶派领袖穆克塔达·萨德尔（Muqtada al-Sadr）也曾应哈迈德之邀访问多哈。③ 卡塔尔与什叶派修好的举动也曾经多次令沙特等其他海合会国家不快。

第四，卡塔尔与激进伊斯兰势力关系紧密。利比亚过渡政府以及美国《时代》杂志披露了卡塔尔介入利比亚境内伊斯兰力量的事实。在面临外界的质疑和指责时，卡塔尔埃米尔曾于2011年9月7日在半岛电视台作出官方回应。埃米尔直言不讳地表示，如果"阿拉伯之春"追求的真正民主和正义得以实现，那些专制政体下产生的伊斯兰激进分子最终将会拥抱参与性政治，并声称"我相信你会看到这种极端主义融入公民生活

---

① William McCants, *Islamist Outlaws: Saudi Arabia Takes on the Muslim Brotherhood*, March 17, 2014, Retrieved from *Foreign Affairs*: https://www.foreignaffairs.com/articles/qatar/2014-03-17/islamist-outlaws.

② Kristian Coates Ulrichsen, *Qatar and the Arab Spring: Policy Drivers and Regional Implications*, Washington, DC 20036: Carnegie Endowment for International Peace, 2014, p.9.

③ Ahmad Khalid Majidyar, "Is Sectarian Balance in the United Arab Emirates, Oman, and Qatar at Risk?" American Enterprise Institute, October 2013, pp.6-7.

和公民社会"。①

与此同时,"门户开放"政策也是卡塔尔广泛结交各方势力的独特策略。卡塔尔对该地区的各种政治活动大开国门。卡塔尔就接受来自埃及、突尼斯、叙利亚、阿尔及利亚、车臣等国家和地区的政府反对派、异见分子、极端人士、宗教分子等入境。更为甚者,卡塔尔还同意"基地"组织在该国过境。② 这种"门户开放"也意味着同时向相互敌对的政治力量开放。卡塔尔就一方面接受以色列在该国设立贸易办公室,但另一方面又允许哈马斯高层人物在该国活动。总之,不论各方之间敌对友好与否,卡塔尔似乎都试图与任何一方都保持联系。

(四) 卡塔尔积极外交的动因

卡塔尔为什么"特立独行"地推行颇为显眼的积极外交?首先,卡塔尔的一系列外交行动的根本出发点无疑是确保自身的安全与稳定。其次,这种积极外交还能提升与伊朗的关系,甚至某种程度上平衡伊朗的影响力,以防止冲突蔓延至国内。卡塔尔与伊朗共享世界上最大的油田和气田,如何处理与伊朗的关系是其外交的当务之急。作为中东地区许多什叶派武装和非政府武装的主要支持者,伊朗势力的蔓延对卡塔尔的安全不容忽视。因此,卡塔尔积极调停这些武装与其对立方之间的冲突,一方面能够平衡伊朗的影响力,另一方面又能使其与伊朗维持良好的关系。此外,这种积极外交还能扩大自身的地区影响力,以平衡沙特阿拉伯的影响力。沙特阿拉伯是阿拉伯半岛的传统领袖。然而,由于沙特在诸多地区冲突的调停中的中立性饱受质疑,其地区政治影响力随之遭到削弱。卡塔尔珍视这种沙特影响力下降留下来的权力真空机遇,并将其视作塑造地区领袖角色的绝佳机会。2006—2007年期间,卡塔尔更是成为联合国安理会的非常任理事国之一。最后,吸引国际社会支持和

---

① Lina Khatib, "Qatar's foreign policy: the limits of pragmatism", *International Affairs*, 89 (2), 2013, p.424.

② 尽管基地组织可以过境,但其活动一般都是在卡塔尔情报部门的监控下进行。Uzi Rabi, "Qatar's Relations with Israel: Challenging Arab and Gulf Norms", *Middle East Journal*, 63(3), 2009, p.455.

第五章 卡塔尔的生存智慧：乱局中广结善缘

规避国际社会的负面压力。卡塔尔的积极外交一方面将自己塑造成一个西方世界的国际盟友，并以此获得一系列的安全、经济和贸易便利。另一方面，由于与西方世界外表上的结盟关系，其内政问题也远离了国际社会的指责。①

此外，卡塔尔这种特色鲜明的外交行动可能尚有如下原因。卡塔尔的"活跃"实为海湾国家集体"崛起"的一部分。卡塔尔在20世纪末和21世纪初表现出来的外交积极性应该说并非一国之特色。凭借2002—2008年期间石油价格上涨（如图5-13）所带来的雄厚资本实力以及固有的能源储量，海湾国家尤其是海合会国家在21世纪初开始展现出极大的外交积极性。如此观之，卡塔尔在这一时期的积极外交其实与21世纪初海湾国家在全球范围内的整体外交崛起保持了较大的同步性。②

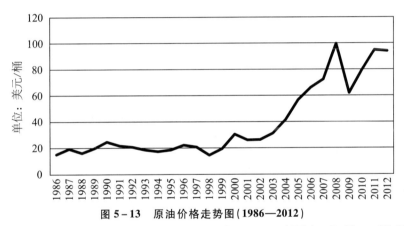

图5-13 原油价格走势图（1986—2012）

数据来源：The U. S. Energy Information Administration（EIA），*Cushing, OK WTI Spot Price FOB*, 2013, Retrieved from The U. S. Energy Information Administration（EIA）: http://www.eia.gov/dnav/pet/hist/LeafHandler.ashx? n = PET&s = RWTC&f = A.

卡塔尔独特的外交决策模式同样也是其外交行为形成的主要原因之一。由于卡塔尔外交政策决策权仅限于极少数人。这意味着该国能够就

---

① Lina Khatib,"Qatar's foreign policy: the limits of pragmatism", *International Affairs*, 89 (2), 2013, pp. 418-420.

② Kristian Coates Ulrichsen, *Qatar and the Arab Spring: Policy Drivers and Regional Implications*, Washington, DC 20036: Carnegie Endowment for International Peace, 2014, p. 7.

国际事务迅速作出回应。① 在卡塔尔20世纪90年代至今的外交政策制定过程中,前埃米尔哈迈德和长期担任外相并在之后担任首相的谢赫·哈迈德·本·贾西姆(Sheikh Hamad bin Jassim)几乎一手缔造了该国极为高调的外交政策。②

(五)卡塔尔外交的潜在挑战

卡塔尔的积极外交无疑取得了非凡成就,国际地位空前高涨,国家安全环境得到改善。但是,小国外交的局限性依然突出,不确定性因素影响着卡塔尔积极外交的走向。

第一,卡塔尔的"国家品牌化"。卡塔尔推行着一套特色鲜明的区域外交政策。卡塔尔的这些外交政策可能恰好反映了该国背后的国家安全战略:将自身定位为一个富有、中立和进步的行为体,并以此"教化阿拉伯世界、吸引外资和旅游,在中东和西方之间架设桥梁和维持和平"。③ 通过一系列的积极外交,卡塔尔似乎实现了某种"国家品牌化"(State Branding)的目标。④ 但是,这种国家品牌化的努力建立在油气资源开发带来的财富基础上,固有的君主制和周边的保守政治环境也让卡塔尔的民主样板缺乏说服力。

第二,卡塔尔外交政策面临的问题。首先,卡塔尔在阿拉伯之春后强势介入外交可能给其带来一系列的风险:卡塔尔强硬地选边站的外交行为极有可能损害了之前精心塑造的中立第三方调停者的形象。卡塔尔的强势介入也可能引起沙特、阿联酋等海合会内部国家的不满;得罪伊朗与叙利亚等之前其尽力试图维持友好关系的国家。⑤ 其次,卡塔尔积极支持伊斯兰势力也暴露了自身外交政策的逐流特征。不少学者发现,卡塔

---

① Lina Khatib, "Qatar's foreign policy: the limits of pragmatism", *International Affairs*, 89 (2), 2013, pp. 429-430.
② Kristian Coates Ulrichsen, *Qatar and the Arab Spring: Policy Drivers and Regional Implications*, Washington, DC 20036: Carnegie Endowment for International Peace, 2014, p. 4.
③ Sultan Barakat, "The Qatari Spring: Qatar's emerging role in peacemaking", London: London School of Economics and Political Science(LSE), 2012, p. 1.
④ Ibid.
⑤ Ibid., p. 2.

尔之所以积极支持伊斯兰势力,是因为它认为随着伊斯兰势力在阿拉伯之春运动中的影响力日渐增长,对伊斯兰势力的支持将最终会转化为其在中东地区的政治影响力。这种逐政治潮流而动的外交政策一方面让其外交活动令人眼花缭乱、极为热闹,另一方面暴露了卡塔尔外交政策的致命弱点——只是因短期政治潮流而动,缺乏长远和持续的战略。①

第三,卡塔尔外交面临的潜在挑战。2013 年 7 月之后,埃及军方领袖塞西将军迫使穆兄会政权下台,并最终赢得选举成为埃及总统。随着埃及军方的执政和穆兄会被列为"恐怖组织",埃及国内局势逐渐稳定下来。2015 年 4 月,阿拉伯国家联盟第 26 届峰会(70 周年)在埃及海滨城市召开。在该峰会上,与会各方正式决定建立一支"联合阿拉伯部队"(unified Arab force)。② 该"精英部队"将由大约 4 万人组成。其中,沙特将可能提供最多的资金支持,埃及则可能提供最多的人员支持。③ "联合阿拉伯部队"建立决议的达成某种程度上意味着埃及的正式回归。与此同时,由于沙特的财政支持意味着沙特地区影响的持续和巩固。鉴于埃及军方和沙特在穆斯林兄弟会问题上的政策与卡塔尔严重相左并曾因此而交恶。④ 因此,无论埃及还是沙特的影响力的回归或者增强无疑都会极大地限制卡塔尔的区域外交活动空间。

四、小结

中东是多事之地,海湾是战略要地。二战以来,该地群雄并立,域外

---

① Lina Khatib, "Qatar's foreign policy: the limits of pragmatism", *International Affairs*, 89 (2), 2013, p.425.
② 建立联合部队的倡议在阿盟内部由来已久,但一直未能落实。近年来,随着也门局势的动荡和伊拉克、叙利亚和利比亚境内极端主义活动的猖獗,阿盟最终就此达成协定。BBC, "Arab League agrees to create joint military force", March 29, 2015。检索来源:BBC: http://www.bbc.com/news/world-middle-east-32106939。检索日期:2015 年 4 月 20 日。
③ Michael Bröning, "The AllArab Army?:Why the Arab League's New Force Spells Trouble", April 2, 2015。检索来源:http://www.foreignaffairs.com/articles/143648/michael-broening-the-all-arab-army。检索日期:2015 年 4 月 20 日。
④ Kristian Coates Ulrichsen, *Qatar and the Arab Spring: Policy Drivers and Regional Implications*, Washington, DC 20036: Carnegie Endowment for International Peace, 2014, p.4.

大国深度涉足其中,可谓地缘矛盾的漩涡。在这样的地缘环境下,油气立国的小富国卡塔尔富足安康,声誉不凡。这得益于其雄厚的油气财富,也得益于其较为独特的对外战略。

(一)卡塔尔的安全特性与安全战略

第一,除拥有较好的经济和能源禀赋外,卡塔尔国家安全存在着显著的局限性。卡塔尔立国时间较短,国土、人口条件存在极大的限制。由于拥有丰富的自然资源(尤其石油和天然气)以及能源出口能力,卡塔尔经济维持了长期的高速增长。相对开明的政治和宗教政策以及极高标准的社会福利,使得卡塔尔政治社会呈现出相对稳定的状态。弱小的武装力量也直接意味着卡塔尔独立保障自身国家安全的能力不足。

第二,卡塔尔面临着极为严峻和脆弱的地区安全环境。作为世界能源中心,中东地区长期以来都是世界上最为动荡和纷繁复杂的地区之一。由于该地区的能源中心特性和长期动荡的局势,美国等域外国家长期持续介入该地区事务。随着2003年后伊拉克萨达姆政权的倾覆及此后伊拉克的长期动荡,埃及、叙利亚等国在阿拉伯之春运动后陷入内部问题而不可自拔。这些国家的暂时缺位为以沙特为首的海合会国家空前积极地介入地区安全事务创造了条件。阿拉伯之春运动后,卡塔尔一改常态,开始积极利用海合会、阿盟等地区安全框架,展开了极为强势的"介入式外交"。从与地区主要国家的双边关系看,卡塔尔虽然长期与沙特存在分歧,但基本上与该国维持了"斗而不破"的状态。鉴于卡塔尔与伊朗的地缘关系,卡塔尔与伊朗维持了比较紧密而友好的双边关系。此外,出于自身安全利益等各种考虑,卡塔尔对以色列推行了实用主义外交。

第三,卡塔尔区域外交政策/安全战略面临问题与挑战。卡塔尔推行着一套特色鲜明的区域外交政策。这些外交政策可能恰好反映了该国试图将自身塑造为富有、中立、进步以及连接中东和西方的桥梁的"品牌国家"。

在"国家品牌化"的同时,卡塔尔外交政策也逐渐开始面临一系列的问题和挑战。首先,卡塔尔在阿拉伯之春后的强势介入外交可能给其带来一系列的风险。其次,卡塔尔积极支持伊斯兰势力也暴露自身外交政

第五章 卡塔尔的生存智慧：乱局中广结善缘

策的逐流特征。此外，传统阿拉伯领袖国家的回归也将极大地压缩卡塔尔的国际活动空间。

第四，与美国等国的安全合作在很大程度上保障了卡塔尔的国家安全。卡塔尔与美国维持着极为密切的安全、反恐合作。卡塔尔与美国的这种安全合作在较大程度上保障了卡塔尔的国家安全。[1] 卡塔尔与法国的安全合作也尤为重要，两者在阿拉伯之春中的合作更体现了双边安全合作的紧密性。除美国之外，卡塔尔还与英国、中国等国存在着较为紧密的经贸关系。但总体而言，这些国家并非卡塔尔国家安全战略的重心。

在总体合作十分密切的情况下，卡塔尔与美国等主要国家尚且在人权、民主、穆斯林兄弟会等问题上存在严重分歧。尽管分歧尚存，但卡塔尔与美国等国家的安全合作在很大程度上保障了自身的国家安全。

(二) 卡塔尔国家安全战略的反思

第一，联美与独立性区域外交：相对成功的国家安全战略。以色列特拉维夫大学教授、中东研究中心主任乌兹·拉比（Uzi Rabi）认为，如果卡塔尔要真正保障自身国家安全，有两件事情无疑至关重要：(1) 外部保障：寻求美国的安全保障；(2) 自我保障：竭力推行独立自主的区域外交政策。[2] 从外部安全保障看，卡塔尔早在20世纪末便与美国建立了紧密的安全合作关系，此后又得到了进一步强化。无论是卡美双边安全协定还是美国在卡塔尔境内的驻军等安全合作形式，无疑为卡塔尔抵御周边潜在威胁提供了重要保障。从自我保障角度看，卡塔尔在作为世界能源中心地带以及高度动荡的中东地区长期维持着一套相对独立的区域外交政策。独立而又实用主义的外交政策为卡塔尔赢得了部分国际声誉，某种程度上也改善了该国极为脆弱的国家安全环境。

第二，"斗而不破"：与强邻相交的生存法则。卡塔尔地处战略要冲，

---

[1] David Roberts, "Qatar's flowering relationship with Paris", November 1, 2012。检索来源：*Financial Times*：http://www.ft.com/intl/cms/s/0/d457bbec-2342-11e2-a66b-00144feabdc0.html#axzz3YnIx8PG3。检索日期：2015年4月20日。

[2] Uzi Rabi, "Qatar's Relations with Israel: Challenging Arab and Gulf Norms", *Middle East Journal*, 63(3), 2009, p.447.

且拥有大量的油气储备。正因如此,卡塔尔实现了长时期的经济增长和社会相对稳定。由于兼具这些特质,卡塔尔实际上属于所谓的"小要国"。① 顾名思义,卡塔尔虽小,但凭借强大的经济实力和战略能源储备,仍能在地区乃至国际舞台上发挥一定的作用。

作为"小要国",卡塔尔需要在地区和国际舞台上谨慎地发挥自己的影响力。周围区域性强国林立是卡塔尔必须谨慎行事的根本原因。相较卡塔尔,沙特作为阿拉伯半岛地区的传统领导者,享有绝对的实力优势。因此,卡塔尔的外交行为务必将沙特的感知考虑在内。纵观卡塔尔建国至今,在早期阶段,卡塔尔几乎是沙特的一个"卫星国"。自哈迈德继任埃米尔之后,卡塔尔的积极外交使卡塔尔摆脱了其传统角色。这种相对独立的外交政策同样也加剧了其与沙特之间的分歧和对立。在这种相对分歧和对立的状态下,卡塔尔仍努力与沙特维持了"斗而不破"的微妙关系状态。在这种状态下,卡塔尔积极参与沙特主导的海合会,并在重大地区安全问题上与沙特保持大体一致。这种与相邻强国"斗而不破"的外交政策在很大程度上保障了自身国家安全。

第三,"独立性"与"依附性"之间的微妙平衡。作为一个小国,卡塔尔只能通过自我保障及依靠外部强国保护的方式确保国家安全。要维持与美国的安全合作其实并不困难,但在安全环境错综复杂的中东地区维持相对独立的外交政策却十分艰难。卡塔尔紧邻沙特、伊朗、以色列、埃及等地区强国。这些地区性强国彼此不和,在许多安全问题上针锋相对。要在这种安全环境中保全自身,卡塔尔需要某种程度上推行独立自主的外交政策(独立性)。与此同时,卡塔尔又需要某种程度上与周边大国保持一致(依附性)。如此观之,作为小国的卡塔尔面临着外交政策"独立性"与"依附性"之间的两难困境。卡塔尔既与伊朗、以色列等国发展关系,又与沙特努力维持着某种"斗而不破"的关系样式。对卡塔尔而言,这种暂时的独立性与依附性的微妙平衡状态不仅来之不易,也较难持续维系下去。

从表面上看,卡塔尔外交很是高调。近些年来,卡塔尔推行活跃外

---

① 韦民:《小国与国际关系》,北京大学出版社2014年版,第284页。

第五章 卡塔尔的生存智慧：乱局中广结善缘

交,国际影响力似乎也有明显提高。然而,从本质上看,卡塔尔安全战略依然审慎和低调。它结交地区诸强,接触各色组织,广结善缘,绝不轻易树敌。究其动因,作为小国的卡塔尔无法塑造周边安全环境,其安全战略和策略也得充分适应这样的背景。然而,即便财富厚实,外交积极,卡塔尔也没有得意忘形。安全脆弱性是一个根深蒂固的缺陷,该地区的任何行为体都有威胁该国安全的能力和手段,这显然是其很难承受的结果。因此,广结善缘式的外交和策略是卡塔尔维持可持续性安全的必然选择。

第六章

老挝的求安之策：强邻环绕下的服从与沉默

纵观全球，遍及各地的小国是国际体系的重要构成。基于不同的地缘环境和安全特性，小国往往有着独特的生存之道。或纵横捭阖，或远交近攻，或偏安一隅，它们始终在为求存求安而殚精竭虑。小国的安全战略实践既丰富了国际安全研究的内涵，也有助于更全面地理解复杂的国际安全问题。探究并归纳特定小国安全战略的特点与成因，对国际安全研究具有重要意义。老挝是中国的邻邦，两国历史上和现实中的联系颇为密切，是一个值得深入了解的小国。老挝深锁于内陆之中，四周都是规模更大的国家，独特的地缘环境是老挝安全战略思维和行为策略演进的基本背景。

一、地理特征与地缘环境：强邻环绕的内陆山国

地缘环境对一国安全无疑具有显著影响。对老挝而言，地理因素直接决定着它的安全环境和发展战略。在小国之中，老挝的地理特征颇为独特。该国地处中南半岛腹地，是连通东南亚和中国的重要枢纽，在地区格局中具有重要的战略价值。它是一个相当程度上的狭长型国家，身处内陆，境内多山，四周均是规模更大的国家。在历史和现实中，这样的地缘特征都是老挝内外政策无法回避的背景，也是制约老挝经济发展和安全战略选择的重要成因。

第六章 老挝的求安之策:强邻环绕下的服从与沉默

第一,狭长型国家。根据不同的领土形状,政治地理学家将国家分为不同类别:狭长型国家或细长型国家、密集型或紧凑型国家、蝌蚪型国家、松散型国家、穿孔型国家以及飞地。① 老挝并非典型的"狭长型国家"②,但亦具有狭长型国家的许多特征。该国领土呈西北—东南向倾斜,南北向距离较长,东西向距离较短。南北最长达1050公里,东西最宽处达500公里,最窄处仅105公里。这样的领土形状决定了老挝的战略防御纵深有限、国内地区间的差异大、中央与地方及地方之间的联系较弱以及地方主义势力较为强大等特征。虽然随着现代交通和通信技术的发展,狭长型国土形状造成的时空距离逐渐弥合,但仍是影响老挝发展的一个重要因素。

第二,"中南半岛屋脊"。老挝是个山地国家,山地和高原约占国土总面积的80%。在地形上,老挝可以分为两个部分。首都万象以北是平均海拔1200米左右的高原,被河流切割成无数高山和深峡,仅在琅勃拉邦和万象之间的镇宁高原保留了大片较完整的地面。湄公河沿岸分布有小块平原,这些局部的平原是老挝北部的人口和农业中心。万象以南则以低缓的丘陵高原为主,平均海拔500—800米,大部分是安南山脉西侧的缓坡。老挝南部的波罗芬高原是面积较大的一个高原。③ 由于地势高耸,老挝素有"中南半岛屋脊"之称。

地形直接决定了水、热、光、土等条件的分配,也影响着老挝的人口分布及地区经济发展。老挝人口约676.97万,多聚居于湄公河沿岸的低地平原,万象附近人口密度达每平方公里50人以上。南北部的高原山地则人口稀疏,部分地区可谓人迹罕至,人口密度每平方公里不足12人。西部的沿河平原是老挝的经济重心所在,主要城市无一例外都分布于湄公河沿岸,如首都万象、北部重镇琅勃拉邦以及他曲、沙湾拿吉、巴色等城市。

第三,内陆小国。老挝是个典型的内陆国。这一特征显著增加了该国的脆弱性。相较沿海国家,内陆国具有两个基本特征。首先,由于地处内陆,经济和贸易受到较大限制,经济发展对邻国的依赖性较强,邻国的

---

① 王恩涌等编著:《政治地理学:时空中的政治格局》,高等教育出版社1998年版,第59—60页。
② 典型的狭长型国家包括挪威、瑞典、意大利、冈比亚、马拉维、多哥、智利、巴拿马以及老挝的近邻越南等国。
③ 任美锷:《东南亚地理》,中国青年出版社1954年版,第78页。

关税等政策对其具有直接影响,争取出海权和过境自由是所有内陆国关心的问题。为应对经济发展中存在的诸多制约因素,内陆国提出了一系列适合自身情况的发展战略,并在实施过程中取得了初步成效。内陆国家主要发展战略包括:注重国内发展,加强双边谈判,寻找新的过境线,倡导地区经济联合,争取国际援助等。① 其次,大部分内陆国在政治和军事上都比较弱小,有些国家还可能变成了大国博弈的缓冲区。

老挝是东南亚地区唯一的内陆国,无直接出海口,进出口商品的转运主要通过越南的岘港、胡志明市和海防等港口。可能因为这个客观原因,老挝经济发展长期滞后,至今仍是亚洲最贫穷的国家之一②,贸易和投资很大程度上依赖越南和泰国。

作为一个强邻环绕的内陆小山国,老挝的地缘政治特点放大了其防务与安全方面的弱点。狭长的领土形状极大限制了国家的战略纵深,与越南、泰国漫长的陆上边界线使其不可避免地成为两大强邻之间的缓冲地带,广泛分布的高山密林为地方武装势力发展提供了天然屏障。深居内陆、无出海港口的先天条件则阻碍了对外交通和贸易的发展,进而对老挝的对外战略构成了重大影响。

第四,中南半岛的枢纽。老挝位于东南亚大陆腹地,是中南半岛五国中唯一与其余四国均接壤的国家,与中国亦有长达505.04公里的陆上边界线。③ 这样的地缘环境无疑是一把"双刃剑"。

一方面,老挝位处连通区内其他国家的枢纽,这是该国的战略价值所在。随着泛亚铁路东南亚段规划的逐步实施,老挝开始将自身定位为"连通"其他国家的交通枢纽,而非"被围住的内陆国"。④ 借此地理优势,老挝还可以从地区经济发展中获得一定的收益。

另一方面,老挝周围环绕着中国、越南、泰国、柬埔寨和缅甸,国际安

---

① Martin Ira Glassner and Harm de Blij, *Systematic Political Geography*, John Wiley & Sons Inc.,1981, pp.394-396.

② 人类发展指数(Human Development Index, HDI)由联合国开发计划署于1990年提出,是衡量联合国各成员国经济社会发展水平的一项重要指标。在2014年人类发展报告中,老挝人类发展指数为0.569,在所列187个国家中居第139位,在亚洲国家中仅高于孟加拉国。

③ 数据来源:1993年《中华人民共和国政府和老挝人民民主共和国政府关于两国边界的议定书》第5条。

④ 格兰特·埃文斯:《老挝史》,郭继光等译,东方出版中心2011年版,第219页。

第六章 老挝的求安之策:强邻环绕下的服从与沉默

全环境可谓"强邻环绕"(参见表6-1)。在激烈的国际竞争中,老挝极易沦为邻国角力的牺牲品或缓冲区。历史上,老挝曾先后被暹罗①、法国、日本占领,20世纪50年代刚刚独立不久的老挝又被迫卷入越南战争,在美、法、苏、南越、北越等多股势力的争夺中勉力维持。格兰特·埃文斯对老挝地缘政治特征的评估是:"在其辉煌时代,老挝的国王也曾向外扩张领土。然而,在大多数情况下,老挝成了一个竞技场,更强大的邻国及其盟国会不时干涉老挝内务。"②

表6-1 老挝与周边国家部分国情数据

国家	领土面积 (万平方公里)	人口(万人)	2014年GDP (亿美元)	2014年军费开支 (百万美元)
老挝	23.68	676.97	116.76	18.5
越南	33.0951	8970.89	1860.49	4251
柬埔寨	18.104	1513.52	165.51	278
泰国	51.312	6701.05	3738.04	5730
缅甸	67.659	5325.9	628.02	2373
中国	960	136782	103803.8	132000

数据来源:The World Bank Group, Indicators(2015)。检索来源:The World Bank Group:http://data.worldbank.org/indicator? display=default。其中,军费开支数据来源:SIPRI Military Expenditure Database, 2015。http://www.sipri.中国2014年军费开支8082亿元,约合1320亿美元,参见中国政府网:http://www.gov.cn。GDP数据来源:IMF, Data and Statistics:http://www.imf.org/external/pubs/ft/weo/2015/01/weodata/weoselser.aspx。检索时间:2015年6月11日。中国人口数据:中国国家统计局网站:http://data.stats.gov.cn/search.htm? s=总人口。

任何事情都有两面性。虽处强邻环绕之地,但这样的地缘缺陷某种程度上也构成了老挝安全的"屏障"。老挝地缘政治的脆弱性根源在于其居要冲之地,对其他大国都具有重要的战略价值。对越南而言,它与老挝有着漫长的陆上国界线③,控制老挝有利于保障其西部边界安全,同时

---

① 暹罗,即Siam,泰国古称。
② 格兰特·埃文斯:《老挝史》,郭继光等译,东方出版中心2011年版,中文版前言,第1页。
③ 越南的陆上国界线总长为4639公里,其中与老挝的国界线最长(2130公里),约占其国界线总长的1/2。数据来源:美国中央情报局(CIA), The World Factbook 数据库:https://www.cia.gov/library/publications/resources/the-world-factbook/。2014年6月20日更新。

为其向中南半岛其他地区扩张提供了"踏板"。对中国而言,良好的中老关系有利于抑制越南的扩张野心,也有利于对柬埔寨和泰国带来更大的影响力。20世纪七八十年代,越南谋求"印度支那联邦"的野心就遭到了中国的反对和制止。对泰国来说,老挝的重要意义在于使其避开与越南的直接交锋。老挝一直以来都被看作是"越南和泰国之间的缓冲区"①,泰国事实上也不容许越南主导老挝和柬埔寨。在区外大国看来,老挝则是它们介入中南半岛乃至东南亚地区事务的重要跳板,通过老挝进而对区内其他国家施加更大影响,甚至可以利用老挝作为制衡中国的前沿。可以看出,地理位置的重要性以及与其周边国家在综合实力上的悬殊差距带来的一个潜在后果是,老挝的命运往往为他人所主宰,"防务和国家安全取决于其强大邻国之间的关系。"②不过,邻国之间的战略竞争也事实上促成了老挝战略"缓冲区"的地位,在区域格局中形成了较为均衡的态势,某种程度上有利于老挝的安全利益。

地缘安全环境是其安全战略选择的背景和前提。老挝是一个"强邻环绕"的内陆山国。这样的地缘政治特点深刻影响着老挝的生存与发展。地理条件的限制造成了老挝的积贫积弱与地方势力的强大,地缘战略价值又使得老挝成为其他大国的"必争之地"。为了应对国际环境的变迁,维护自身安全,小国必须有一套行之有效的应对策略。从古至今,老挝也在不断尝试和探索,努力寻找适合自身的求存求安之策。

二、老挝的国家治理与安全特性

国家治理与安全特性高度相关。对类似老挝这样的弱小国家而言,内部挑战是国家安全面临的主要威胁。经济发展水平是军事建设的物质

---

① Carlyle A. Thayer, "Laos and Vietnam: The Anatomy of a 'Special Relationship'", Martin Stuart Fox, ed., *Contemporary Laos: Studies in the Politics and Society of the Lao People's Democratic Republic*, St. Martin Press, 1982, p.245.

② Martin Stuart Fox, "National Defence and International Security in Laos", Martin Stuart Fox, ed., *Contemporary Laos: Studies in the Politics and Society of the Lao People's Democratic Republic*, St. Martin Press, 1982, p.220.

第六章 老挝的求安之策：强邻环绕下的服从与沉默

基础和对外战略选择的重要条件，经济孱弱不堪往往是社会不稳定、进而导致国家动荡的基础性成因。老挝是世界上最不发达的国家之一，军力非常有限，国内问题丛生，存在诸多潜在的不确定性因素。这是该国安全战略选择必须直面的客观事实。

（一）世界最不发达国家之一

老挝人口规模不大，但国土面积并不狭小（比邻国柬埔寨大5.58万平方公里），自然资源也不稀缺。该国蕴藏有锡、铅、钾盐、铜、铁、金、石膏、煤、稀土等矿产资源，迄今得到开采的有金、铜、煤、钾盐、煤等。由于山多，降水丰沛，水利资源的开发潜力巨大。和许多东南亚国家一样，老挝林业资源非常丰富。2012年该国森林面积约1700万公顷，森林覆盖率约50%，拥有柚木、花梨等名贵木材。[①]

然而，由于长期处于分裂、战乱和被殖民状态，老挝经济发展长期滞后。老挝人民民主共和国建立前，该国交通和通讯等基础设施十分落后，丰富的自然资源基本上没有得到有效的开发和利用，一直处于自发的自然经济状态，鸦片贸易是政府财政收入的主要来源。近代以来，老挝外患内乱不断，致使本已贫弱的经济雪上加霜。"依赖外国工业品来满足市场所需，依赖外国援助和贷款来维持财政，依赖外国资金和技术从事基本建设，是近代和现代老挝经济的基本特点。"[②]老挝人民民主共和国建立之后，经济有所发展。1986年起，老挝效仿越南，推行革新开放：调整经济结构，优先发展农林业；取消高度集中的经济管理体制，转入经营核算制，实行多种所有制形式并存的经济政策；逐步完善市场经济机制，努力把自然和半自然经济转为商品经济；并对外实行开放，颁布外资法，改善投资环境，扩大对外经济关系，争取引进更多的资金、先进技术和管理方式。

新世纪以来，老挝经济取得了长足发展，经济总量由2000年的17.31亿美元发展到2014年的116.76亿美元，年均经济增长率保持在7%以上（参见图6-1）。

[①] 中国外交部官网：《老挝国家概况》，更新时间：2014年7月。http://www.fmprc.gov.cn/mfa_chn/gjhdq_603914/gj_603916/yz_603918/1206_604354/。检索时间：2015年6月12日。

[②] 马树洪、方芸编著：《列国志·老挝》，社会科学文献出版社2004年版，第145页。

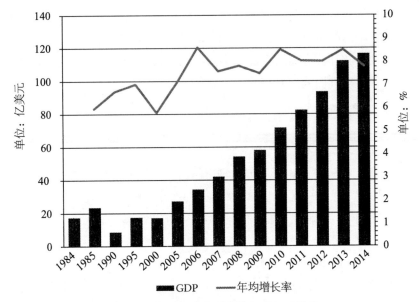

图 6-1 老挝经济发展态势(1984—2014)

数据来源:世界银行数据库。http://data.worldbank.org/country/singapore。检索时间:2015年6月8日。2014年经济总量数据来源:IMF, Data and Statistics, 2015: https://www.imf.org/external/pubs/ft/weo/2014/02/weodata/weorept.aspx。2014年经济增长率数据来源:中国驻老挝大使馆官网:《2014年老挝经济发展简况》。http://la.mofcom.gov.cn/article/ztdy/201506/20150601009466.shtml。检索时间:2015年6月12日。

由于经济基础薄弱,起点甚低,老挝贫困落后的经济面貌始终没有明显的改观。根据联合国贸易和发展会议公布的《2014年最不发达国家报告》,老挝仍居全球48个最不发达国家之列,经济和社会发展的各项指标距发达国家仍有相当显著的差距。[①] 迄今,老挝仍是一个工业基础薄弱、贫穷落后的农业国。在东盟国家中,老挝经济发展严重滞后,国内生产总值(GDP)排名总是敬陪末座。2014年老挝GDP为116.76亿美元,远不及人口规模比它小得多的文莱(151.02亿美元)(参见图6-2)。

---

① 应该看到,相较同为最不发达国家的缅甸和柬埔寨,老挝近年来在经济、社会发展方面的表现更为优异。老挝是所有最不发达国家中唯一正按进度实现了《2014年最不发达国家报告》中评估的所有7项千年发展目标的国家。

第六章 老挝的求安之策：强邻环绕下的服从与沉默

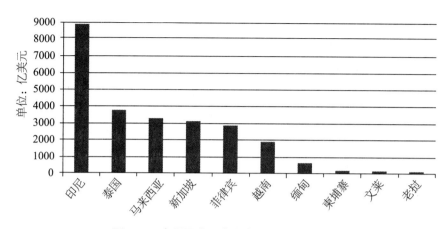

图 6-2 东盟国家国内生产总值比较（2014）

资料来源：IMF, Data and Statistics, 2015。检索来源：http://www.imf.org/external/pubs/ft/weo/2015/01/weodata/weoselser.aspx。检索时间：2015 年 6 月 11 日。

经济发展滞后严重影响了老挝民众的生活水平。21 世纪以来，老挝经济虽有较大起色，但人均财富仍非常落后。2014 年其人均 GDP（1692.65 美元）在东盟国家中倒数第三，仅高于同样积贫积弱的柬埔寨（1080.82 美元）和政局动荡的缅甸（1221.36 美元）（参见图 6-3）。

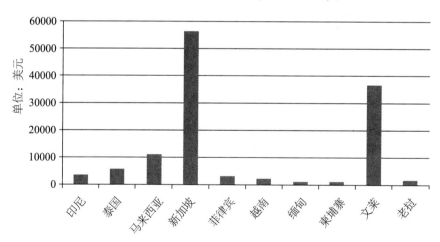

图 6-3 东盟国家人均国内生产总值比较（2014）

资料来源：IMF, Data and Statistics, 2015。检索来源：http://www.imf.org/external/pubs/ft/weo/2015/01/weodata/weoselser.aspx。检索时间：2015 年 6 月 11 日。

不言而喻，摆脱贫困是老挝面临的中心任务，促进经济的可持续发展

249

(二) 毫不起眼的军事实力

人口数量往往意味着潜在的军事实力。小国人口规模小,难以组织起阻止外国干涉的有效军事力量,这是小国安全脆弱性的一个重要体现。

老挝总人口 676.97 万,是中南半岛唯一的一个人口数量低于 1000 万的国家。老挝实行义务兵役制,凡年满 16 岁的男性公民均有依法服兵役的义务,服役期不少于 18 个月。法律还规定,老挝公民有参与预备役部队和准军事部队(民兵)的义务,男性民兵的服役年龄为 14—45 岁,女性民兵的服役年龄为 16—35 岁。如果仅以人数规模来衡量一国的军力水平,无论老挝的役龄人数(Manpower available for military service)、适合服役人数(Manpower fit for military service)、年度可征兵数(Manpower reaching militarily significant age annually)还是现役军人数量,都难与周边国家匹配(参见表 6-2)。

表 6-2　老挝与周边国家军力情况对比(2014)

单位:人

国家	可用人数	适合服役人数	每年可征兵数	现役人数
老挝	男:1574362 女:1607856	男:1111629 女:1190035	男:71400 女:73038	29000
越南	男:25649738 女:24995692	男:20405847 女:21098102	男:847743 女:787341	484000
柬埔寨	男:3883724 女:4003585	男:2638167 女:2965328	男:151143 女:154542	73000
泰国	男:17689921 女:17754795	男:13308372 女:14182567	男:533424 女:509780	314000
缅甸	男:14747845 女:14710871	男:10451515 女:11181537	男:522478 女:506388	428000
中国	男:385821101 女:363789674	男:318265016 女:300323611	男:10406544 女:9131990	2258000

数据来源:美国中央情报局 The World Factbook 数据库:https://www.cia.gov/library/publications/resources/the-world-factbook/。2014 年 6 月 20 日更新。

老挝人民军的前身是老挝爱国战线领导的"寮国战斗部队"(即"巴

第六章 老挝的求安之策：强邻环绕下的服从与沉默

特寮"），始建于1949年1月20日，1965年10月改名为老挝人民解放军，1982年7月改称现名。老挝人民军总兵力约6万人，其中陆军约5万人，主力部队编为5个步兵师，空军2000多人，内河巡逻部队1000多人，部队机关院校5000人。① 老挝经济基础虚弱，军事投入有限。冷战结束前后，周边安全形势动荡不安，老挝军费开支较大，维持在1亿美元的水平。20世纪90年代中期以后，地区安全威胁基本消除，老挝也将主要精力转移到经济发展上，军费开支始终保持在1000多万美元的极低水平上（参见图6-4）。

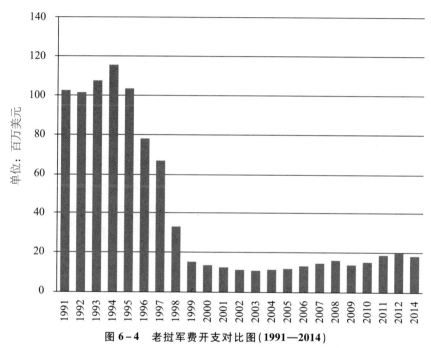

图6-4 老挝军费开支对比图（1991—2014）

资料来源：SIPRI, Military Expenditure Database, 2015, http://www.sipri.org/research/armaments/milex/milex_database。2014年度数据：全球火力官网（GFP）：http://www.globalfirepower.com/country-military-strength-detail.asp?country_id=Laos。Last Updated：April 1, 2015。检索时间：2015年6月12日。

---

① 中国外交部官网：《老挝国家概况》，更新时间：2014年7月。http://www.fmprc.gov.cn/mfa_chn/gjhdq_603914/gj_603916/yz_603918/1206_604354/。检索时间：2015年6月12日。说明：此处的老挝军力数据与美国中央情报局 The World Factbook 数据库和全球火力网站上的数据有较大出入。

有限的军事投入严重制约了老挝的军力建设。老挝军事装备数量寥寥,多以陆军装备为主,且老旧装备居多,海、空军装备乏善可陈(参见表6-3)。

表6-3 老挝陆海空三军主要装备

陆军装备		海军装备		空军装备	
坦克(辆)	55	各型装备(艘)	36	各型战机(架)	14
装甲车(辆)	185	护卫舰(艘)	0	歼击机/拦截机(架)	0
自动火炮(门)	0	轻型护卫舰(艘)	0	固定翼战机(架)	0
牵引火炮(门)	149	潜艇(艘)	0	军用运输机(架)	18
多管火箭炮(门)	0	内河巡逻艇(艘)	52	教练机(架)	0
		水雷对抗舰(艘)	0	直升机(架)	15
				武装直升机(架)	0

资料来源:全球火力官网(GFP):http://www.globalfirepower.com/country-military-strength-detail.asp?country_id=Laos。Last Updated:April 1, 2015。检索时间:2015年6月12日。

总体来看,积贫积弱的老挝是个地地道道的军事弱国。与中国、越南、泰国、缅甸和柬埔寨中任何一个周边国家相比,老挝都是难以与之相提并论的弱势一方。孱弱的军力严重制约了老挝的安全自立性,也深刻影响着其安全思维和战略选择。

(三)国内民族与跨界民族的潜在挑战

老挝是一个多民族国家。2005年人口普查结果显示,老挝共有49个民族,其中,佬族人口占总人口的54.6%,是老挝的主体民族(参见表6-4)。同样作为多民族国家的越南、柬埔寨、泰国和中国,主体民族都占总人口的绝对多数(超过85%)。

表6-4 老挝各民族人口及比重统计

民族	人口(人)	占总人口比重(%)
佬	3067005	54.6
泰	215254	3.8

第六章 老挝的求安之策：强邻环绕下的服从与沉默

续表

民族	人口(人)	占总人口比重(%)
普泰	187391	3.3
泰泐	123054	2.2
润	29442	0.5
央	6160	0.1
些克	3733	0.1
泰讷	14799	0.3
克木	613893	10.9
巴莱	21922	0.4
兴门	8565	0.2
朋	26314	0.5
亭	514	0.0
尔都	649	0.0
毕	1964	0.0
拉蔑	19827	0.4
叁刀	3533	0.1
卡当	118276	2.1
玛龚	117842	2.1
德里	26680	0.5
日鲁	47175	0.8
达伶	29134	0.5
达奥	32177	0.6
艾	10570	0.2
布劳	22772	0.4
卡都	22759	0.4
阿拉克	21280	0.4
奥衣	22458	0.4
卡伶	12879	0.2
蓋	7559	0.1

续表

民族	人口(人)	占总人口比重(%)
色当	938	0.0
隋	42834	0.8
雅珲	6785	0.1
拉维	1193	0.0
巴科	16750	0.3
高棉	5825	0.1
都姆	4458	0.1
温	722	0.0
芒	534	0.0
克里	495	0.0
阿卡	90698	1.6
普内	37447	0.7
拉祜	15238	0.3
西拉	2939	0.1
哈尼	848	0.0
俫俫	1691	0.0
贺	10437	0.2
苗	451946	8.0
瑶	27449	0.5
其他	12532	0.2
不确定	54643	1.0
总计	5621982	100

根据老挝国家统计局2005年人口普查统计结果翻译制作。2005年人口普查结果参见：http://www.nsc.gov.la/images/doc_pdf/update% 20population% 20% 202005.pdf。老挝各民族中文译名参照黄兴球：《老挝族群论》，民族出版社2006年版，第235—236页。

说明：老挝每10年进行一次人口普查。2015年该国将进行第四次人口普查。

相较周边国家，老挝的主体民族在总人口中所占比重较小（参见表6-5）。由此产生的一个潜在后果是，外部势力很容易利用民族之间的差异和矛盾干涉老挝内政。对大多数小国来说,安全挑战更多来自内部的对抗和利益争夺,而非其他国家的直接武装干涉。民族(族群)成分复杂多样,主体民族在总人口中所占比重过小,这是老挝民族问题产生的重要背景。民族不平等的问题和民族矛盾在老挝由来已久,随着市场经济的发展,民族之间发展不平衡的状况进一步加剧,民族问题成为老挝国家安全的潜在隐患。

表 6-5 老挝与周边国家主体民族占总人口比重对比

国家	主体民族	占总人口比重(%)
老挝	佬族(Lao)	54.6
越南	京族(Kinh)	86.2
柬埔寨	高棉族(Khmer)	90.0
泰国	泰族(Thai)	95.9
缅甸	缅族(Burman)	68.0
中国	汉族(Han)	91.6

数据来源:老挝数据为老挝 2005 年人口普查统计结果,其他国家数据来自美国中央情报局 The World Factbook 数据库:https://www.cia.gov/library/publications/resources/the-world-factbook/。更新时间:2014 年 6 月 20 日。

此外,跨界民族问题一直以来困扰着老挝。在语言、文化、历史等方面,老挝的主体民族佬族与居住于泰国东北地区的依善人有密切的亲缘关系。老挝第三大民族苗族(老挝称为赫蒙族)在中国南部和越南北部亦有广泛分布。尽管不同国家在民族认定和名称方面有所差异,但老挝与邻国间几乎都存在跨界民族。跨界民族对一国地缘政治安全的潜在影响主要体现在三个方面:其一,跨界民族的存在可能会产生并激发了对国家的离心力;其二,跨界民族问题诱发了危及国家领土主权的问题;其三,邻国之间跨界民族的相互声援造成了地缘政治的不稳定。① 老挝的跨界民族往往与毒品的生产和跨国贸易紧密相关,更增加了这个问题的复杂性和敏感性。因此,跨界民族也是影响老挝国家安全的重要因素之一。

---

① 曹兴:《跨界民族问题及其对地缘政治的影响》,《民族研究》1999 年第 6 期,第 10 页。

（四）社会治理问题带来的安全隐患

对小国而言，安全威胁一方面来自国际环境，即大国关系的状态，另一方面则来自国家内部。由于"小"的巨大制约性，在经济发展、社会治理和政治稳定方面，大多数小国面临着能力不足的难题。老挝国家安全脆弱性的一个重要来源就是国内的积贫积弱状态。与此同时，贪污腐败问题严重、地方反政府势力强大等是诱发国内安全问题的重要隐患。

1. 老挝的贪污腐败问题严重

腐败是发展中国家在发展进程中普遍面临的一个巨大挑战，其本质是权力与财富资源之间的交换。塞缪尔·亨廷顿在《变化社会中的政治秩序》中指出："一方用政治权力去换取金钱，另一方则用金钱去换取政治权力。但两者都是通过出卖某种公物（一张选票或是一官半职或是一项决议）来达到的。"①在老挝，贪污腐败问题一直较为严重，已经成为社会发展的重要阻碍以及人民对政府不满的主要来源。根据透明国际（TI）发布的《2014年全球清廉指数》报告，老挝的"清廉指数"仅得25分，在所统计的175个国家中排名第145位，在东南亚国家中仅高于柬埔寨和缅甸。② 老挝贪污腐败问题泛滥的主要原因主要有以下几个方面：

第一，权力寻租现象十分普遍。现代化进程开辟了新的财富和权力来源，外资与援助大量涌入老挝，与此同时，政府加强了对各个领域，特别是经济领域的控制，这给公权力的持有者们带来了大量"寻租"机会。根据格兰特·埃文斯的观察，20世纪90年代，"由老挝人和外国人建立的产业持续快速地发展，既有私营的又有合资的，这些商业快速地在这个没有准备和笨拙的官僚体制中着陆。这些商业活动需要进出口许可证、交易许可证、旅行证件、木材所有权等。而许多情况下政府并没有明确的指示，因此行贿可以使这些瓶颈和障碍很快地得到解决。不久，支付服务费在所有的领域都成为普遍现象。在高层中，这些费用要达到好几万。

---

① 〔美〕塞缪尔·P. 亨廷顿：《变化社会中的政治秩序》，王冠华等译，生活·读书·新知三联书店1989年版，第56页。

② 缅甸与柬埔寨"清廉指数"得分均为21分，在175个国家中并列第156名。Transparency International, "Corruption Perceptions Index 2014", www.transparency.org/cpi.

第六章 老挝的求安之策:强邻环绕下的服从与沉默

其他的佣金和回扣则要达到数十万。"①在经济转型时期,没有厘清权力和市场之间的边界是导致贪腐的根本原因,这也是许多新兴国家的通病。

第二,老挝国内法律机制不健全。作为人民革命党一党执政的国家,老挝国内没有任何其他民主党派和人士参政议政,政府行为基本上没有任何制衡性力量加以约束和监督。老挝政治运行中的不透明性也决定了贪污腐败难以得到有效的制约和监督,群众通常举报无门。"党政部门虽设有纪检机构,但主要是检查会议决议和政策的执行情况,对行贿受贿和贪污腐败无专职和专门的监察和监督机构。"②尽管贪污腐败、行贿受贿现象严重,但老挝党、政、军界却没有一个高官被送上法庭。

第三,公务员工资与需求差距大。在东南亚国家,尤其是那些经长期反帝反殖斗争而获独立的国家,"为标榜平等、公正,大多实行低工资制度,政府官员工资收入和他们的生活开支之间的差距一直很大。"③这在老挝亦不例外,公务员工资普遍微薄,养家糊口都很难,因此,很多官员倾向于以牺牲公共利益为代价来满足个人私利。中下级官员的薪俸尤其低微,贪污对其十分有吸引力。为解决这一难题,老挝党和政府的政策规定"允许党、政、军干部在工作之余经商办企业",这样的规定有些适得其反,无疑为官商勾结、谋求私利打开了方便之门。

第四,政治上的"庇护－被庇护"关系盛行是贪腐现象蔓延的重要社会背景。在东南亚,特别是中南半岛地区,家庭和村落是政治组织和社会动员的基本单位,也是成员认同和效忠的主要对象。譬如在早期的傣族文化和社会中,"蒙"是基本的组织单位,"蒙主"即蒙的最高首领,拥有强大的"灵魂物质"和守护神,庇佑他们的子民和奴隶。④ 作为交换,被庇护者也必须向其庇护者展示忠诚与奉献。这样的文化传统延续至今,也影响着当下老挝的政治与社会,在官僚制度中的表现就是"金钱政治"和裙

---

① 〔英〕格兰特·埃文斯:《老挝史》,郭继光、刘刚、王莹译,东方出版中心2011年版,第190页。
② 马树洪:《老挝建设社会主义的机遇、挑战及前景》,《东南亚研究》2010年第3期,第71页。
③ 许可:《东南亚国家的腐败与经济发展》,《南洋问题研究》2000年第3期,第56页。
④ "蒙"即泰文中的ເມືອງ,"蒙主"即ເຈົ້າເມືອງ,在泰文中,ເມືອງ既可指"世界""邦国"又可代指城市、府邑等聚落。

带关系盛行。

腐败是一颗政治"毒瘤"。它不仅扭曲了市场经济的发展逻辑和经济资源的有效配置,削弱了经济竞争力,最终损害了经济发展,而且也必然会严重破坏公平、公正和平等的社会秩序,造成民怨沸腾和社会分裂。不管在哪个国家,贪腐盛行都是国内安全的不定时炸弹。

2. 老挝的地方反政府势力强大

狭长的国土形状和落后的交通通讯状况不利于老挝中央政府管理与控制地方,遍布全国的山地和丛林更为游击战提供了天然的便利条件。小乘佛教对老挝影响深远,佛教徒约占老挝总人口的65%。小乘佛教教义中蕴含的无政府主义思想与老挝文化传统中盛行的乡土情结相融合,为地方势力的发展提供了强大的精神支撑。[①] 此外,老挝长久以来缺乏强大的中央集权力量,从澜沧王国的瓦解到老挝人民民主共和国的建立,这片土地上都没有能够建立起强有力的中央政权。时至今日,老挝仍是典型的"弱政府"社会,政府的社会控制力不强。地方公共事务都是由村社的长老会和寺庙负责管理,政府虽在村里设有代表,但在很大程度上受到各家族族长和德高望重的僧侣的影响。这些因素都导致中央政府与地方之间的联系薄弱,地方力量强大,且容易演变为反政府的武装势力。

在老挝的地方反政府势力中,影响最大的当属王宝领导的苗族军事集团。这支军事力量在1975年年末被颠覆之前,效力于皇家老挝政府。1975年老挝爱国阵线开始夺取老挝的最高统治权,高地经济陷入危机,原来由美国国际开发署供养的苗族人大量逃往泰国,其中亦包括将军王宝及其他领导人。王宝外逃之后,留在老挝境内的残余部队和其他苗人反抗力量,如法王军等,仍继续利用老挝北部山高林密、交通不便的有利条件,对新政府开展游击战。1977年老挝借助越南的力量对苗人抵抗者展开了大规模的武装清剿行动,最终却演变成野蛮的"种族清洗"。虽然这次围剿基本上击垮了苗族人的反抗,但也在高地苗族人中埋下了愤怒和仇恨的种子。

---

① 关于小乘佛教中所蕴含的无政府主义思想及其影响,参见:Harry J. Benda, "The Structure of Southeast Asian History: Some Preliminary Observations", *Journal of Southeast Asian History*, Vol. 3, No. 1, March 1962, pp. 121-122.

第六章　老挝的求安之策：强邻环绕下的服从与沉默

现在,"老挝人民革命党惟一有组织的反对派是越来越穷困、装备很差的苗族非正规部队残余力量……在过去的20年里,他们作为一支战斗部队的影响已被严重削弱。苗族非正规军残余部队的行动趋向于类似盗匪活动,而不是有明确政治目的或者反对现行政府、有周密策划的武装行动。"①虽然零星的破坏活动对政府构不成威胁,但其所在地山高林密、交通不便,短期内难以彻底清剿,加上外力的介入,对老挝的社会稳定造成了严重影响。

（五）非传统安全因素对老挝国家安全的影响

根据"乌普萨拉冲突数据项目"（Uppsala Conflict Data Program,简称UCDP）的统计②,在后冷战时期,小国安全威胁更多来自国内冲突和非传统安全因素,而非外部的直接侵略。在全球化市场力量及社会力量的双重冲击下,发展中的小国面临一系列新的安全议题,从经济、社会到环境等问题不一而足。随着老挝不断融入全球化浪潮之中,非传统安全问题日益成为影响老挝国家安全的重要因素。

1. 经济安全与金融稳定的持续挑战

全球化的市场力量加深了老挝与世界的经济联系,也使得原本分割开来的老挝和东盟在经济上连为一体,蓬勃兴起的东南亚地区主义使这种相互依存进一步加深。当前,老挝的金融、贸易、投资自由化改革极大促进了对外贸易发展和国际资本流入,对东盟的经济依存度也在明显增加。

开放是老挝经济发展的重要战略。在这个过程中,国际资本的流入与东盟经济一体化对老挝的经济安全和金融稳定提出了严峻的挑战:

其一,东盟一体化的发展,特别是东盟经济共同体（AEC）的构建对老挝提出了更高的标准和要求。近年来,东盟内部自由贸易发展迅速。2010年以来,东盟六国（ASEAN-6）的关税率已经趋近于0%,零关税率

---

① 尼克·J. 弗里曼:《老挝政治展望》,《东南亚纵横》2005年第3期,第11页。
② UCDP/PRIO Armed Conflict Dataset, "Uppsala Conflict Data Program", Uppsala University, Sweden, http://www.pcr.uu.se/research/ucdp/datasets/ucdp_prio_armed_conflict_dataset/.

达 99%。从 2000 年到 2013 年,柬埔寨、老挝、缅甸、越南四国(CLMV)的平均关税率由 7.5%降低至 1.4%,零关税率则由 9.6%上升至 72.6%。[1] 尽管在地区合作的过程中已考虑到新东盟成员国面临的困难,但作为东盟最不发达的国家之一,老挝在诸多方面仍然难以达到东盟的要求,国内产业面临着高标准、全方位的地区经济一体化进程带来的巨大压力和挑战。老挝总理通邢·塔玛冯曾表示:"东盟一体化是老挝发展自己的一个机会,同时也是一个挑战。因为老挝是一个贫困国家,在许多方面的竞争力还比较弱,还需要做很多努力。"[2]

其二,金融自由化程度的迅速提升和老挝金融系统的成熟性之间明显偏离。这不仅使国际资本流入的规模更大、更频繁,致使汇率更易于波动,而且增加了贸易、货币等领域的相互依存度,以前分割的经济领域逐渐发展为一个相互连接的国际网络。对经济治理能力较为落后的老挝而言,宏观经济政策的独立性及政府经济管理能力无疑将面临前所未有的挑战。

其三,经济全球化和区域一体化发展加大了老挝的金融风险。1997 年 7 月 23 日,老挝正式加入东盟,随之而来的亚洲金融危机对老挝经济造成了巨大的冲击。受泰国货币贬值影响,与泰铢直接挂钩的老挝货币贬值幅度达 352%。[3] 货币贬值导致通货膨胀(通胀率最高达 141.4%)、物价上升、大批企业停产或倒闭、贸易逆差急剧攀升。金融危机期间,外国投资也纷纷撤离老挝。从 1990 年至 1996 年,老挝平均每年吸引外资 6 亿美元,而从 1997 年至 2000 年,吸引的外资不足 1 亿美元,在老挝占外国投资总额 40%的泰国企业,有半数撤资。[4] 由此可见,经济安全和金融稳定始终是老挝发展必须面对和解决的一个重要课题。

---

[1] The ASEAN Secretariat, "ASEAN Community in Figures-Special Edition 2014: A Closer Look at Trade Performance and Dependency, and Investment", October 2014, p.7. 关税率和零关税率都是指东盟内部贸易。

[2] 国际在线新闻:《老挝总理:中国—东盟战略合作伙伴关系带动老挝经济发展》,参见:http://gb.cri.cn/42071/2013/09/05/7211s4243826.htm。

[3] 谭荣邦:《走向全面革新的老挝》,《科学社会主义》2001 年第 1 期,第 72 页。

[4] 同上。

2. 贫富差距与社会分化:不容忽视的内部危机

基尼指数①和帕累托指数是衡量一个国家贫富分化程度以及收入分布不均衡状况的重要标准。总体而言,冷战结束以来老挝基尼指数的波动幅度并不大。受亚洲金融危机等因素的影响,1997 年老挝基尼指数达到 34.9% 的高值。至 2002 年,该指标回落至 32.5%,老挝贫富分化的状况有所改善。② 然而,随着近年来对外开放程度的进一步加深,国际资本大量流入,老挝社会的贫富差距进一步拉大。根据世界银行统计,2007 年老挝的基尼指数为 35.5%,2012 年升至 36.2%,已逐渐逼近收入分配差距的国际"警戒线"。③ 邻国缅甸的经历对老挝也具有重要的借鉴意义:如果不采取有效的应对措施,经济的快速增长将会导致社会贫富分化程度的进一步加剧。

冷战结束以来,老挝最富有的 20% 人口占有约 40% 的收入(或消费),这一比例还呈现波动上升的态势。相比之下,中低收入阶层的收入(或消费)比例则一再萎缩(参见图 6-5)。老挝经济增长的受益者主要是少数的特权阶层,大多数人却蒙受损失。随着外资的大量涌入,不完善的市场经济和监管制度成为权力寻租活动滋生的温床,行贿与腐败现象在老挝屡见不鲜。与此同时,经济迅速增长往往伴随着通货膨胀,通胀时期物价上升的速度远高于收入增长的速度,导致社会财富的分配更加不平等。

塞缪尔·亨廷顿曾极富洞察力地指出:"从长远的观点来看,经济发展将产生比传统社会现有的收入分配方式更均衡的方式。但是在近期看来,经济增长的直接影响常常是扩大收入的不平等。"④经济不平等往往是社会动荡和暴力冲突产生的重要根源,因此贫富差距和社会两极分化正逐渐成为老挝社会稳定与国家安全的潜在威胁。

---

① 基尼指数(Gini Index)是基尼系数乘 100 作百分比表示,是衡量收入分配公平程度的重要国际指标。
② Japan International Cooperation Agency and OPMAC Corporation, *Lao People's Democratic Republic: Study for Poverty Profiles of the Asian Region*, August 2010, p.13.
③ 参见 World Bank poverty estimates measured by national standard。
④ 〔美〕塞缪尔·P.亨廷顿:《变化社会中的政治秩序》,王冠华、刘为等译,上海人民出版社 2008 年版,第 44 页。

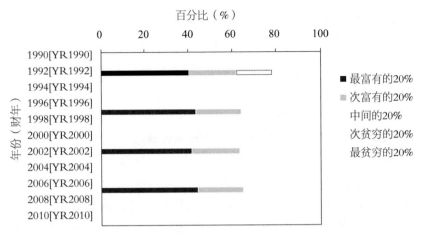

图6-5 老挝国家不平等趋势：基于年收入或年消费的统计

数据来源：World Bank, World Development Indicators, http://data.worldbank.org/sites/default/files/wdi-2013-ch5.pdf.

3. 毒品问题：国家安全的"毒瘤"

老挝的毒品种植历史漫长，最早可追溯至第二次英缅战争时期。当时，英国开始向缅甸输入鸦片，并强迫缅甸人民种植罂粟。缅甸的毒品种植很快祸及邻近的老挝，老挝北部山区出现了零星的鸦片种植。法国入侵之后，老挝的毒品种植、生产和贸易开始大规模兴起。老挝尤其老挝北部区域历来都是重要的毒品生产地、集散地和国际贩毒通道。

毒品的生产、贸易以及与毒品有关的跨国犯罪问题长久以来困扰着老挝社会，成为一颗久治不愈的"毒瘤"。万象警察局副局长宋旺曾表示："老挝突出的社会问题首先是毒品犯罪，警方在打击贩毒上所花费的精力也最大。2000年老挝全国破获毒品犯罪案70起，2001年破获110起，2002年破获270起。"[1]迫于国际社会的压力和争取外援的需要，同时为了解决毒品泛滥带来的社会危害，老挝政府采取了一系列禁毒措施：设立国家毒品检查和控制委员会等禁毒机构；颁布禁毒法令；争取国际援助，开展替代种植；打击毒品犯罪，实施强制戒毒；加强国际禁毒合作等。

---

[1] 马树洪、刘稚、邵建平等：《老挝的毒品问题》，载李晨阳（主编）：《金三角毒品问题研究》，云南大学出版社2010年版，第169页。

老挝与国际社会的共同努力取得了显著成效,从1998年到2007年老挝的罂粟种植面积逐年缩减,鸦片总产量也呈波动下降的态势。2007年老挝种植罂粟1500公顷,鸦片产量9吨,分别为顶峰时期的5.60%和5.39%(参见图6-6)。

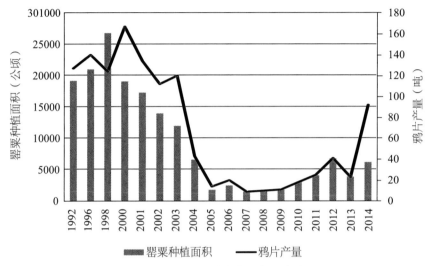

图6-6 老挝罂粟种植面积与鸦片产量变化统计(1992—2014)

数据来源:UNODC, *Southeast Asia Opium Survey* 2014, *Lao PDR*, *Myanmar*, http://www.unodc.org/documents/crop-monitoring/sea/SE-ASIA-opium-poppy-2014-web.pdf。检索时间:2015年5月18日。

经过各方多年的努力,老挝的禁毒工作取得了一些进展。然而,由于禁毒和改植经费不足、鸦片价格持续飙升、烟农"以毒谋生"的生活习惯难以改变、中央政府态度不够坚决及管理不到位、替代种植没有完全覆盖原罂粟种植区等原因,老挝的罂粟种植面积和鸦片产量在2007年后出现反弹,2014年鸦片产量达92吨,为十年来的最高值,甚至逐渐逼近禁毒行动实施之前的年均产量。由此可见,老挝的毒品问题不可能在短期内得到彻底解决,禁毒工作仍然任重道远。

4. 外部投资引起的社区矛盾与环境问题

20世纪90年代,詹姆斯·C.斯科特就曾指出,许多大型社会工程因为过于"清晰和简单化的设计"以及对地方实践知识的忽视而以失败告终，甚至带来巨大的灾难。① 在"发展"几乎已成为最具霸权话语的当下，斯科特忧虑和警惕的现象在发展中国家一再出现。投资带来的不仅有经济发展，还有诸多的社区矛盾和环境问题。

土地所有权的不平等往往与动乱紧密相关，特别是对老挝这样的农业国来说，②"假定从事农业的人所享有的社会—经济流动机会少，那么土地所有权的不平等必然更直接地与暴力联系在一起。"③在老挝，小土地所有者（small landholders）占多数，而土地所有权和使用权则缺乏相应的制度和法律保障。来自越南、泰国和中国的投资是老挝产生土地占用问题的重要原因。其中，泰国的投资主要集中于农业部门，越南和中国的投资则倾向于矿业（主要是铜矿和金矿开采）和种植业（主要是橡胶和桉树种植）。老挝生产加工能力有限，难以对初级产品带来更高的附加值，因此，多数产品都以原料的形式出口到投资国。外资的目标主要是那些高价值且容易获得的土地，这基本上都是小土地所有者拥有的土地。④势力强大的跨国公司往往会在土地争夺战中笑到最后，而小土地所有者则沦为"失地农民"，因土地而起的冲突在老挝屡见不鲜。

近年来，投资所引发的环境问题受到了越来越多的重视和关注，在老挝也不例外。譬如，中国在老挝北部投资修建了许多大型橡胶园，割胶时节产生的强烈气味往往会对周边居民的生活带来诸多负面影响。橡胶采集和生产造成的水污染通常会随湄公河水的流动扩散到下游地区，甚至造成跨国污染问题。为了从根源上杜绝投资引发的环境问题，老挝政府针对在老挝投资的跨国公司制定了严格的环境评价标准，然而，低效腐败的官僚机制阻碍了法律政策的贯彻落实，环境保护沦为一纸空谈。

---

① 〔美〕詹姆斯·C. 斯科特:《国家的视角——那些试图改善人类状况的项目是如何失败的》，王晓毅译，社会科学文献出版社 2012 年版。

② 根据美国中情局 The World Factbook 数据库的统计，2014 年农业占老挝国内生产总值的 23.7%，老挝约有 80% 的劳动力从事农业生产，主要农作物包括大米、木薯、甘蔗、烟草、咖啡、茶叶等。检索来源:https://www.cia.gov/library/publications/resources/the-world-factbook/.

③ 〔美〕塞缪尔·P. 亨廷顿:《变化社会中的政治秩序》，王冠华、刘为等译，上海人民出版社 2008 年版，第 43—44 页。

④ 参见: Andreas Heinimann and Peter Messerli, "Coping with a Land-grab World: Lessons from Laos", research paper of the Center for Development and Environment of the University of Bern, April 2013.

第六章 老挝的求安之策：强邻环绕下的服从与沉默

三、老挝安全战略选择的历史变迁

老挝安全战略的形成和发展过程大致可以将其划分为四个时期：古代老挝时期、殖民时期、皇家老挝政府时期和老挝人民民主共和国时期。在大多数历史阶段，老挝的安全局势都与周边国家紧密相关，顺应时局变化，"服从"最具威胁性的力量历来是老挝的求存自安之策。冷战结束后，老挝的安全战略逐渐呈现出了更趋多元化的发展态势。

（一）古代老挝：周旋于周边强国之间

1353年法昂建立澜沧王国①，成为老挝历史上第一个统一的王国。澜沧王国成立的背景亦与地区格局变动相关。在泰人的不断攻击下，吴哥王朝的实力急剧衰落，势力范围不断收缩。阿瑜陀耶王国的建立及其与素可泰的军事竞争削弱了泰人王朝对包括琅勃拉邦、万象等地在内的上湄公河流域的控制。高强度的军事对抗导致强国的衰退和区内势力的相对均衡。这一时期，中南半岛上的其他强国（吴哥、素可泰、阿瑜陀耶等）都将精力和资源集中于军事竞争和对抗之上。受制于落后的交通和通信技术，他们并没有强大的远程军事投射能力，因此无暇顾及边缘地带，这为澜沧王国在琅勃拉邦的兴起提供了空间。与此同时，衰落的吴哥王朝试图通过支持法昂建立独立的国家制衡泰人，以减轻来自泰人的威胁。阇耶跋摩九世为此向法昂提供了经济、军事和宗教文化等方面的援助，甚至将自己的女儿娘巧肯雅公主嫁他为妻。

这一时期，中南半岛上的国家虽已逐渐建立起了以分封土地和官僚集权化为主要特征的中央集权制度，但政治制度仍带有强烈的曼荼罗政体色彩。这种人格化网络并不强调确定的领土边界，国王的个人魅力和权威是维系曼荼罗政体的主要纽带。② 前殖民时期，当前老挝境内崛起

---

① 中国、越南古籍中多称"南掌"。
② Rosita Dellios, "Mandala: From Sacred Origins to Sovereign Affairs in Traditional Southeast Asia"(2003), CEWCES Research Papers, Paper 8。检索来源：http://epublications.bond.edu.au/cewces_papers/8.

的诸多王国处于外部强国的威胁下,它们通常选择追随周边强大的曼荼罗,成为其附属国,并向其朝贡。然而,曼荼罗国家的组织形式决定了这种附庸关系并非稳定而持久的,"在一个曼陀罗的扩张阶段,小国被直接卷入其领域内;当其收缩的时候,它们重新获得自主性或者可能成为一个临近曼陀罗的附庸。"①统治者的更迭、联姻关系的破坏等都可能动摇各属国对曼荼罗的忠诚,并降低了统治结构的稳定性。

可以看出,澜沧王国建立后采取的一系列巩固政权的举措都具有鲜明的小国行为特征。一方面,法昂借助吴哥王国的力量,率军北进,击败兰那泰、阿瑜陀耶和其他地方首领,建立了澜沧王国。另一方面,建国之后的澜沧王国即与泰族阿瑜陀耶王国结盟,并通过联姻等方式加强联盟关系。与此同时,它也利用中国的影响力阻止越南王朝对澜沧王国的侵略,远交近攻,引入大国力量来维持自身安全。然而,无论联盟、平衡或中立,其安全战略选择都不是一成不变的。相反,随着自身力量和外界环境的变化,澜沧王国也在不断调整自身的安全战略。鼎盛时期,澜沧王国亦曾南征北伐,开疆拓土。但在大多数时候,则是在大国之间摇摆周旋。

(二)法属时期:印度支那军事重地

法属时期的老挝是一个受人随意摆布的国家。1893年10月3日,法国与暹罗在曼谷签订了《法暹条约》,条约的主要内容包括:暹罗割让湄公河东岸的老挝部分给法国;划湄公河西岸25公里和巴丹孟、安谷尔二省为中立地带,法暹双方都不得在此驻军;暹罗向法国赔偿军费300万法郎。老挝由此沦为法国的"保护国",被归入法属"印度支那联邦"。国王在形式上被保留了下来,但老挝的实际统治权却完全掌握在法国殖民当局手中。因此,在外交和安全方面,老挝必须完全遵行河内与法国当局的命令,毫无独立性可言。

这一时期,老挝的国家安全主要依赖法国驻军的保护,然而,法国在老挝驻派军队更重要的目的是为了监视与控制殖民地,榨取当地的资源和财富,同时镇压当地人民的反抗。在法国殖民者眼中,老挝不过是"为

---

① 〔英〕埃文斯·格兰特:《老挝史》,郭继光、刘刚、王莹译,上海:东方出版中心2011年第1版,第6页。

第六章　老挝的求安之策：强邻环绕下的服从与沉默

我们印度支那提供农业、森林和某些可能的矿产资源的储存地"而已。①

法国驻扎于老挝的殖民军包括侦察部队、炮兵、工程兵和"法军联队"等兵种，拥有精良的武器装备，具有较强的作战能力。1897年法国在整个印度支那开始组建"土人"部队。在老挝，殖民当局组建了由老挝人组成的红带兵、蓝带兵和地方军。1915年殖民当局批准老挝人与法国军官共同掌控上寮和下寮的"土人"部队，并在1919年利用上寮"土人"部队配合法国正规军联合镇压老挝人民的反抗斗争。因地理位置险要，老挝被法国殖民当局视为军事重地。1916年3月，法国专门在丰沙里设立了继东京等4个军区之后的"第五军区"，将这一地区置于法国的直接军事控制之下。②

（三）皇家老挝政府时期③：中立政策的失效

奠边府战役的惨败宣告了法国在印度支那殖民统治的彻底崩溃。1954年法国被迫签署了关于印度支那问题的《日内瓦协定》，承认印度支那三国的独立、主权、统一和领土完整。日内瓦会议在法国和越南民主共和国之间最终达成停火协议，建立了国际监督委员会并负责执行停火协议。协定规定，以北纬17°划定临时军事分界线，柬埔寨和老挝的独立、统一和安全得到认可，越南重新统一和政治解决将由选举途径决定。此次会议避免了战争的国际化，结束了法国在东南亚的殖民统治，有助于印度支那各族人民朝着自决的方向前进。在日内瓦会议上，以培·萨纳尼空为首的老挝政府代表团单方面公布，老挝王国政府将不同其他任何国家缔结任何协定，没有参加不符合联合国宪章原则的或停止敌对行动原则的军事同盟的义务，也没有在安全不受威胁时在老挝领土上设立外国军事基地的义务。

日内瓦协定并未带来持久和平，也没有实现印支三国的民族自决，老

---

① Paul Doumer, "L'Indochine Francaise", Paris, 1930, p.292. 转引自申旭：《老挝史》，云南大学出版社2011年版，第177页。
② 申旭：《老挝史》，云南大学出版社2011年版，第180页。
③ 该部分历史主要参照申旭：《老挝史》第10、11章，以及尼古拉斯·塔林主编：《剑桥东南亚史Ⅱ》第6、7章内容。

挝的独立、主权、团结和统一问题仍未得到解决。究其原因，在于"这次会议没有为大国达成一致铺平道路，而是为他们将来的对抗布下了另一个舞台"。① "北越士兵在老挝的渗透和颠覆活动对泰国和南越构成了威胁，美国在老挝的行动则对北越构成了威胁。不管是共产主义力量还是非共产主义力量对1954年日内瓦会议达成的停火协议的精神都不屑一顾，对于这些协议他们只是口头上表示支持罢了。"②在1954年9月的马尼拉会议上，由美国主导成立了东南亚条约组织（SEATO），试图以此作为冷战的工具。大国在东南亚的角力和斗争进入到一个新的阶段。

1956年5月4日，苏发努冯亲王代表巴特寮发表声明指出，希望通过和平谈判来解决巴特寮与王国政府之间的分歧，"在《日内瓦协定》的基础上保持老挝的中立，从而建设一个和平、独立、民主和统一的老挝"。③在此基础上，苏发努冯亲王领导的老挝爱国战线和梭发那·富马亲王领导的王国政府双方恢复了谈判，并于1957年11月签订了《万象协定》，确定老挝将执行和平、中立的外交政策。1957年11月19日，老挝第一次联合政府组成。但这种表面上的政治妥协很快于1958年结束。在1958年的选举中，亲巴特寮的政党以微弱的优势取胜，老挝各方势力之间的政治分歧并未得到真正解决，反而是共产党方面控制老挝的前景引起了美国的警惕，美国开始深度干预老挝内政。美国的干涉直接加剧了老挝国内的矛盾和冲突，最终导致了内战的爆发。1960年贡勒上尉为结束内战而发动政变，以保证老挝处于中立地位。然而，这场政变非但没有实现各方和解，反而使老挝一分为三：梭发那·富马在万象加入中立派，富米领导的亲美派撤退到南部的沙湾拿吉，巴特寮则留在北部。

此后，外部干涉成为老挝政治结构中的一个重要现象。美国人继续向富米供应武器，确保他在沙湾拿吉的地盘，并向老挝亲美政府提供经济援助。与此同时，梭发那·富马决定开辟另一条通往苏联的"生命线"。

---

① 尼古拉斯·塔林主编：《剑桥东南亚史Ⅱ》，王士录、孔建勋等译，云南人民出版社2003年版，第29—297页。

② Arthur J. Dommen, *Conflict in Laos: The Politics of Neutralization*, Pall Mall Press, 1964, introduction xiii.

③ 《苏发努冯亲王代表寮国战斗部队就重新召开政治会议发表的声明》，1956年5月4日，《印度支那问题文件汇编》，第312页。

第六章　老挝的求安之策：强邻环绕下的服从与沉默

苏联很快作出响应,向老挝提供粮食和燃料援助。在泰国以中立派发动政变赶走亲美的富米为由对万象实行经济封锁后,苏联的援助变得更为重要了。巴特寮则主要从北越、中国以及苏联等社会主义国家获得必要的经济和军事援助。

相互敌对的外部大国纷纷向各自的老挝盟友提供支持,这形成了一种危险的政治局面。在此背景下,1962年召开了第二次日内瓦会议,努力推动组建一个以交战各派势力为基础的联合政府。1962年6月,这一愿望得以实现:外国援助被中止,外国军事人员受命回国。表面上看,一切似乎都回到了1957年安排的格局上,但实际上,外国干涉已经完全改变了老挝的政治结构:亲美的右派势力获得了极大的权力,富米得到了财政大臣的职位,从而控制了外国援助,用于支付公务员和军人薪金的资金;苏发努冯领导的巴特寮到1962年几乎将老挝北部变成了越共手中的一颗棋子,越南人需要控制老挝北部,以便他们的士兵穿越到越南南部;联合政府框架下最为软弱的梭发那·富马不得不在美国人扶持的富米和越共支持的苏发努冯之间搞平衡。

在外国势力干涉和国内政治斗争的双重影响下,到1963年,老挝的几支中立力量实际上已完全分化,左翼转向老挝爱国战线,右翼则逐渐转向诺萨万右派集团。这时老挝已不存在真正的中立派。老挝爱国战线和诺萨万亲美势力之间的矛盾逐渐加剧,老挝的政治形势日益恶化。第二次联合政府的尝试也很快宣告终结。"如果说在此之前,三方联合政府虽然一开始就陷于瘫痪但名义上还存在的话,那么到了1964年5月,它已经完全解体和崩溃,所谓的'新政府'的权力,完全掌握在亲美右派集团的手中。"[1]

第二次联合政府的崩溃标志着老挝中立主义运动的彻底失败,也说明了在老挝这样一个拥有重要地缘政治价值的小国,中立和不结盟的安全战略是行不通的。老挝对北越具有重要的军事意义,二战以后,北越开始支持老挝的反抗势力。截至1968年,北越驻老挝的士兵约有4万人,

---

[1] 申旭:《老挝史》,云南大学出版社2011年版,第258页。

甚至远超巴特寮武装部队的人数(约3万人)。① 北越在老挝的军事部署有两个主要目的:保护胡志明小道;为皇家老挝政府的反对势力提供援助。北越对老挝的支持包括提供作战指挥、训练、军备物资、军事人员等。

与老挝有着漫长国界线和密切的历史文化联系的泰国也关注着老挝局势的发展。出于对共产主义势力渗透和颠覆的担忧,泰国政府与美国一道支持老挝的右翼势力。泰国派遣"猎虎"志愿军和部分正规军赴老挝参战,这些部队是由东南亚条约组织训练、装备和资助的,主要是为了帮助万象政府防守阵地,补充老挝政府在作战中的损失。泰国派往老挝的兵力约为30个营。② 同时,泰国还曾在老挝实行经济封锁以试图影响老挝政府的对外政策。

对老挝而言,强大邻国在伺机而动,域外大国也虎视眈眈。冷战时期,东南亚地区是两大阵营对立冲突的重要前线。双方都非常重视这一地区的战略地位。对美国来说,东南亚是其经济和战略上的必争之地,同时也是遏制共产主义的"桥头堡"。老挝地处中南半岛腹地,被喻为东南亚的"瓶塞"。美国前总统艾森豪威尔曾在讲话中指出,如果这个"瓶塞"被拔掉,共产主义运动就会扩展到其他东南亚国家,这一地区就将落入共产党之手。③

外国的军事介入和利益争夺进一步撕裂了老挝社会。在此背景下,老挝实行中立的条件是不成熟的,即使短期内取得了一定的成果,但长远来看,终究只是空中楼阁。老挝在地缘政治方面拥有重要的战略价值,冷战时势必成为大国争夺的对象,中立和不结盟政策对结束外国干涉的局面毫无裨益,其结局必然是原有的社会矛盾和分歧进一步恶化。中立运动是老挝对外安全战略演进中的一次重要尝试。虽然老挝人民民主共和国成立后也宣布将奉行独立、中立、友好和不结盟的对外政策,但实质上是基于老越"特殊关系"之上的"中立",是一种名不副实的或者说"有条件"的"中立"。

---

① Paul F. Langer, "Laos: Preparing for a Settlement in Vietnam", The RAND Corporation, February 1969, p.2.
② 梁源灵:《泰国与老挝关系的发展》,《东南亚纵横》1996年第4期,第52页。
③ 《美国前总统艾森豪威尔讲话》,《纽约时报》1959年8月17日。

第六章 老挝的求安之策：强邻环绕下的服从与沉默

（四）老挝人民民主共和国成立至今：低调应变

1975年12月2日,老挝人民民主共和国宣告成立。至今,老挝的对外政策经历了一个由封闭向开放、由双边向多边、由意识形态驱动的"一边倒"向全面自主的"多方平衡"的发展过程。

老挝人民民主共和国成立初期,在外交上"一边倒"向社会主义国家,对苏、中、越等社会主义国家采取等距离外交。1977年老挝和越南签订《老越友好合作条约》,确定了两国间的特殊关系,老挝全面倒向越南。同时,老挝对东盟国家采取了敌视态度,将其视为美帝国主义的帮凶。20世纪70年代末到80年代中期,随着中越关系的恶化,老挝在对外关系上逐渐"亲越靠苏",与中国的关系逐渐疏远。老挝政府曾多次声明:"任何时候老挝都将站在越南一边",并影射中国是"国际反动派"。万象政府指责中国对越发动自卫反击战的行动是"大国扩张主义"。这一时期,中方援助项目被迫停止,双边贸易近乎中断,两国关系发展陷入低谷,这种情况一直持续到20世纪80年代中期。

20世纪80年代中期伊始,国际格局的变化和中国改革开放的成功推动了老挝对外政策的逐步调整。1986年老挝人民革命党"四大"明确提出在外交上要实行对外开放、广交朋友的政策,并希望实现老中关系正常化。"五大"进一步确立了"多边""务实"和"广交友、少树敌"的对外政策方针,确定了独立、中立、自主和和平外交政策,主张在和平共处五项原则基础上发展同世界各国的友好关系,重视发展同周边邻国和东盟国家的关系。这表明发展已经逐渐取代了意识形态,成为老挝对外政策的重心。老挝努力为自身的发展创造一个良好的国际环境,在此基础上开展国际合作,吸引外国的援助和投资。

1997年亚洲金融危机爆发,老挝认识到自身的生存和发展离不开国际合作,开始参与到国际合作的多边机制之中。1997年7月,老挝加入东盟,成为东盟的正式成员国。2012年10月,老挝加入世贸组织,成为世贸组织第158个成员国。2012年11月,老挝成功举办第九届亚欧首脑会议。此外,老挝积极开展以争取援助和外资为目的的经济外交。2013年老挝获得外国官方发展援助总额为7.77亿美元,援助项目达883个,超过2012年的7.05亿美元。从2006年至2010年,老挝年均获得外国官方发展援助4.88亿美元,而从2011年至2013年这一数字攀升至年均6.16亿美元。① 经过艰难的尝试与努力,老挝逐渐探索出了一条多元务实的外交道路。

在安全方面,老挝继续维持与越南的"特殊关系",同时也积极寻求更自主和更多元的安全战略。一方面,老越"特殊关系"在军事方面非常密切:越南向老挝派遣大批军事顾问、专家和教官;双方频繁进行人员往来和军事交流;双方签署军事合作条约和协议,规定在老挝受外来侵略或发生战乱的情况下,越南军队可以进入老挝需要的任何地区参与老挝军队的联合作战。另一方面,老挝努力拓展与其他国家的军事合作,与中国、泰国、缅甸、柬埔寨等周边国家的军事交往不断增强。

然而,老挝的安全战略仍以老越"特殊关系"为轴心,老挝人民革命党的重大人事调整和政策制定都要经过越南的首肯。譬如,2011年老挝人民革命党"九大"召开前后,老挝曾多次派遣特使前往越南,向越方通报有关会议筹备情况并征求越方的意见。2011年3月28日,朱马里主席的特使通伦·西苏里副总理亲赴越南,向越共中央总书记阮富仲汇报"九大"会议情况。阮富仲总书记则在老挝"九大"结束的第二天,即派出特使、越共中央对外联络部部长黄炳宽赴万象向老挝人民革命党新一届中央领导班子表示祝贺。

纵观历史,老挝的安全战略并非固定不变,而是根据自身力量和外界环境的变化不断予以调整。鼎盛时期,老挝曾大肆对外扩张、开疆拓土。近代以来,老挝亦曾数度臣服于他国,沦为附属国和殖民地。在经历过20世纪中叶失败的中立运动、三次印度支那战争、冷战结束以及1997年亚洲金融危机之后,老挝逐渐发展出一套独具特色的对外政策和安全战略。当前,老挝奉行"和平、独立、自主、友好"以及"与世界各国交朋友"的多元化务实外交,具体表现为:以老越"特殊关系"为基轴,重视发展与中国和东盟国家的关系,积极参与地区与国际合作,大力开展以争取援助和投资为主要目标的经济外交。

---

① 陈定辉:《老挝:2013年发展回顾与2014年展望》,《东南亚纵横》2014年第2期,第33页。

第六章 老挝的求安之策：强邻环绕下的服从与沉默

四、毗邻大国与老挝的安全战略选择

国际环境是小国生存的关键。维护一个国家的综合安全不仅需要强大的国家能力，也需要密切的国际安全合作和良好的安全环境，两者不可或缺。在物质、人力和组织资源基础上的军事能力建设方面，小国存在无法克服的内在缺陷。因此，小国的生存往往更依赖于稳定的国际环境和与大国的"友善"关系。长久以来，国际环境和地区关系的不稳定成为老挝安全脆弱性的一个重要原因。

殖民时期，作为一个驯顺的殖民地，老挝的国家安全主要依赖宗主国的保护。18世纪以后，老挝曾长期沦为泰国的藩属，法国的殖民使老挝摆脱了泰国的控制，成为法属印度支那的一部分。法属印度支那的中心在越南，越南对老挝的影响逐渐超过了泰国。1945年3月9日，日本武力推翻了法国维希政府在印度支那的殖民政权，皇家老挝政府（当时称为自由老挝政府）随后成立。冷战时期，受美苏对抗的影响，老挝被迫卷入印支战争和越南战争，并因美国的策动而陷入内战。1975年老挝人民民主共和国建立。此后，受中越边境冲突和中苏紧张关系的影响，老挝与越南建立了"特殊关系"，与中国的关系则日趋冷淡。后冷战时代，国际格局处于变动不安的过渡期：一方面，国际机制逐步完善，国际合作不断加强，地区一体化程度不断提升；另一方面，大国关系主导着国际体系的演进。1997年老挝加入东盟，成为东南亚安全框架的一部分。随着中国的崛起以及中美之间的竞争逐渐波及东南亚，中国与中南半岛国家的关系亦出现微妙变化：中越关系出现波动，南海争端与越南民间的排华情绪成为两国间的龃龉；中泰关系则日益密切，中泰双方在基础设施建设、农产品等方面存在巨大的合作空间。老挝在中、越、泰三国的互动中何去何从则有待进一步观察。

对小国而言，毗邻大国的影响要远远超过远方的霸权国家。老挝处于中、越、泰的夹缝之中，三国互动直接塑造了老挝的外部安全环境。在几何学中，两点能确定一条直线，却不能形成一个稳定的平面。在国际关

系中亦是如此。对外关系的"二元结构"决定了老挝外交与安全的不稳定性,老挝不会完全依附泰国,也不可能一边倒向越南。正在崛起的中国对该地区不甚稳定的权力结构带来的影响仍在形成中,这对老挝的战略选择而言是一个未知的变量。变幻莫测的国际格局、地区权力的"二元结构"成为老挝安全脆弱性的一个重要根源。

(一)老中关系及其对老挝国家安全的影响

针对当前的老中关系,日本学者藤村(Fujimura Kazuhiro)通过对老挝当地报纸连续两年(2007年3月—2009年2月)的观察和研究,得出的结论是中国在老挝的存在感日益增强,这主要体现在高层互访、党际对话、军事合作、双边贸易与投资、学术文化交流等方面。近年来,这一趋势越发显著,中国已成为老挝的最大投资国(参见表6-6)。总体来看,老挝政府欢迎中国的援助和投资,但民间的反应则较为复杂。[①]

表6-6 老挝FDI主要来源国(1989—2014)

序号	国家	项目总数	总投资额(美元)
1	中国	830	5396814087
2	泰国	746	4455364613
3	越南	421	3393802891
4	韩国	291	751072139
5	法国	223	490626243
6	日本	102	438242441
7	荷兰	16	434466484
8	马来西亚	101	382238773
9	挪威	6	346435550
10	英国	52	197863480

数据来源:Investment Promotion Department, Ministry of Planning and Investment, Lao PDR, http://www.investlaos.gov.la/index.php/resources/statistics。检索时间:2015年5月18日。

[①] Kazuhiro Fujimura, "The Increasing Presence of China in Laos Today: A Report on Fixed Point Observation of Local Newspapers from March 2007 to February 2009", *Ritsumeikan Journal of Asia Pacific Studies*, Vol. 27, February 2010, pp. 65-83.

第六章 老挝的求安之策：强邻环绕下的服从与沉默

中国是紧随泰国之后的老挝第二大贸易伙伴（参见表6-7），双边经济关系呈现出老挝对中国"非对称性依赖"的特点。次国家行为体在中老关系中扮演着非常重要的角色，老挝北部诸省与中国云南省的跨国商业联系十分紧密，形成了"云南-老挝北部九省"的经济合作机制。与此同时，老中两国党际、军际互访频繁，领导人互访的机制化与地方政府的交流合作为老中关系发展提供了稳定的政治基础。

表6-7 老挝进出口贸易主要对象（2012）

出口			进口		
国家	年贸易量（美元）	所占比重(%)	国家/地区	年贸易量（美元）	所占比重(%)
中国	738996335.23	35	泰国	1715800621.00	48
泰国	660893799.80	31	中国	909117975.00	25
印度	134612979.93	6.3	越南	248143259.00	6.9
日本	119500291.54	5.6	韩国	164980505.00	4.6
英国	103016914.32	4.8	德国	152010948.00	4.2
德国	78732415.05	3.7	日本	131314985.00	3.7
越南	48831851.49	2.3	芬兰	32552115.00	0.91
澳大利亚	45747313.08	2.2	印度	27146856.00	0.76
荷兰	37106374.34	1.7	澳大利亚	24663017.00	0.69
意大利	24838261.87	1.2	中国香港	23902807.00	0.67

数据来源：Observatory of Economic Complexity, Country Profiles。https://atlas.media.mit.edu/en/explore/tree_map/hs/export/lao/all/show/2014/。检索时间：2015年5月18日。

在对外战略方面，老挝非常重视同中国的伙伴关系。2011年3月，老挝人民革命党"九大"达成共识，认为在未来较长时间内，中国始终是老挝可信赖的战略伙伴，无论是在社会经济发展还是在维护老挝人民革命党的执政地位和国家安全方面，老挝都需要中国的帮助和支持。同年9月19日到21日，老挝人民革命党中央书记、国家主席朱马里·赛雅颂访华，与中国前国家主席胡锦涛会面时表示："老中两党、两国友好合作关系必须在'好邻居、好朋友、好同志、好伙伴'精神指引下不断发展，老中全面战略合作伙伴关系是促进老挝国家发展、增强老挝综合国力的重要源泉,老中两党、两国永远要做可信赖的朋友和战略伙伴。"①同时,作为"海上丝绸之路"的一环,老挝在中国周边战略规划中具有重要的地位。可以预见,未来老中双边关系将持续深化发展,中国对老挝的影响力也将进一步增强。

然而,老中关系发展也存在一些问题和潜在的矛盾。在经济发展过程中,老挝国内劳动力比较短缺,吸引了大批中国劳工涌入老挝,其中不乏以非法方式偷渡入境的劳工。中国劳工的大量涌入引起了一系列的社会问题,如挤占了当地人的就业机会,造成部分老挝人失业;部分中国劳工不熟悉当地的法律规定,甚至从事贩毒、赌博、卖淫等非法活动,影响了老挝的社会秩序。

与此同时,老挝对华贸易存在巨大逆差,且长久以来并未得到明显改观。这一现象的存在有其客观原因:由于两国经济发展水平差距较大,老挝向中国出口的产品主要是原材料和农林产品,而进口的商品多为附加值较高的工业制成品,因此老挝的对华出口竞争力非常薄弱。如果长期存在这样的巨大贸易逆差,且没有得到中方的回应,长此以往必然会成为双边关系发展的重要隐患。

此外,中国在澜沧江—湄公河流域上游拦水筑坝、发展水电,此类活动可能一定程度上影响了下游国家的生产、生活和生态环境,引起了老挝政府和民众的反对。因此,澜沧江—湄公河流域的跨国协调与管理是未来老中关系发展所必须面对的棘手课题。针对老中两国间存在的这些问题,西方媒体和非政府组织经常介入其中,借此大肆炒作所谓的"中国威胁",激起老挝普通民众对中国的误解与反感。这也成为制约老中关系发展的一个重要因素。

(二) 老越"特殊关系":安全保障及其风险

1962年老挝与越南正式建立外交关系。1977年两国签署《友好合作

---

① 新华网:http://news.xinhuanet.com/politics/2011-09/19/c_122057163_2.htm。检索时间:2015年7月5日。

第六章 老挝的求安之策:强邻环绕下的服从与沉默

条约》。至此,老越"特殊关系"正式确立。老越"特殊关系"根植于老共与越共上层精英"相似的意识形态、革命经历和世界观",①在反帝反殖民的社会主义运动中,两党结成了亲密的盟友关系。巴特寮在北越军队的直接介入和支持下才得以取得政权并建立起老挝人民民主共和国,因此老越"特殊关系"便成为历史的必然。1976 年 2 月,凯山·丰威汉在访问河内时曾表示:"特殊关系是两党之间伟大的……不断巩固和增强的革命友谊,它源于印度支那共产党的发展……(特殊关系)将越南和老挝联系在一起,构成了决定两国革命胜利的关键因素,这也是两党、两国间团结合作最坚实的基础,是新阶段两国革命取得胜利的可靠后盾。"②越南共产党一直是老挝人民革命党理论的主要来源,"老挝人民革命党从来就没有自己的社会主义知识分子(虽然凯山十分努力地尝试过),所以仍然要依靠越南的理论指引"。③ 越南对老挝领导层也有较大影响:苏发努冯亲王娶了一位越南妻子;凯山·丰威汉的父亲是越南人,早期接受的是越南教育。现实中,老越"特殊关系"已远远超越了两党合作的范畴,两国间的密切互动关系非同寻常。

老越"特殊关系"并非简单的政治军事关系,而是包括防务安全、行政管理、经济发展、外交合作等国家间关系的诸多方面。

在防务与安全领域,越南对老挝的援助主要体现在四个方面:提供军事训练和顾问、协助工程建设和运输、保障边境安全、镇压国内反政府武装。实际上,自老挝人民民主共和国成立至 1989 年越南军队撤离老挝之前,"越南的武装力量构成了老挝国防的第一道防线,而老挝人民解放军(现称老挝人民军)则主要负责国内的安全和稳定"。④

---

① Carlyle A. Thayer, "Laos and Vietnam: The Anatomy of a 'Special Relationship'", Martin Stuart Fox, ed., *Contemporary Laos: Studies in the Politics and Society of the Lao People's Democratic Republic*, St. Martin Press, 1982, p.262.

② Ronald Bruce St John, *Revolution, Reform and Regionalism in Southeast Asia: Cambodia, Laos and Vietnam*, Routledge, 2006, p.39.

③ 〔英〕格兰特·埃文斯:《老挝史》,郭继光、刘刚、王莹译,东方出版中心 2011 年版,第 218 页。

④ Martin Stuart-Fox, "National Defence and Internal Security in Laos", Martin Stuart Fox, ed., *Contemporary Laos: Studies in the Politics and Society of the Lao People's Democratic Republic*, St. Martin Press, 1982, p.233.

在行政管理方面,在老挝人民民主共和国建立初期,越南顾问遍布老挝国家机器的各个层面,承担着培训官员和提供顾问的重要角色,且与老挝领导人保持着密切的联系。总体看来,越南对老挝行政管理方面的影响主要体现在三个方面:政府管理与政党组织、宣传教育和青年人才的培养。

在经济方面,越南向老挝提供了大量的发展援助。据估计,1978年至1980年期间,越南的经济援助占老挝接受外国援助总额的半数以上。① 同时,越南为老挝提供了出海通道和港口,还帮助老挝修建了大量的基础设施,其中包括老挝6号和7号公路。这一方面是为了增强老挝与越南之间的陆路联系,另一方面则是为了减少老挝对泰国的经济依赖性。

在外交方面,老挝效仿越南,以"三次革命浪潮"的理论分析国际政治格局。在具体政策制定上,老挝亦和越南保持高度一致。老挝最初对东盟国家采取敌视态度,将其视为美帝国主义的帮凶。1978年中越关系恶化,老中关系也随之步入低潮,老挝党和政府曾多次表示任何时候都将站在越南一边。由此可见,自1977年签署《友好合作条约》到20世纪90年代初,越南通过老越"特殊关系"全面掌控了老挝的内政和外交。

20世纪80年代末90年代初,老越"特殊关系"面临了第一次重大挑战。首先,越南在撤出柬埔寨的同时亦减少了在老挝的军事存在。1987年大部分驻派老挝的越南顾问撤回国内。1989年最后一支越南部队撤离老挝。其次,老挝开始对经济和外交政策做较大幅度的调整。经过"四大""五大"两次会议,老挝基本确定了独立、中立、自主和和平的外交政策,与中国和东盟国家的关系也逐步走向缓和。此外,20世纪80年代末以来,泰国经济保持高速增长,是东南亚经济发展最快的国家之一,受到全世界的瞩目。河内控制力的减弱使得老挝在经济上逐步倒向更为繁荣

---

① Carlyle A. Thayer, "Laos and Vietnam: The Anatomy of a 'Special Relationship'", Martin Stuart Fox, ed., *Contemporary Laos: Studies in the Politics and Society of the Lao People's Democratic Republic*, St. Martin Press, 1982, p.256.

第六章 老挝的求安之策：强邻环绕下的服从与沉默

的泰国。① 但这些变化并没有影响老越之间的相互信任关系，"特殊关系"仍是两国关系发展的战略支撑，且在原有基础上逐步深化和扩展。

21世纪以来，"老挝与越南的传统友谊、特殊关系和全面合作更是跨上了一个新台阶"。其一，双边政治关系持续发展，基础更加巩固、联系更为紧密。其二，老越经济合作快速发展，越南扩大对老挝投资，双边贸易增幅明显。其三，边境地区的合作不断扩大和深化，同时还加强了在非传统安全方面的合作。其四，老挝与越南加强了思想文化与教育方面的合作，并在文化合作中强调双边传统友谊、特殊关系的传承和发扬。② 越南是老挝的第三大投资国和贸易伙伴（参见表6-6、表6-7）。1989年至2014年期间，越南在老挝有421个投资项目，总额高达33.94亿美元（参见表6-6），主要集中于矿产、电力、农业、服务业等领域。越南积极推动与老挝在次级区域层面的合作。在越南的倡导下，柬、老、越三国建立了"柬老越发展三角区"（CLV Development Triangle），越南还组织召开了两年一届的柬、老、越政府首脑会议，旨在评估三国合作计划的落实情况、提出后续阶段的合作方案。

老越"特殊关系"曾是老挝国家安全最重要的保障，然而，完全倒向越南的做法使老挝在20世纪70年代末和80年代初陷入内外交困的境地。在柬埔寨问题上，老挝选择支持越南、反对中国，因此1979年中越边境战争爆发时，老挝国家安全面临着空前巨大的压力。老挝人民民主共和国建国后选择"一边倒"向越、苏，从而使泰国直接面临苏越势力的威胁，因此自其建立伊始，泰国便对其持敌视态度，甚至一度关闭了两国的国界线，并暗中支持流亡的老挝右派势力和苗人策划反政府武装运动。这一时期的经历使老挝认识到，在中-越-泰三角互动塑造的地区环境之下，完全倒向其中任何一方都是危险的，可能招致区内其他大国的不满和敌视。

有鉴于此，在1991年召开的"五大"上，老挝重新确立了中立、和平的

---

① Søren Ivarsson, Thommy Svensson and Stein Tønnesso, "The Quest for Balance in a Changing Laos: A Political Analysis", NIAS Reports, No.25, 1995, p.21.
② 方芸：《革新开放以来老挝与越南特殊关系的新发展》，《东南亚纵横》2010年第1期，第46—47页。

外交政策,并坚持至今。不同于皇家老挝政府时期中立主义的简单尝试,当前的中立政策是一种更为复杂、层次更多样的平衡战略架构。一方面,老挝始终坚持发展与越南的"特殊关系";另一方面,借助中、泰两国,特别是中国的力量来制衡越南的影响。此外,老挝还加入东盟,成为东盟"合作安全"机制的组成部分,大幅增加了对外政策的回旋余地。对老挝这样生存于强邻夹缝中的小国,维护国家安全依靠的不是单纯地追随强者,而是尽力构建各方力量的平衡态势,以确保国家的可持续安全。

(三)老泰关系:依赖与排斥的矛盾认知

老泰关系源远流长。自老挝建国之日起,两国的命运便紧密交织在一起。然而,老泰关系又爱恨交织,两国既有结盟合作的友好经历,也有冲突背叛的血泪记忆。历史上,老挝曾沦为暹罗的附属国达百年之久,暹罗从老挝掠去了大量的资源、财富和人力,其中包括被泰国人奉为国宝的玉佛,首都万象亦曾两度遭暹罗军队焚毁。殖民时期,面对法国的强大压力,暹罗最终选择放弃对老挝的宗主权以换取与法国的"和平相处"。冷战时期,为了遏制共产主义势力的"扩张",泰国积极支持与其具有相同意识形态的老挝右派力量上台执政。老挝人民民主共和国成立伊始,泰国对其保持高度警惕,两国之间冲突不断。1979 年第三次印度支那战争的爆发曾将两国矛盾推向一触即发的边缘。冷战结束后,全球局势趋于和缓,老泰关系也逐步好转,在经济利益的驱动下,两国人员往来频繁,经贸合作迅速发展。

纵观历史,老挝与泰国在地缘、历史、民族、社会、语言、文化等诸多方面存在着密切的联系,这也影响到当前两国关系的发展和相互认知。长期以来,泰国一直是老挝最重要的投资来源国、贸易伙伴国和电力输出国。1989 年至 2014 年期间,泰国在老挝的投资项目共计 746 个,总额达 44.55 亿美元(参见表 6-6)。2013 年老泰贸易总额为 51.19 亿美元,其中,出口额为 37.58 亿美元,进口额为 13.60 亿美元,相较 2012 年同比上升 6.04%。边境贸易则占两国贸易总额的 85% 以上。① 两国还在东盟、

---

① 资料来源:http://aec.ditp.go.th/attachments/article/1491/Trade% 20Statistic% 20of% 20Thailand-Lao% 20(Feb57). pdf.

第六章 老挝的求安之策：强邻环绕下的服从与沉默

ACMECS、①翡翠三角合作②等多边框架下展开全方位的经济合作。虽然中国已取代泰国成为老挝的最大投资国，但泰国和老挝的贸易伙伴关系在短期内是不可能改变的。这在给老挝带来发展机遇的同时，也引起当地人对泰国"经济统治"的担忧。

与此同时，老挝人对泰国的认知复杂而矛盾。一方面，"老挝人崇拜且羡慕泰国的现代化和文明程度，自从 20 世纪 80 年代后期，老挝人就通过泰国的电视节目热忱地关注着这一切。"③另一方面，血泪交织的记忆、历史的纠葛和国界划定的矛盾使得老挝对泰国格外警惕和怀疑。老挝统治精英担心在经济、文化、社会生活等方面受制于泰国，并且时刻防范泰国右派势力暗中支持老挝反政府组织进行颠覆破坏和渗透活动。通过现代传媒手段，老挝民众也了解到泰国社会中存在的与经济快速发展相伴生的一系列问题，如吸毒、卖淫、贩毒、腐败等，老挝大众对此十分反感与排斥。老挝的民族主义者也总是首先将自己和泰国区分开来。

（四）"中－越－泰"三角互动及其对老挝国家安全的影响

中国、越南、泰国是当前对老挝影响最大的三个国家，"中－越－泰"的三角互动构成了老挝外部安全环境的主体。长期以来，越南都将老挝视作自家后院，老挝亦将越南看作自己军事、政治、意识形态上的先导，两国领导层保持着密切的政治关系。中国则将老挝视作沟通东南亚市场的重要经济走廊，近年来，越来越多的中国公司赴老挝拓展市场，中国在老挝的经济存在感日益增强。这引起了越南上层精英的警惕和恐慌，他们担心中国经济力量的扩展会削弱越南对老挝的传统影响力，阻碍老越"特殊关系"的发展，同时也担心隐藏在经济扩张背后的中国"软实力"扩张。

---

① ACMECS 全称为 Ayeyawady-Chao Phraya-Mekong Economic Cooperation Strategy，即伊洛瓦底江、湄南河、湄公河经济合作战略组织，2003 年 11 月由泰国前总理他信倡议成立，四个创始会员国为缅甸、泰国、老挝和柬埔寨，越南于 2004 年 5 月正式加入，其宗旨是为加强东南亚大陆地区各国的经济合作。

② 翡翠三角合作（Emerald Triangle Cooperation）由柬埔寨于 2000 年提出，包括柬埔寨、泰国、老挝三国，成立目的是促进三国交界地区旅游业的发展。2003 年 8 月，在柬泰老三国联席内阁会议上，泰国政府建议 12 年内在该地区建立以高尔夫旅游为主的"翡翠三角"。

③ 〔英〕格兰特·埃文斯：《老挝史》，郭继光、刘刚、王莹译，东方出版中心 2011 年版，第 215 页。

近期,中越关系频繁出现波动,南海争端加剧了越南民众对"中国威胁"的忧惧,越南民间的排华情绪成为两国关系发展的主要龃龉。作为"中－越－泰"三角互动中的重要一环,泰国既无力将老挝纳为自己的势力范围,亦无心介入其他国家对老挝的争夺。作为新兴工业化国家,泰国需要廉价的劳动力和原料来维持经济的稳定发展,并完善基础设施建设和加快工业化进程,这也正是老挝对泰国的意义所在。

在分析"中－越－泰"三角互动时,不应忽略东盟这个维度。东盟自由贸易区(AFTA)的建立极大促进了原料、商品、资本、劳动力、技术等生产要素在老、越、泰三国间的流动。东盟框架下的共同协商为三国在某些重大问题上采取一致立场提供了制度保障;作为东盟成员,老、越、泰三国一致认同"合作安全"的理念。随着东盟一体化进程的加快,当前东南亚国家在各个层面的交流日益密切,民众对东盟的认同感也逐步增强。

21世纪以来,中国的迅速崛起给东盟国家带来了新的发展机遇,同时也不可避免衍生了一些地区安全变数,特别是那些与中国存在领土和海洋争端的国家更是感到焦虑。地区形势的变化迫使东盟寻求一种新机制以实现区内的力量平衡。2009年第14次东盟首脑会议通过了《东盟政治安全共同体蓝图》,计划于2015年建成东盟政治安全共同体。由于东盟各国之间存在诸多差异和矛盾,共同体的建设目标缺乏实质性内容,①发展前景也并不乐观,但共同体建设是"合作安全"理念的具体实践,是东盟国家为应对区域局势变化而作出的新尝试。

中国并无意挑战越南在老挝的地位和影响力,在大湄公河次区域合作中,北京也保持着低调而开放的姿态。然而,中国正逐步成长为一个全球性大国,经济实力和政治影响力是越、泰难以望其项背的。在老挝,情况亦是如此。或许只有越、泰协同合作才有可能平衡中国的影响,而东盟为这样的合作提供了政策平台。考虑到变动的地区局势和越、泰之间的矛盾,这一联盟形成的可能性微乎其微。

在历史和现实因素的共同影响下,当前老挝的对外关系形成了经济

---

① 东盟政治安全共同体建设的目标包括三个方面:建立一个拥有共同价值和规范并以法制为基础的共同体;建立一个团结、和平、稳定以及相互依赖的地区,在地区复合安全上承担共同的责任;建立一个有活力的、开放的地区,增强与世界的联系和相互依赖。

第六章　老挝的求安之策：强邻环绕下的服从与沉默

上依靠中、泰，政治军事上倚重越南的"二元结构"（参见表6-8）。这种尴尬的境况也使老挝在处理与中国、越南、泰国的双边关系时非常被动，甚至屡陷危机。在第三次印度支那战争期间，老挝因为追随越南而与中、泰交恶，致使本国腹背受敌便是典型例证。当前，中、越两国对老挝的影响力正经历着此消彼长的变化，在这个过程完成之前，老挝对外关系的扭曲和撕裂状态仍会持续。

表6-8　中、越、泰三国对老挝的影响力评估

项目＼国家	中国	越南	泰国
政治军事	中	强	弱
经济贸易	强	中	强
社会文化	弱	中	强

注：表中一国影响力的"强""中""弱"划分是相对其他两国而言的。

在中、越、泰三国的互动博弈中，作为小国的老挝需要做到"既满足三国需求又不为任何一方所主宰"。① 在很多情况下，"沉默"和"服从"是老挝唯一的选择，但这并不意味着老挝的命运完全被他国主宰。对中、越、泰三国而言，老挝的主要价值在于其位居中央的战略位置和丰富的自然资源。当前，中、越、泰三国的发展都依循一条新古典现实主义的道路，即以经济发展促进国家安全，在对外交往中将经济利益置于军事安全和人类安全（Human Security）之上。因此，老挝可以一方面通过"大国平衡"牵制各方力量，避免为任何一国所控制；另一方面积极融入全球化和地区化进程，通过多边合作实现老、中、越、泰四国的合作共赢，加深彼此间的相互依赖程度，以降低冲突爆发的可能性。现实中，老挝也确实在实践着这样的安全战略。

与此同时，老挝国家安全面临着诸多非传统安全因素的挑战，如毒品问题、恐怖主义、跨国犯罪等。要解决这些问题，必须依靠国际合作，因此"中－越－泰"三角互动对于老挝国家安全亦有积极的作用。其中，最典

---

① Paul Chambers, "Edgy Amity along the Mekong: Thai-Lao Relations in a Transforming Regional Equilibrium", *Asian Journal of Political Science*, Vol.17, No.1, April 2009, p.91.

型的案例便是老、中、越、泰四国联合禁毒和湄公河流域执法安全合作。

老挝北部,特别是金三角地区的毒品问题一直以来都困扰着老挝与周边国家,老挝与中、越、泰、缅等国之间的禁毒合作由来已久。早在1993年10月联合国第48届联大禁毒特别会议期间,老挝就和中国、缅甸、泰国、联合国禁毒署共同签署了《东亚次区域禁毒合作谅解备忘录》,确定了每年举行一次高级别例会,商讨禁毒合作事宜。1994年6月,中国、老挝、缅甸和联合国禁毒团在老挝万象举行了次区域禁毒高级官员会议。为进一步完善次区域合作模式,1995年5月,在北京成功举办了第一次《东亚次区域禁毒合作谅解备忘录》成员国部长级禁毒会议,中国、老挝、柬埔寨、缅甸、泰国、越南和联合国禁毒团的代表出席了会议。同时,中、越两国为老挝政府开展的罂粟改植项目提供了大笔资金。中国还通过支持境外罂粟替代工作,协助老挝禁毒。[①]

2001年6月,中、老、缅、泰四国长达800多公里的澜沧江—湄公河航道正式通航。但自通航以来,安全保障却远远滞后于航运事业的发展,商船遇袭和人员伤亡事件时有发生。2011年10月5日,中国商船"华平号"和"玉兴8号"在湄公河水域遭遇袭击,两艘船上的13名中国船员全部遇难。惨案发生以后,中方立即向老、缅、泰提出协商建立安全合作机制,得到积极回复。10月31日,湄公河流域执法安全合作会议在北京举行,老、中、泰、缅四国代表同意建立本流域的执法安全合作机制,并发表《湄公河流域执法安全合作会议联合声明》。11月25日至26日,老、中、泰、缅湄公河联合巡逻执法部长级会议在北京举行,决定从12月中旬开始在湄公河流域开展联合巡逻执法。2011年12月10日,老、中、泰、缅四国湄公河联合巡逻执法首航,标志着湄公河执法安全合作机制的正式启动。湄公河次区域国家间的非传统安全合作有利于保障国家间的货物贸易、人员往来和经济合作,同时也为湄公河沿岸的老挝创造了更为和平稳定的地区环境。

---

① 关于老、中、越、泰的禁毒合作问题,可参见马树洪、刘稚、邵建平等:《老挝的毒品问题》,载李晨阳主编:《金三角毒品问题研究》,云南大学出版社2010年版,第167—176页。

第六章　老挝的求安之策：强邻环绕下的服从与沉默

（五）老挝安全战略中的东盟因素

作为小国，老挝难以逃脱安全脆弱性的固有困境。当前，中、越、泰三国的互动关系和非传统安全挑战构成了影响老挝国家安全的主要因素。面对纷繁复杂的国际与国内局势，老挝的应对之道是顺应时局变迁，摆脱过度依赖毗邻强国的传统思维，借助外部力量和地区合作机制，塑造稳定的安全环境，为国家发展创造有利条件。

尽管东盟一直强调"多边主义"与"合作安全"，但这是对主要由中小国家构成、缺乏主导力量的联盟内部而言的，多数东盟国家仍然将"均势"政治与大国平衡作为维持地区秩序与国家安全的关键。处于"中－越－泰"三角互动之中的老挝一方面继续坚持和发展与越南之间的"特殊关系"；另一方面，积极发展与中国、泰国等周边国家的友好关系，以此制衡越南对老挝的控制。

对老挝来说，老越"特殊关系"是其安全战略的基石和轴心，越南则试图通过两国的"特殊关系"，在政治、经济、外交等各个方面影响乃至控制老挝。冷战时期，老挝曾一度完全倒向越南（苏联），而将泰国与中国视作威胁。随着国际局势的缓和与经贸关系的发展，老挝对泰、中两国的态度也发生了变化。历史上，泰国是老挝国家安全的主要威胁，当下则是老挝最重要的经贸伙伴之一。老挝民众对泰国的情感更为复杂，既警惕又依赖，既羡慕又担忧。中国是老挝对抗越南和泰国霸权的重要屏障，特别是因为历史上中国从未直接使用武力侵略过老挝。随着中国的崛起，地区内缺乏能够真正牵制和平衡中国的力量，中国投资在当地也引发的一系列环境问题和社区矛盾，老挝国内也存在对所谓"中国威胁"的忧虑。此外，老挝还积极改善与美国、日本、俄罗斯等大国的关系，争取更多的援助和支持，以降低对越南、中国和泰国的过分依赖。

作为一个贫弱、落后的小国，老挝各方面的资源、人才和能力都非常有限，因此仅凭一己之力难以真正实现地区力量的"均势"，所谓"大国平衡"的实质是为了确保不被任何一方所主宰而做的努力。为了应对"中－越－泰"三角互动和非传统安全议题的挑战，老挝还积极参与多边安全合作机制，将自己融入东盟这一集体形象中去，不出头、不折腾，以"合作安全"的方式表达和实践自身的安全利益。

1997年7月23日,老挝加入东盟,成为东盟的正式成员国。加入东盟也是老挝在参与多边安全合作方面所作出的有益尝试,对老挝的国家安全而言具有如下意义:

第一,通过东盟的安全合作推动传统的"大国平衡"战略。东盟多边主义地区合作已经成为东盟国家推行大国平衡外交的重要支柱,其根本目标就是利用与外部大国制度化的"合作安全"推进多层次的平衡战略,既防止出现任何一个区域霸权国家,又借此强化东盟国家自身的实力,将政治与军事安全的风险降至最低,进而维持本地区的和平与稳定。东盟追求大国平衡的意图体现在诸多方面,如东盟地区论坛建立的目标就是既通过美国的军事与政治介入带来平衡,又通过其他国家的参与,将美国限制在多边框架内以弱化其在亚太的霸权,以此保持区域权力平衡态势。2011年东盟将美国、俄罗斯拉入东亚峰会机制,一个重要的目的就是借此牵制迅速崛起的中国。

第二,通过东盟的协商合作机制,来推动以和平方式解决成员国间的主权领土争端,维护国家和地区稳定。20世纪90年代,老挝、越南、缅甸、柬埔寨四国先后签署《友好合作条约》,同意遵守领土完整以及和平解决争端的地区"行为规范",这有助于地区内部冲突的处理,促进国家间信任机制的构建。1987年老泰边境冲突以来,老挝与邻国之间再也没有爆发过大规模的主权和领土争端。虽然不能完全将其归因于东盟安全机制的有效性,但东盟安全机制在其中的作用也是举足轻重的。

第三,借助东盟提升自身的国际话语权和影响力。2004年11月,老挝作为东盟轮值主席国,成功举办了第10届东盟峰会,第8次东盟"10+1""10+3"会议和首次"东盟+印、澳、新"首脑会议。会议通过了为期6年的《万象行动计划》,以推进地区一体化建设,并决定建立"东盟发展基金"以保障落实。2005年老挝主办了东盟经济部长会议、东盟议会联盟会议和第30届东盟外长会议。在这一系列国际会议中,老挝利用东道国的身份设置议题、推进讨论、表达关切,提升了自身参与制定国际规范的能力,同时也"有机会充分展示本国的外交路线,树立了良好的周边和

第六章　老挝的求安之策：强邻环绕下的服从与沉默

国际形象,特别是为促进外国对老挝的投资和贸易提供了极好的场所。"①

第四,东盟"合作安全"的观念以及政治安全共同体的构建将在最大程度上保障老挝的独立与主权。加入东盟标志着老挝在国际政治中孤立地位的结束,同时可以期望以更加平等的方式与大国对话和往来。阿米塔·阿查亚在论述东盟扩展的影响时提到:"作为东盟成员国……(老挝等小国)能够在多边机制中利用协调和集体讨价还价的能力,从而保证获得更多的重建和发展的资源……也能够通过东盟外长扩大会议(ASEAN-PMC)约束世界主要大国……能够在东盟地区论坛内寻求自己的安全利益,因为东盟地区论坛包括所有影响亚太地区安全和稳定的主要角色。"②随着集体安全机制的不断完善,东盟国家"用一个声音说话"的趋势将会进一步强化,老挝的国家利益和安全战略也将越来越多地以集体安全的方式来表达和实践。

五、小结

学者秦晖曾用"不折腾"来形容老挝的国家特性。③ 这样的评价同样适用于老挝的安全战略和对外关系。纵观老挝历史,不难发现,每每面对强大的邻邦和外敌,老挝多选择"服从"和"沉默"的策略。这在相当程度上是囿于老挝国力弱小的无奈之举,也是老挝能够历经残酷的战火和诸强的威胁而得以生存的重要原因。当前,面对"中-越-泰"三角互动和非传统安全因素的挑战,老挝积极调整对外政策,作出了参与多边安全合作机制的有益尝试。老挝安全战略实践说明小国为克服自身的安全脆弱性,除了行之有效的对策外,还必须对外界环境变化保持高度敏感,对自身能力作出正确评估。老挝地理特征显著,地缘环境独特,国力微弱,影

---

① 张良民:《老挝与东盟的关系》,载北京大学东南亚学研究中心编:《东盟发展进程研究——东盟四十年回顾与展望》,香港社会科学出版社有限公司2008年版,第192页。
② Amitav Acharya, Constructing a Security Community in Southeast Asia: ASEAN and the problem of regional order, Routledge, 2009, p.140.
③ 秦晖:《老挝如何"不折腾"》,《经济观察报》2009年10月26日。

响国家安全和战略选择的因素十分明显:

(1)"地缘政治的诅咒"。这从根本上决定了老挝安全脆弱性的特点和表现:老挝国土狭长,深居内陆,且境内多山,地理条件缺陷造成了老挝的积贫积弱与地方势力的强大,导致其封闭落后,发展缓慢,国力弱小。老挝位居中南半岛腹地,是强邻环绕的"中间之地"(Land in Between),对周边邻国和域外大国具有重要的战略价值,历来是兵家必争之地,这也成为其地缘政治脆弱性的根源。地缘政治特点决定了老挝对外关系的"二元结构",使其极易成为大国势力扩张的"缓冲区"和"竞技场"。"地缘政治的诅咒"从根本上塑造着老挝安全战略的形成与发展。

(2)历史的经验和教训。历史上,老挝曾多次遭强敌入侵,国土支离,百姓流散,亦曾为大国殖民和侵占,主权沦丧,苟延残喘。这些惨痛的历史记忆都深刻影响着老挝国家安全政策的形成和特点。一方面,饱受战乱之苦的老挝人民更加向往和平、致力于创造持久稳定的国际环境;另一方面,泰国、缅甸、柬埔寨等邻国历史上都曾入侵老挝,使老挝对周边国家始终保持着提防和戒备。

与此同时,历史经验对当下老挝安全政策的制定也有重要的借鉴和指导意义。20世纪五六十年代,中立运动尝试的失败使老挝认识到自身并不具备实行中立主义的充分条件,即使短期内取得一定成果,但长远看来,终究只是空中楼阁。因此,虽然老挝人民民主共和国成立后也宣布将奉行独立、中立、友好和不结盟的对外政策,却是基于老越"特殊关系"之上的"中立",是一种名不副实的或者说"有条件"的"中立"。

(3)地区和国际环境的塑造。对小国而言,国际环境对其安全的影响更为突出,"小国的安全极大依赖于强大邻国或者大国间的势力均衡态势"。① 冷战时期,以美苏为首的资本主义与社会主义两大阵营相互对立,意识形态因素对国家间关系影响显著。在此背景下,老挝选择了一边倒向社会主义国家,并且继续维持、发展与越南的"特殊关系",服从于越南的控制。冷战结束以后,自由主义的国际机制逐渐发展和完善,小国的主权和安全得到承认与保障,国际合作与地区一体化进程加快。老挝安

---

① 韦民:《小国与国际关系》,北京大学出版社2014年版,第281页。

第六章　老挝的求安之策：强邻环绕下的服从与沉默

全政策的发展也顺应了这一趋势。1997年老挝加入东盟,成为东盟集体安全机制的组成部分。大多数情况下,老挝选择"沉默"于集体中,不争先、不出头,同时承认弱势,积极争取外国的援助和投资。

（4）小乘佛教文化的影响。关于宗教对国家行为的影响方式及程度,学界尚存争议,但可以肯定的是,民众的信仰、心理和价值追求对于一国政策的制定势必产生重要的影响。老挝是一个佛教国家,67%的老挝民众信仰佛教（主要是小乘佛教）。佛教的教义和精神早已深入人心,成为老挝社会文化的核心部分。佛教宣扬的因果业报、生死轮回等思想使老挝人形成了平和、安逸的民族性格,不喜争强好胜,不慕荣华富贵,安于现状,追求平静的生活方式。这种信仰和价值观作用于老挝的对外关系和安全战略思维,即表现为崇尚和平,不喜与他国对抗,重视发展与各国的友好关系。

国力衰弱,强邻环绕。安全自立不足以求存,安全依附不足以求安。在这种背景下,老挝选择了"服从"和"沉默"的低调应对策略。

第一,"服从"最具威胁性的强者以求自安。面对大国的威胁,老挝的抵抗总是显得微乎其微,因此在多数情况下它都会选择"服从"。"服从"即主动示弱,将自己置于弱者的位置,以缓和他者的敌意,换取强者的同情。历史上,面对强敌入侵,老挝往往选择归顺和服从,主动依附于大国的"保护",成为其附属国或殖民地。1778年以后,分裂的老挝诸王国附属于暹罗封建王朝的统治。1893年法国占领老挝,并以"保护国"的名义将老挝并入法属"印度支那联邦"。1945年3月,日本攻占老挝,琅勃拉邦王国以独立王国的名义加入"大东亚共荣圈",老挝国王发表"独立宣言",宣布老挝不再附属于法国,事实上承认了日军独占老挝并对其实行直接统治。1946年3月,法国殖民势力重新占领了老挝,并"承允在国际场合援助并支持老挝主权与独立","老挝王国再度自由地肯定声明隶属于法兰西联邦"。1975年老挝人民民主共和国成立以后,老挝继续维护和发展与越南的"特殊关系",两国发表联合公报,宣称"一种特别的、完全的、一贯性的和罕见的关系已经把越南和老挝联系在一起"。20世纪70年代中期至80年代中期,越南利用"特殊关系",从政治、经济、军事和外交等方面全面控制了老挝。

第二,低调"沉默",不招惹事端。"沉默"是将自己的形象隐没于群体之中,不出头、不折腾,以求自安。顺应全球化和地区合作的趋势,1997年老挝加入东盟,成为东盟正式成员国,这也是老挝在参与多边安全机制方面所作出的尝试。加入东盟多边安全合作机制有助于推动以和平方式解决主权和领土争端,维护国家和地区稳定,有助于老挝"大国平衡"战略的实施,提升自身的国际话语权和影响力,结束老挝在国际社会中的孤立地位,与大国进行平等的交往和对话,进而维护自身的主权与独立。东盟已经成为老挝发展对外关系的重要平台,在各种国际场合,老挝越来越多地以东盟国家的身份出现,东盟也是老挝在国际谈判中的重要筹码。

第三,借助外部力量,创造发展条件和安全空间。"沉默"与"服从"并不是懦弱,而是在维护根本利益的基础上,最大限度使自己避免损失、争取利益。服从和沉默也并不意味着完全的臣服,谦和驯顺背后,老挝实践着"多方平衡"的战略。对大国而言,老挝的力量微不足道,老挝利用"弱者的武器"在大国和国际组织间左右逢源,获取援助和投资,为自身发展创造条件。自独立至今,老挝是印支三国中唯一与中、美均保持外交关系且未曾中断的国家。① 冷战结束以来,老挝与中国保持了良好的双边关系。这一方面是受意识形态因素的影响,另一方面,中国崛起为老挝提供了重要的借鉴经验和发展契机。与此同时,老挝与美国的关系也逐渐解冻,近年来两国虽然仍存在龃龉,但相互示好、增进合作的势头明显。目前双方的合作主要集中在"缉毒、排雷、法律法规建设、艾滋病防治、搜寻越战期间美在老失踪人员遗骸、军事教育培训等方面"。② 在经济援助方面,美国宣布自 2013 财年起,对老挝的官方援助每年不低于 2800 万美元。除中美两国之外,老挝的官方发展援助主要来自于日本、韩国、印度、澳大利亚、瑞士、加拿大、亚洲开发银行、世界银行、欧盟等国家和国际组织。

总之,老挝位居要地,对周边国家和域外大国具有重要的战略价值。

---

① Ang Cheng Guan, "Indochina", in IDEAS Reports, *The New Geopolitics of Southeast Asia*, LSE IDEAS Report, November 2012, p.38.

② Thomas Lum, *Laos: Background and U.S. Relations*, Congressional Research Service, January 4, 2010, p.2.

第六章　老挝的求安之策：强邻环绕下的服从与沉默

变动的全球和地区环境、积贫积弱的落后状态以及严峻的人口和民族问题,共同构成了老挝国家安全脆弱性的根源。地缘环境决定了老挝对外关系的"二元结构"。作为小国,老挝兼具"小要国"和"小弱国"的特点。面对环绕的强邻,老挝并没有采取强硬的姿态,而是选择了服从与沉默：服从大国,放低姿态,主动示弱,缓和他者的敌意,换取大国的同情;将自己融入地区和集体中去,不争先,不出头,不折腾,更不惹事。凭借这样低调的策略和智慧,老挝维护了自身的独立和安全。对同类小国而言,这亦有重要启示和参考价值。

第七章

新加坡安全战略模式：发展、威慑与平衡

新加坡是个小国，经过半个世纪的奋斗，如今已是世界政治经济中最成功的国家之一，不愧为令人信服的发展楷模和引人注目的小强国。新加坡的成功无疑是诸多因素共同作用的结果。其中，地理位置为该国的经济发展和对外交往提供了优越的条件，高效的国家治理带来了长期繁荣与社会稳定，明智且灵活的对外战略营造了稳定的外部环境。在国家安全方面，新加坡建国以来逐渐形成了以国家发展为前提、以军事威慑能力为保障、以灵活现实外交战略为纽带的综合性安全战略体系，有效地维护和促进了国家安全利益。学界普遍认为，新加坡是小国安全战略的成功实践者，是操作大国平衡战略的代表性国家，其安全战略模式值得大小国家深思。

一、新加坡的安全特性：地缘价值与脆弱性

如同许多其他小国，新加坡也经历了一个漫长的殖民统治期，二战之后方才独立建国。相较大多数小国，新加坡仅是地图上的一个"小红点"

第七章 新加坡安全战略模式:发展、威慑与平衡

(Little Red Dot)①,在东南亚地图上,新加坡是个很难辨识的目标,在局部的马六甲区域也同样毫不起眼,但该国所处位置却极富战略价值。这为该国政治经济发展和安全战略选择提供了良好的条件。与此同时,狭小的国家规模和独特的地缘环境也衍生了挥之不去的脆弱性。脆弱性是新加坡政治和社会生活的基本背景,对其国家意识、发展理念和战略构思具有不言而喻的影响。强烈的生存危机感和进取意识是新加坡的重要特性。

(一)历史变迁中崛起的小国

新加坡是个城市国家,属热带海洋性气候,常年高温多雨。该国位于马来半岛南端的马六甲海峡出入口,北隔柔佛海峡与马来西亚相邻,南隔新加坡海峡与印度尼西亚相望。新加坡领土面积仅718.3平方公里②,由新加坡岛及附近的63个小岛组成。其中,新加坡岛占全国总面积的88.5%。新加坡地势低平,平均海拔15米,最高海拔163米,海岸线长193公里。③

从历史背景考察,新加坡是个多元种族、多元文化的移民之地。在大多数历史时期里,它仅仅是一个人烟稀少、周边渔民暂住的小村落。公元8世纪,该地隶属室利佛逝王朝(Srivijaya Dynasty),18—19世纪则成为马来柔佛王国的一部分。1298年至1299年期间,首批移民落户此处,并将该村落命名为"淡马锡"(Temasek)。公元14世纪,这个地理位置优越的小岛被赋予新加坡(意为"狮城")的新名称。由于位处马来半岛最南端,是海上航线的天然交汇点,在东西方贸易不断发展的背景下,它迅速崛起

---

① 1998年8月,印尼发生大规模排华暴乱,针对印尼华人的打砸抢烧令人发指,激起了全世界的公愤,新印(尼)关系亦受影响。其时,印尼前总统哈比比(1998—1999在任)首次以"小红点"比喻新加坡,以发泄对新加坡的不满。他称对新加坡没有朋友般的感情,并指着一幅地图说:"我没什么,可是印尼有2.11亿人口。所有绿色的范围都是印尼。而那'小红点'就是新加坡"。"小红点"迅速成为新加坡的流行语,新加坡人常以此自嘲,且以作为取得大成就的"小红点"的国民而深感自豪。
② 新加坡统计局网站:http://www.singstat.gov.sg/statistics/latest-data#14。检索时间:2015年5月30日。
③ 中国外交部官网:《新加坡国家概况》。http://www.fmprc.gov.cn/mfa_chn/gjhdq_603914/gj_603916/yz_603918/1206_604786/。检索时间:2015年5月30日。

为繁荣的海上贸易中心。来自中国、印度、阿拉伯的帆船以及葡萄牙的战舰等,都曾中转、停留此地。

英国人来新开埠是新加坡历史上的里程碑事件。19世纪初,海上东南亚诸国纷纷沦为西方列强的殖民地时,新加坡已是马六甲海峡极具发展潜力的海上贸易站。基于日益壮大的帝国的经济扩展和商船队运输的需要,以及遏制荷兰在该区域势力扩张的战略考虑,英国意识到在此设立港口的必要性。1819年1月28日,史丹福·莱佛士爵士(Sir Stamford Raffles)登陆新加坡,与当地统治者谈判签约,将新加坡设为海上贸易站。英国人在岛上实施的自由贸易政策吸引了亚洲、美国甚至中东的商人纷纷前来进行商贸活动。新加坡由此迎来了繁荣发展的新阶段,这也是新加坡近代史的发端。

此后,新加坡始终是英国在东南亚的关键据点。1824年新加坡沦为英国的殖民地,成为英在远东的转口贸易商埠和在东南亚的主要军事基地。1832年新加坡成为英国属下海峡殖民地(由槟榔屿、马六甲和新加坡组成)的行政中心。1873年至1913年期间,随着苏伊士运河在1869年的开通以及电报、蒸汽轮船的出现,国际贸易快速发展,新加坡作为扩展东西方贸易中心的重要性得到进一步提升,人口随之持续增加。1860年这个欣欣向荣的小岛人口已从1819年的150人激增至80792人,[1]其中,华人、马来人和印度人占据多数。1942年新加坡惨遭日本入侵和占领。1945年日本投降,英国人恢复在新加坡的殖民统治,并实施军事管制。1946年4月,新加坡被划为英国的直属殖民地。

第二次世界大战后,在浩浩荡荡的非殖民化世界浪潮下,自主意识崛起的新加坡人迎来了独立建国的新时代。1959年新加坡实现自治,成为英国的自治邦,但英国仍然保留国防、外交、修改宪法、宣布紧急状态等权力。随后,新加坡成立自治政府,并首次举行立法议会选举。在这次意义深远的选举中,人民行动党(People's Action Party)获得43席的绝大多数议席,党首李光耀当选新加坡首任总理。这无疑开启了新加坡历史的新篇章。1961年马来亚建议新加坡、马来亚联邦、沙捞越、北婆罗洲(今称

---

[1] 《新加坡简史》:http://www.yoursingapore.com/content/traveller/zh/browse/aboutsingapore/a-brief-history.html. 检索时间:2015年5月30日。

第七章 新加坡安全战略模式:发展、威慑与平衡

沙巴)和文莱合并,建立马来西亚联邦。1962年新加坡举行的全民公决显示,新加坡人支持这一合并计划。1963年9月16日,马来亚、新加坡、沙捞越和北婆罗洲正式合并,新加坡成为马来西亚联邦的一部分。然而,不到两年,由于新马之间难以调和的政治矛盾,新加坡被迫于1965年8月9日脱离马来西亚,成立独立自主的新加坡共和国。

建国伊始,新加坡政治家们曾为这个小国的生存前景忧心忡忡,外界也普遍认为它根本不具备主权国家的基本条件,发展前景堪忧。新加坡实在太小,资源稀缺,甚至连饮用水这些生活必需品都无法自给自足。然而,短短数十年里,这个年轻的小国就从一个孱弱之国蜕变为一个堪与西方发达国家相媲美的现代化国家,在经济发展、政治发展、社会治理乃至国际表现等诸多方面均有不俗表现。

第一,经济发展成就显著,经济发展水平在东南亚、东亚、亚洲乃至世界上均居前列。2014年,新加坡经济总量达到3080.5亿美元(参见图7-1)。考虑到它狭小的人口和领土规模,这的确是一个非凡的经济成就。

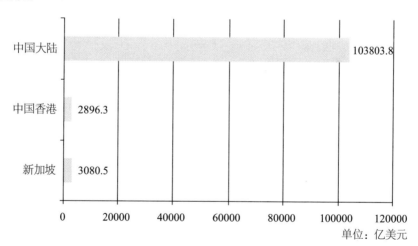

图7-1 新加坡经济总量国际比较(2014)

数据来源:IMF: https://www.imf.org/external/pubs/ft/weo/2014/02/weodata/weorept.aspx。检索时间:2015年6月9日。

第二,人民享受着发达国家的生活水准。早在2000年之前,新加坡人民的生活水平就可与发达的瑞士等国相提并论。此后,新加坡经济保

持着可持续发展态势,在经济总量不断增加的同时,人均收入也在不断提高。2014年新加坡人均GDP高达约5.63万美元,将美国、日本等老牌发达国家抛在身后(参见表7-1)。

表7-1 新加坡人均GDP国际比较

单位:美元

年份	新加坡	美国	日本	中国	卡塔尔
1960	427.88	3007.12	479.00	88.72	
1961	448.96	3066.56	563.59	75.05	
1962	471.88	3243.84	633.64	70.12	
1963	510.98	3374.52	717.87	73.42	
1964	485.30	3573.94	835.66	84.57	
1965	516.29	3827.53	919.78	97.47	
1966	566.53	4146.32	1058.50	103.18	
1967	625.72	4336.43	1228.91	95.50	
1968	708.26	4695.92	1450.62	90.37	
1969	812.26	5032.14	1669.10	98.89	
1970	925.28	5246.96	2003.65	111.82	2760.07
1971	1074.51	5623.59	2234.26	117.18	3250.88
1972	1370.68	6109.69	2917.66	130.11	3913.34
1973	1927.76	6741.10	3931.30	155.08	5585.78
1974	2359.28	7242.32	4281.36	158.00	15633.12
1975	2558.66	7819.96	4581.57	175.87	15288.85
1976	2647.53	8611.46	5111.30	162.92	18898.54
1977	2882.52	9471.53	6230.34	182.68	19832.79
1978	3425.56	10587.42	8675.01	154.97	21097.69
1979	4077.90	11695.36	8953.59	182.28	27439.77
1980	5003.89	12597.65	9307.84	193.02	34990.05
1981	5670.82	13993.36	10212.38	195.30	34913.61
1982	5997.94	14439.02	9428.87	201.44	27400.69

续表

年份	新加坡	美国	日本	中国	卡塔尔
1983	6714.40	15561.27	10213.96	223.25	20913.36
1984	7155.44	17134.32	10786.79	248.29	19646.64
1985	6781.82	18269.28	11465.73	291.78	16584.54
1986	6864.25	19115.24	16882.27	279.18	12686.98
1987	7786.61	20100.79	20355.61	249.41	12866.59
1988	9316.39	21483.11	24592.77	280.97	13562.95
1989	10711.03	22922.47	24505.77	307.49	14010.38
1990	12766.19	23954.52	25123.63	314.43	15446.33
1991	14504.52	24404.99	28540.77	329.75	14189.04
1992	16144.33	25492.96	31013.65	362.81	15616.95
1993	18302.37	26464.78	35451.30	373.80	14546.04
1994	21578.14	27776.81	38814.89	469.21	14894.69
1995	24937.31	28782.33	42522.07	604.23	16238.35
1996	26262.28	30068.23	37422.86	703.12	17677.59
1997	26386.62	31572.64	34304.15	774.47	21337.10
1998	21824.09	32949.31	30969.74	820.87	18633.92
1999	21796.38	34620.84	35004.06	864.73	21660.44
2000	23793.04	36449.93	37299.64	949.18	29914.26
2001	21576.87	37273.53	32716.42	1041.64	28666.61
2002	22016.71	38165.99	31235.59	1135.45	30748.53
2003	23574.00	39677.30	33690.94	1273.64	35644.40
2004	27404.58	41921.71	36441.50	1490.38	44051.66
2005	29869.63	44307.83	35781.17	1731.13	54228.83
2006	33578.89	46437.11	34075.98	2069.34	62920.64
2007	39223.53	48061.42	34033.69	2651.26	69166.72
2008	39722.11	48401.49	37865.62	3413.59	84812.44
2009	38576.96	47001.43	39322.61	3748.50	62527.64
2010	46569.69	48377.39	42909.25	4433.34	71510.16

续表

年份	新加坡	美国	日本	中国	卡塔尔
2011	52870.54	49803.49	46203.70	5447.31	88861.00
2012	54007.30	51495.87	46679.27	6092.78	92801.04
2013	55182.48	53041.98	38633.71	6807.43	93714.06
2014	56319.34	54596.00	36331.74	7589.00	93965.00

数据来源:The World Bank Group, "GDP per capita(current US $)", 2015。检索来源:The World Bank Group: http://data.worldbank.org/indicator/NY.GDP.PCAP.CD?display=default。其中,2014年数据来源:IMF: https://www.imf.org/external/pubs/ft/weo/2014/02/weodata/weorept.aspx。检索时间:2015年6月9日。

第三,国家治理出色,在衡量国家治理水平和成效的许多世界排名中占据前列。新加坡被公认为最适合人类居住、最安全的城市之一。根据"经济学人智库"(The Economist Intelligence Unit Limited)2015年发布的《安全城市指数:数字化时代的城市安全评估》(The Safe Cities Index: Assessing Urban Security in The Digital Age),新加坡是仅次于东京的全球第二安全城市(参见表7-2)。①

表7-2 最安全城市世界排名前20城市

城市	人口规模	国家/地区	得分	排名
东京	1000万+	日本	85.63	1
新加坡	500—1000万	新加坡	84.61	2
大阪	1000万+	日本	82.36	3
斯德哥尔摩	0—500万	瑞典	80.02	4
阿姆斯特丹	0—500万	荷兰	79.19	5
悉尼	0—500万	澳大利亚	78.91	6
苏黎世	0—500万	瑞士	78.84	7
多伦多	500—1000万	加拿大	78.81	8
墨尔本	0—500万	澳大利亚	78.67	9

① The Economist Intelligence Unit Limited, "The Safe Cities Index: Assessing urban security in the digital age", The Economist Intelligence Unit Limited, 2015, p.4.

续表

城市	人口规模	国家/地区	得分	排名
纽约	1000万+	美国	78.08	10
香港	500—1000万	中国	77.24	11
旧金山	0—500万	美国	76.63	12
台北	0—500万	中国台湾	76.51	13
蒙特利尔	0—500万	加拿大	75.6	14
巴塞罗那	500—1000万	西班牙	75.16	15
芝加哥	500—1000万	美国	74.89	16
洛杉矶	1000万+	美国	74.24	17
伦敦	1000万+	英国	73.83	18
华盛顿	0—500万	美国	73.37	19
法兰克福	0—500万	德国	73.05	20

数据来源：The Economist Intelligence Unit Limited, "The Safe Cities Index: Assessing urban security in the digital age", The Economist Intelligence Unit Limited, 2015, p.9.

与此同时，在政治效率、政府廉洁、全球化程度、经济开放性、犯罪率、国际竞争力等全球排名中，新加坡同样享有较高的国际声誉(参见表7-3)。

表7-3 新加坡国家治理相关领域的世界排名

序号	评估项目	评估年度	世界排名
1	投资潜力	2011	1
2	全球化程度	2010	3
3	经商环境	2012	1
4	全球竞争力	2011—2012	2
5	网络普及率	2010—2012	2
6	知识产权保护	2011—2012	2
7	政府效率	2011	3
8	政府清廉度	2011	7
9	政策透明度	2011	2
10	劳动力效率与工作态度	2011	1

续表

序号	评估项目	评估年度	世界排名
11	劳资关系	2011	2
12	工作环境	2011—2012	3
13	生活质量	2011	25

数据来源:新加坡经济发展局(EDB)官网:《资料与排名》。https://www.edb.gov.sg/content/edb/zh/why-singapore/about-singapore/facts-and-rankings/rankings.html。检索时间:2015年5月27日。

此外,在评价国家综合治理成效和社会发展水平的人类发展指数(HDI)世界排名中,新加坡也不遑多让,长期处在全球排名的前列。2014年该国排名世界第九。

第四,国际声誉可观,在东南亚、东亚和其他全球多边外交上非常活跃,具有与其国家规模不相称的国际地位和影响力。

第五,拥有一支具有较强军事威慑力的军队。新加坡堪称东南亚地区的军事强国,军事预算、武器装备、军队训练和全面防卫政策安排等都走在诸多更大邻邦的前列。

优异的国家治理与发展成就,辅之以极具战略价值的地理位置,不仅大幅提高了新加坡的国际地位,增强了在国际体系中的影响力,也为新加坡制定和推行较为独特的安全战略创造了条件。

(二) 地理位置优越性与安全脆弱性

新加坡是幸运的,它恰好处在战略价值非凡的地理位置之上。新加坡南濒新加坡海峡,是南海、爪哇海与马六甲海峡间的咽喉。马六甲海峡位于马来半岛与苏门答腊岛之间,为太平洋与印度洋的连接纽带,是亚、非、澳、欧沿岸国家贸易往来的重要海上通道,通航历史远达两千多年,许多发达国家进口的石油和战略物资都要途经此地。优越的地理位置是新加坡历史演进和现实中政治经济发展的关键动因之一。

(1) 新加坡的历史变迁与该国的地理位置紧密相关。随着东西方经贸关系的不断发展,该国地理位置的优越性也在同步提升。1819年英国人莱佛士来新开埠是新加坡近代史的发端,在迅速发展的国际贸易中,新加坡的人口迅速攀升,种族结构也逐渐成形。英国的长期殖民统治深刻影响着该国的社会文化和政治生态,这为现代新加坡的发展提供了初始

第七章 新加坡安全战略模式：发展、威慑与平衡

条件。

（2）优越的地理位置是建国后新加坡经济起飞的催化剂。新加坡国家规模狭小，自然资源稀缺，缺乏维持经济持续发展的先天条件。外部市场是新加坡经济发展的唯一依托。借助天赐的地理位置，新加坡充分利用地理优势，大力发展港口业务、转口贸易和相关服务业，在东西方之间、中东和东亚经济体之间充当中转服务角色，从而迅速推动了国家的整体经济成长。不断演进的经贸全球化发展趋势更加凸现了新加坡的地缘经济价值。

（3）独特的地理位置是新加坡对外战略的重要砝码。新加坡"大国平衡战略"的构思和实施与其地缘位置高度相关。平衡战略的要诀在于吸引诸多大国的战略关注，而大国的战略兴趣往往来自战略价值。新加坡的地缘战略价值不言而喻，是关乎其生存的重要优势。大国普遍认同新加坡的战略重要性是它发挥这一优势的前提。新加坡建国之父李光耀指出："芬兰如果被邻国苏联或瑞典侵略，列强可不必理会，因为这跟列强之间的势力均衡没有关系……可是如果没有了新加坡，那就对它们非常麻烦了。我们必须好好照顾这一点；我们的地方虽小，可是几乎全世界都公认这个小岛具有极大的战略重要性。"[①]现实之中，新加坡奉行积极外交政策，广泛结交诸多大国，"鼓励世界上的主要强国知道它的存在"，[②]并理解新加坡所具有的战略意义，在大国交织的利益和关注中凸现自己的价值，从容操作大国之间的平衡策略。

然而，优越的地理位置并不能消除小国固有的脆弱性。新加坡幅员狭小，一度令人怀疑这个国家能否生存下去。李光耀为此坦言新加坡独立的无奈以及国家生存的艰难："一些国家原本就独立，一些国家争取到独立，新加坡的独立却是强加在它的头上的。对新加坡来说，1965年8月9日不是什么值得庆祝的日子。我们从没争取新加坡独立，一个独立的新加坡根本无法生存下去。"[③]现在，新加坡是一个治理有方、经济富裕的国家，但"小"与地缘环境衍生的脆弱性依然清晰可见。

[①] 新加坡联合早报（编）：《李光耀四十年政论选》，新加坡联合早报1993年版，第133页。
[②] 陈岳、陈翠华编著：《李光耀：新加坡的奠基人》，克宁出版社1995年版，第214页。
[③] 李光耀：《风雨独立路：李光耀回忆录》，外文出版社、新加坡联合早报、联邦出版私人有限公司1998年版，第11页。

第一,"小"带来难以根除的国家脆弱性。这突出表现在以下几个方面:(1)幅员狭小,截至 2014 年,其领土面积 718.3 平方公里,仅是中国香港的 64.8%、北京市海淀区的约 1.67 倍(参见图 7-2),经济资源严重匮乏,甚至农产品和饮用水这些最基本的生活必需品也需仰仗外部。狭小的内部市场某种程度上决定了新加坡经济发展的强烈外部依赖性。

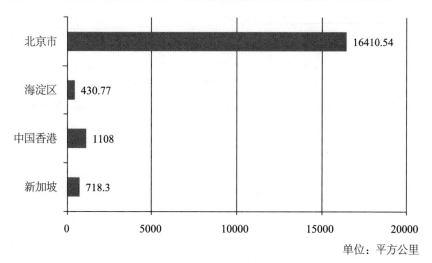

图 7-2 新加坡国土面积对比图

数据来源:新加坡统计局网站:http://www.singstat.gov.sg/statistics/latest-data#14。The Central Intelligence Agency, "The World Factbook:COUNTRY COMPARISON:AREA"。检索来源:The Central Intelligence Agency:https://www.cia.gov/library/publications/the-world-factbook/rankorder/2147rank.html#sn。中国中央政府门户网站:《中国简况:北京》,2013 年。检索来源:中国政府网:http://www.gov.cn/test/2013-03/25/content_2361895.htm。北京市海淀区人民政府:《行政区划》,2014 年 12 月 16 日。检索来源:北京市海淀区人民政府:http://www.bjhd.gov.cn/gk/xzqh/201412/t20141216_5560.htm。检索时间:2015 年 5 月 30 日。

(2)国家发展与生存空间构成难以摆脱的困境。截至 2014 年,新加坡人口 546.97 万,这种绝对小的人口规模制约着经济发展和战略安全空间。同时其作为世界上最拥挤的国家之一,2013 年人口密度高达 7713.1 人/平方公里,仅次于摩纳哥,高居世界第二位(参见表 7-4)。人口规模和国土规模局限相互制约,成为国家综合实力发展的"瓶颈"。

表7-4 新加坡与主要国家人口密度对比(1961—2013)

单位:人/平方公里

年份	新加坡	美国	中国	印度	日本
1961	2540.9	20.1	70.3	154.3	258.9
1962	2612.2	20.4	70.9	157.4	261.3
1963	2679.1	20.7	72.7	160.6	264.0
1964	2748.7	20.9	74.4	164.0	266.8
1965	2816.3	21.2	76.2	167.5	269.7
1966	2887.2	21.5	78.3	171.1	272.1
1967	2951.6	21.7	80.4	174.8	274.7
1968	3003.0	21.9	82.5	178.7	275.6
1969	3048.5	22.1	84.8	182.6	281.4
1970	3096.3	22.4	87.2	186.7	284.6
1971	3153.6	22.7	89.6	191.0	288.2
1972	3212.5	22.9	91.8	195.3	292.4
1973	3273.1	23.1	93.9	199.9	294.8
1974	3328.1	23.3	95.9	204.5	300.5
1975	3377.0	23.6	97.6	209.3	305.4
1976	3422.8	23.8	99.1	214.2	307.7
1977	3470.6	24.0	100.5	219.3	310.8
1978	3512.8	24.3	101.8	224.5	313.6
1979	3557.5	24.6	103.2	229.7	316.2
1980	3602.8	24.8	104.5	235.1	318.8
1981	3780.3	25.1	105.9	240.5	321.1
1982	3950.0	25.3	107.4	246.0	323.5
1983	4001.6	25.5	109.0	251.6	325.7
1984	4077.9	25.7	110.4	257.2	329.1
1985	4083.6	26.0	112.0	262.9	331.2
1986	4079.7	26.2	113.6	268.7	333.1
1987	4141.5	26.5	115.5	274.6	334.9
1988	4247.9	26.7	117.3	280.5	336.3
1989	4374.5	26.9	119.2	286.4	337.7
1990	4547.9	27.3	120.9	292.2	338.8
1991	4679.3	27.6	122.6	298.1	339.9

续表

年份	新加坡	美国	中国	印度	日本
1992	4821.9	28.0	124.1	304.0	340.7
1993	4945.5	28.4	125.5	309.8	341.6
1994	5103.0	28.7	126.9	315.6	342.7
1995	5260.4	29.1	128.3	321.5	344.0
1996	5478.7	29.4	129.7	327.3	345.0
1997	5665.7	29.8	131.0	333.1	345.8
1998	5861.5	30.1	132.3	338.9	346.8
1999	5908.5	30.5	133.4	344.8	347.4
2000	6011.8	30.8	134.5	350.6	348.0
2001	6176.1	31.1	135.5	356.4	348.8
2002	6186.7	31.4	136.4	362.1	349.6
2003	5989.5	31.7	137.2	367.9	350.4
2004	6047.5	32.0	138.1	373.5	350.5
2005	6191.3	32.3	138.9	379.1	350.5
2006	6342.1	32.6	139.6	384.5	350.8
2007	6602.3	32.9	140.4	389.8	351.2
2008	6913.4	33.2	141.1	395.1	351.3
2009	7125.1	33.5	141.8	400.3	351.3
2010	7252.4	33.8	142.5	405.5	351.3
2011	7405.3	34.1	143.2	410.7	350.6
2012	7589.1	34.3	143.9	415.9	349.9
2013	7713.1	34.6	144.6	421.1	349.3

数据来源:The World Bank Group, "Population density(people per sq. km of land area)",2015。检索来源:The World Bank Group: http://data.worldbank.org/indicator/EN.POP.DNST/countries? display = default.

（3）新加坡相对实力有限,安全自主途径不足以确保国家的可持续安全。该国地表面积狭小,缺乏内陆腹地,安全缺陷显著。国土面积小甚至影响到军队的日常训练。新加坡军队在境内很难找到适合训练的空间,许多军事训练不得不选择在其他国家或地区进行。譬如,新加坡的两个战斗机分遣部队、一个运输机分遣部队和一个直升机分遣部队在美国受训。法国、文莱和大洋洲也有新加坡空军训练所。无人机分遣部队部署在南非,短期集训有时会安排在泰国和印度尼西亚。此外,新加坡还非常注重与邻国进行联合军事演习。与新加坡合作进行军事演习的国家包括泰国、马来西亚、印度尼西亚和澳大利亚,森林作战训练在文莱进行,炮兵训练则在新西兰完成。① 中国台湾也是新加坡军队的训练场所之一。作为一个城市国家和外部依赖性特别显著的国家,新加坡的安全防卫确实存在极大的脆弱性和不确定性。

第二,"新加坡困境"衍生的潜在国家风险。新加坡的安全环境与毗邻的两个区域大国紧密相关。在马来人环绕的背景下,华人占主体的新加坡不得不谨慎应付身边的巨人。印度尼西亚,尤其紧邻的马来西亚对新加坡的生存和发展至关重要。这也是1965年李光耀不愿脱离马来西亚的根本原因。新加坡以华人为主体。2014年华人占新加坡总人口的74%,马来人占14%,印度人占9%,其他族群占3%(参见图7-3)。这样的族群构成与新马特殊关系共同构建的"新加坡困境"(Singapore Dilemma)是新加坡安全面临的持久挑战。

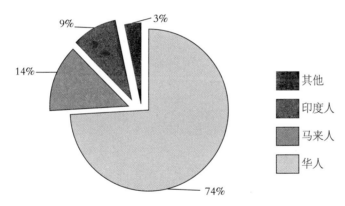

图7-3　新加坡的主要族群构成(2014)

数据来源:Government of Singapore,"Population and Population Structure"。检索来源:Government of Singapore:http://www.singstat.gov.sg/statistics/browse-by-theme/population-and-population-structure.

新加坡困境是国内的华人和马来人之间相互建构的不安全感,是地缘政治环境和复杂种族关系交互作用的产物。这种相互认知模式隐藏着

---

① 新加坡文献馆:http://www.sginsight.com/xjp/index.php?id=7872。检索时间:2015年5月29日。

潜在的政治社会风险。马来人的不安全感源于其社会经济和政治上的边缘化地位，华人的不安全感则根源于其在马来人地区的少数地位。两者相互强化，构成"不安全感"和"脆弱性"的恶性循环。①

新马历史情结和相互刻板印象影响着两个族群间的信任关系。在新加坡华人看来，马来人的社会特性是满足现状、好逸恶劳、冷漠、贪图享乐、没有进取心、不遵守纪律，缺乏物质追求驱动的商业动力。这种对马来社会的认知受到"殖民主义和东方主义者对马来社会论述的深刻影响"。② 如此种族刻板印象直接形成了政治精英的负面评估，甚至发展到对马来人智商的质疑。李光耀曾公开称马来人在数学上的表现永远不能超过华人："如果你假装问题根本不存在，马来人在数学上可以与华人一样好，那么你就创造了一个你无法摆脱的天大神话。"③诸如此类的"定见"为华人与马来人的表现差异建构了"合理的"解释：华人的"失败"一般被归因于个体，而马来人的"失败"则往往归结于文化因素。④

出于生存与发展的强烈忧患意识，华人主导的新加坡政府制定了许多"自我防御"政策，旨在确保华人在政治经济上的支配地位，同时防范被"马来人的海洋"淹没的风险。1989年选区族群比例规定，马来人在任何选区都不能超过选区总人数的20%，在任何"组屋"不能超过22%的比例。这个规定得到有效实施，非马来人和马来人相互出售房屋的行为被禁止。近86%的新加坡人居住在政府"组屋"，这样的比例限制有效稀释了马来社区群体性选举力量的基础。⑤ 在马来人看来，新加坡华人政府一直相当重视武装力量建设，但在武装部队的敏感部门则采取排斥马来人的政策。马来西亚用国家政策扶植马来人，导致华人逐渐被边缘化；在新加坡，虽然新加坡政府采取相对公平的种族政策，但马来人依然担心自身经济地位的日益边缘化。这种相互对立的族群认知对国家具有潜在的

---

① Lily Zubaidah Rahim, *The Singapore Dilemma: The political and Educational Marginality of the Malay Community*, New York: Oxford University Press, 1998, p.250.

② Ibid., p.49.

③ *Straits Times*, 26 June 1992.

④ Lily Zubaidah Rahim, *The Singapore Dilemma: The political and Educational Marginality of the Malay Community*, New York: Oxford University Press, 1998, p.239.

⑤ Ibid., p.76.

第七章　新加坡安全战略模式：发展、威慑与平衡

破坏性。展望未来，如果稳定发展的新加坡日后陷入政治动荡和社会失序，那么最大的危机可能源自这种不确定性的族际关系。

第三，独特的地缘政治环境产生的安全脆弱性。新马、新印（尼）关系对新加坡的生存发展至关重要，新马心结一方面是"新加坡困境"的重要表现，另一方面也充分显示了新加坡的脆弱性。作为小国，新加坡处在东南亚的"回教海洋"之中①，对邻国自然资源和生活必需品的依赖、对未来处境的担忧，使其在邻国面前显得脆弱不堪。"孤立"于马来世界的感受让新加坡领导人形成了一种"围困心态"（siege mentality），他们将新加坡看作是处于邻国持续不断威胁之下的国家。② 如果把新加坡内部的族际关系问题置于更大的周边环境中考虑，新加坡面临的内外压力就更显突出了。

第四，较大邻国的潜在挑战。在人口和领土面积规模上，东南亚邻国在新加坡面前堪称"巨人"（参见图7-4）。然而，在经济发展层面，新加坡要比邻国超前10到15年，甚至更多。随着新加坡发展步伐的不断加快，邻国的停滞不前甚至倒退，它同邻国之间的发展差距进一步拉大。贫富差距不断扩大，在新加坡和邻国之间增添了"眼红政治"的因素。③《联合早报》引述权威杂志《经济学家》的报道："一些东盟成员国总爱找新加坡的麻烦，主要是因为它们都无法容忍这个小国比它们富有，也从不掩饰自己的成功。"④小国身份与邻国间相互比较和竞争而产生的"邻居效应"（neighbor effect）使得新加坡屡遭邻邦"敲打"。邻国"教训"新加坡的手

---

① 东南亚是世界上穆斯林人口较为集中的地区之一，穆斯林占地区总人口的39.45%。其中，印尼是世界上穆斯林人口最多的国家。东盟各国穆斯林占其总人口的比例分别为：印尼（88%）、文莱（67.12%）、马来西亚（60%）、新加坡（15%）、柬埔寨（5.14%）、菲律宾（5%）、泰国（4.6%）、缅甸（4%）、越南（0.08%）、老挝（0.01%）。Source：Most of the total population figures for individual countries are drawn from CIA（2005）. from Greg Fealy&Virginia Hooker（Compiled&edited），*Voices of Islam in Southeast Asia*，Singapore：Institute of Southeast Asian Studies，2006，p.7. 说明：2014年，马来人占新加坡总人口的14%，数据来源：Government of Singapore，"Population and Population Structure". 检索来源：Government of Singapore：http：//www.singstat.gov.sg/statistics/browse-by-theme/population-and-population-structure.

② Bilveer Singh，"The Military and Small States：the role of hard power in Singapore's domestic and foreign policy"，Paper presented at the Sixth Pan-European International Relations Conference，12-15 September 2007，Turin，Italy.

③ 新加坡《联合早报》，2007年2月25日。

④ 新加坡《联合早报》，2007年3月17日。

段多种多样,如马来西亚"关闭水龙头"、拆除新柔长堤的威胁;印尼禁止供应海沙和陆沙,哈比比威吓新加坡这个"小红点";泰国关于淡马锡并购他信"臣那越"集团的指责;2007年初,在新加坡副总理贾古玛会晤泰国前总理他信之后,泰国外长尼亚表达不满,称新加坡"扇了泰国一记耳光";①菲律宾"女佣"被处死的刑事案件引发的"反新"活动等。这些现象反映了新加坡在东南亚的尴尬处境。

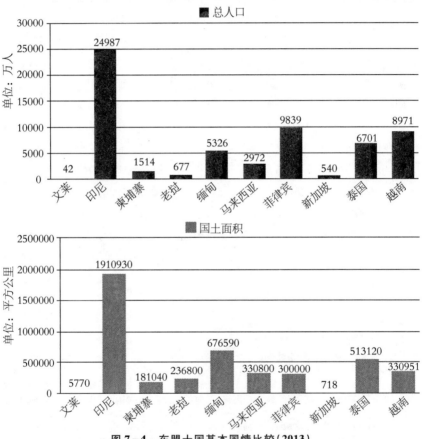

图7-4 东盟十国基本国情比较(2013)

数据来源:The World Bank Group, Indicators (2015)。检索来源:The World Bank Group: http://data.worldbank.org/indicator?display=default。其中,新加坡数据采自2014年度:新加坡统计局网站:http://www.singstat.gov.sg/statistics/latest-data#14。检索时间:2015年6月8日。

---

① 新加坡《联合早报》,2007年1月21日。

第七章　新加坡安全战略模式：发展、威慑与平衡

作为一个小国,新加坡在维持国家生存与发展的过程中始终面临两难的境地:弱小强化了先天脆弱性,"强大"加剧了邻国的猜忌和"敲打"。印尼一位议员对新加坡的看法可能代表了许多东南亚国家:"我们是从两方面去看新加坡,一面是把它视为发展的楷模,另一面就如许多人都看到的,它是一个傲慢的经济巨人,随时会用它的财力去伤害邻国。"①

小国在面对压力时更为脆弱,面对逼迫时更有可能屈服,政治选择更为有限。② 就像一艘行驶在变幻莫测、风险无常的大海上的小船,小国受体系变迁的影响更为剧烈,抵御或化解外部冲击的能力更为虚弱。通常来看,一个小国将承受或自愿去适应强加于它的国际变迁。只有大国才能重构或拒绝适应全球环境,与此同时却能依然生存与发展下去。③在经济发展和国家安全方面依赖外部世界是小国的必然选择,其中隐含的不仅是生存与发展的机会,而且也潜伏着不可忽视的体系与政策风险。

二、新加坡的政经发展与军事能力建设

小国安全的根基是可持续的经济发展。这是确保社会稳定和国内安全的前提,是提高防卫能力的物质基础,同时也是外交战略的内在条件。成功的小国经济发展进程往往是融入全球体系、实施全球发展战略的过程。小国经济发展别无他途,经济外部依赖性决定了它必须善于利用国际政治经济舞台,以此作为缓解脆弱性并取得国家发展的基本手段。小国之中,新加坡的全球意识和积极进取的国家意识非常显著,这是其国家治理表现出色的内在动力。

(一) 脆弱性与新加坡国家意识的形成

新加坡的国家意识是国家特性和地缘政治环境综合影响的产物。独立建国、新马分离、艰苦创业的曲折历程在新加坡政府与人民的世界观上

---

① 新加坡《联合早报》,2007年3月17日。
② David Vital, *The Inequality of States: A Study of the Small Power in International Relations*, Oxford: Glarendon Press, 1967, Introduction.
③ Ralph Pettman, *Small Power Political and International Relations in Southeast Asia*, p.158.

打下了深深的烙印。这种世界观具有强烈的生存主义和现实主义色彩。毋庸置疑,国家脆弱性是建构新加坡国家意识的基本背景。新加坡较突出的国家意识表现在以下几个方面:

第一,生存危机意识。脆弱性与生存危机是新加坡建国以来内外政策的基本语境和现实依据,甚至成为这个国家奉为"政治正确性"的意识形态。新加坡政府始终不断地向普通民众灌输"生存危机"的忧患意识,不断提醒人民:新加坡是个"迷你型"小国,人才库(pool of talent)狭小,自然资源匮乏,经济脆弱,面临西方文化的侵蚀以及一个华人主导的富裕国家处于马来人地区的内在脆弱性及其给新加坡人带来的"不安全"等。李光耀警告新加坡人不要把这个岛国的经济繁荣视为理所当然,在日益激烈的全球和地区经济竞争中,新加坡"未来的道路是坎坷而困难的,没有什么我们可以完全把握的确定性……失败也是相当可能的"。①他甚至指出:"我们25年的苦心经营成果可能在2分钟内就化为灰烬。"②在"危机—生存主义"驱动下,新加坡人普遍存在强烈的忧患意识,应对脆弱性成为这个国家的永恒主题和政策依据。

第二,锐意进取意识。危机意识造就了新加坡人的进取意识。在新加坡人看来,锐意进取是生存与发展之本。"新加坡"这三个字意味着必须不断求"新"、不断增"加"竞争力,才能永远保持上"坡"的势头;否则不进则退,必然会走下"坡"。③ 这样的类比充分显示了新加坡人基于生存的强大内驱力和顽强竞争的斗志。

第三,精英主义意识。人力资本是小国经济发展的根本途径。大多数小国的资源基础总是受限于狭小的领土面积、匮乏的自然资源禀赋和有限的劳动力。一个相对小的人口总量限制了国内的劳动力供给,小国的比较优势更可能建立在基于专业技术的高附加值产业,而不是劳动密集型出口产业的基础之上。因此,小国经济增长依靠的是人力资本而不是增加就业。新加坡政府倡导精英意识,非常重视人力资源发展,这不仅体现在教育政策和人才培育方面(参见表7-5),也体现在能者多得的社

---

① *Sunday Times*, 3 January 1993.
② *Straits Times*, 9 June 1990.
③ 新加坡《联合早报》,2007年1月20日。

会共识和政策安排之上,更表现在"贤人治国"的政治安排上。

表7-5 新加坡教育基本情况(2014)

指标	数据
15 岁以上居民识字率(%)	96.7
男性	98.6
女性	94.9
25 岁以上公民拥有中等及高等学历的比例(%)	69.5
男性	72.3
女性	67.1
25 岁以上居民平均受教育年限(年)	10.6
男性	11.1
女性	10.1

数据来源:Singapore Department of Statistics,"Latest Data",2015。检索来源:Singapore Department of Statistics:Singapore Department of Statistics.

第四,本土文化意识。小国普遍面临国家意识和国家认同的挑战。在外部主要价值观的冲击下,小国赖以生存的文化独立性受到侵蚀的危险。这对国家构建和社会凝聚力是一个持久的威胁。但是新加坡拥有的儒家文化和其他亚洲传统文化可与强势西方文化抗衡。因此,强调并努力发展本土固有传统文化是新加坡强化国家意识的重要策略。这具体表现在对亚洲价值观的倡导之上。

东亚国家有着迥异于西方国家的传统文化,最积极推广亚洲价值理念的政治家莫过于新加坡前总理李光耀。1994 年李光耀接受美国《外交》(*Foreign Affairs*)杂志编辑法利德·扎卡利亚(Fareed Zakaria)采访时,大谈所谓"亚洲价值"。李光耀认为:在东亚社会中,个人为了能够最大化地享受自由,需要"秩序井然的社会"。但是政府不是全能的,在一些方面有所作为,而在另一些方面可能无所作为。因此,东亚社会更加相信自强(self-reliance),通过家庭这个个人与社会间的纽带,确保传统文明得以延续。① 虽然学界对亚洲价值观毁誉参半,但恰如李光耀所观察的

---

① Fareed Zakaria, "Culture Is Destiny: A Conversation with Lee Kuan Yew", *Foreign Affairs*, vol. 73, no. 2, 1994, pp. 111-115.

那样,传统文化与东亚经济奇迹存在某种联系。①

2003年世界银行的一份报告细致分析了东亚国家之间传统文化的共性,以及这些国家传统文化与西方国家传统文化之间的差异:首先,在社会层面,东亚国家倾向于重视家庭、合作价值以及中庸之道,西方社会则强调个人主义与积极进取。其次,在政治层面,西方国家重视法律制度,东亚国家却认为德治重于法治。此外,在经济领域,东亚国家强调精神价值并压低物质财富的地位,西方社会则注重生产、消费等物质方面。② 相比之下,东亚文化历史悠久,独树一帜,理所当然更具有积极价值和弘扬倡导的必要性。

对新加坡而言,强调亚洲价值对国家安全具有重要意义。倡导亚洲价值可以抵御西方文化的强势冲击,维护现代国家不可或缺的民族和文化独特性。这种内在独特性不仅是政治经济发展的文化基础,也是促进社会凝聚力的精神动力。新加坡是个多元社会,强调亚洲价值事实上也是倡导以儒家、伊斯兰和印度文化组成的本土文化,因而也是维护族际关系和社会稳定的现实考虑。

第五,全球意识。任何国家的现代化进程都离不开外部世界。由于国家规模的不同,各国对国际体系的理解不同,体系的政治经济意义不同,所推行的政治经济发展战略也相应各具特点。相对而言,国际体系对小国的发展进程具有更大的影响。融入全球体系是确保新加坡政治经济发展的基本战略思维,为了生存,新加坡"必须融入国际社会之中"。③ 外部世界是新加坡缓解脆弱性的基本途径。新加坡全球意识显著,全球化程度高居世界前列,是一个深度融入外部世界、并从中受益良多的国家。全球意识固然可以归结于"新加坡人天生就是最具全球化特征的国

---

① Lee Ho-Chul and Mary P. McNulty, "East Asia's Dynamic Development Model and the Republic of Korea's Experiences," The World Bank, March 2003, p. 5.

② 尽管东亚国家与西方国家之间的传统文化存在差异,但随着全球化进程的不断演进,传统的东亚文化和西方文化开始逐渐交合。

③ Bilveer Singh, "The Military and Small States: the role of hard power in Singapore's domestic and foreign policy", Paper presented at the Sixth Pan-European International Relations Conference, 12-15 September 2007, Turin, Italy.

第七章 新加坡安全战略模式:发展、威慑与平衡

民"①,但深层原因是小国脆弱性衍生的外部依赖性所带来的必然结果。

第六,多元意识。种族多元与特殊的地缘环境是新加坡脆弱性的主要来源,多元意识是因应种族潜在矛盾不可替代的政治思维。

一方面,新加坡政府需要"保持种族平衡"。这个政策的前提是,华人活力是这个岛国政治稳定和经济繁荣的根本原因。因此,华人在总人口中的比例始终保持在较高水平上。新加坡政府采取了许多实现这个目标的政策,其中的两条是维持国家基因品质和移民。考虑到不让新加坡人的基因池免遭大量缺乏技能的外籍工人的"基因污染",新加坡人被禁止未经许可便与这些外籍工人结婚。当然,引进外来移民也是维持种族平衡的重要举措。

另一方面,新加坡政府必须试图以竞争意识与政策化解内部可能的种族矛盾。处于复合体系压力下的新加坡必须采取谨慎的态度才能生存下去。"我们北方和南方的邻邦都比我们大。两国都是穆斯林占大多数,并有着不同的组织。两国还没有完全接受他们的华族公民。这加剧了宗教和文化上的鸿沟,潜意识中就像胡桃夹子中的胡桃。"②新加坡政府努力在法律框架和社会舆论上确保种族平等、和谐的政策导向,以"任人唯贤"的客观标准作为缓解、制约种族矛盾的工具,强调国家认同,淡化种族认同。这些政策的实质是确保华人社会的政治经济主导地位,以及在国家安全领域的支配权。

脆弱性是小国无法回避的语境,但它并不是一个小国贫困落后的主因,相反可能成为小国扬长避短、求新求强的动力源泉。"丰富的自然资源有时反而成为国家发展的一个障碍"。小国"通过承担风险和辛勤工作,发展工商业来创造财富,会推动健康的政府管理体制,并创造进一步的繁荣。而政府控制下的有限财富创造活动,则常常导致特权寻租和腐败"。③ 新加坡在显著的脆弱性制约下取得的成功佐证了这个论断。对

---

① 新加坡《联合早报》,2007 年 1 月 20 日。
② 汤姆·普雷特:《李光耀对话录:新加坡建国之路》,张立德译,现代出版社 2011 年版,第 116 页。
③ 威廉·伯恩斯坦:《财富的诞生:现代世界繁荣的起源》,易晖等译,中国财政经济出版社 2007 年版,第 258 页。

于一个国家的发展过程来说,先天条件固然重要,但人的意识和能动性更为关键。

(二) 政府主导与经济发展的全球取向

在以权力为主要政治逻辑的国际社会,小强国必有其出众的生存智慧。新加坡的成功当然与其国家治理密切相关,因为它推行了一套切实可行、现实灵活、适应国家生存与发展的战略。

第一,确保政治稳定,强调政府的主导作用。建国以来,新加坡高度政治安定,政府主导是推动国家发展的基石。1954年成立的人民行动党(PAP)的总体目标是服务国家和增进人民福祉,具体目标是:捍卫新加坡独立、主权和领土完整;通过代表和民主政府的方式保卫人民自由、增进人民福祉;巩固多种族和多宗教社会,加强新加坡国民认同;维持经济发展,为全体国民创造就业和更好的生活,确保人民人尽其才;构建鼓励个人努力、家庭负责以及由社区和政府扶助贫弱的公正社会等。① 人民行动党长期执政,在历次新加坡大选中都赢得了90%以上的议席,其中,在1968年、1972年、1976年和1980年大选中甚至取得100%的议席(参见表7-6)。

表7-6 新加坡历届议会选举基本结果

时间	总议席数	政党	赢得议席数	赢得议席比例	得票率
2015	89	人民行动党	83	93.3%	69.9%
		工人党	6	6.7%	12.5%
		民主联盟	0	0	2.1%
		民主党	0	0	3.8%
		国民团结党	0	0	3.5%
		革新党	0	0	2.6%
		人民党	0	0	2.2%

---

① PAP, "Party Constitution", 2015。检索来源:https://www.pap.org.sg/page/party-constitution.

续表

时间	总议席数	政党	赢得议席数	赢得议席比例	得票率
2011	87	人民行动党	81	92.76%	60.1%
		工人党	6①	6.9%	12.8%
		民主联盟	0②	0	2.8%
		民主党	0	0	4.8%
		国民团结党	0	0	12.0%
		革新党	0	0	4.3%
		人民党	0	0	3.1%
2006	84	人民行动党	82	97.6%	66.6%
		工人党	1③	1.2%	16.3%
		民主联盟	1	1.2%	13.0%
		民主党	0	0	4.1%
2001	84	人民行动党	82	97.6%	75.3%
		工人党	1	1.2%	3.0%
		人民党	0	0	0
		民主党	0	0	8.1%
		民主进步党	0	0	0.9%
		民主联盟④	1	1.2%	12.0%
		独立候选人	0	0	0.7%
1997	83	人民行动党	81	97.6%	65.0%
		民主党	0	0	10.6%
		工人党⑤	1	1.2%	14.2%
		国民团结党	0	0	6.7%
		人民党	1	1.2%	2.3%
		民主进步党	0	0	0.7%
		独立候选人	0	0	0.4%
1991	81	人民行动党	77	95.1%	61.0%
		民主党	3	3.7%	12.0%
		工人党	1⑥	1.2%	14.3%
		国民团结党	0	0	7.3%
		马来国民机构	0	0	1.6%
		正义党	0	0	1.9%
		独立候选人	0	0	1.9%

续表

时间	总议席数	政党	赢得议席数	赢得议席比例	得票率
1988	81	人民行动党	80	98.8%	63.2%
		民主党	1	1.2%	11.8%
		工人党	0⑦	0	16.7%
		人民联合阵线	0	0	1.3%
		马来国民机构	0	0	1.0%
		正义党	0	0	1.1%
		回教阵线⑧	0	0	0.02%
		国民团结党	0	0	3.8%
		独立候选人	0	0	1.1
1984	79	人民行动党	77	97.5%	64.8%
		工人党	1	1.3%	12.6%
		联合阵线⑨	0	0	10.0%
		人民阵线	0	0	3.1%
		社会主义阵线⑩	0	0	2.8%
		民主党	1	1.3%	3.7%
		正义党	0	0	1.2%
		马来国民机构	0	0	0.5%
		回教阵线	0	0	0.04%
		独立候选人	0	0	1.2%
1980	75	人民行动党	75	100%	77.7%
		人民阵线	0	0	4.5%
		工人党	0	0	6.2%
		联合阵线	0	0	4.3%
		社会主义阵线	0	0	2.6%
		马来国民机构	0	0	2.1%
		正义党	0	0	1.8%
		民主党	0	0	0.8%

续表

时间	总议席数	政党	赢得议席数	赢得议席比例	得票率
1976	69	人民行动党	69	100%	74.1%
		工人党	0	0	11.3%
		社会主义阵线	0	0	3.1%
		马来国民机构	0	0	1.1%
		人民阵线	0	0	0.3%
		联合阵线	0	0	6.5%
		联合人民阵线	0	0	1.7%
		正义党	0	0	0.6%
		独立候选人	0	0	0.5%
1972	65	人民行动党	65	100%	70.4%
		国民联合阵线⑪	0	0	7.2%
		工人党	0	0	12.0%
		社会主义阵线	0	0	4.5%
		人民阵线	0	0	3.0%
		马来国民机构	0	0	1.3%
		独立候选人	0	0	1.0%
1968	58	人民行动党	58	100%	86.7%
		社会主义阵线⑫	—	—	—
		工人党	0	0	4.0%
		独立候选人	0	0	9.3%

数据来源：Government of Singapore，"PARLIAMENTARY ELECTIONS RESULTS"，2014。检索来源：Government of Singapore：http://www.eld.gov.sg/elections_past_parliamentary.html；Singapore-elections（2015）.Parliamentary Elections。检索来源：Singapore-elections：http://www.singapore-elections.com/.

注：①其中两名为非选区议员（Non-Constituency MPs）。
②该党有一名非选区议员。
③工人党在此次选举中另有1名非选区议员。
④该党另有一名非选区议员。
⑤工人党另有1名非选区议员。
⑥工人党另有1名非选区议员。
⑦工人党另有1名非选区议员。

⑧英文名为 Angkatan Islam。
⑨英文名为 Singapore United Front。
⑩英文名为 Barisan Sosialis。
⑪英文名为 United National Front。
⑫未推举候选人参加选举。

长期执政的人民行动党一直成功地"将现实主义的竞争性需求与自由制度主义的互补性需求巧妙地合成在一起"①,具体而言,是将战略安全方面的现实性与经济发展的开放性密切结合起来。这套战略奏效的根本路径在于如何利用全球政治经济体系来达成自身目标。如果没有广泛的合作和紧密的一体化,小国会保持具有所有功能的完全主权,但这极有可能是弱化的主权,政治经济发展将面临更多的问题和挑战。

20世纪60年代中期,相对于美国难以驾驭的"自由市场+个人主义"体制和苏联僵化迟钝的计划经济体系,东亚的日本发展模式因兼具东西方特征且成就显著而被东南亚国家推崇和效仿。其中,新加坡建国以来,借鉴日本,逐渐形成了一套更适合自身的经济发展模式,即以政府主导、出口导向型市场经济、儒家文化为主要内涵的"一党执政+市场经济"的"新加坡发展模式"。这种经济发展模式是介于敏感的政府计划和坚持最低限度的市场竞争间的混合体,"在形式上是民主的,而本质上却是寡头政治"②,需要一个开放性的发展战略和适宜的外部环境。

第二,产业升级与新加坡的经济发展阶段。遍观建国以来的新加坡经济发展史,其经济发展之路并不平坦,"从一个落后的小国,在历经了多年的金融、社会和政治动荡后,才得以发展成如今的大都市"。③ 大体而言,新加坡建国后的经济经历了从单一化到多元化、从劳动密集型到资本密集型、从落后到发达的发展阶段:

其一,劳动密集型产业发展阶段。1965年独立之际,新加坡百业待兴,作为缺乏自然资源的新兴独立国家,新加坡经济面临众多的不确定性

---

① Narayan Ganesan, *Realism and Interdependence in Singapore's Foreign Policy*, London and New York: Routledge, 2005, p.11.

② Norman G. Owen, ed., *The Emergence of Modern Southeast Asia*, Singapore: Singapore University Press, 2005, p.387.

③ 新加坡经济发展局官网:https://www.edb.gov.sg/content/edb/zh/why-singapore/about-singapore/our-history/2000s.html。检索时间:2015年6月9日。

第七章 新加坡安全战略模式：发展、威慑与平衡

因素，失业是当时亟待解决的关键问题之一。就业攸关刚刚立国的新加坡的政治社会稳定，为了促进就业，新加坡推动了服装业、纺织业、玩具业、木制品业和假发业等产业的发展。随着这些劳动密集型产业的兴起，一些国际企业如壳牌东方石油公司和大众钢铁厂等也开始陆续引入资本和技术密集型项目。劳动密集型产业的发展不仅初步巩固了立国的根基，也为产业升级打下了一定的物质基础。

其二，商业开发与产业的多元化发展阶段。到了 20 世纪 70 年代，新加坡工业已得到长足发展。在制造业基础逐步稳固之后，新加坡开始充分利用地理优势，加强商业资源开发，并注重多元化产业的发展。由于电脑零件、电脑配件、软件配套及硅晶片等新型产品制造日趋复杂化与精密化，新加坡非常重视技术人才的培养。拥有众多熟练的技术人才是吸引外部投资的重要条件，这不仅带来了新的外来投资，也推动了产业的多元化，出口贸易不断成长。

其三，产业升级与高科技产业发展阶段。20 世纪 80 年代，世界上的信息产业革命如火如荼，也带动了新加坡的研发、工程设计和电脑软件服务等知识密集型产业的发展。新加坡政府高度重视劳动力的高科技培训，为新兴产业的崛起打下了人力资本的基础，外来投资随之逐渐增多，东南亚第一家硅晶片制造厂也落户于新加坡。在这个过程中，由于新加坡政府采取高薪政策驱动劳动力密集型产业加速转移到高技术型产业，工资大幅上涨导致生产成本的急剧攀升，在世界经济增长放缓的外部背景下，新加坡经济也陷入了衰退。此时，新加坡政府调整发展战略，将新加坡定位为一个全面的商务中心。这个新目标吸引了金融、教育、休闲与时尚、医药、信息技术以及软件等领域的国际服务企业，并将个人电脑、印刷电路板和光盘驱动器制造业设为重要的新兴产业。

其四，服务业和新兴产业发展阶段。20 世纪 90 年代，新加坡企业纷纷涉足高科技产业。服务业成为经济发展的主要引擎，发展重点从制造业转移到化工、电子工程业、生物制药和医疗技术产业等新兴产业上。服务业、生物医学产业及新兴重要产业蓬勃发展，成为新加坡经济的支柱产业。这时，新加坡已形成了多元化的产业形态，在高增值产业领域尤其出色。

其五，知识密集型产业与服务业基础上的综合发展阶段。2001 年受全球经济放缓影响，新加坡经济一度出现 2% 的负增长，陷入独立之后最

严重的经济衰退。为刺激经济发展,政府提出"打造新的新加坡",向知识经济转型,并成立经济重组委员会,全面检讨经济发展政策,积极与世界主要经济体商签自由贸易协定(FTA)。在不断深化传统的制造业和服务业的基础上,新加坡经济的重心逐渐向知识密集型产业倾斜,研发逐渐成为国家经济发展的基石。

当前,新加坡经济以电子、石油化工、金融、航运、服务业为主,主要由商品制造业(Goods Producing Industries)、服务产业(Services Producing Industries)和住宅服务业(Ownership of Dwellings)三大部分构成。其中,服务产业是新加坡经济的主体。2013年该行业占经济总量的70%以上(参见表7-7)。

表7-7 新加坡的主要产业及其所占GDP份额(2013)

单位:%

产业	GDP占比
商品制造业	24.5
制造业	18.6
建筑业	4.4
公用事业	1.5
其他商品产业	0
服务产业	70.6
批发零售业	18.2
运输与仓储业	7
住宿与食品服务业	2.5
信息与通信业	4
金融保险业	12.2
商业服务业	15.6
其他服务产业	11.1
住宅服务业	4.9

数据来源:STRUCTURE OF THE SINGAPORE ECONOMY(2013)。检索来源:http://www.mti.gov.sg/ResearchRoom/Pages/Structure_of_Singapore_Economy_2013.pdf?cat=Research%20Room.

服务业是新加坡经济成功的关键。这与该国内部条件、经济政策、社会特征以及外部环境等诸多因素密切关联。但究其根本,人力资源是小国发展服务业的重要保障,也是新加坡经济成功的根本环节。人力资本的作用对小国尤其重要,因为这是小国潜在比较优势的一个关键要素。① 对于一个缺乏自然资源的城市国家而言,人力资源管理至上成为外向型经济发展战略的必要选项也就理所当然了。

遍观建国以来的新加坡经济,曲折中的高速增长是主旋律:1960—1984 年期间,该国 GDP 年均增长高达 9%;1997 年虽然受亚洲金融危机的冲击,但相对邻国而言影响并不严重;2008 年受国际金融危机的影响,新加坡金融、贸易、制造、旅游等多个产业遭到冲击,经济增长仅为 1.1%;2009 年经济增长跌至 -2.1%,政府采取积极应对措施,并推出经济刺激政策;2010 年经济增长 14.5%;2011 年受欧债危机负面影响,经济增长放缓;2012 年经济增长率仅 1.3%;②2013 年经济起底回升,经济增长率达到 3.85%;2014 年经济增长小幅降至 3.1%(参见图 7-5)。

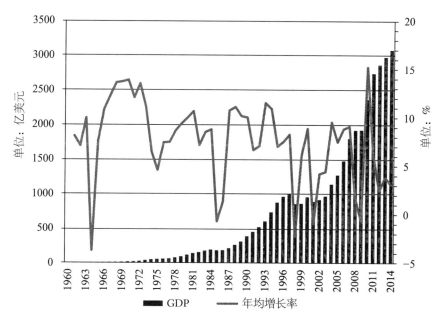

图 7-5　新加坡经济总量与年均增长率变迁图(1960—2014)

数据来源:世界银行数据库。http://data.worldbank.org/country/singapore。检索

---

① Robert Read, "The Implications of Increasing Globalization and Regionalism for the Economic Growth of Small Island States", *World Development*, Vol. 32, No. 2, 2004, p. 370.
② 中国外交部官网:《国家概况·新加坡》。更新时间:2015 年 3 月。检索来源:http://www.fmprc.gov.cn/mfa_chn/gjhdq_603914/gj_603916/yz_603918/1206_604786/。检索时间:2015 年 6 月 9 日。

时间:2015年6月8日。2014年新加坡经济总量数据来源:IMF: https://www.imf.org/external/pubs/ft/weo/2014/02/weodata/weorept.aspx。2014年新加坡经济增长率数据来源:http://www.singstat.gov.sg/statistics/latest-data#14。检索时间:2015年6月9日。

可以看出,新加坡经济发展过程体现了小国经济发展的基本特点。一方面,外部经济环境对小国经济影响巨大,小国经济不可避免受到外来冲击,经济业呈现较大的波动性特征。另一方面,小国也具有较大的政策灵活性。新加坡就是灵敏应对外部经济环境变化的典型。它不仅能够适时调整经济发展策略,应对外部经济环境,而且也会化被动为主动,克服经济危机,不断进行产业升级,提高经济的适应和应变能力。

第三,全球化发展战略与政策灵活性是新加坡经济腾飞的关键。全球化是新加坡经济发展的主要依托。新加坡经济与全球经济脉搏高度吻合,发展战略顺应外部经济环境的变化,不断作出调整和升级。全球取向是该国经济发展的本质,奉行全球化对外经济战略与这个岛国的特性密不可分。脆弱性迫使岛国推行开放性的全球化经济发展战略。没有全球化的外部背景,就没有新加坡的经济发展成就。有鉴于此,高度融入全球经济体系是新加坡政府始终奉行的发展战略。根据瑞士苏黎世理工大学的《KOF全球化指数》(KOF Index of Globalization),新加坡的整体全球化指数(Globalization Index)得分为87.49,位列全球第五位(次于冰岛、荷兰、比利时和奥地利)。经济全球化指数(Economic Globalization)更是得分高达95.69,位居全球第一。此外,其社会全球化指数(Social Globalization)也得分90.83,位列全球第二位。政治全球化指数(Political Globalization)则得71.37分,位居全球85位(参见表7-8)。

表7-8 新加坡全球化程度国际比较

国家 项目	新加坡	美国	日本	中国
经济全球化指数	95.69	58.77	47.57	49.80
社会全球化指数	90.83	77.95	66.58	52.61
政治全球化指数	71.37	92.41	90.10	85.32

续表

项目\国家	新加坡	美国	日本	中国
全球化指数	87.49	74.81	65.87	60.15
全球化指数排名	5	34	54	75

数据来源：KOF,"KOF Index of Globalization",2015。检索来源：KOF, ETH Zürich：http://globalization.kof.ethz.ch/.

在全球化发展战略指导下，新加坡与外部国家和地区的经济联系非常紧密，基本上属于外贸驱动型经济，外贸是新加坡经济发展的主要引擎。2014年该国主要进口来源地分别是中国（新加坡自中国大陆进口额562.48亿美元）、马来西亚（494.32亿美元）、美国（477.92亿美元）、中国台湾（379.79亿美元）、韩国（273.53亿美元）、日本（254.77亿美元）、印度尼西亚（237.84亿美元）、阿联酋（194.58亿美元）、沙特阿拉伯（185.04亿美元）和德国（134.82亿美元）（参见图7-6）。

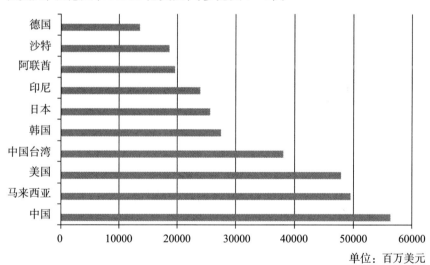

图7-6 新加坡主要进口来源国家和地区（2014年）
数据来源：Department of Statistics Singapore, *Yearbook of Statistics Singapore 2015*。检索来源：http://www.singstat.gov.sg/docs/default-source/default-document-library/publications/publications_and_papers/reference/yearbook_2015/yos2015.pdf.

与此同时，2014年新加坡前十大出口对象国和地区分别是中国（新加坡对中国大陆出口额652.2亿美元）、马来西亚（620.5亿美元）、中国香港(571.25亿美元)、印尼(485.91亿美元)、美国(288.79亿美元)、日本(212.07亿美元)、韩国(211.46亿美元)、中国台湾(204.39亿美元)、澳大利亚(196.16亿美元)和泰国(190.56亿美元)(参见图7-7)。

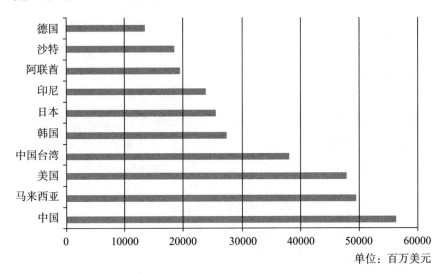

图7-7 新加坡主要出口对象国家和地区(2014年)

数据来源：Department of Statistics Singapore, *Yearbook of Statistics Singapore 2015*。*检索来源*：http://www.singstat.gov.sg/docs/default-source/default-document-library/publications/publications_and_papers/reference/yearbook_2015/yos2015.pdf.

脆弱性和波动性是小国经济发展的重要特征。然而，在外部经济环境大幅动荡的情况下，新加坡政府往往能够冷静应对，表现出了良好的适应力和政策灵活性。

(1) 通过将其自身塑造为研发、教育、金融、保险等特定"市场特长"(market niches)品牌，新加坡最大限度地展现了自身经济优势，并树立了良好的市场声誉。

(2) 旅游业、服务中心、离岸金融业是全球化时代许多小国经济发展的主要领域。新加坡同样拥有自己的"市场特长"，其转运中心、金融中心和东南亚旅游中心的地位不断稳固。

(3) 在获取人才、投资、贸易机会等方面用心良苦，且成效显著，逐步把新加坡塑造为华人居住和发展的"天堂"。

(4) 新加坡将本国推销、建设为东盟地区投资、贸易的"窗口"或"门

第七章 新加坡安全战略模式:发展、威慑与平衡

槛",积极争取成为东盟的经济枢纽。正是因为政策灵活,反应机敏,执行有方,当遇到不可预测和回避的经济风险时,新加坡总是可以转危为安,基本上维持着经济的可持续发展态势。

第四,优异的国家治理大幅提高了新加坡的经济实力。在国际经济领域,新加坡已发展为一个令人尊敬的发达国家,在东南亚更是一颗耀眼的"明星"。在东南亚诸国中,新加坡是一个重量级的经济体,经济规模与其邻国马来西亚不相上下。2014 年新加坡经济总量(3080.51 亿美元)在东南亚位居印度尼西亚(8886.48 亿美元)、泰国(3738.04 亿美元)和马来西亚(3269.33 亿美元)之后的第四位,占东南亚十国经济总量的12%(参见图7-8)。如果比较东南亚各国的人均 GDP,除了另一个小国文莱较为接近之外,其他国家与新加坡的差距可谓天壤之别。

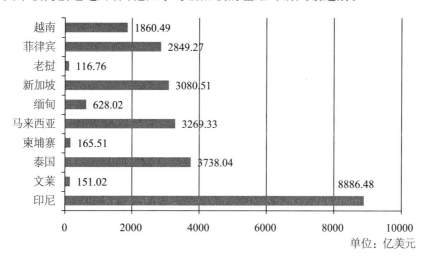

图 7-8 东盟成员国 GDP 总量对比(2014)

数据来源:IMF, Data and Statistics, 2015:https://www.imf.org/external/pubs/ft/weo/2014/02/weodata/weorept.aspx。检索时间:2015 年 6 月 9 日。

这样的经济表现不能不说是一个奇迹。在经济强劲发展的基础上,新加坡的国力不断增强。2014 年该国的外汇储备接近印度,达到 2797 亿美元(参见图7-9)。在国际经济舞台上,新加坡占据了远超其国家规模的国际地位。

政治安定、政府强势主导、全球取向发展战略是新加坡经济持续发展的重要保障。当今,新加坡已跃升为一个令人尊敬的发达小国,国家综合

实力大幅提升,现实和潜在的脆弱性得到最大化的缓解。出色的经济表现既为新加坡的国内稳定创造了良好条件,也为该国建立一支可信的军事力量打下了坚实的物质基础。

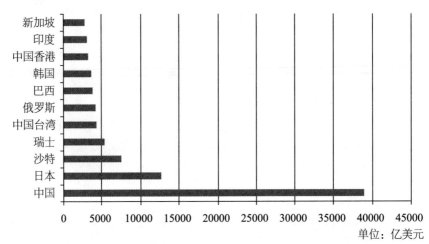

图7-9 新加坡外汇储备总量国际比较(2014)

数据来源:CIA,"Reserves of Foreign Exchange and Gold",2015。检索来源:CIA:https://www.cia.gov/library/publications/the-world-factbook/rankorder/2188rank.html.

(三)军事建设:塑造可信的威慑力量

在经济发展的扎实基础上,新加坡安全战略建立在"威慑"和"外交"两大支柱之上。"威慑"旨在构建"一支强悍的新加坡军队"(a strong and capable SAF)和"一个弹性的新加坡"(a resilient Singapore),并辅之以"国家服务"(National Service)、"全面防卫"和审慎稳定的国防开支的综合性政策体系。防务外交旨在与地区和世界各防务机构和武装力量紧密互动与合作,建立强大、友好的关系,①以塑造和平、稳定的安全环境,维护和促进国家安全利益。

第一,新加坡军力建设历程曲折。独特的安全环境和持久的地缘战略缺陷塑造了新加坡的安全战略思维。作为一个小国,新加坡的安全脆弱性不言而喻,潜在的周边安全挑战如影随形。鉴于新加坡的战略环境,

---

① Ministry of Defence of Singapore:http://www.mindef.gov.sg/imindef/key_topics/defence_policy.html.

第七章 新加坡安全战略模式：发展、威慑与平衡

一支强大的防御力量必不可少，新加坡的主权和领土完整亦将得到保护。一支强大的军力同样增加了政治空间，并可促进新加坡最佳利益的行动自由。① 在历史变迁中，新加坡军事力量建设经历了几个重要发展阶段（参见表7-9）。

表7-9 新加坡军事力量历史变迁（1850—2010）

时间	志愿者军团	陆军	海军	空军	附属力量
1850	新加坡志愿者步枪队（SVRC）				
1860					
1870					
1880	新加坡志愿炮兵队（SVA）				
1890					
1900	新加坡志愿军团（SVC）				
1910					
1920	海峡殖民地志愿军团（SSVC）				
1930					
1940					第1马来亚步兵旅
1950	新加坡志愿军团（SVC）	第1步兵团			
1960		第2步兵团			
1970	人民卫国军（People's Defence Force）	新加坡武装部队（SAF）	新加坡海军志愿部队	新加坡防空司令部	治安总队（Vigilante Corps）
1980					
1990					
2000			新加坡海军	新加坡空军	
2010					

资料来源：新加坡国防部官网。检索来源：http://www.mindef.gov.sg/imindef/about_us/history/milestones.html。检索时间：2015年6月5日。

---

① Ministry of Defence of Singapore：http://www.mindef.gov.sg/imindef/key_topics/defence_policy.html.

殖民统治时期,除了英军之外,新加坡也设立了一些负责内部治安的志愿者军事组织。1819年英国开始殖民统治后,新加坡主要依靠英国军队抵御外部威胁。1854年新加坡志愿步枪队(SVRC)成立,这是一个维持内部安全的志愿者组织。1888年新加坡志愿步兵队发展为新加坡志愿炮兵队(SVA),并成功推动了其他志愿队的形成。1901年所有这些志愿队被改组为新加坡志愿军团(SVC)。1922年新加坡志愿军团加入马六甲和槟榔屿的志愿军团,更名为海峡殖民地志愿军团(SSVF)。1957年新加坡设立了第一支正规军第一步兵团(1 SIR)。第二步兵团(2 SIR)于1962年加入第一团。1963年印度尼西亚对马来西亚发动"对抗",新加坡志愿军团(SVC)和治安总队(VC)被部署在重要地点以策安全。

独立初期,新加坡开始创建正规军事力量。在创建初期,新加坡军队(SAF)高度依赖以色列的支持,但新加坡最终取得了非凡的成功,并逐渐建设了一支高度熟练的军队来保卫脆弱的领土,还发展了远距离投送力量的能力。

1965年8月9日独立后,新加坡面临的最紧迫任务便是建立自己的防御能力,提供最基本的国家安全保障。当时,新加坡只有50名军官、1000名士兵的两个步兵营,外加2艘船舶,没有空军。新加坡军队不得不从零开始起步。1965年8月,新加坡设立内政防务部(MID),吴庆瑞(Goh Keng Swee)担任首任部长。该部的主要目标是尽可能建立一支可信的军事力量。1970年内政与国防部(MID)的安全功能重新调整,成立国防部(MINDEF)和内政部(MHA)。

1966年新加坡海军(RSN)设立,组建的基础是仅有3艘舰船的新加坡海军志愿部队(SNVF)。新加坡空军的初创同样毫不起眼。1968年新加坡防空司令部(SADC)设立,只有8架"塞斯纳172-H"(Cessna 172-H)教练机可资利用,后又增加了"霍克猎人"(Hawker Hunter)战机。1971年英军撤出之后,登加(Tengah)、实里达(Seletar)、三巴旺(Sembawang)和樟宜(Changi)空军基地转交给新加坡防空司令部。1975年新加坡防空司令部加入新加坡空军(RSAF)序列。

20世纪80年代早期至90年代后期,随着经济的腾飞,新加坡军队迎来了快速发展的新阶段。第二代新加坡军队的主要使命是陆、海、空三军的升级和现代化。"9·11"之后,国际安全环境发生了深刻变化,类似恐怖主义和海盗这样的非传统威胁日趋显著。资源局限和先进作战技术的出现促使新加坡武装力量反思新的发展方向。为了有效应对各种挑战,新加坡军队于2004年开始致力于建设第三代"智能"军队,力图将军事能力升级为一支先进的网络化力量。

时至今日,新加坡武装力量(SAF)已发展为一支"能力领先(leading-edge capabilities)和网络化的综合作战体系",是一支强大、专业和"令人尊敬"的军事力量。① 新加坡现役总兵力7.15万人。其中陆军5万人,编为3个混合师(各辖2个步兵旅、1个机械化旅、1个侦查营、1个炮兵营、1个高炮营、1个工程兵营)、1个快速反应师(辖3个步兵旅)和1个机械化旅。海军0.9万人,空军1.35万人。②

第二,新加坡高度重视军事投入和武器装备的现代化。对抗侵略并取得"迅速的决定性胜利"(a swift and decisive victory),③是新加坡军事威慑战略积极追求的目标。为此,建国以来,新加坡政府一直坚持较高军事投入的国防政策,军费开支占GDP的份额维持在3.2%以上的水平,最高时曾达到5.4%(参见图7-10)。

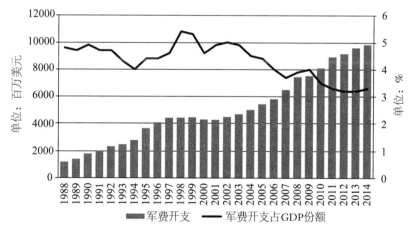

图7-10 新加坡军费开支总额及其占GDP份额趋势图(1988—2014)
数据来源:SIPRI, SIPRI Military Expenditure Database, 2015。检索来源:SIPRI: http://www.sipri.org/research/armaments/milex/milex_database/milex_database.

---

① Ministry of Defence of Singapore: http://www.mindef.gov.sg/imindef/about_us/history/milestones.html。检索时间:2015年6月11日。
② IISS, *The Military Balance* 2015, Routledge, 2015, p.283.
③ Ministry of Defence of Singapore: http://www.mindef.gov.sg/imindef/about_us/mission.html。检索时间:2015年6月15日。

在东南亚诸国中,新加坡的军费开支规模维持在首位。2014年,该国军费开支为98.41亿美元,远高于东南亚最大的国家印尼的70.2亿美元(参见表7-10)。

表7-10 东盟十国军费开支趋势

单位:百万美元

年份 国家	1992年	2004年	2012年	2014年
文莱	252	199	411	528
柬埔寨	62.3	67.7	217	278
印尼	1888	2429	7770	7020
老挝	102	11.5	20.3	18.5
马来西亚	1767	2823	4697	4919
缅甸	1370	29854	2969	2373
菲律宾	1079	1243	2899	2373
新加坡	2332	5043	9172	9841
泰国	2962	1867	5492	5730
越南	333	915	3361	4251

数据来源:SIPRI, SIPRI Military Expenditure Database, 2015。检索来源:SIPRI: http://www.sipri.org/research/armaments/milex/milex_database/milex_database.

在小国范畴中,新加坡军费开支水平处于前列。在亚洲国家中,新加坡的军事预算也颇为突出。2013—2014年度军事开支中,新加坡占亚洲主要国家军费总开支的1.7%,其他东南亚国家共占3.4%。[1]

在较高的军事投入下,新加坡建立起了一支精悍的军事力量,在东南亚,该国小而精的常规军力颇为引人注目(参见表7-11)。

---

[1] IISS, *The Military Balance* 2015, Routledge, 2015, p.211.

第七章 新加坡安全战略模式:发展、威慑与平衡

表7-11 东盟十国武装力量对比(2014)

单位:人

类别\国家	文莱	柬埔寨	印尼	老挝	马来西亚	缅甸	菲律宾	新加坡	泰国	越南
预备役	0.07		40		5.16		13.1	31.25	20	50
现役部队	0.7	12.43	39.55	2.91	10.9	40.6	12.5	7.25	36.08	48.2

数据来源:IISS, *The Military Balance* 2015, Routledge, 2015, pp.228-294.
说明:部分国家预备役数据缺失,以现役部队为准。

新加坡军队武器装备先进。武器进口是新加坡维持强悍军力的重要手段。2005—2009年和2010—2014年期间,新加坡武器进口额均占全球总进口额的3%,是世界上最大的军火进口国之一。其中,美国(71%)、德国(10%)和挪威(6%)是新加坡武器进口的主要来源国(参见表7-12)。

表7-12 全球十大武器进口国及其主要供应国

进口国	占全球武器总进口额(%)		主要供应国(2010—2014)		
	2010—2014	2005—2009	第一	第二	第三
印度	15	7	俄罗斯(70%)	美国(12%)	以色列(7%)
沙特	5	1	英国(36%)	美国(35%)	法国(6%)
中国	5	9	俄罗斯(61%)	法国(16%)	乌克兰(13%)
阿联酋	4	4	美国(58%)	法国(9%)	俄罗斯(9%)
巴基斯坦	4	3	中国(51%)	美国(30%)	挪威(5%)
澳大利亚	4	3	美国(68%)	西班牙(19%)	法国(6%)
土耳其	3	3	美国(58%)	韩国(13%)	西班牙(8%)
美国	3	3	德国(18%)	英国(15%)	加拿大(13%)
韩国	3	6	美国(89%)	英国(5%)	挪威(2%)
新加坡	3	3	美国(71%)	德国(10%)	挪威(6%)

数据来源:SIPRI, *Trends in International Arms Transfers*, 2014, SIPRI, 2015, p.4.

如今,新加坡军队在东南亚诸国军队中装备最先进,即便在更宽泛的亚洲区域,新加坡的精良武器装备也是不容小觑的(参见表7-13)。在新加坡的武器库中,不乏高精尖的先进装备,如:F16-A/B/C/D、"F-5S"型号的战机,"CH-130H"大力神运输机,"KC-135R""KC-135B/

H"空中加油机,"E-2C"鹰眼预警机等。先进的军事装备是新加坡军事威慑能力建设的主要努力方向之一,其区域监控和预警、快速反应和军事动员的能力大幅领先东南亚邻国,是不可低估的东南亚军事强国。

表7-13 新加坡陆海空三军主要装备

陆军装备		海军装备		空军装备	
坦克(辆)	212	各型军舰(艘)	40	各型战机(架)	262
装甲车(辆)	2192	护卫舰(艘)	6	歼击机/拦截机(架)	119
自动火炮(门)	48	轻型护卫舰(艘)	6	固定翼战机(架)	119
牵引火炮(门)	262	潜艇(艘)	6	军用运输机(架)	63
多管火箭炮(门)	18	海防巡逻艇(艘)	12	教练机(架)	45
		水雷对抗舰(艘)	4	直升机(架)	71
				武装直升机(架)	17

资料来源:全球火力官网(GFP):http://www.globalfirepower.com/country-military-strength-detail.asp?country_id=Singapore。Last Updated:April 1, 2015。检索时间:2015年6月8日。

第三,全面防卫是新加坡军事威慑能力建设的重要环节。在谋求武器装备高度现代化的基础上,"全面防卫"政策(Total Defence)也是新加坡军事威慑能力建设的重要环节。该政策涵盖了所有新加坡人,要求公民以个体和集体方式发挥作用,共同构建一个强大、安全、团结的国家,时刻准备并从容应对各种危机。新加坡重视全民防卫教育,实行义务兵役制,服役期2—3年。这是新加坡处理威胁和挑战的途径。全面防卫战略有五大支柱:(1)军事防卫:确保新加坡安全;(2)民防:在危机时刻照顾家人、朋友和民众;(3)经济防卫:构建强大而富有弹性的经济;(4)社会防卫:生活和谐且彼此守望;(5)心理防御:成为有活力的人。①

军事能力和全面防卫政策共同构建了一支令人生畏的威慑力量。这是小国在安全缺陷制约下力图增加安全自立性的有效举措。一支可信的威慑性力量是大幅增加侵略成本、阻遏潜在侵略者的重要手段。新加坡

---

① Ministry of Defence of Singapore:http://www.mindef.gov.sg/imindef/key_topics/total_defence.html。检索时间:2015年6月21日。

第七章 新加坡安全战略模式：发展、威慑与平衡

的这一综合性安全战略通常被形象地称为"毒虾战略"和"豪猪战略"。

第四，积极的军事外交是新加坡安全战略的关键构成。作为一个依靠外部市场谋求生计的小国，地区安全环境与新加坡国家利益紧密交织。在一个开放和全球化的经济体系中，新加坡的生存和发展相当依赖和平和稳定的地区环境。因此，积极推动构建一个开放、包容和灵活的地区安全架构，为国际安全事务做出贡献，是新加坡安全利益的体现和安全战略的重要环节。

（1）广泛参与各种区域性安全机制。区域性安全机制一直都是新加坡高度重视的安全战略途径。早在建国初期，新加坡就积极参加了这类组织。1971年新加坡与英国、澳大利亚、新西兰和马来西亚组成"五国联防"（FPDA）。这种区域性安全机制对提高新加坡的安全感具有积极意义。冷战结束后，新加坡不仅积极参加，而且主动推动东亚地区的安全合作机制，并视之为维护区域安全的重要途径。作为小国的新加坡从中受益匪浅。在2006年设立的东盟防长会议（ADMM）框架下，新加坡与东盟邻国密切合作。成立于2010年的"东盟防长会议+"（The ADMM-Plus）机制汇集了东盟十国和地区其他八个主要伙伴国的防务机构（澳大利亚、中国、印度、日本、新西兰、韩国、俄罗斯和美国），该机制通过分享经验、相互访问和联合训练与演习，加强了彼此间的防务合作。2002年以来，新加坡都是国际战略研究所组织的年度"香格里拉对话"（SLD）的主办国。该对话汇集了亚太及其他区域的国防部长、高官、战略家和其他重要角色前来参加非正式对话，并促进了地区规范的形成和防务合作。

（2）广泛参与各种国际维和行动。[1] 对小国而言，国际体系的规范化和国际环境的稳定性对其生存和发展至关重要。新加坡同样深明此理，积极参与各种国际维和促稳事务是该国安全战略的重要构成。1970年新加坡军队执行了首次海外任务。东巴基斯坦（现孟加拉国）遭受了致命的龙卷风袭击后，一个47人组成的新加坡团队前往该国，提供了人道主义援助服务。1989年新加坡军方与联合国第一次合作，一个14人的新加坡军方团队被派往纳米比亚，协助联合国过渡时期援助团（UN-

---

[1] Ministry of Defence of Singapore：http://www.mindef.gov.sg/imindef/key_topics/overseas_operations.html。检索时间：2015年6月21日。

TAG)监督该国选举。1991年第一次海湾战争后,新加坡参与联合国伊拉克科威特观察团(UNIKOM),加入沿伊拉克—科威特边界的非军事区巡逻。2003年任务结束时,新加坡军队一共部署了九个轮次的团队。1993年4架超级美洲豹直升机和65名新加坡军人被派往柬埔寨,协助联合国驻柬埔寨临时权力机构(UNTAC)监督该国选举进程。1999年至2003年期间,以及2008年至2012年期间,为了支持联合国在东帝汶的维和使命,新加坡军方提供了1000名人员和坦克登陆舰(LST)及"UH-1H"直升机等装备,以恢复该地区的和平与安全。2003年至2008年期间,超过990名新加坡军人参加了伊拉克的重建工作。2004年12月26日印度洋海啸发生之后,新加坡军方派遣1500多名新加坡军人前往印尼和泰国,提供了迄今为止最大规模的海外人道主义援助。新加坡军队部署了3艘坦克登陆舰(LSTs)、8架"CH-47"奇努克直升机、4架超级美洲豹直升机、6架"C-130"军用运输机及2架"F-50"多用途战斗机前去参加救援工作。2007年以来,超过350名新加坡军人部署在阿富汗,参加北约领导的国际安全援助部队(ISAF),支持阿富汗的和平行动和重建工作。2009年以来,超过700名水兵、陆军士兵和空军在亚丁湾(GOA)参加了反海盗的国际努力,包含护卫舰和海军直升机的工作团体也被部署到亚丁湾的多国联合特遣部队(CTF),执行反海盗任务。2011年2月,新西兰地震后,116名新加坡军人、一架"C-130"运输机和"KC-135"空中加油机部署到基督城,开展了提供救灾、疏散平民和救援人员等服务。

综合来看,军事威慑是新加坡对外战略的关键构成。该战略是地缘战略环境和小国安全缺陷的防御性反应。通过地区合作保持与周边国家的友好关系是小国改善国际环境的有效途径,睦邻外交符合小国的战略利益。与此同时,可信的军事实力也是确保国家安全的物质保证。睦邻外交与军事威慑相结合、"低姿态"周边外交与"高姿态"军事外交相结合,是有"东方以色列"之称的新加坡因应安全困境的主要思路。睦邻外交是该国安全保障的常规政策,军事威慑则是一种预防性防御手段。两者的有机结合可以最大限度地缓解新加坡的安全脆弱性。

第七章　新加坡安全战略模式：发展、威慑与平衡

三、东盟：新加坡安全战略的关键环节

第二次世界大战后，尤其冷战结束以来，地区一体化成为国际政治经济的一股强劲潮流，区域性组织不断涌现出来，地区合作生机勃勃。小国是地区合作的受益者。地区一体化不仅明显改善了小国的发展环境，为其提供了难得的发展机遇，同时也优化了小国的安全环境，大大缓解了小国根深蒂固的安全脆弱性。

（一）东盟是新加坡对外战略的重要依托

合适的对外战略是新加坡生存与发展的关键因素。新加坡生存与发展的根本途径在于着眼且善于利用国际政治经济舞台，以此作为缓解国家脆弱性并促进国家发展的基本手段。成功小国的发展进程往往是融入全球体系、实施全球战略的过程，而对外战略是其发展战略中至关重要的环节。因此，一个成功的小国必然是一个全球化国家、一个奉行全球化发展战略的国家、一个高度重视对外战略的国家。

第一，新加坡对外战略的现实性与灵活性。在以权力为主要政治逻辑的国际社会，小型强国必有其出众的生存智慧，在对外战略方面必有过人之处。新加坡的成功当然与其国家治理密切相关，因为它推行了一套切实可行、现实灵活、适应国家生存与发展的战略。对外合作是新加坡发展战略的主线。"没有密切的合作，许多领域会产生有害的影响：它们将在经济上继续停滞；在国际领域将继续无关紧要，它们将认识到解决'它们的'各种问题会越来越困难；它们将因为劣势和治理不善的困扰而变得更不安全。"①因此，维护和促进全球与地区政治经济合作环境，把"小"的国家纳入到世界体系的框架内，求得领域性竞争优势，是新加坡发展战略的整体思路。

现实与灵活的政治外交是新加坡确保国家安全、促进国家利益的重

---

① Jim Rolfe, "Many Small States, Two Regions, Different Constructions", *Social and Economic Studies*, 56, 1/2, March/June 2007.

要保障。新加坡的外交政策主要由政府高层领导人垄断。① 李光耀无疑是塑造新加坡外交战略基调和框架的灵魂。独立以来,该国逐渐摸索并推行了一套复杂精致的对外综合战略,即依靠特定大国、区域平衡和一定威慑的"复合战略"。具体表现是:(1)软硬兼施的周边外交:以经济合作和地区合作为基本手段,以国家实力和军事威慑作为支撑,以"联盟"为地区力量平衡的外在工具。(2)强大的军事力量与可信的军事威慑。(3)与世界大国建立密切的军事合作关系,寻求"大国平衡"的地区战略态势。(4)提倡国家平等、互不侵犯、互不干涉内政等国际原则、规范。其战略思路是以国际制度和国际规范为主要诉求,以双边与多边相交织的国际合作为基本手段,以国际实力为物质后盾,寻求维持有利于自身和地区的相对和平稳定的"现状",最终确保国家生存与发展的国际空间,尽可能化解威胁国家安全的不确定性。

第二,多边外交是新加坡对外战略的基本依托。多边机制具有维护小国独立的安全功能。联合国是新加坡展示自己维护国家领土与主权立场的重要政策舞台。在处理越南侵占柬埔寨的问题上,作为东盟的"急先锋",新加坡在联合国和有关国际机构进行了卓有成效的游说活动。新加坡担心越南的侵略行为可能为东南亚较大国家开创了一个先例,而小国在这样的行为面前根本没有任何安全保障。1987年美军侵占格林纳达,新加坡在联合国大会上公开反对美国的侵略行为。这都是一个小国重视多边机制和平功能的自然反应。多边机制具有展示国际影响力的现实功能。对小国来说,参与、主办大型多边会议,不仅是介入国际议程、推销和平发展理念的重要机会,同时也是显示与提升国际影响力的主要场合。

第三,东盟是新加坡构建和平稳定周边环境的重要机制。不言而喻,东盟(ASEAN)是新加坡安全战略的关键依托。对东南亚小国而言,东盟是维护主权和安全的主要途径之一。良好的周边关系对小国获得资源、市场而言非常重要,同时,通过信任建立措施和预防外交可以减少安全的不确定性。

在过去的20余年里,东盟是东亚地区贸易、经济和安全一体化的领

---

① Michael Leifer, *Singapore's Foreign Policy: Coping with Vulnerability*, London, New York: Routledge, 2000, p.7.

第七章　新加坡安全战略模式：发展、威慑与平衡

导者。① 东亚实际上存在着一个奇怪的国际现象：最具经济、军事实力的日本、中国等大国并没有相互合作，建立区域性国际组织，反而是相对弱小的东南亚国家积极合作创立了最多的国际机制。目前，东盟是世界上相对较为成功的区域组织之一（较之非盟、海合会等）。② 总体来看，东盟发展迅速，并崛起为东亚、乃至亚太区域的一支不可忽视的力量。东盟奉行大国平衡的积极对外战略，具有诸多大国相当重视的战略价值，因而是东亚和亚太国际关系的重要支点。

东盟的发展过程是地区规范和规则逐渐确立的过程。经历了建立初期十年的磨合期和越南入侵柬埔寨后的复苏期，冷战的终结为东盟的快速发展带来了良好的机遇，安全合作机制不断健全。1995 年东盟成员国签订了《东南亚国家无核区条约》(the Southeast Asian Nuclear Weapon Free Zone)，并在 1997 年正式生效。③ 1997 年通过的《东盟远景 2020》设想了一个以和平手段解决领土和其他争端的东南亚，并试图将东盟地区论坛(ARF)建设为一个建立信任、推动预防性外交并促进冲突解决的平台。《东盟远景 2020》将东盟的未来视作推动亚太地区及世界范围内实现和平与正义的有效力量。④ 此外，分别于 1976 年和 2003 年通过的《东盟第一协调宣言》和《东盟第二协调宣言》也对东盟冲突管理的基本原则作了说明，其中，后者提到通过建立东盟安全共同体(ASC)来增加成员国间的安全合作，进而增强国家和地区总体防御能力来避免、预防和解决东盟地区内部的各种冲突。⑤ 值得注意的是，在《东盟第二协调宣言》中提到建立的东盟地区三个共同体中，安全共同体被置于首位，经济共同体其

---

① Joshua Kurlantzick, "ASEAN's Future and Asian Integration", The Council on Foreign Relations(CFR), November 2012, p. 4.
② Fraser Cameron, "The European Union as a Model for Regional Integration", The Council on Foreign Relations(CFR), September 2010, p. 2.
③ Joshua Kurlantzick, "ASEAN's Future and Asian Integration", The Council on Foreign Relations(CFR), November 2012, p. 7.
④ "ASEAN Vision 2020", the official website of the Association of Southeast Asian Nations, http://www.aseansec.org/1814.htm.
⑤ "Declaration of ASEAN Concord, Indonesia, 24 February 1976", "Declaration of ASEAN Concord II, (Bali Concord II)", the official website of the Association of Southeast Asian Nations, http://www.aseansec.org/1216.htm; http://www.aseansec.org/15159.htm.

次,社会文化共同体第三。可以看出,东盟已经深刻意识到地区和平稳定对促进经济与社会文化发展的基础性作用,东盟的冲突管理体系也已经处于不断完善的过程中。2008年生效的《东盟宪章》是东盟成立以来第一份具有普遍法律意义的文件。它确立了东盟的目标、原则、地位和架构,明确了建设东盟共同体的发展方向和目标,并决定在2015年建成以安全、经济和社会文化共同体为支柱的东盟共同体。同时,该文件赋予了东盟法人地位,对各成员国都具有约束力。其中,第八部分"争端解决"重申了先前法律文件强调的关于东盟冲突管理的基本原则,即通过对话、协商和谈判,和平解决所有争端,东盟应在各个领域的合作中保持和建立争端解决机制。宪章还规定东盟在冲突中应起到斡旋、调解和调停作用。如果争端难以解决,最终将被提交到东盟首脑会议讨论决定。[1]

地区安全机制的演进对地区安全环境意义重大。从一系列条约与宣言中可以归纳出东盟的冲突管理方式的内涵,那就是以尊重成员国主权与领土完整为前提,以不干涉主义为原则,反对使用武力或武力威胁,通过协商一致或第三方调解、第二轨道外交等灵活途径促进以非暴力方式和平解决争端。尊重国家主权与领土完整是国家间平等相处的最基本条件,不干涉内政的原则源自对主权的尊重。不干涉主义思想在东南亚和南亚地区有着深厚的历史文化背景,尤其符合小国利益。

在地区安全方面,东盟陆续发起了一些功能各异的区域对话论坛。在自由贸易协定(FTA)成为东亚国家密切双边政治经济关系重要手段的同时,东亚出现了许多以东盟为中心的多边合作机制,东盟地区论坛(ARF)、"东盟+1""东盟+3""东盟+6""东盟+8"等机制相继形成,其目的是讨论区域性政治和安全问题、促进互信、增加军事透明度、消除地区冲突以及维持地区秩序。其中,成立于1994年的东盟地区论坛(ARF)现有27个成员国,是目前亚太地区的唯一官方多边安全对话机制。它旨在冷战结束后增进区域主要大国之间的交流,核心议题是安全挑战和建立信任措施。[2] 东亚峰会(EAS)始于2005年,现有18个成员国,是东亚

---

[1] "Charter of the Association of Southeast Asian Nations", the official website of the Association of Southeast Asian Nations, http://www.aseansec.org/21069.pdf.

[2] Frank Frost, "Australia's proposal for an 'Asia Pacific Community': issues and prospects", Department of Parliamentary Services, Parliament of Australia, December 2009, p.2.

第七章 新加坡安全战略模式：发展、威慑与平衡

国家中的重要领导峰会。峰会讨论的主题包括东亚地区的安全问题，也有成员国之间的贸易关系。在这些对话机制中，东盟均享有领导地位，并发挥了"主导"作用(leadership)。借助东盟这个平台，新加坡更顺利地推进了它的大国平衡战略，同时也大幅提高了自身的国际影响力。

东盟机制是约束区内大国行为的重要途径，这对小国的周边安全环境也极为有利。在新加坡的平衡策略中，借助外部力量来促进东南亚内部的力量平衡、对区内强国进行约束、消解区内强国对新加坡使用武力的可能性等是主要举措。在印尼为地区领导的时期，东盟的首要目标是消除印尼重施"对抗"政策的可能性。"印尼在东盟中的成员国资格将会减少它们的巨人邻国威胁其安全的可能性……尽管处于一个金制的笼中，但印尼似乎被置于'人质'的位置上。对雅加达的新领导人(苏哈托)而言……如果它不诉诸对抗政策而获得优先或第一的地位，那么东盟就可能为其提供了实现抱负的机会。"① 同样，区外大国广泛介入东南亚事务，也相当程度上缓解了马来西亚对新加坡的潜在威胁。地区原则、规范、行为方式的逐步确立和完善对所有成员国而言至少是一个道义约束。对于很难以力量捍卫国家利益的大多数小国来说，鼓吹全球与地区多边主义的确是一个"保护伞"和"护身符"。处于印(尼)马南北"夹击"之下的新加坡，以东盟为对外政策的"基石"和"屏障"也就不难理解了。

第四，东盟是维护和促进新加坡国家安全的"润滑剂"和"安全阀"。地区战略环境对置身于其中的任何国家都至关重要，对小国的影响尤甚。东盟合作态势对新加坡的影响更加直接。因此，以东盟为核心的东亚地区合作日益成为新加坡寻求战略利益的重要途径。自从1992年在新加坡举行第四届东盟首脑会议后，新加坡似乎在东盟内发挥着"主导作用"，"几乎所有主要东盟倡议都源于新加坡"。② 地区合作对小国具有积极意义。

(1) 地区合作具有提供"公共物品"的功能。"集体"既是力量的体

---

① J. Soedjati Djiwandono, "The Political and Security Aspects of ASEAN: Its Principal Achievements", *Indonesian Quarterly*, Vol.11(July 1983), p.20.

② Rodolfo C. Severino, *Southeast Asia in search of an ASEAN Community*, Singapore: Institute of Southeast Asian Studies, 2006, p.29.

现,也是地位的显示。和平稳定的地区环境既是地区国家安全的需要,也是其吸引外部投资、促进经济发展的需要。"东盟＋3"机制为东盟国家提供了一个从东北亚经济体获得培训、技术和其他资源的额外资产。在地区安全和稳定方面,东盟必须以一个集体的姿态行动,单独的成员国没有足够的力量因应东北亚的任何国家。①

(2) 缓解小国的安全脆弱性。东盟是东南亚小国维护独立与国家安全的主要途径之一。良好的周边关系对于小国获得资源、市场必不可少;通过信任建立措施和预防外交可减少安全的不确定性。

(3) 有益于平衡战略的具体操作。一方面,通过集体的力量一致对外,提高地区影响力;另一方面,通过吸引大国力量,使其在东南亚的力量达致平衡,化解某个外部大国可能的"垄断"。对于内部,则可借助外部力量形成地区内的力量平衡,构成对地区内强国的约束。东盟需要在东北亚和印度之间寻求平衡。这不是简单化的均势概念,而是出于与本地区具有实质利益和能力的主要邻国之间密切接触的战略必要性。② 东盟地区论坛有效地将日本和中国"捆绑"进地区制度框架里,日本借此可以缓解历史问题,中国可以化解邻邦的忧虑,两国都可以借此避免针对彼此的突出"平衡行为"(balancing behavior)。③

(4) 东盟是小国参与国际事务的有效工具和理想平台。有鉴于此,新加坡极力倡导东盟和东亚地区合作也就顺理成章了。

总之,东盟是新加坡塑造良好周边安全环境、化解潜在安全威胁、推动大国平衡战略的关键环节。东盟的发展攸关新加坡的安全利益。因此,支持与推动东盟发展是新加坡的对外政策重点。

(二) 强化东盟发展的地区主角

在东盟的发展历程中,各国都以不同的形式展现了其地区影响力,在

---

① Rodolfo C. Severino, *Southeast Asia in search of an ASEAN Community*, Singapore: Institute of Southeast Asian Studies, 2006, p.203.
② Ibid., p.204.
③ Barry Buzan and Ole Wæver, *Regions and Powers: The Structure of International Security*, UK: Cambridge University Press, 2003, p.158.

第七章 新加坡安全战略模式:发展、威慑与平衡

东盟这个平台上发挥了自身的独特作用。印尼在东盟成立之后相当长的时期内,一直享有"老大哥"的荣誉("the first among equals"),它也自视为东南亚地区的"天然"领导人。研究印尼外交政策的专家温斯坦(Frank B. Weinstein)指出:许多印尼政治家认为,单单是印尼的面积就使其自然地成为东南亚的领袖国家,包括印尼军方将领、科技官僚与外交人员,都谈到了"亚洲四强"的观念,也就是日本、中国、印度与印尼,而印尼应该主导东南亚的势力范围。① 可见,印尼的国际定位非常宏大,自诩充当东南亚地区的"领袖"不仅名副其实,恐怕还绰绰有余。但是,20世纪90年代中期的金融危机顿时使这个"万岛之国"跌入内乱、停滞和动荡之中。饱受"裙带资本主义"之害的印尼需要时间来清理历史、理清头绪、安定社会。它不得不将主要精力和政策议程置于国内,地区领袖和其他国际诉求这些威望政治只得暂时按下不讲了。

泰国曾是"东盟筹建的领导者"。② 在20世纪60年代中期,泰国人大力倡导建立一个区域性组织的构想,并利用自身与东南亚海岛国家关系较为密切的优势,同时又没有直接利害关系的便利,在诸国间穿针引线,动之以情,晓之以理,最终促成相互猜忌和敌视的国家化敌为友。宣告东盟成立之地选在泰国首都曼谷,既是对泰国在筹建东盟过程中做出贡献的高度肯定,也是对其发挥领导作用的认可。

作为一个多种族国家,马来西亚对地区事务也十分关切。与印尼的密切种族和文化关系使得马印(尼)政治关系更为特殊。马来西亚与印尼一起倡导并推动了许多东盟议程。在首倡"东盟和平、自由中立区"(ZOPFAN)、东亚经济论坛(EAEC)和"东盟2020愿景",以及推动缅甸、柬埔寨和老挝加入东盟的过程中,马来西亚的确发挥了重要的领导作用。

不幸的是,在东南亚金融危机和国内政治经济的冲击下,这些国家对地区建设的关注度相对下降。这相应为小国新加坡的地区进取政策提供

---

① Frank B. Weinstein, *Indonesian Foreign Policy and the Dilemma of Dependence: From Sukarno to Suharto*, Ithaca, New York: Cornell University Press, 1976, p.196. 转自陈欣之:《东南亚安全》,台北:生智文化事业有限公司1999年版,第117页。

② Rodolfo C. Severino, *Southeast Asia in search of an ASEAN Community*, Singapore: Institute of Southeast Asian Studies, 2006, p.27.

了活动空间。

与其他东盟伙伴一样,新加坡对东盟的认知和政策并非始终如一,而是经历了一个从怀疑、观望到不断认可和逐步深化的历史过程。从一开始,东盟就不是一个具有约束力的制度性组织,各国都是根据国际、国内形势的变化不断调整对这个组织的看法和政策,可谓"摸着石头过河"。新加坡与东盟关系大致可以划分为三个发展阶段:疑虑与观望阶段、重视与利用阶段和主动引领阶段。

第一,疑虑与观望阶段。新加坡对成立之初的东盟疑虑重重,李光耀也不忌讳对这个组织的猜疑之心。① 其原因有两个:首先,基于对此前东南亚合作的不良记录而缺乏信心。新加坡是一个小国,且是一个生存危机感非常强烈、对周边环境保持高度警惕的小国。在东盟成立初期,基于对此前主要由马来人组成的"东南亚联盟"(ASA)和"马菲林多"(MAF-HILINDO)的感受和认知,新加坡对东盟也很自然地持保留和怀疑的态度。其次,东盟建立初期的内争不断也使外界感到失望。在东盟成立到1971年这段时期,这个组织的确没有表现出存在的必要性和发展的可能性。菲律宾和马来西亚之间的沙巴争端不仅恶化了两国关系,而且几乎断送了东盟的前程。在两国关系正常化的1969年12月之前,东盟的各项活动几乎都陷入停顿状态。这段相互磨合的困难期表明:东盟面临诸如各国间历史遗留问题等产生的巨大挑战,它们需要更多的时间和互动来达成对这个新兴组织的共识。

第二,重视与利用阶段。20世纪70年代之后,东亚局势发生了重大变化,其中包括越战结束、中国国内政治意识形态的转变,以及对新加坡对外政策思维造成重大冲击的事件——英国决定撤出"苏伊士以东"的军事部署,迫使新加坡政府重新思考地区安全问题。② 为了确保地区和国家的和平与稳定,新加坡与其他东盟国家不得不考虑地区合作的新途

---

① 关于新加坡以颇为疑虑和"走着瞧"的心态来端视成立初期的东盟,在李光耀回忆录中有详尽论述。参见:《李光耀回忆录:经济腾飞路(1965—2000)》,外文出版社2001年版,第340页。

② 印尼—马来西亚之间的"对抗"一结束,英国就于1968年1月正式宣布在1971年前放弃在苏伊士运河以东的安全义务。这意味着英国撤除了对包括新加坡在内的前殖民地国家的安全承诺和保障。

第七章　新加坡安全战略模式：发展、威慑与平衡

径。因此，新加坡开始改变了对这个新兴地区组织的看法，重新认识东盟存在和发展的价值，认为地区化是主权国家维护与促进自身利益的重要途径。

在围绕柬埔寨问题而进行的复杂国际斗争过程中，新加坡等国更加坚定了对地区功能和东盟战略价值的深刻认识。新加坡当时认为"越南是与莫斯科狼狈为奸的国家"，①对东南亚安全构成巨大威胁，东盟必须协调一致予以反对。新加坡位于东南亚的中心，"受到整个地区政治环境的影响"②是无法改变的现实。自1965年独立之后，新加坡决策者尤其关注印度支那的共产主义，特别是越南的扩张主义。新加坡由此感受到的威胁来自以下几个方面：

（1）越南可能会在道义和军事上支持东南亚其他国家（尤其泰国和马来西亚）的"左翼叛乱"活动，从而损害这些国家的政治稳定和经济繁荣，最终必然殃及新加坡。一个和平与稳定的外部环境对新加坡的经济发展至关重要，因此它需要依靠地区其他国家的经济资源和市场，同时这也是它吸引外部直接投资之必需。周边安全环境恶化关系到新加坡的生存。

（2）越南侵占柬埔寨开创了一个"以大欺小"的恶劣先例，新加坡不免产生了"兔死狐悲""惺惺相惜"的危机感。与柬埔寨相比，新加坡是一个更具安全脆弱性的小国，害怕被较大邻国的入侵和占领一直是这个岛国挥之不去的心理阴影。

（3）越南和苏联的军事联盟关系使"反共"的新加坡神经紧张，因为这会影响到大国在东南亚的力量平衡。像其他东盟邻国一样，新加坡同样"关注主要大国在东南亚的作用，不希望看到它们在这里进行竞争或对抗。"③在介入柬埔寨问题的国际活动中，东盟汲取了各国发展所必需的内部凝聚力和自信心，在国际舞台上大幅提升了东盟的国际声誉。这为

---

① 〔英〕黛安·K. 莫齐主编：《东盟国家政治》，中国社会科学出版社1990年版，第289页。
② Linda Y. C. Lim, *The Foreign Policy of Singapore*, in David Wurfel and Bruce Burton, eds., The Political Economy of Foreign Policy in Southeast Asia, London: Macmillan Press Ltd., 1990, p.136.
③ Linda Y. C. Lim, *The Foreign Policy of Singapore*, p.137.

冷战结束后东盟的跨越式发展创造了良好的条件。与此同时,新加坡等国对地区合作也有了更深刻的认识。

第三,主动与引领阶段。与其他东盟核心国家不同的是,1997年来势猛烈的东南亚金融危机对新加坡并没有造成重大影响。或许因为"船小好调头"的缘故,新加坡迅速摆脱了地区经济危机的纠缠,国家治理和经济发展井然有序,且蒸蒸日上。这自然为新加坡政府扛起东盟这面"大旗"增加了"底气"和"勇气"。

与此同时,全球化深化时代的来临和东亚国际环境的变迁也为东盟的发展创造了良好的外部条件。"老东盟"能够形成和延续下来的主要动因是缓解彼此间的矛盾和冲突。这是当时这些国家所面临的根本问题。而"大东盟"出现的战略动机则不仅如此,其期望已经更加远大:这个组织最新的战略构想是试图成为国际舞台上的一支重要力量、甚至东亚国际格局中的权力中心之一。冷战的结束的确为东盟的跨越式发展提供了难得的历史契机,全球化影响的日趋深入也在促使东盟核心成员国的地位与作用发生变迁。

在内外两个因素的促动下,新加坡超越其他东盟国家,一跃而为引领东盟发展的关键角色,某种程度上甚至是冷战后东盟进程的标杆和主导者。按照东盟前秘书长塞维里诺(Rodolfo C. Severino)的观察,自从1992年在新加坡举行的第四届东盟首脑会议以来,新加坡似乎在东盟内发挥着"主导作用",东盟几乎所有的主要倡议都源自新加坡。新加坡先后发起了亚欧会议(ASEM)、东亚-拉美合作论坛(Forum for East Asia-Latin America Cooperation)和东盟-印度峰会(ASEAN-India Summit);带头推动了东盟自由贸易区(AFTA)与澳大利亚、新西兰之间更紧密的经济关系;对东盟-中国间的自由贸易区建议率先作出了积极的反应;提出了"电子东盟"(e-ASEAN)的概念,倡导信息通信技术应用是促进东盟一体化、缩小东盟成员国间"数字鸿沟"的目标和手段;给东盟的援助项目命名为"东盟一体化倡议"(Initiative for ASEAN Integration),该项目通过援助"新"成员国来缩小其与东盟"老"成员国间的发展差距;在中国、印度和其他地区组织不断增长的竞争面前,驱动东盟决定设立东盟竞争力研究委员会;提出了"东盟经济共同体"(ASEAN Economic Community)的概念,指明了地区经济一体化的发展方向;呼吁迅速召开东盟-中国领导人会议,处理东亚地区"非典"(SARS)的爆发——这是应对地区危机的一次成功集体反应;2004年11月26日,东南亚和南亚发生造成巨大人员伤亡和财产损失的大海啸,新加坡新任总理李显龙发起"东盟领导人处理地震和海啸的特别会议",东盟国家及其大多数对话伙伴与受害国与会。[1] 2007年底,对东盟未来发展具有里程碑意义的首脑会议在新加坡举行,会议签署了《东盟宪章》,这可能成为这个组织从非制度方式逐步转向制度方式的历史转折点。2011年11月,在印尼巴厘岛举行的第19次东盟首脑会议通过了《全球大家庭中的东盟共同体巴厘宣言》(也称第三份《巴厘宣言》),阐述了东盟成员国在政治与安全、经济、社会、文化等方面应如何加强合作,并承诺在2022年建立应对全球事务的东盟共同平台。2014年5月,在缅甸内比都举行的第24次东盟首脑会议重点围绕东盟共同体建设、区域合作及国际地区问题等议题进行了讨论,强调团结是共同体建设的核心,敦促各成员加强合作,按时于2015年完成共同体建设,并尽快制定东盟共同体远景规划。其中,新加坡发挥的推动和引领作用得到各界公认。总体来看,冷战结束以来,从其参与东南亚地区合作的热情和作为来看,称新加坡为"东盟军师"似乎也不无道理。

新加坡积极而高效的对外战略是一个小国政治经济持续发展的重要保障,是尽可能克服"小"带来的诸多局限性和脆弱性的必要途径,因而也是新加坡发展成就的重要成因。在新加坡的对外战略之中,"平衡"是一个基本政策思路。

四、大国平衡:新加坡安全战略的主旋律

外交是小国安全战略不可或缺的途径。复合型对外战略是成功小国的共同特征。然而,这些小国仍然存在各自不同的对外战略偏好或重心。在坚持外交的现实性和灵活性原则和复合型对外战略思路的基础上,"平

---

[1] Rodolfo C. Severino, *Southeast Asia in search of an ASEAN Community*, Singapore: Institute of Southeast Asian Studies, 2006, pp.29-30.

衡战略"（balance of power）是新加坡对外交往的主要脉络。"平衡战略"是小国化解安全脆弱性、促进国家利益的常规手段之一。小国的独立总是依靠权力均衡，或者依靠某一保护国的优势。① 新加坡以东盟为支点的平衡战略是彼此交织互动的复杂"双环平衡"：外环是针对外部大国的力量平衡，内环是针对东盟内部邻邦的力量平衡。其构想是以内对外，构建地区共同利益；以外对内，遏制可能针对小国的强制行为，从而赢得和平与稳定。该战略的行动范围并不局限于东南亚地区，而是延展到整个东亚和亚太区域。其行动对象不仅仅是东盟成员国，几乎所有对东亚具有重大影响力的大国或国际组织都是它积极寻求的平衡力量。

（一）构建大国间的区域性力量均衡架构

小国的一大特征是难以安全自主。无论如何强化军事威慑能力，国家规模的严重制约都是无法避免的。因此，谋求国家安全必须依靠外部力量，采取追随强者或平衡策略。新加坡是个经济发达、军力可观的小强国，其地缘战略价值得到诸多大国的普遍认同。这是其操作大国平衡术的有利条件。积极构建区域大国力量均衡态势是新加坡平衡战略的根本目标。

第一，"外环平衡"是确保"内环平衡"的保障。仅仅维持"内环平衡"（即东盟国家之间的力量均衡）对于确保新加坡的和平与发展是远远不够的，来自外部的安全压力和威胁可能要比东盟内部的冲突更具挑战性。因此，"外环平衡格局"是东盟、更是新加坡"平衡战略"不可缺少的一环。与此同时，它也是确保"内环平衡"战略目标的根本途径。以东盟为"核心"的东亚地区合作日益成为新加坡寻求战略利益、缓解小国脆弱性的重要途径。东亚多边合作是新加坡国家安全的"润滑剂"和"安全阀"，将与东盟的关系置于东亚合作语境和大国关系框架下是新加坡平衡战略的基本思路。

独立以后，尤其英国1969年宣布从苏伊士运河以东撤出军事部署后，基于国际政治的现实性和大国的关键作用，新加坡把吸引诸多大国的

---

① 汉斯·摩根索：《国家间政治：权力斗争与和平》，徐昕、郝望、李保平译，北京大学出版社2006年版，第214页。

第七章　新加坡安全战略模式：发展、威慑与平衡

战略关注、逐步形成相对均衡的地区安全格局,作为其安全战略努力的方向。早在冷战时期,新加坡就认为,美国、苏联和今后的中国所具有的权势及其政策行为将决定和平的形势。① 这些大国是新加坡平衡战略关注的对象。确保自身安全的途径是大国在东南亚形成利益交错的格局,它希望"美、中、苏、英四大国将继续对新加坡感兴趣,因为这可能造成一种更加稳定的势力均衡……更多的大国及超级大国的出现,将使小国维持其自身利益及根据本国人民的利益采取独立行动的意愿更容易实现……新加坡接受美国的第七舰队,也接受苏联和日本的海上力量,而且也希望英国继续留驻东南亚和南亚。"② 总之,密切追踪国际格局的变动,与大国尤其体系中最强大的国家建立紧密的安全合作关系,是新加坡安全战略的核心。

第二,东南亚的外部依赖性是新加坡大国平衡战略的基本背景。和新加坡一样,大多数东南亚国家也有借助外部力量来构建区域权力均衡态势的需求。东南亚相对外部大国的脆弱性及其对外部大国的依赖性显示:这是一个外部大国具有特殊利益并为其影响力而竞争的地区。③ 从历史上看,东南亚一直是国际体系中"软弱"的次级区域,外部大国经常轻易地渗透到这个地区;这是一个多样性显著且松散的地区,在外部影响力面前,缺乏保卫自己并捍卫自主的机制。④ 因此,通过集体的力量寻求"外环平衡格局"是新加坡的重要战略。一方面,通过集体力量一致对外,提高地区的国际影响力;另一方面,通过吸引大国力量,使其在东南亚的力量形成相对平衡的状态,化解某个外部大国可能的"垄断"意图。新加坡具有吸引大国关注的战略筹码。早在冷战后期的东南亚,由于其所占据的战略位置,新加坡就已成为所有外部大国战略共同关注的地方。新加坡领导人一直持有的观点是:"大国在东南亚的数量越多,新加坡的生存机遇就越好"。⑤ 因此,在新加坡的东盟战略中,大国是不可或缺的

---

① 新华社:《李光耀关于国际问题的主要言论》,1976年4月11日香港讯,《参考资料》1976年4月15日。
② 陈岳、陈翠华编著:《李光耀:新加坡的奠基人》,克宁出版社1995年版,第224页。
③ Wayne Bert, *The United States, China and Southeast Asian Security: A Changing of the Guard?* New York: Palgrave Macmillan, 2003, p.143.
④ Alan Collins, *The Security Dilemmas of Southeast Asia*, Singapore: ISEAS, 2000, p.2.
⑤ Bilveer Singh, *Singapore: Foreign Policy Imperatives of a Small State*, p.31.

"砝码"和"平衡器"。简而言之,对新加坡来说,没有大国参与的东盟战略就缺乏实质意义,也无法确保战略目标的效果。

第三,大国平衡是新加坡处理国际关系的重要手段。当今世界,新加坡大国平衡的主要对象是中、美、日。其中,中美两国是新加坡"双环平衡战略"的核心。大国之间的力量平衡有益于东南亚和东亚地区的和平与稳定。反映新加坡平衡思维的东盟地区论坛(ARF)就是东亚力量平衡的尝试。从常规意义上看,东盟地区论坛的设计不是为了建立一个防务共同体或集体安全组织。① 但是,它是唯一自夸为包含所有主要地区大国的地区安全机制。这个机制包括了主要大国。② 它有效地将日本和中国"捆绑"进地区制度框架里,日本借此可以缓解历史问题,中国可以化解邻邦的忧虑,两国都可以借此避免针对彼此的"平衡行为"(balancing behavior)。③ 事实上,几乎所有主要大国都被囊括在东盟的平衡术中。在借助美国制约东北亚国家的同时,它也在东北亚和印度之间寻求平衡。这同样是"出于与本地区具有实质利益和能力的主要邻国之间密切接触的战略必要性"。④

(二) 美国是新加坡安全战略中的关键性平衡力量

新加坡与美国的关系非常密切。一方面,两国关系达到战略合作关系的程度;另一方面,两国在政治、经济、外交上密切合作,更为重要的是两国的军事安全合作。⑤ 对新加坡而言,与美国的军事安全合作有一定的威慑与安全保障作用。由于两国的特殊关系,新加坡能够借助美国的军事外交实力,抵制任何可能威胁新加坡主权独立的企图。与此同时,新

---

① Jürgen Haacke, "Regional Security Institutions: ASEAN, ARF, SCO and KEDO", in Stephen Hoadley and Jürgen Rüland, eds., *Asian Security Reassessed*, Singapore: ISEAS, 2006, p.136.
② Jürgen Haacke, "Regional Security Institutions: ASEAN, ARF, SCO and KEDO", p.135.
③ Barry Buzan and Ole Wæver, *Regions and Powers: The Structure of International Security*, p.158.
④ Rodolfo C. Severino, *Southeast Asia in search of an ASEAN Community*, p.204.
⑤ Singapore Ministry of Foreign Affairs, "The United States of America", Singapore Ministry of Foreign Affairs Website, February 2014, http://www.mfa.gov.sg/content/mfa/countries_and_region/americas/the_united_statesofamerica.html. Accessed 20 May 2014; United States Department of State, "U.S. Relations with Singapore", U.S. Department of State Website, 31 January 2014, http://www.state.gov/r/pa/ei/bgn/2798.htm. Accessed 20 May 2014.

第七章　新加坡安全战略模式：发展、威慑与平衡

美关系有助于美国维持在亚洲的传统影响力及其在亚太战略平衡中的作用,新加坡借此可以追求区域力量均衡态势,最大化自身的外交空间。

美国是新加坡推行平衡外交和维护"现状"的支柱。战后以来,美国在东亚一直保持了相当可观的政治影响力。在可预见的将来,美国是不可能"撤离"亚洲的,原因是美国在东亚地区拥有重大经济利益。此外,"撤离"意味着美国超级大国地位的"终结"。① 在这样的国际背景下,现有体系中最强大的美国理所当然成为新加坡"大国平衡战略"的支点。

美国是新加坡寻求安全保障的主要依托。自1965年独立以来,新加坡就与美国建立了密切的防务联系,新加坡的武器装备绝大部分是由美国提供的,新加坡还积极参与美军在该地区举行的各种演习。冷战结束后,新加坡极力引入美国力量作为"靠山",视之为亚太新形势下的关键平衡因素。吸引和鼓励美国在东亚,尤其东南亚的政治影响力是新加坡政府的重要政策目标。基于这些考虑,新加坡视美国为其平衡战略的关键环节,并极力说服和鼓励美国维持在东亚和东南亚的军事力量。1990年11月,新加坡与美国达成备忘录,允许美国海空军广泛使用其军事设施。樟宜(Changi)海军基地作为深水良港和小型军港成了美国在东南亚的"桥头堡"之一。李显龙曾呼吁美国"不要忽视东南亚,要增加在本地区的影响力"。他认为美国在东南亚"已经不如从前那么积极",要求美国作为本地区的一员,作为"一股维持地区稳定的建设性力量",否则就是"在丢一些东西"。② 此外,与美军经常性的联合军事演习、与美国的自由贸易协定、对美国维持在亚洲国际影响力的政治呼吁,都是其借助美国贯彻平衡战略的"捆绑"战术。

与美国准"联盟"的军事关系反映了新加坡在"中立"与"联盟"策略之间的微妙平衡,也体现了其平衡其他地区大国和威慑邻近国家的战略意图。在当前的东亚国际关系中,新加坡认为"美国是最重要的平衡力量"。③ 这是新加坡对美国"超级大国"地位认同的必然政策选择。然而,随着东亚国际格局的演变,美国的角色也会逐渐发生变化,以适应东亚国

---

① Barry Buzan and Ole Wæver, *Regions and Powers: The Structure of International Security*, p.178.
② 新加坡《联合早报》,2007年4月18日。
③ Michael Leifer, *Singapore's Foreign Policy: Coping with Vulnerability*, New York: Routledge, 2000, p.105.

际格局的变迁:美国在东亚承担主要安全义务的"保护者"(protector)这一冷战角色,将演变为安全义务降低的"平衡者"(balancer)角色。

(三) 在中美之间保持微妙的平衡态势

在当今东亚国际格局中,中美两国及其相互关系是塑造地区安全环境的主线。在可预见的将来,中国的不断崛起与美国维持在东亚的安全存在和影响力是地区安全的基本背景。对新加坡而言,如何因应地区格局的变动是对其平衡战略的重大考验。

东亚未来可能的发展趋势是:要么中国不能成为该地区的主导力量,要么它演变为邻邦眼中的相对"良性"强国;作为一个"持铃者"(ringholder),美国将继续在东亚安全事务上发挥重要作用。① 至于日本,在新加坡看来,这个国家"不应成为中美日三角关系的干扰因素,这个三角关系的稳定对其安全是至关重要的。"② 因此,在外交方面,新加坡的"对冲战略"(hedging strategy)聚焦于与中美两国的接触之上。它利用东盟地区论坛(ARF)等机制"绑定"两个大国,以确保海上航行自由、构建一个具有凝聚力的东盟以及维持该地区稳定的权力分配现状。③

时过境迁,中国已是一个举足轻重的世界经济大国。然而,在军事能力建设方面,中国离超级军事大国还有相当的距离。因此,在当今亚太和东亚区域,中国的经济影响力远远超过了它的外交和军事影响力。在地区中的许多国家看来,中国是一个发展机遇,但军事实力和安全政策也决定了它无法满足其安全需求并提供安全保护。许多国家的对华政策因而表现出政治经济相区隔的双轨特征。政经分离是当今中国对外关系中普遍存在的国际现象,这一现象根源于外部世界对中国崛起的冲突性认识之上。在中国快速崛起的过程中,周边国家的对华认知不可避免地受到巨大影响,认为中国崛起具有机遇和挑战的双重特性,在政策行为上逐渐形成了经济上利用中国、安全上防范中国的对华策略。新加坡也是这样

---

① Barry Buzan and Ole Wæver, *Regions and Powers: The Structure of International Security*, UK: Cambridge University Press, 2003, pp. 175-176.

② Michael Leifer, *Singapore's Foreign Policy: Coping with Vulnerability*, New York: Routledge, 2000, p. 127.

③ Francis Domingo, "The RMA Theory and Small States", *Military and Strategic Affairs*, Vol. 6, No. 3, December 2014, p. 55.

认知中国的。政经相对分离是该国应对中国崛起的基本策略。

第一,充分利用中国崛起带来的经济机遇,推动新中经贸关系发展。尽管新加坡国土面积不大,却是中国的重要邻国之一。从新中经济关系上看,中新贸易、投资关系均极为密切。在贸易方面,中新双边贸易并未占到中国对外贸易总额的较大部分,但对新加坡经济而言,中国的重要性却显得有些不可或缺。据统计,自1995年以来,中国逐渐从新加坡的第8大进口来源地上升为该国举足轻重的进口来源地。截至2014年,中国已经连续多年(始于2007年)位居新加坡第一大进口对象(参见表7-14)。

表7-14 新加坡的主要进口来源地占比(1995—2014)

单位:%

年份\国家	日本	美国	中国大陆	马来西亚	韩国	印尼
1995	21.49	10.71	3.74	11.46	6.46	3.75
2000	16.91	14.55	5.47	13.08	3.75	5.11
2005	9.73	11.34	10.06	13.48	4.52	5.43
2012	6.33	7.11	12.14	10.14	8.37	6.30
2013	5.50	10.30	11.70	11.00	6.50	5.20
2014	5.49	10.30	12.13	10.66	5.90	5.13

数据来源:The Observatory of Economic Complexity, MIT, http://atlas.media.mit.edu/explore/tree_map/hs/import/sgp/show/all/2000/。中国商务部:http://countryreport.mofcom.gov.cn/record/view110209.asp? news_id=38229。2014年数据来源:Department of Statistic Singapore *Yearbook of Statistic Singapore 2015*, http://www.singstat.gov.sg。

说明:表中数据为新加坡从这些国家或地区进口的总额占其全部进口总额的百分比。

在新加坡出口贸易的主要伙伴中,中国也从1995年占新加坡总出口额3.76%的第8位迅速上升,于2010年一跃而成该国第一大出口对象,尽管2013年有所回落,但仍以11.8%的高份额仅次于马来西亚的12.2%。同年,中新贸易总额达到1151.997亿美元,中国成为新加坡第一大贸易伙伴。[①] 2014年新加坡对中国大陆出口额达652.2亿美元,占该国总出口

[①] The Singapore Department of Statistics, "External Trade(Yearbook)", http://www.singstat.gov.sg/statistics/browse_by_theme/trade.html(2014)。

额的 12.57%，中国保持着新加坡第一大出口对象的地位（参见表 7-15）。

表 7-15　新加坡的主要出口对象（1995—2014）

单位：%

年份\国家或地区	美国	日本	中国大陆	马来西亚	印尼	中国香港
1995	16.76	8.85	3.76	8.5	3.14	9.39
2000	18.56	6.32	4.41	12.66	3.25	8.57
2005	9.44	4.03	10.45	9.13	6.36	11.02
2012	3.75	3.07	13.62	11.66	11.56	7.45
2013	5.70	4.30	11.80	12.20	9.90	11.20
2014	5.57	4.09	12.57	11.96	9.36	11.01

数据来源：The Observatory of Economic Complexity, MIT, http://atlas.media.mit.edu/explore/tree_map/hs/export/sgp/show/all/2012/。中国商务部：http://countryreport.mofcom.gov.cn/record/view110209.asp?news_id=38228。2014 年数据来源：Department of Statistic Singapore *Yearbook of Statistic Singapore 2015*, http://www.singstat.gov.sg。检索时间：2015 年 10 月 28 日。

说明：表中数据为新加坡对这些国家或地区出口的总额占其全部出口总额的百分比。

中新双边投资关系也极为紧密。新加坡官方统计数据显示，在 2003—2012 年期间，中国累计吸收新加坡直接投资（FDI）达 724.34 亿美元（这一数据超过了新加坡在欧盟 28 国的投资总和，约为新加坡在英国等国投资的两倍），从而成为吸收新加坡 FDI 最多的经济体（参见图 7-11）。另据中国商务部的数据统计，新加坡 2013 年度对中国大陆直接投资达 73.27 亿美元，是仅次于中国香港的第二大对华直接投资经济体。①

与此同时，随着经济关系的不断加强，中新人员来往日趋密切。新加坡是中国人海外旅游的重要目的地。2009 年以来，赴新中国人数大幅攀升，由 2009 年的 93.7 万人突增至 2013 年的 227 万人。不过，2014 年中国大陆赴新旅游人数大幅下降为 172.24 万人次（参见图 7-12）。对新加坡经济而言，大量中国旅游者的光临显然是个大利好。

---

① Ministry of Commerce (China), "Statistics of FDI in China in January-December 2013". http://english.mofcom.gov.cn/article/statistic/foreigninvestment/201402/20140200498911.shtml.

第七章 新加坡安全战略模式：发展、威慑与平衡

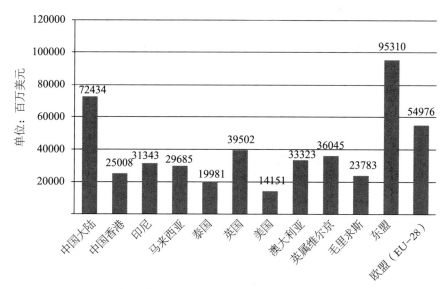

图 7-11 新加坡 FDI 总流出量的国别/地区分布（2003—2012）

数据来源：The Singapore Department of Statistics, http://www.singstat.gov.sg/statistics/browse_by_theme/investment.html.

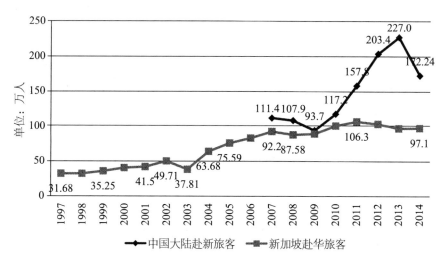

图 7-12 中新相互入境旅游人数趋势对比（1997—2014）

数据来源：Government of Singapore, Tourism, 2015。检索来源：Government of Singapore：http://www.singstat.gov.sg/statistics/browse-by-theme/tourism。中国国家统计局：《国家数据》，2015 年，按国别分外国人入境游客。检索来源：http://data.stats.gov.cn/workspace/index? m=hgnd。检索时间：2015 年 6 月 28 日。

综合来看,中新双边经贸关系相当密切。从依赖的角度来看,新加坡对华的贸易依赖显然大于中国对新加坡的贸易依赖。在投资方面,尽管新加坡对中国大陆的投资仅次于中国香港地区。但对资本日益充裕的中国大陆来讲,很难说中国大陆对来自新加坡的 FDI 存在多大依赖性。因此,新加坡在经济上实际上更依赖中国。

第二,安全上依靠美国,且有借助美国应对中国崛起的平衡行为。经济利益并未带来中新两国的安全共识。出于对中国崛起的莫名担忧,以及对邻近国家的伊斯兰激进主义蔓延的恐惧,新加坡在加强与美国、澳大利亚、日本等国的安全合作上毫不含糊。在稳定和经济繁荣的双重考虑下,新加坡对华推行政经分离的战略并不奇怪,只不过相对低调而已。

事实上,新加坡并不认为中国短期内会威胁新加坡的国家安全,但在该国看来,中国经济和军事实力的日渐升腾将可能形成潜在的安全隐患。要在将来平衡中国这一潜在威胁,美国的存在不可或缺。① 实力变化决定了新加坡平衡战略的关注点。"中国的块头太大,亚洲其他国家,包括日本和印度在内,在大约二三十年之后,不可能在分量和能力上与其相匹配。因此,我们需要美国来实现平衡。"②对华政策是新加坡在亚太格局转型期中应对战略不确定性(strategic uncertainty)的总体战略的组成部分。③ 新加坡外交政策调整并不能直接归因于中国崛起,其实行的平衡战略也不仅仅旨在平衡中国,该区域的其他中等国家与大国同样是其平衡的对象,因此,新加坡也通过东盟机制拉拢日本、韩国、澳大利亚、印度、新西兰等加入区域平衡框架中。

然而,平衡战略的精髓是大国间形成相互影响、相互牵制的均衡态势。在特定时期,它会有一个主要平衡对象,但不是刻意去制造一个"敌人"。新加坡在拉拢美国平衡中国的同时,一再强调加强与美国的关系并

---

① Evan S. Medeiros and Keith Crane, et al., "Pacific Currents: The responses of U. S. Allies and Security Partners in East Asia to China's Rise," RAND Corporation, Santa Monica, CA, 2008, p.159.

② Chua Chin Hon and Tracy Quek, "MM calls on US to retain key role in East Asia", *The Straits Times*, October 29, 2009, p.1.

③ Cheng-Chwee Kuik, *Smaller States' Alignment Choices: A Comparative Study of Malaysia and Singapore's Hedging Behavior in the Face of a Rising China*, Ph. D. dissertation, John Hopkins University, 2010, p.341.

第七章　新加坡安全战略模式：发展、威慑与平衡

非针对中国，尽量在表面上维持与中国的正常关系。20世纪90年代，当美国从苏比克湾（Subic Bay）海军基地撤出时，新加坡公开呼吁美国维持在亚洲的军事影响力，并且允许美国使用新加坡的军事基地①，以实现新加坡通过力量平衡实现区域和平与稳定的利益。到了2005年，两国签署了战略框架协议（Strategic Framework Agreement）。② 美军西太平洋海军后勤小组（U. S. Navy Logistic Group West Pacific）以及497空军战斗训练中队均驻扎新加坡。此外，美军还可使用新加坡的樟宜海军基地（Changi Naval Base）停泊航空母舰。③ 加强两国的军事合作，并且延续美国使用新加坡海军基地的安排的同时，新加坡还反复重申该协议不针对中国。④

由此可见，在利用美国构建区域平衡时，新加坡也有意识地避免由此带来的区域不稳定风险。譬如，无论美国是否有意通过跨太平洋伙伴关系（TPP）遏制中国，新加坡参与发起TPP的本意并非遏制中国，而是推动亚太区域贸易自由化的尝试。⑤ 这显示了小国的多边政策工具不可避免地会带来大国之间的战略博弈，从而偏离本意。即便新加坡是该提议的发起国之一，由于自身实力的有限性，新加坡对多边政策工具的控制力也是有限的，只能尽可能减少多边政策工具产生的负面作用。

第三，新加坡对华政经分离策略的投机性特征。综观中国周边的韩国、菲律宾、新加坡，以及并未详述的澳大利亚、缅甸、越南、泰国诸国，甚

---

① Yuen Foong Khong, "Coping with Strategic Uncertainty: The Role of Institutions and Soft Balancing in Southeast Asia's Post-Cold War Strategy", in J. J. Suh, Peter J. Katzenstein and Allen Carlson, eds., *Rethinking Security in East Asia: Identity, Power, and Efficiency*, Stanford: Stanford University Press, 2004, pp.172-208.

② Singapore Ministry of Defence, "Factsheet- The Strategic Framework Agreement", Singapore Ministry of Defence Official Release, 12 July 2005, http://www.mindcf.gov.sg/imindef/press_room/official_releases/nr/2005/jul/12jul05_nr/12jul05_fs.html#.U4KKS_mSzBA. Accessed 20 May 2014.

③ Michael Lostumbo and Michael J. McNerney, et al., "Overseas Basing of U. S. Military Forces: An Assessment of Relative Costs and strategic benefits," The RAND Corporation, The RAND Corporation, 2013, p.371.

④ See Seng Tan, "Faced with the Dragon: Perils and Prospects in Singapore's Ambivalent Relationship with China", *The Chinese Journal of International Politics*, Vol.5, 2012, pp.245-265.

⑤ Singapore Ministry of Trade and Industry, "Minister Lim Hng Kiang's Reply to Parliament Questions on the Progress of TPP and RCEP Negotiations", Singapore Ministry of Trade and Industry Parliament Q&A, 21 February 2014, http://www.mti.gov.sg/NewsRoom/Pages/Minister-Lim-Hng-Kiang's-reply-to-Parliament-Questions-on-the-Progress-of-TPP-and-RCEP-Negotiations.aspx.

至若干西方国家,其对华战略中都或多或少存在某些"政经分离"的倾向性。究其原因,这些国家可能认为,中国崛起给自身安全和稳定带来了某种实际或者潜在的威胁,以致它们只能寻求美国等国的安全庇护或支持,以平衡中国不断上升的影响力。

中国崛起及其影响是个客观事实,由此引发周边国家的某些担忧是可以理解的。但有些威胁认知却是不切实际的胡猜乱想,是以中国为借口追求政治私利和不合理权益的算计,更可能是追随美国亚太政策的重要表现。譬如,中国和新加坡实际上并无诸如岛礁之类的实质性争端,所谓中国威胁仅仅存在于新加坡的主观建构之中,或者说是通过鼓噪中国威胁取悦主要邻国和美国。

与此同时,因中国的快速崛起带来了极大的经济机遇,周边国家都自觉或不自觉地加强了同中国的经济关系。在紧密的经贸关系的前提下,继续维持或者更进一步发展与中国的经贸关系将直接关乎本国经济发展和其他关键问题。因此,新加坡在对华关系中推行"政经分离"实际上在所难免。周边国家对华政经分离的倾向可以形象地概括为"经济上搭中国便车,安全上搭美国便车"。这是中国崛起进程中特定时期的特殊现象。以此来看,新加坡对华政经分离策略具有历史的阶段性特征。当地区格局发生重大变迁之时,小国战略调整也会快如闪电。这是小国生存法则提出的必然要求。

五、小结

在国家治理、经济发展、安全战略等方面,新加坡无疑是小国群体中表现出色的国家。顺应天时,发挥地利,促进人和,是新加坡安全战略成效显著的几大着力点。

第一,国家发展是缓解安全脆弱性的前提。与其他小国一样,新加坡的脆弱性也非常明显。规模狭小以及复杂的地缘环境构成了该国安全的局限性和不确定性。然而,新加坡充分利用地理位置赋予的优越性,化脆弱性为灵活性,制定依托外部市场的全球化发展战略,着力人力资本建设,逐渐发展为一个经济发达、国内安定的国家。经济发展为新加坡安全

第七章 新加坡安全战略模式：发展、威慑与平衡

战略打下了扎实的物质基础。

第二，军事威慑能力建设是确保国家安全的砝码。小国难以单凭安全自立途径实现自保目的，军事手段也不是它们外交政策的常规选项，但是，一支可信的军事威慑力量既是遏制潜在侵略者的必要举措，也是安全战略的关键构成。新加坡的威慑性军力源自较高的军事投入、先进的武器装备和全面防卫的安全组织方式。在地缘安全环境十分复杂的背景下，新加坡的军力大幅领先东南亚诸国。这对该国提高自我安全感和高效操作对外战略是一个强有力的支撑和保障。

第三，熟练的大国平衡战略是新加坡安全战略的关键环节。在当今国际体系下，"平衡"战略是许多国家维护和促进国家利益的基本手段，也是众多小国缓解自身安全脆弱性的政策工具。新加坡能够将该战略运用自如，并从中获得最大收益。这充分表明，小国的对外战略选择不仅是一个认知的产物，还有若干客观条件的要求。小国在国际体系或大国视野中的战略价值是平衡战略能否实施的关键前提。

第四，新加坡模式对其他小国的启示不言自明。脆弱性是小国政治经济发展的基本背景，是小国在特定国际体系下国家意识与发展战略形成的起始点，小国缓解脆弱性的努力与国家发展的根本途径是全球化战略，全球化时代的到来为小国发展提供了难得的历史契机。通过全球化发展战略，"小"带来的脆弱性是可以得到缓解的。对任何小国来说，脆弱性是其思维和行为的根源，塑造着小国的生存哲学和发展战略框架。在发展进程之中，脆弱性为小国提供了基本动力和政治意识形态，它所孕育出来的生存与发展意识驱动着小国制定和实施一套现实可行的发展战略。

小国之间发展成就的显著差异表明，脆弱性只是增加了一种激发生存与竞争意识、培育现实理性思维、塑造国民性、提供发展源动力、形成发展思路的可能性，要在缓解脆弱性的过程中转型为现代小型强国不是一件简单的事情，尚需国际体系、国家治理、社会资本等诸多因素的配合。就发展而言，外部环境、地理位置、资源禀赋、制度安排，甚至发展机遇都是小国发展进程中的重要变量。其中，唯一可供选择的手段是制度安排。小国的多样性选择决定了其政治经济表现的差异性，最终也影响着它们的安全及战略方式的选择。

第八章

结　论

在国际安全中,大国举足轻重,小国亦不可或缺。前者主导着国际安全环境及其演进,后者则在其中扮演着独特的角色并发挥着相应的作用。大国及大国关系是小国安全战略选择的基本背景,小国安全行为也是影响大国关系的重要因素。时代在变,国际安全的内涵和外延也在变,但不变的是大国间的战略博弈,小国固有的安全特性及其不断演化的生存策略,以及人类免于恐惧的共同需求。大国求强,小国求安。大小国家紧密互动,共同塑造着国际安全的形态与前景。

一、小国是国际安全的重要角色

无须赘言,小国安全更多取决于国际体系的性质。在纷争不断、弱肉强食的国际背景下,小国往往是大国博弈的牺牲品。此时,小国存活的难度极大,生存与否完全取决于大国的德行:"小国之事大国也,德,则其人也;不德,则其鹿也。铤而走险,急何能择?……居大国之间,而从于强令,岂其罪也?大国若弗图,无所逃命。"① 中国古代小国(郑国)的命运和生存状态无疑是一个普遍性现象。

进入当代,武力征伐和势力范围争夺不再是国际关系的主旋律。无

---

① 《左传·文公十七年》。

第八章 结 论

数的战争,尤其两次惨烈的世界大战给人类带来了巨大的灾难,也让世人警醒和反思。各国人民的和平意愿及行动制约着国家间的无序争斗,国际组织、国际机制和国际法的出现与发展在一定程度上约束着无政府状态下对物欲和权欲的无止境追逐,以及横行无忌的零和式争斗。国家间曾经赤裸裸的利益博弈受到越来越大的限制。在新的国际环境下,国际关系不能单凭实力说话,国际规则和国际道义也越来越深刻地影响着国家行为。这都为小国提供了前所未有的生存环境与发展空间。

然而,国际安全难题并未因体系性质的变迁而彻底解决,和平与稳定依旧是国际社会不懈追求的最高目标,更是弱小行为体孜孜以求的美好愿景。二战后,国际安全形态发生了重大变化,国际冲突也有了全新的表现形式。一方面,大国之间爆发正面冲突的可能性大幅降低。核武器和诸多大规模杀伤性武器的出现彻底改变了传统的战争形态,大国战争的毁灭性后果令人不寒而栗,可能直接威胁到人类文明的存续。这种明确的预期使大国不得不严格克制自己的战争冲动,战略博弈也设有一条不可逾越的底线,那就是在任何情况下,都要避免可能导致毁灭性灾难的大国战争。另一方面,弱小国家是大国战略竞争的主要活动场域。大国间规避正面碰撞并不意味着它们放弃了战略博弈,战略竞争始终是大国关系的本质特征。在这一国际背景下,具有战略意义的国家和地区就成为大国互动的着力点。冷战时期,两超并立,相互对抗,为了扩展各自的势力范围而明争暗斗,它们发起"代理人"战争或深度干预中小国家的内政。冷战结束后,攻守易势,美国乘苏联解体之机,在全球范围内的战略进攻态势更趋明显。

不言而喻,大国因素始终是国际安全的主轴。二战以来,影响国际安全的最大因素显然是大国"制造"的各种冲突和战争。美国发起和参加了众多国际战争或对抗,譬如,朝鲜战争(1950—1954)、越南战争(1961—1975)、古巴导弹危机(1962)、洪都拉斯行动(1988)、入侵巴拿马(1989)、第一次海湾战争(1990—1991)、索马里联合国维和行动(1992—1995)、第二次海湾战争(1998)、科索沃战争(1999)、阿富汗战争(2001)、利比亚战争(2011)、空袭"伊斯兰国"行动等。苏联也直接介入了几次重大军事行动,如古巴导弹危机(1962)、入侵捷克斯洛伐克(1968)和阿富汗战争(1978—1989)。这些战争和对抗不仅深刻塑造着国际安全背景，对主要大国的兴衰也产生了直接影响。

除了直接军事干预之外，积极输出西方价值观也是当下美国全球战略的关键手段，这同样也是影响国家安全和国际安全的重要因素。21世纪以来，此起彼伏的"颜色革命"成为美国扩充全球影响力的战略手段。格鲁吉亚的"玫瑰革命"(2003)，乌克兰的两次"橙色革命"(2004和2014)，吉尔吉斯斯坦的"郁金香革命"(2005)，2011年肇始于突尼斯的"阿拉伯之春"迅速扩散至埃及、也门、阿尔及利亚、巴林、利比亚、约旦、叙利亚等国。美国是这些变局的推手，其意不外乎是利用当事国的内部矛盾，以民主和自由为手段，在亚欧大陆和大中东这些战略重地培植亲美势力，以扩展西方价值观的影响区域，维护和巩固以其为首的西方霸权。在中国周边，美国同样积极影响中国周边国家的对华政策，不遗余力地构建制衡中国的国际网络。所谓"亚太再平衡"战略，其实质不过是阻遏中国的崛起进程，以捍卫美国的全球霸主地位。美国的对华战略客观上大幅增加了东亚安全的不确定性，也在相当程度上诱发了周边小国对华政策的调整。

以此来看，大国是影响国际安全的主要因素，也是国际安全环境形成与发展的主线。其中，小国只能产生有限的和辅助性的影响。总体而言，虽然大国战略博弈不可能退出历史舞台，但二战前后的国际体系性质已然不可同日而语，小国的生存环境基本上得到了保障。冷战时期，虽有大批小国成为两强相争的牺牲品，但军事占领和殖民统治不再是大国的战略手法，小国的主权地位实际上并未受到严峻的挑战。冷战结束后，科技飞速发展，生产力进步巨大，全球化浪潮随之席卷世界，国家间相互依存度不断加深，全球性问题日渐凸现。对脆弱的小国而言，全球化既是发展机遇，也是巨大挑战，对其安全战略也是新的考验。

时代的巨大变迁正在重塑小国的外部环境，也促使它们不断调整自己的安全策略。世事艰难，环境莫测，小国不得不审慎应对，在大国互动中探寻安全空间，并殚精竭虑构思合适的生存策略。譬如，瑞士调整了传统的中立政策，加入联合国；新加坡选择了大国平衡与全球化发展战略；挪威凭借丰富的资源和雄厚的经济实力，在国际安全领域施展抱负。与

第八章 结 论

此同时,区域一体化是小国应对全球化挑战的重要举措。在新的外部背景下,小国不仅加入大国主导的国际组织寻求庇护,也懂得运用国际规则,与大国巧妙周旋,以维护自身安全利益。凭借对国际局势的把握和灵活的外交手段,小国迎来了生存与发展的黄金期。在群雄逐鹿的国际舞台上,一些小国的国际影响力甚至超越了许多大的国家。

总之,大国是影响国际安全格局及其演进的主角,小国,尤其"节点小国"或"小要国",是主要大国全球战略布局和活动的重要场域。当今世界,国际安全的本质没有发生根本变化,但安全战略的演绎形式在不断演进,小国的国际安全行为方式也在与时俱进。

二、小国求安的行为法则

在任何国际体系下,"小"衍生的小国特性都是难以更改的。但小国特性并非失败和无能的代名词。当今世界,在诸多领域中,小国并非默默无闻之辈。在国家治理的众多环节上,许多小国表现卓越,甚至远超规模浩大的"巨人"。在人均国内生产总值、国民幸福指数、人类发展指数、政府效能、民众福利、政治参与、社会治安、对外开放度等国际比较中,位居前列的往往不是耳熟能详的大国,而是传统眼光中不足道哉的小国。全球化时代的确是小国扬长避短、自我实现的黄金期。

然而,一旦涉及安全问题,小国的缺陷就会一览无遗。普遍来看,绝大多数小国的先天条件与中等国家和大国有明显差距,人口绝对规模小,资源更稀缺,生存空间有限;在国际安全体系中,小国实力不足,安全条件不佳,权力赤字巨大,能力缺陷突出。在国际体系和国家特性的双重作用下,小国的安全脆弱性更为显著。古往今来,小国始终逃避不了固有的安全缺陷的影响,生存压力如影随形。

生存不易,小国更为重视生存策略的思考与取舍。以理论之,"小"不仅有存在的合理性,也有不同于"大"的优势。古代思想家早已论证了这一辩证性观点:"夫物之相胜,或以筋力,或以气势,或以巧便。小有气势,口足有便,则能以小而制大;大无骨力,角翼不劲,则以大而服小。"①在漫长的历史中,小国逐渐摸索出了一套独特的生存法则。老子总结了大小国家相处的秘诀:"故大国以下小国,则取小国;小国以下大国,则取大国。故或下以取,或下而取。大国不过欲兼畜人,小国不过欲入事人。夫两者各得所欲,大者宜为下。"②孟子则强调国家安全的关键在于内聚力的构建。滕文公问孟子:"滕,小国也,间于齐楚。事齐乎?事楚乎?"孟子的对策颇为现实:"是谋非吾所及也。无已,则有一焉:凿斯池也,筑斯城也,与民守之,效死而民弗去,则是可为也。"③纵观古今,小国生存更多取决于大国的善意和大国关系格局。大国塑造着攸关小国生存的国际安全环境,小国只能顺应这样的安全环境。如何在不同的外部环境中求存求安是小国始终面对的重大课题。

基于以上诸章的理论演绎和案例分析,可以归纳出小国在维护和促进国家安全利益中,需要遵守的几大行为原则。相对规模更大的国家,这些原则对小国安全的意义更为显著。

第一,现实性原则。国家安全无疑是个现实性问题。生存是每个主权国家的首要需求。维护和促进国家安全利益,小国更须遵守现实性原则。

(1)安全目标的现实性。小国是体系中的弱势群体,安全目标不能与大国相提并论。大国往往视其他大国为战略竞争对手,在全球诸多层面展开互动。因此,大国的安全目标一般都超越了国界范畴,它们的利益诉求具有地区性和全球性特征。相较而言,小国没有资源和能力设置更大的安全战略目标。安全目标的有限性是小国必须遵守的现实性原则。

(2)安全手段的现实性。国家安全手段无非内外两大途径:以军事能力建设为主要内容的安全自立和利用外部力量的安全依赖。内外途径的综合运用是当今小国普遍采取的安全策略。然而,小国安全手段的最终目的是应对各种国家安全威胁,其性质是防御性而不是进攻性的。与此同时,与大国不同的是,军事手段不是小国促进国家利益的外交工具。

---

① 王充:《论衡·物势篇》。
② 《老子》第六十一章。
③ 《孟子·梁惠王章句》。

第八章 结 论

（3）地缘政治的现实性。普遍来看，外部环境对小国安全影响更大。其中，周边环境对小国安全的影响更为显著。毗邻大国是小国周边安全环境的塑造者。因此，小国安全状况与其如何处理与毗邻大国的关系直接相关。睦邻友好、至少与毗邻大国相安无事是小国确保自身安全的关键。

第二，灵活性原则。小国无法构建与其安全高度相关的外部环境，依靠外部大国，在大国关系中寻找政策机会是小国维护和促进自身安全利益的常规性策略。适应不同的外部环境是小国安全提出的必然要求。因此，在遵守现实性法则的前提下，小国安全战略必须具有更大的灵活性。国际体系是一个动态的进程，国际政治逻辑也在不断演进，体系的变迁要求小国作出迅速反应；与此同时，大国关系也并非固定不变，同样存在调整和突变的可能性。这对小国安全战略选择是一个重大挑战。国际风云变幻，小国的安全行为策略必须作出适应性调整。

第三，平衡性原则。维持各种安全因素之间的微妙均衡是小国必须具有的政治智慧。影响小国安全的因素既多且杂，其中，任何一个因素都有可能对小国造成巨大伤害。因此，在众多安全因素之间谨慎权衡，使之达成国家安全利益最大化的均衡态势，是小国减少安全不确定性的关键一环。

（1）独立性和依赖性之间的平衡。独立性是主权国家的基本属性，外部依赖性则是小国生存与发展中的重要特征。在国家安全层面，依赖外部力量是大多数小国不得不为的举措。然而，过度的外部依赖性不仅意味着更大的脆弱性，也是对独立性的侵蚀。独立性的流失会相应压缩政策空间，甚至因此沦为大国的附庸和工具。这对国家利益和国际地位而言并无助益，反而会带来不可预测的战略风险。因此，在不可避免的外部依赖性面前，如何保持一定的独立性是小国安全战略不得不思考的难题。

（2）物质取向思维与观念取向思维之间的平衡。国家行为的动因高度复杂，物质因素通常是决策的基本依据，但观念因素的影响不可忽视，且有不断增加之势。建立在精英理念和社会认同基础上的战略构思不一定会适应地缘政治现实，政治理想也不一定符合现实的要求，并能承受现实的残酷检验。格鲁吉亚案例揭示了过度基于政治理念的对外战略并不可行的道理。

（3）短期利益和长远利益之间的平衡。民主政治和任期制往往注重速见效益和政治影响,这更易构成短期利益行为。在对外战略中,这样的政策选择也不少见。对小国而言,一时之快不足以长远,短期利益不一定符合长远的国家安全利益。大国兴衰起起落落,大国关系起起伏伏,小国的可持续安全必须考虑这些历史规律。与充满各种可能性的大国建立长远的稳定关系,是小国持久安全利益之所需。这需要具有一定的战略远见。

（4）毗邻大国与域外大国之间的平衡。追随现有体系中的最强者是小国的行为偏好,这无可厚非。但在追随对象的抉择上,毗邻大国的小国必须充分考虑地缘政治现实。追随域外大国不能建立在毗邻大国战略利益受损的基础上,否则将留下难以承受的战略风险。

第四,多元性原则。安全主体的多元化、安全议题的多样化和安全治理的复杂化是当今国际安全的基本特征。在新的国际安全环境下,任何国家的安全战略都是一个立体的、多元的和综合性的体系,小国也不例外。

（1）小国安全战略的基础是国家发展。其中,经济发展乃是国家安全的关键前提。小国安全威胁主要源自内部动荡和外部干预两大方向。对于外部环境和威胁,小国作为有限,难以塑造和消除;然而,对国内安全,小国却可操之在己。如果积贫积弱,小国将会深陷脆弱性的困境之中,不可自拔,社会将因此动荡不安,进而成为影响区域安全的重要隐患和国际社会救济和维和的对象。出色的国家治理和经济表现是小国安全的基本保障,是小国安全战略选择的物质条件,也是小国对国际安全做出的贡献。无论强化军事威慑能力,还是融入各种国际安全机制等措施,物质基础都是不可或缺的政策背景。

（2）促进与大国关系的发展。大国是小国安全战略的主要支柱。遍观当今世界,小国,尤其位处国际政治经济关键区域的小国,无不与大国（尤其美国）构建了较为密切的安全合作关系。大国提供的潜在安全保护不仅是小国安全感的来源,也是小国综合性安全战略的关键环节。

（3）融入地区安全合作机制。地区环境对小国安全影响甚大。小国是地区一体化的主要受益者。地区合作是缓解小国经济脆弱性的重要途径,对小国的安全意义也十分突出。地区安全机制有助于构建地区共同利益,维护和稳定地区安全秩序,也为小国的睦邻政策和区域安全战略提供了不可多得的操作性平台。现实中,安全环境优良的地区往往是地区一体化更深入的地区。小国是其中的积极参与者,也分享着地区合作衍生的安全红利。

（4）促进全球安全机制的发展与完善。国际体系的性质攸关小国安全,以联合国框架为基础的全球性安全体系是维护和促进小国安全利益的基本保障。它赋予了小国与大国平等交往的法律地位,也为国际关系制定了行为规则。小国是联合国的最大受益者,某种程度上,联合国是小国的"保护伞"。因此,积极参与全球安全事务,推动全球安全机制的完善,符合小国的长远安全利益。

安全乃国之大事。时代变迁了,大小国家面临的全球性挑战和威胁日趋增多,它们似乎逐渐认识到国家之间息息相关、人类实质上是一个彼此关联的"命运共同体"的道理。在共同安全的构建中,大国有大国的责任,小国有小国的义务。在国家安全的维护中,大国有大国的作为和宗旨,小国有小国的策略和理应坚守的法则。

三、小国行为倾向与大国应对

不对称互动是当今国际关系的有机构成。大国关系是国际关系的主旋律,大小国家间的关系也是其中的重要表现形式。对大国而言,处理与小国的关系不可想当然,也不可简单化。在许多不对称互动关系中,大国关系是难以规避的背景,不对称互动在某种情况下不过是大国关系的延伸而已。

当今世界,大国在不对称互动,尤其不对称冲突中,既有显而易见的优势,也有日渐凸现的劣势。大国的优势在于拥有的压倒性实力,劣势则是潜在的道德风险。"威逼"与"利诱"是大国处理与小国关系的常规策略,然而,在其他大国介入的情况下,这种策略往往会产生负面的政策效果。在小国采取不对称策略的情况下,大国往往会面临进退两难的处境。总体来看,在不对称互动,尤其不对称冲突中,大国至少要做到以下几点:

第一,洞悉小国心理。内在心理与外在行为相互建构。小国的行为方式建立在其特有的心理基础上,洞悉小国的心理是有效应对它们的前提。与大国相比,小国具有几个颇为独特的心理特征。

(1) 更具脆弱感。脆弱感源自国际比较。因为太小,在"巨人"面前的"渺小感"必定油然而生,在不可比拟的力量面前也会产生强烈的"无力感"和"无助感"。相对更强的脆弱感是小国的普遍心态。

(2) 更敏感。越是脆弱,就越是敏感。从国际法层面看,小国享有与大国平等交往的地位和权利;然而,在权力分配上,大小国家间却严重失衡。平等的内在需求与显著的权力差距构成了无法摆脱的心理矛盾。因此,小国的外部认知往往更为敏感多疑,对遭受权力歧视、主权侵犯和不公正的对待常常深感恐惧和不安。

(3) 更强的认可需求。越是无足轻重,外在认可的需求就越强烈。存在感是任何行为体的重要行为表现。外部认可是小国凸现自身存在感、获得尊重和尊严的重要途径。

(4) 对外行为更易走极端。一般而言,在行为的光谱上,小国更有可能处在"沉默"和"冒险"的两个极端上,意在避免或努力引起关注。两种行为方式都是精确算计后的策略。在不对称互动中,小国可能更倾向于冒险行为。相较大国,小国资源稀缺,在涉及切身利益的争端中往往难以妥协退让;小国目标较为单一,更能聚焦于特定事务上,并纠缠不休;小国信息能力相对欠缺,对大国关系发展往往难以作出准确评估,更可能在局势失控时采取冒险行动;小国倾向于将争端诉诸国际机构和世界舆论,且往往会为此制造吸引外部关注的冲突性事件。此外,与肩负全球责任的大国相比,小国似乎没有多少道德压力约束,也就很少面临违背国际道义的道德风险。这相应增加了小国作出激烈反应的可能性。

第二,树立大国威望。大国有大国的国际义务,小国也有小国的国际担当。在不对称互动中,大国威望是约束和规范小国行为并与其和平相处的重要途径。小国敬畏大国,就会尊重大国的利益和战略关切;小国貌视大国,则会引发各种争端,甚至刀兵相见。大国威望不仅源自其对小国的尊重和关切,更源自大国风范的塑造。强大的实力当然是大国威望构建的前提,但是,一以贯之的行为风格更是国家威望的重要标识。其一,言行一致是大国风范的重要表现。"口水战"不是真正大国的行为方式,而是小国的普遍性行为。其二,真正的大国是用"行动"体现政策意志,言行一致,言出必行,行必有果,这才是大国应有的风范。其三,良好的国内治理是赢得小国敬重的关键,民不聊生、腐败盛行的大国是无法征服人心的。治理出色的大国在处理不对称关系时就不会陷入小国不对称策略制造的困境,就会不战而屈人之兵,成本最小化地实现自己的政策目标。

第三,小国的"对抗性"行为往往是域外大国介入的产物。小国是现实的,它们往往通过追随现有体系中的最强者以寻求国家安全利益,或者以此作为不对称互动中的重要策略。小国冒险行为实质上是大国战略博弈的延伸。对当事大国而言,这样的不对称互动或冲突绝非大小国家之间的双边关系问题,而是域外大国战略布局的一环。因此,如何有效威慑域外大国的战略冲动是解决小国"滋事"的关键。其一,强大的军事威慑力量是阻遏域外大国战略冲动的前提。只有可信的军事实力才是消弭任何战略敌意的可靠保证。其二,明确界定自身战略利益的内涵与外延,划定战略底线。其三,制定完善和有效的应对策略。

综上所述,小国是国际安全研究中不可或缺的一环。在互联互通、互依互赖的全球化时代,国际安全问题极为复杂,影响国家安全和国际安全的行为主体形形色色,一个都不能忽视。在构建人类命运共同体的过程中,小国不断构思和实践着各种适应性的生存策略,展现出各具特色的安全行为方式,并扮演着颇为独特的国际安全角色。在国际安全研究中,大国视角固然重要,小国视角亦不可缺失;后者不仅是一个有益无害的补充,甚至可以从中获取一些意外的理论启示。

参 考 文 献

一、图书

Amitav Acharya, *Constructing a Security Community in Southeast Asia: ASEAN and the problem of regional order*, Routledge, 2009.

Andrew F. Cooper and Timothy M. Shaw, eds., *The Diplomacies of Small States: Between Vulnerability and Resilience*, Palgrave Macmillan, 2009.

Annette Baker Fox, *The Power of Small States*, Chicago: University of Chicago Press, 1967.

Arthur J. Dommen, *Conflict in Laos: The Politics of Neutralization*, Pall Mall Press, 1964.

Baldur Thorhallsson, *The Role of Small States in the European Union*, Aldershot, Ashgate, 2000.

Barry Buzan and Lene Hansen, *The Evolution of International Security Studies*, UK: Cambridge University Press, 2009.

Barry Buzan and Ole Wæver, *Regions and Powers: The Structure of International Security*, UK: Cambridge University Press, 2003.

Barry Buzan, *People, States and Fear: An Agenda for International Security Studies in the Post-Cold War Era*, Harvester Wheatsheaf, 1991.

Bilveer Singh, *Singapore: Foreign Policy Imperatives of a Small State*, Singapore: Centre for Advanced Studies, National University of Singapore, 1988.

Björn G. Ólafsson, *Small States in the Global System: Analysis and Illustration from the Case of Iceland*, England and USA: Ashgate, 1998.

Colin Clarke and Tony Payne, eds., *Politics, Security and Development in Small States*, London: Allen & Unwin, 1987.

David Vital, *The Inequality of States: A Study of the Small Power in International Relations*, Oxford: Clarendon Press, 1967.

David Vital, *The Survival of Small States: Studies in Small Power/Great Power Conflict*,

London: Oxford University Press, 1971.

David W. Ziegler, *War, Peace, and International Politics*, Addison-Wesley Educational Publishers, Inc., 2000.

David Wurfel and Bruce Burton, eds., *The Political Economy of Foreign Policy in Southeast Asia*, London: Macmillan Press Ltd., 1990.

Greg Fealy and Virginia Hooker, Compiled and edited, *Voices of Islam in Southeast Asia*, Singapore: Institute of Southeast Asian Studies, 2006.

Grigol Vashadze, *Georgia's Relations with Russia from 1991 to the Present*, Chatham House, October 2009.

Hans H. Indorf, *Strategies for Small-state Survival*, Singapore: G. Brash for Faculty of Arts and Social Sciences, National University of Singapore, 1985.

J. J. Suh, Peter J. Katzenstein and Allen Carlson, eds., *Rethinking Security in East Asia: Identity, Power, and Efficiency*, Stanford: Stanford University Press, 2004.

Kenneth Hanf and Ben Soetendorp, eds., *Adapting to European Integration: Small States and the European Union*, New York: Longman, 1998.

Laurent Goetschel, ed., *Small States Inside and Outside the European Union*, Boston: Kluwer Academic Publishers, 1998.

Lily Zubaidah Rahim, *The Singapore Dilemma: The Political and Educational Marginality of the Malay Community*, New York: Oxford University Press, 1998.

Mark Kramer, *What is Driving Russia's New Strategic Concept?* Harvard University, PONARS, 2000.

Martin Ira Glassner and Harm de Blij, *Systematic Political Geography*, John Wiley & Sons Inc., 1981.

Martin Stuart Fox, ed., *Contemporary Laos: Studies in the Politics and Society of the Lao People's Democratic Republic*, St. Martin Press, 1982.

Michael Leifer, *Singapore's Foreign Policy: Coping with Vulnerability*, London, New York: Routledge, 2000.

Milan Jazbec, *The Diplomacies of New Small States: the case of Slovenia with some comparison from the Baltics*, England: Ashgate Publishing Limited, 2002.

Narayan Ganesan, *Realism and Interdependence in Singapore's Foreign Policy*, London and New York: Routledge, 2005.

Neil MacFarlane, *Georgia: National Security Concept versus National Security*, London: Chatham House, August 2012.

参 考 文 献

Norman G. Owen, ed., *The Emergence of Modern Southeast Asia*, Singapore: Singapore University Press, 2005.

Otmar Höll, ed., *Small States in Europe and Dependence*, Austria: Austrian Institute for International Affairs, 1983.

P. V. J. Jayasekera, ed., *Security Dilemma of a Small State*, N. J., USA: International Book Co., 1992-1995.

Peter J. Katzenstein, *Small States in World Markets: Industrial Policy in Europe*, Ithaca and London: Cornell University Press, 1985.

Raiph Pettman, *Small Power Politics & International Relations in South East Asia*, Holt, Rinehart and Winston, 1976.

Rajesh S. Kharat, *Bhutan in SAARC: Role of a Small State in a Regional Alliance*, New Delhi: South Asian Publishers, 1999.

Robert L. Rothstein, *Alliances and Small Powers*, London: Columbia University Press, 1968.

Rodolfo C. Severino, *Southeast Asia in search of an ASEAN Community*, Singapore: Institute of Southeast Asian Studies, 2006.

Ronald Bruce St John, *Revolution, Reform and Regionalism in Southeast Asia: Cambodia, Laos and Vietnam*, Routledge, 2006.

Stephen Hoadley and Jürgen Rüland, eds., *Asian Security Reassessed*, Singapore: ISEAS, 2006.

Wayne Bert, *The United States, China and Southeast Asian Security: A Changing of the Guard?* New York: Palgrave Macmillan, 2003.

〔法〕孟德斯鸠:《论法的精神》(上册),北京:商务印书馆 1987 年版。

〔美〕格兰特·埃文斯:《老挝史》,郭继光等译,东方出版中心 2011 年版。

〔美〕汉斯·摩根索:《国家间政治——权力斗争与和平》,徐昕、郝望、李保平译,北京大学出版社 2006 年版。

〔美〕肯尼斯·华尔兹:《国际政治理论》,信强译,苏长和校,上海世纪出版集团 2008 年版。

〔美〕罗伯特·A.达尔、爱德华·R.塔夫特:《规模与民主》,唐皇凤、刘晔译,上海人民出版社 2013 年版。

〔美〕塞缪尔·P.亨廷顿:《变化社会中的政治秩序》,王冠华等译,生活·读书·新知三联书店 1989 年版。

〔美〕汤姆·普雷特:《李光耀对话录:新加坡建国之路》,张立德译,现代出版社 2011

年版。

〔美〕威廉·伯恩斯坦:《财富的诞生:现代世界繁荣的起源》,易晖等译,中国财政经济出版社2007年版。

〔美〕詹姆斯·C.斯科特:《国家的视角——那些试图改善人类状况的项目是如何失败的》,王晓毅译,社会科学文献出版社2012年版。

〔美〕詹姆斯·多尔蒂、小罗伯特·普法尔茨格拉夫:《争论中的国际关系理论》,邵文光译,世界知识出版社1987年版。

〔日〕浦野起央:《国際政治における小国》,東京南窓社1992年版。

〔新西兰〕尼古拉斯·塔林(主编):《剑桥东南亚史Ⅱ》,王士录、孔建勋等译,云南人民出版社2003年版。

〔英〕阿诺德·汤因比、维罗尼卡·M.汤因比(编著):《国际事务概览·第二次世界大战·欧洲的重组》,劳景素译,上海译文出版社2007年版。

〔英〕彼得·卡尔沃科雷西(编著):《国际事务概览(1949—1950)》,王希荣等译,上海译文出版社1991年版。

〔英〕黛安·K.莫齐(主编):《东盟国家政治》,中国社会科学出版社1990年版。

〔英〕格兰特·埃文斯:《老挝史》,郭继光、刘刚、王莹译,东方出版中心2011年版。

〔英〕托·金·德里:《挪威简史(下)》,华中师范学院《挪威简史》翻译组译,湖北人民出版社1973年版。

《李光耀回忆录:经济腾飞路(1965—2000)》,外文出版社2001年版。

北京大学东南亚学研究中心编:《东盟发展进程研究——东盟四十年回顾与展望》,香港社会科学出版社有限公司2008年版。

陈岳、陈翠华(编著):《李光耀:新加坡的奠基人》,克宁出版社1995年版。

李晨阳(主编):《金三角毒品问题研究》,云南大学出版社2010年版。

李光耀:《风雨独立路:李光耀回忆录》,外文出版社、新加坡联合早报、联邦出版私人有限公司1998年版。

刘成:《和平学》,南京出版社2006年版。

刘同舜、姚椿龄:《战后世界历史长编·1953》,上海人民出版社1992年版。

马树洪、方芸(编著):《列国志·老挝》,社会科学文献出版社2004年版。

任美锷:《东南亚地理》,中国青年出版社1954年版。

申旭:《老挝史》,云南大学出版社2011年版。

田德文(编著):《列国志·挪威》,社会科学文献出版社2007年版。

王恩涌等(编著):《政治地理学:时空中的政治格局》,高等教育出版社1998年版。

韦民:《小国与国际关系》,北京大学出版社2014年版。

新加坡联合早报(编):《李光耀四十年政论选》,新加坡联合早报1993年版。

二、论文文献

A. Wess Mitchell and Leah Scheunemann, "Small States and Geopolitical Change: The Case of the Czech Republic", Center for European Policy Analysis(CEPA), No. 8, 2014.

Ahmad Khalid Majidyar, "Is Sectarian Balance in the United Arab Emirates, Oman, and Qatar at Risk?" American Enterprise Institute, October 2013.

Amry Vandenbosch, "The Small States in International Politics and Organization", *The Journal of Politics*, Vol. 26, No. 2, May 1964.

Andreas Heinimann and Peter Messerli, "Coping with a Land-grab World: Lessons from Laos", research paper of the Center for Development and Environment of the University of Bern, April 2013.

Annika Björkdahl, "Norm Advocacy: A Small State Strategy to Influence the EU", *Journal of European Public Policy*, Vol. 15, No. 1, 2008.

Arūnas Molis, "The Role and Interests of Small States in Developing European Security and Defence Policy", *Baltic Security & Defence Review*, Vol. 8, 2006.

Baldur Thorhallsson, "Small States in the UN Security Council: Means of Influence?" *The Hague Journal of Diplomacy*, Vol. 7, 2012.

Barbara G. Haskel, "The Scandinavian Option: Opportunities and Opportunity Costs in Postwar Scandinavian Foreign Policies", Universitetsforlaget, 1979.

Bilveer Singh, "The Military and Small States: the role of hard power in Singapore's domestic and foreign policy", Paper presented at the Sixth Pan-European International Relations Conference, 12-15 September 2007, Turin, Italy.

Brett Ashley Leeds, "Do Alliances Deter Aggression? The Influence of Military Alliances on the Initiation of Militarized Interstate Disputes", *American Journal of Political Science*, Vol. 47, No. 3, July 2003.

Brigid Laffan, "Managing Europe from Home in Dublin, Athens and Helsinki: A Comparative Analysis", *West European Politics*, Vol. 29, No. 4, 2006.

Charles King, "The Five-Day War: Managing Moscow After the Georgia Crisis", *Foreign Affairs*, November/December, 2008.

Daniel R. Sweeney and Joseph L. Derdzinski, "Small States and(In) Security: A Comparison of Ireland and Slovenia", *The Quarterly Journal*, Spring 2010.

Fareed Zakaria, "Culture Is Destiny: A Conversation with Lee Kuan Yew", *Foreign Affairs*, *vol.*73, no.2, 1994.

Francis Domingo, "The RMA Theory and Small States", *Military and Strategic Affairs*, Vol.6, No.3, December 2014.

Giorgi Gvalia, et al., "Thinking Outside the Bloc: Explaining the Foreign Policies of Small States", *Security Studies*, Vol.22, 2013.

Harry J. Benda, "The Structure of Southeast Asian History: Some Preliminary Observations", *Journal of Southeast Asian History*, Vol.3, No.1, March 1962.

İdris DEMİR, "National Securities Of Small States In The International System", KMU İİBF Dergisi Y₁1: 10 Say1: 14 Haziran/2008.

Iftekhar Ahmed Chowdhury, "Small States in UN System: Constraints, Concerns, and Contributions", NUS: ISAS Working Paper, No.160, October 24, 2012.

Ivan Arreguín-Toft, "How the Weak Win Wars: A Theory of Asymmetric Conflict", *International Security*, Vol.26, No.1, Summer 2001.

Ivo Maes and Amy Verdun, "Small States and the Creation of EMU: Belgium and the Netherlands, Pacesetters and Gatekeepers", *Journal of Common Market Studies*, Vol.43, No.3, 2005.

J. Soedjati Djiwandono, "The Political and Security Aspects of ASEAN: Its Principal Achievements", *Indonesian Quarterly*, Vol.11, July 1983.

Jean-Luc Vellut, "Smaller States and the Problem of War and Peace: Some Consequences of the Emergence of Smaller States in Africa", *Journal of Peace Research*, Vol.4, No.3, 1967.

Jim Rolfe, "Many Small states, Two Regions, Different Constructions", *Social and Economic Studies*, 56, 1/2, Mar/Jun 2007.

Johan Jørgen Holst, "Norwegian Security Policy: Options and Constraints", *Cooperation and Conflict*, Vol.7, No.1, 1972.

John Stephen Moolakkattu, "Peace Facilitation by Small States: Norway in Sri Lanka", *Cooperation and Conflict*, Vol.40, No.4, 2005.

Justin Dargin, "Qatar's natural gas: the Foreign-policy driver", *Middle East Policy*, XIV (3), 2007.

Kazuhiro Fujimura, "The Increasing Presence of China in Laos Today: A Report on Fixed Point Observation of Local Newspapers from March 2007 to February 2009", *Ritsumeikan Journal of Asia Pacific Studies*, Vol.27, February 2010.

参考文献

Kjell A. Eliassen and Nick Sitter, "Ever Closer Cooperation? The Limits of the 'Norwegian Method' of European Integration", *Scandinavian Political Studies*, Vol. 26, No. 2, 2003.

Lina Khatib, "Qatar's foreign policy: the limits of pragmatism", *International Affairs*, 89 (2), 2013.

Marcus Foster, "Small States in Peacemaking Roles: The Norwegian Model of Conflict Resolution in Sudan", *Research Discourse*, Vol. 1, No. 2, Autumn 2010.

Mark Pelling and Juha I. Uitto, "Small Island Developing States: natural disaster vulnerability and global change", *Environment Hazards* 3, 2001.

Mary Ann Tetreault, "Autonomy, Necessity, and the Small State: Ruling Kuwait in the Twentieth Century", *International Organization*, Vol. 45, No. 4, Autumn 1991.

Maurice A. East, "Size and Foreign Policy Behavior: A Test of Two Models", *World Politics*, Vol. 25, No. 4, July 1973.

Miriam Fendius Elman, "The Foreign Policies of Small States: Challenging Neorealism in Its Own Backyard", *British Journal of Political Science*, Vol. 25, No. 2, April 1995.

Nina Græger, "Norway between NATO, the EU, and the US: A Case Study of Post-Cold War Security and Defence Discourse", *Cambridge Review of International Affairs*, Vol. 18, No. 1, 2005.

Patricia L. Sullivan, "War Aims and War Outcomes: Why Powerful States Lose Limited Wars", *Journal of Conflict Resolution*, Vol. 51, No. 3, June 2007.

Paul Chambers, "Edgy Amity along the Mekong: Thai-Lao Relations in a Transforming Regional Equilibrium", *Asian Journal of Political Science*, Vol. 17, No. 1, April 2009.

Peter R. Baehr, "Small States: A Tool for Analysis?" *World Politics*, Vol. 27, No. 3, April 1975.

Randall L. Schweller, "Bandwagoning for Profit: Bringing the Revisionist State Back In", *International Security*, Vol. 19, No. 1, Summer 1994.

Robert O. Keohane, "Lilliputians' Dilemmas: Small States in International Politics", *International Organization*, Vol. 23, No. 2, Spring 1969.

Rosita Dellios, "Mandala: From Sacred Origins to Sovereign Affairs in Traditional Southeast Asia" (2003), CEWCES Research Papers, Paper 8. http://epublications.bond.edu.au/cewces_papers/8.

Roy Allison, "Russia resurgent? Moscow's campaign to 'coerce Georgia to peace'", *International Affairs*, 84 (6), 2008.

S. R. Nathan, "My Foreign Ministry Years", in Tommy Koh, et al., eds., *The Little Red Dot: Reflections by Singapore's Diplomats*, Singapore: World Scientific, 2005.

See Seng Tan, "Faced with the Dragon: Perils and Prospects in Singapore's Ambivalent Relationship with China", *The Chinese Journal of International Politics*, Vol. 5, 2012.

Stephen M. Walt, "Alliance Formation and the Balance of World Power", *International Security*, Vol. 9, No. 4, Spring 1985.

Susan Aurelia Gitelson, "Why do Small States Break Diplomatic Relations with Outside Powers? Lessons from the African Experience", *International Studies Quarterly*, Vol. 18, No. 4, December 1974.

Tapio Raunio and Matti Wiberg, "Parliamentarizing Foreign Policy Decision-Making: Finland in the European Union", *Cooperation and Conflict*, Vol. 36, 2001.

Teija Tiilikainen, "Finland: An EU Member with a Small State Identity", *European Integration*, Vol. 28, No. 1, 2006.

Thomas Ohlson and Mimmi Söderberg, "From Intra-State War To Democratic Peace in Weak States", presented at the Nordic Africa Institute conference "Africa: A Future Beyond the Crises and Conflicts" in Helsinki, 19-20 April 2002.

Tim Sweijs, "The Role of Small Powers in the Outbreak of Great Power War", Centre For Small State Studies Publication Series, University of Iceland, Occasional Paper 1-2010.

Tuncay Babali, "Implications of the Baku-Tbilisi-Ceyhan main oil pipeline project", *Perceptions*, Winter 2005.

Uzi Rabi, "Qatar's Relations with Israel: Challenging Arab and Gulf Norms", *Middle East Journal*, 63(3), 2009.

〔挪威〕郝图安:《和平与和解:挪威追求世界和平的努力》,吴小平译,《世界经济与政治》2007年第8期。

丁祖煜、李桂峰:《美国与北欧防务联盟计划的失败》,《史林》2008年第2期。

习近平:《应对世界新军事革命挑战》,《京华时报》2014年8月31日。

余泳:《海合会对外关系的政策逻辑考察》,《阿拉伯世界研究》2013年1月。

吴志成、杨娜:《北欧的国际关系研究评析》,《教学与研究》2011年第10期。

孔寒冰:《小国中的"大国":挪威现象》,《世界知识》2005年第5期。

孙卫国:《论事大主义与朝鲜王朝对明关系》,《南开学报》(哲学社会科学版)2002年第2期。

尼克·J. 弗里曼：《老挝政治展望》，《东南亚纵横》2005 年第 3 期。
张卫婷：《卡塔尔国际战略探析》，《阿拉伯世界研究》2013 年第 1 期。
彭玉龙：《对近代以来世界军事革命的历史考察》，《军事历史》2001 年第 2 期。
扈大为：《战后初期北欧国家安全政策的调整：试论北欧平衡的形成》，《欧洲》2001 年第 2 期。
方芸：《革新开放以来老挝与越南特殊关系的新发展》，《东南亚纵横》2010 年第 1 期。
曹兴：《跨界民族问题及其对地缘政治的影响》，《民族研究》1999 年第 6 期。
李尧：《北约与北极：兼论相关国家对北约介入北极的立场》，《太平洋学报》2014 年第 22 卷，第 3 期。
李明明：《论挪威的疑欧主义及其"欧洲问题"》，《欧洲研究》2010 年第 6 期。
梁源灵：《泰国与老挝关系的发展》，《东南亚纵横》1996 年第 4 期。
王保存：《西方新军事变革对发展中国家的挑战》，《学习时报》2005 年第 241 期。
秦晖：《老挝如何"不折腾"》，《经济观察报》，2009 年 10 月 26 日。
许可：《东南亚国家的腐败与经济发展》，《南洋问题研究》2000 年第 3 期。
谢晓光、岳鹏：《小国挑战大国的原因和策略》，《国际政治科学》2013 年第 4 期。
谭荣邦：《走向全面革新的老挝》，《科学社会主义》2001 年第 1 期。
陈定辉：《老挝：2013 年发展回顾与 2014 年展望》，《东南亚纵横》2014 年第 2 期。
马树洪：《老挝建设社会主义的机遇、挑战及前景》，《东南亚研究》2010 年第 3 期。
高祖贵：《国际战略与安全环境发展的三大趋势》，《国际问题研究》2010 年第 4 期。
黄梅波、陈岳：《挪威对外援助政策及管理机制》，《国际经济合作》2011 年第 6 期。

三、政策研究报告及其他

Andrew Feickert, *The Unified Command Plan and Combatant Commands: Background and Issues for Congress*, Congressional Research Service, January 3, 2013.

Ang Cheng Guan, "Indochina", in IDEAS Reports, *The New Geopolitics of Southeast Asia*, LSE IDEAS Report, November 2012.

Anthony H. Cordesman, Robert M. Shelala and Omar Mohamed, *The Gulf Military Balance: Volume III: The Gulf and the Arabian Peninsula*, CSIS, January 2014.

Ariel Cohen and Robert Hamilton, *The Russian Military and the Georgia War: Lessons and Implications*, The Strategic Studies Institute(SSI), June 2011.

Bureau of Democracy, Human Rights and Labor(2014), *International Religious Freedom Report for* 2013, Retrieved from the U. S. State Department: http://www.state.gov/j/drl/rls/irf/religiousfreedom/index.htm#wrapper.

Christopher M. Blanchard, *Qatar: Background and U. S. Relations*, Congressional Research Service, November 4, 2014.

Committee on Foreign Relations United States Senate, *The Gulf Security Architecture: Partnership with the Gulf Cooperation Council*, Washington: U. S. Government Printing Office, June 19, 2012.

Council on Foreign Relations, *The Sunni-Shia Divide*, Retrieved from Council on Foreign Relations, 2014: http://www. cfr. org/peace-conflict-and-human-rights/sunni-shia-divide/p33176#! /#resources.

Department of Energy & Climate Change, *DUKES: foreign trade statistics*, July 31, 2014, Retrieved from GOV. UK: https://www. gov. uk/government/statistics/dukes-foreign-trade-statistics。

Elizabeth Ferris and Stark Chareen, *From Responsibility to Response: Assessing National Approaches to Internal Displacement*, The Brookings Institution-London School of Economics, November 2011.

European External Action Service, *European Neighbourhood Policy (ENP)*, 2015. Retrieved from http://eeas. europa. eu/enp/index_en. htm.

Evan S. Medeiros and Keith Crane, et al., *Pacific Currents: The Responses of U. S. Allies and Security Partners in East Asia to China's Rise*, RAND Corporation, Santa Monica, CA, 2008.

Frank Frost, "Australia's Proposal for an 'Asia Pacific Community': issues and prospects", Department of Parliamentary Services, Parliament of Australia, December 2009.

Fraser Cameron, "The European Union as a Model for Regional Integration", The Council on Foreign Relations(CFR), September 2010.

General Secretariat for Development Planning, *Qatar National Vision* 2030, Doha: General Secretariat for Development Planning(Qatar), 2012.

Gulf Cooperation Council, GCC(n. d.), *Security Cooperation*. Retrieved from Gulf Cooperation Council, GCC: http://www. gcc-sg. org/eng/index142e. html? action = SecShow&ID =50.

HRH Prince Turki Al Faisal, *Saudi Arabia's New Foreign Policy Doctrine in the Aftermath of the Arab Awakening*, Cambridge, USA: Belfer Center for Science & International Affairs; John F. Kennedy School of Government; Harvard University, April 25, 2013.

Ibrahim Ibrahim and Frank Harrigan, *Qatar's economy: Past, present and future*, Doha:

General Secretariat for Development Planning, 2012.

Japan International Cooperation Agency and OPMAC Corporation, *Lao People's Democratic Republic: Study for Poverty Profiles of the Asian Region*, August 2010.

Javier Morales, *Russia's New National Security Strategy: Towards a 'Medvedev Doctrine'?* The Elcano Royal Institute, September 2009.

Jeffrey Mankoff, *The Big Caucasus: between fragmentation and integration*, Washington, DC 20006: the Center for Strategic and International Studies(CSIS), March 2012.

Jim Krane and Steven Wright, *Qatar "Rises Above" Its Region: Geopolitics and the Rejection of the GCC Gas Market*, Kuwait Programme on Development, Governance and Globalisation in the Gulf States, 2014.

Jim Nichol, *Armenia, Azerbaijan, and Georgia: Security Issues and implications for U. S. interests*, Congressional Research Service, January 14, 2009.

Jim Nichol, *Georgia [Republic]: Recent Developments and U. S. Interests*, Congressional Research Service, June 21, 2013.

Joshua Kurlantzick, *ASEAN's Future and Asian Integration*, The Council on Foreign Relations(CFR), November 2012.

Kakha Gogolashvili and Emukhvary Ketevan, *Russia and Georgia: Searching the Way Out (Policy Discussion Papers by Georgian and Russian experts)*, Georgian Foundation for Strategic and International Studies, 2011.

Keir Giles, *Russia's National Security Strategy to 2020*, NATO Defense College, June 2009.

Kristian Coates Ulrichsen, *Qatar and the Arab Spring: Policy Drivers and Regional Implications*, Washington, DC 20036: Carnegie Endowment for International Peace, 2014.

Lee Ho-Chul and Mary P. McNulty, "East Asia's Dynamic Development Model and the Republic of Korea's Experiences", The World Bank, March 2003.

Lynn E. Davis, Stacie L. Pettyjohn, Melanie W. Sisson, Stephen M. Worman and Michael J. McNerney, *U. S. Overseas Military Presence: What Are the Strategic Choices?* RAND Corporation, 2012.

Martti Setälä, ed., *Small States and NATO: Influence and Accommodation*, The Atlantic Council of Finland, 2005.

Michael Lostumbo and Michael J. McNerney, et al., *Overseas Basing of U. S. Military Forces: An Assessment of Relative Costs and strategic benefits*, The RAND Corporation, 2013.

Ministry of Defence of Georgia, *National Military Strategy*, Tbilisi: Ministry of Defence of Georgia, 2014.

Ministry of the Foreign Affairs of Georgia, *Annual Report* 2013, Ministry of the Foreign Affairs of Georgia, 2013.

Paul F. Langer, "Laos: Preparing for a Settlement in Vietnam", The RAND Corporation, February 1969.

Peter Roudik, *Russian Federation: Legal Aspects of War in Georgia*, The Law Library of Congress, September 2008.

Report of the Commonwealth Secretariat and World Bank Joint Task Force on Small States, *Small States: Meeting Challenge in the Global Economy*, April 2000.

Report of the Secretary-General, *Concepts of Security*, Department for Disarmament Affairs, UN, A/40/553, New York, 1986.

Robert Nalbandov, *Democratization and Instability in Ukraine, Georgia, and Belarus*, Strategic Studies Institute, U.S. Army War College Press, June 2014.

Rossiiskaya Gazeta, *Russian National Security Blueprint*, 1997, Retrieved from Federation of American Scientists: http://www.fas.org/nuke/guide/russia/doctrine/blueprint.html.

Sergi Kapanadze, *Georgia's Vulnerability to Russian Pressure Points*, European Council on Foreign Relations, June 2014.

Søren Ivarsson, Thommy Svensson and Stein Tønnesso, "The Quest for Balance in a Changing Laos: A Political Analysis", NIAS Reports, No.25, 1995.

Sultan Barakat, *The Qatari Spring: Qatar's emerging role in peacemaking*, London: London School of Economics and Political Science(LSE), 2012.

The ASEAN Secretariat, "ASEAN Community in Figures-Special Edition 2014: A Closer Look at Trade Performance and Dependency, and Investment", October 2014.

The Economist Intelligence Unit Limited, "The Safe Cities Index: Assessing urban security in the digital age", The Economist Intelligence Unit Limited, 2015.

The Government of Georgia, *National Security Concept of Georgia*(2005), The Government of Georgia, 2005. Retrieved from http://www.parliament.ge/files/292_880_927746_concept_en.pdf.

The International Institute for Strategic Studies(IISS), *The Military Balance* 2009, London: The International Institute for Strategic Studies(IISS), 2009.

The National Commission on Terrorist Attacks Upon the United States, *The 9/11 Commis-*

sion Report: *Final Report of the National Commission on Terrorist Attacks Upon the United States*, The National Commission on Terrorist Attacks Upon the United States, July 22, 2004.

The U. S. Energy Information Administration (EIA), *Country Analysis Note: Georgia*, 2014, Retrieved from http://www.eia.gov/countries/country-data.cfm?fips = GG.

The U. S. Energy Information Administration (EIA), *Qatar*, 2014. Retrieved from The U. S. Energy Information Administration (EIA): http://www.eia.gov/countries/cab.cfm?fips = qa.

Thomas Lum, *Laos: Background and U. S. Relations*, Congressional Research Service, January 4, 2010.

Transparency International, "Corruption Perceptions Index 2014", www.transparency.org/cpi。

UCDP/PRIO Armed Conflict Dataset, "Uppsala Conflict Data Program", Uppsala University, Sweden, http://www.pcr.uu.se/research/ucdp/datasets/ucdp_prio_armed_conflict_dataset/。

UNDP, 2014 *Human Development Report*, Human Development Index (HDI), UNDP, 2014.

四、网站资源

世界地理网站:http://geography.about.com

世界经济论坛网站:http://www.weforum.org/

世界贸易组织网站:http://www.wto.org

世界银行数据库网站:http://data.worldbank.org

东盟网站:http://www.asean.org

中国外交部官网站:http://www.fmprc.gov.cn/

中国政府网:http://www.gov.cn

中国国家统计局网站:http://www.stats.gov.cn

中国驻挪威王国大使馆网站:http://www.chinese-embassy.no

中国驻老挝大使馆官网:http://la.mofcom.gov.cn

中国驻格鲁吉亚大使馆网站:http://ge.chineseembassy.org/chn/

以色列外交部网站:http://mfa.gov.il

全球火力(GFP)网站:http://www.globalfirepower.com

北京市海淀区人民政府网站:http://www.bjhd.gov.cn

北方合作体网站:http://www.norden.org/en

北约网站:http://www.nato.int

国际货币基金组织网站:http://www.imf.org/

挪威"人民与防务"网站:http://www.folkogforsvar.no/

挪威驻联合国代表团网站:http://www.norway-un.org/

新加坡国防部网站:http://www.mindef.gov.sg

新加坡文献馆网站:http://www.sginsight.com

新加坡经济发展局网站:https://www.edb.gov.sg

新加坡统计局网站:http://www.singstat.gov.sg

新加坡选举网站:http://www.singapore-elections.com/

新加坡政府网站:http://www.gov.sg

格鲁吉亚外交部网站:http://www.mfa.gov.ge

格鲁吉亚经济与可持续发展部网站:http://www.economy.ge/en

欧盟数据统计网站:http://epp.eurostat.ec.europa.eu/

欧盟网站:http://europa.eu/

瑞典斯德哥尔摩和平研究所网站:http://www.sipri.org/databases/

经济复杂性观察(MIT)网站:http://atlas.media.mit.edu

经济学人信息部网站:http://www.eiu.com

美国中央司令部官方网站:http://www.centcom.mil

美国中央情报局网站:https://www.cia.gov

美国和平基金会网站:http://fsi.fundforpeace.org

美国能源信息署网站:http://www.eia.gov

美国食品和农业组织网站:http://www.fao.org/

老挝计划与投资部投资发展局网站:http://www.investlaos.gov.la

联合国大会捐助委员会网站:http://www.un.org/en/ga/

联合国开发计划署人类发展指数网站:http://hdr.undp.org/en/countries

联合国开发计划署网站:http://www.undp.org

联合国毒品和犯罪问题办事处(UNODC)网站:http://www.unodc.org

联合国网站:http://www.un.org/

联合国贸易和发展会议网站:http://www.unctad.org

自由之家网站:http://www.freedomhouse.org

苏黎世联邦理工学院KOF全球化指数网站:http://globalization.kof.ethz.ch

透明国际网站:http://www.transparency.org

索　引

A

阿布哈兹　130，135—137，139，144，147，155，169—175，177，181，182，184—186，188

阿富汗战争　359

阿拉伯之春　204，208，213，216，222，229，230，232，233，236—239，360

阿盟　19，64，212，216，217，220—222，230，237，238

阿约　103

埃米尔　192，195，204，218，219，221，224，228—230，232，233，236—240

安全脆弱性　6，13，15，16，18—22，24，27—32，42，43，48，57，58，60，61，77，118，127，168，207，222，241，250，256，273，274，284，287，288，291，300，307，326，334，335，340，343，346，356，357，361

安全特性　7，8，12，14—16，18，21，22，27，31，37，42，52，53，59，77，78，128，238，242，246，292，358

安全行为　3，5—12，14—18，21，49，52，53，61，77，78，108，223，358，361，363，367

安全依赖性　10

安全战略　5—8，10，12，15—20，22，28，29，32，34，37，41，42，50，53—57，59—62，65，66，69，78—80，87，91，93，95，98，101，104，105，108，111，120，127，128，138，146，149—154，156，161，163，166，168，175，176，179—187，190，202，207，208，215，222，223，226，228，229，236，238，239，241，242，246，247，264—266，269，270，272，283—285，287—289，292，293，300，326，333，334，336，345，347，348，356—358，360—365

安全自立　22，59，67，95，138，252，289，332，357，362

奥斯陆论坛　123

B

巴特寮　250，268，269，277

半岛电视台　218，232，233

北方航道　87

北高加索军区　142

北极　85—87，93，101，115，116，118，127

北欧小国　19

北约　18，19，62，67，87，91—93，95—

102,104—108,111—120,127,146,
148—150,152—156,158,162—
168,170,171,175,176,178,180—
183,185,187,188,230,334
北约东扩 19,133,148,150—152,156,
158,166,167,171,181,182,187,188
边缘小国 81
波斯湾 190,203,214,219
不对称冲突 20,24,71—74,76,77,
365,366
不对称关系 14,28,65,69—71,73,367
不对称互动 18,20,74,77,365—367
不对称优势 74
不对称战争 25,73,167
不结盟 53,87,118,269,270,288
不确定性 6,9,10,20,46,54,55,57,
64,65,67,73,75,156,190,208,
209,236,247,305,307,318,336,
340,354,356,360,363
布拉格峰会 99,164

C

策略相反 74
策略相同 74
沉默 20,242,243,283,287,289—291,
366
成本容忍度 73,75
传统安全 4,25
脆弱感 366

D

搭便车 71
"搭桥"政策 90,91
大国 1,5—10,13—16,18—37,39,
42—47,49—78,84,85,87,90—92,
95,96,98,100,108,109,111,112,
114,119,126—128,133,138,141,
143,149,151,153,167,168,171,
182,186—190,208,209,211,212,
217,223,226,240,245,246,255,
266,268—271,273,279,282,283,
285—291,301,305,309,336—340,
343,345—350,354,355,357—367
大国博弈 37,49,66,67,73,93,133,
146,171,244,358
大国互动 26,66,71,72,133,202,359,
360
大国平衡战略 18,292,301,339,340,
347,349,357
大国威望 50,366,367
大国威胁论 51
淡马锡 293,308
岛国 37,310,313,322,343
地方主义 81,243
地理位置 20,35—37,49,60,81,87,
89,90,98,101,128,132,133,138,
190,246,267,292,293,300,301,
356,357
地理位置优越性 300
地区安全 33,34,37,63,78,95,104,
119,133,146,149,169,172,175,
190,208,210,212,217,222,238,
240,251,282,287,333,338,340,
342,347,348,350,365
地区一体化 33,273,286,288,334,
335,365
地缘环境 18—20,37,128,138,143,
238,242,244,287,291,293,301,
313,356
地缘政治 65,67,80,128,133,134,
138,152,153,244—246,255,269,
270,288,305,307,309,363,364
东部伙伴关系 149,162
东盟 20,64,248,249,259,260,271—

273,278,280,282,284—287,289,290,307,308,324,325,330,331,333—348,350,354

东盟地区论坛 286,287,337,338,340,348,350

东盟防长会议 333

东亚峰会 286,338

独立性 72,104,105,203,217,218,222,232,239,240,260,266,311,363

独联体 136,139,148,149,151,163,185

对外战略 8,10,16,18,54,57,59—61,67,68,78,128,134,138,153,156,161,186,192,202—204,212,216,223,232,238,244,247,275,292,301,334—337,345,357,364

多边主义 44,45,108,285,286,339

多样性 1,3,12,13,17,37,50,52,53,55,70,347,357

多元性原则 364

多元意识 313

E

俄格战争 18,19,55,130,132,136,139,142,147,153,158,159,161,166—168,171,172,174,175,179—184,186—188

俄罗斯 19,54,72,79,83,85,98,101,112,115,116,118,127,128,130,133—157,162—164,166—173,175—188,194,209,228,285,286,331,333

俄罗斯发展模式 154

F

发达小国 23,58,79,325

发展中小国 18,23,131

非传统安全 4,5,25,56,111,112,259,279,283—285,287

服从 20,32,242,243,265,283,287—291

G

高加索 131,134,136,140,142—146,151,157,162,167,176,178,185

格鲁吉亚 17—19,55,118,128—149,153—188,360,364

公共外交 44,231,232

公共物品 71,339

古阿姆集团 67,146—149,156

广结善缘 190,217,241

国际安全 1,3—9,11—20,27,30—32,34—39,41—53,55—58,60,66,69,71,77—79,95,103,113,117,119,123,126,127,151,154,166,180,190,242,244,273,328,333,334,358—362,364,367

国际安全角色 6—9,12,14,16—18,21,42,47,50,52,53,77,78,126,192,367

国际安全研究 1—7,11—14,18,42,242,367

国际比较 52,295,296,322,326,361,366

国际冲突 41,42,48—50,53,64,73,77,119,120,190,359

国际道义 221,359,366

国际调停 120

国际规范 8,31,32,44,77,111,119,121,286,336

国际机制 16,31,32,35,44,108,110,114,122,171,213,273,288,337,359

国际体系 7,13,15,16,18,21,25,26,

28,30—32,35,37—39,42,45—48,
50,53—56,60,62,64,68,70,71,
78,79,104,108,127,133,152,242,
273,300,312,333,347,357,358,
360,361,363,365
国家安全 2,4,5,7,12—17,19—22,
27—30,33,39,44,48,50,56—59,
61,62,79,90,94—97,101,112,
115,118,119,126—129,138,149—
152,154—156,164,166—168,171,
176—182,186,190,192,207,208,
212,215,219,222,223,229,236,
238—240,246,255,259,261,262,
266,273—275,279—281,283,
285—288,292,309,312,313,326,
328,334—336,339,340,346,354,
357,360,362—365,367
国家规模 4,7,14,20—23,25,30—32,
34,77,126,293,300,301,312,325,
346
国家品牌 236,238
国家特性 7,12,15,18,79,190,287,
309,361
国家形象 125,213
国家治理 15—18,21,38—40,42,48,
52,58,78,80,87,124,126,138,
246,292,298—300,309,314,325,
335,344,356,357,361,364
国王俱乐部 213

H

哈迈德 191,192,204,217—219,221,
224,228—230,232,233,236,240
海合会 17,19,192,195,200,203—
205,212—215,217—220,222,230,
233,235,236,238,240,337
海湾小国 18,19,192

海湾战争 26,190,216,220,223,334,
359
海洋大国 86
合作倾向性 48
和平倾向 8,42—45,47,78
和平卫士 16,18,19,42,79,80,108,
120,123,126
和平研究 2,3,122,123,125,231
缓冲区 244—246,288
回教海洋 307

J

积极外交 18,19,192,222,229—231,
234—236,240,301
基地政策 92,115
极化 5,16,35,50,52,54,69
集体安全 16,22,32,33,90,108,118,
216,287,289,348
介入式外交 222,230,231,238
经济发展 4,13,15,16,19,20,31,33,
36,37,44,45,47,48,56,66,77,
121,126,129,131,138,144,146,
147,154,156,158,163,175,201,
219,242—244,246—251,256—
261,264,275—278,283,292,293,
295,300—302,307,309,310,312,
314,318—324,326,340,343,344,
356,357,364
精英主义 107,310
绝对性界定方式 13
军费开支 22,23,93,205,206,209,
210,245,251,329,330
军事外交 333,334,348
军事威慑 18,20,41,57,58,60,62,78,
90,94,292,300,329,332,334,336,
346,357,364,367
军事资源 10,22,24,42,77

索 引

K

卡塔尔 17—19,70,165,190—209,211—213,215—241,296—298
科索沃问题 183
跨界民族 67,252,255

L

兰德公司 211
澜沧王国 258,265,266
老挝 18,20,121,242—252,254—291,307,330,331,341
老挝人民军 250,251,277
李光耀 294,301,305,306,310,311,313,336,342,347
里海 133,134,145,157
联合国 2,4,5,8,19,31—33,35,37,55,71,82,85,86,90—93,95,96,103,108—111,113,114,117—120,126,127,135,139,151,152,156,165,171,174,181,183,219,221,223,227,229,234,244,248,267,284,333,334,336,359,360,365
联盟 10,13,22,29,35,45,50,53,54,61—65,67—69,87,89,91,92,96—98,100,102,104,106,107,112,127,147,151,155,161,166,181,216,221,237,266,282,285,314,315,336,342,343,349
联盟承诺 10,65,67
灵活性原则 345,363
流离失所者 174,175,178

M

麻烦制造者 1,39,47
马来西亚 83,85,274,293,295,305—308,323,325,328,330,333,339,341—343,351,352
马六甲海峡 293,294,300
马约 102
梅德韦杰夫 116,171,181,183,184
美国 2,3,6,17—19,23,25,26,38,39,41,62,71,72,80—82,85—87,91,92,98,100—102,104,105,108,109,111—115,118,122,127,133,134,139,144,145,148,150,152,156—161,167—169,171,173,174,181,183,185,187,188,192,193,198,202,207,209—212,217,220,222—226,228,229,231,233,238—240,245,250,251,255,258,264,268—270,273,285,286,290,294,296—299,303,304,311,318,322—324,331,333,336,347—352,354—356,359,360,364
蒙主 257
穆兄会 218,219,232,233,237

N

南奥塞梯 130,135—138,144,147,155,167—175,177,181—186,188
内陆国 36,243,244
挪威 2,17,19,23,29,38,39,59,70,79—102,104—127,201,227,243,274,331,360
挪威方式 102,107
挪威模式 19,79,119,122—126

O

欧盟 2,11,19,37,62,67,72,95,101—108,117,118,122,127,139,144,146,148,150,153,154,156,161—

387

163,165,169—172,175,176,178—181,185,290,352

欧盟安全防务政策 104

欧盟小国 11,37,105,208

欧洲大陆主义 105

P

毗邻大国 18,19,28,29,37,60,65—67,73,92,112,115,128,133,138,143,149,152,153,156,163,182,185—189,217,272,273,363,364

平衡 10,20,22,27,43,47,50,53,54,61,66—69,78,90,92,104,125,127,128,142,147,153,219,229,234,240,255,266,269,271,280,282,283,285,286,290,292,293,301,313,336,337,339,340,343,345—350,354—357,360,363,364

平衡行为 340,348,354

平衡性原则 363

破坏能力 73,75,76

普京 149,150,152,172

Q

强权政治 15,30

区域外交 20,220,229,236—239

权力差距 14,17,21,43,69,73,366

权力赤字 43,361

全面防卫 58,300,326,332,357

全球化 6,20,31,48,55—57,76,124,259,260,283,290,301,312,322—324,333,335,344,356,357,360,361,367

全球化程度 44,299,312,322

全球意识 309,312

R

人类发展指数 38,40,80,244,300,361

人民行动党 294,314—318

日内瓦协定 267,268

软实力 44,281

瑞典 11,23,26,39,79,83,88,89,91,92,95,96,103,104,106,109,116—118,122,164,243,298,301

瑞士 11,17,38,39,89,122,164,192,290,295,298,322,360

S

萨卡什维利 129,130,134,137,144,158,169,185

三角互动 279,281—283,285,287

沙特 191,193,194,202,203,205,206,208,209,211,213—215,217—219,221—224,229—234,236—238,240,323,331

社会建构主义 6

社会治理 21,47,255,256,295

生存策略 1,6,16,17,27,358,360,361,367

生存法则 20,239,356,362

生存危机 150,293,310,342

生存智慧 128,190,191,217,314,335

失败国家 37,41,177

什叶派 205,211,220,233,234

史丹福·莱佛士 294

苏发努冯亲王 268,277

T

泰国 85,120,198,199,244—246,250,252,255,258,260,264,268—270,272—275,278—285,288,304,305,

索 引

307,308,324,325,330,331,334,
341,343,355
特殊关系 17,20,116,270—273,276—
281,285,288,289,305,348
体系缺陷 50,119
天然气外交 19,202

W

外交 6,9—11,20,21,29,32,42—44,
46,48,49,51,52,55,57,59—61,
63,64,66—72,77—79,88—91,93,
95,96,101—104,108,111,112,
117,119,120,123—126,130,139,
141,155,156,161,167,173,177,
178,188,190—193,203,209,211,
213,217—219,222,223,225—227,
229—232,234—241,244,247,251,
266,268,271,272,274,276—279,
283,285,286,289,290,292—294,
300,309,311,321,326,334—338,
340,341,345,346,348—350,354,
357,361,362
外援 76,121,124,168,262
威胁性大国 63,115,153
维和 5,6,10,14,16,18,19,21,33,35,
37,43,44,52,78,93—95,108,110,
111,117—120,126,127,136,137,
147,148,160,165,167,182—184,
190,223,242,252,333,334,357,
359,364
乌代德空军基地 211,224
无政府状态 7,22,28,77,359
五国联防 333

西北航道 87

西向战略 19,128,129,134,140,147,
148,150,153,158,166,167,176,
183,188
希特勒 89
狭长型国家 81,242,243
现实性原则 362
现实主义 3,6,11,14,43,68,128,153,
182,186,283,310,318
相对实力 28,42,45,47,63,153,304
相对性界定方式 13
相互依赖 15,55,68,126,282,283
香格里拉对话 333
小乘佛教 258,289
小富国 190,204,207,238
小国概念 12—14,18
小国和平论 47,51
小国联盟 63
小国视角 1,6,367
小国心理 366
小国行为 7,14,18,48,49,52,73,114,
153,187,188,266,365,366
小国治理 192
小红点 292,308
小强国 16,20,38,39,41,58,77,78,
292,314,346
小弱国 16,20,38—42,78,129,138,
291
小土地所有者 264
小要国 20,38,39,42,190,192,240,
291,361
新加坡发展模式 318
新加坡困境 305,307
新军事革命 26,27,152
新小国 129,138,185
行为偏好 5,32,45,70,364
选边站 54,69,183,187,236
逊尼派 205,211,220,233

Y

亚太再平衡　6,360
亚洲价值　311,312
亚洲金融危机　260,261,271,272,321
颜色革命　129,360
眼红政治　307
叶利钦　150
液化气　19,192,194—200,203,223,227
伊朗　133,136,144,145,193,194,205,206,208,210,214,215,217—223,225,229,233,234,236,238,240
伊斯兰国　190,208,211,232,359
以色列　11,17,23,70,120,162,165,193,209,217,220—222,234,238—240,328,331,334
义务兵役制　94,250,332
印度支那联邦　246,266,289
印尼　292,307—309,324,330,331,334,339,341,342,345,351,352
硬实力　43,59,77
游击战　74,258
域外大国　65—67,73,92,105,158,187,190,208,209,223,237,270,288,290,364,367
越南　86,243—247,250,252,255,258,260,264—267,269,271—286,288,289,307,330,331,336,337,343,355
越南战争　245,273,359

Z

战略选择　5,7—10,19,22,30,37,41,42,50,53—55,57,78,79,91,128,185,186,242,246,247,252,264,266,272,274,288,293,357,358,363,364
战略纵深　22,24,244
战争后果　25
政经分离　350,354—356
直接对抗　67,74,138,168,187
中东　103,109,110,113,120,121,123,151,190,204,207—211,214,216—218,220—223,226,229,233,234,236—240,294,301,360
中国　6,24,25,27,36,71,79,82,84—86,94,111,113,125,132,168,186,192,197—199,209,228,229,239,242—248,250—252,255,256,260,264—266,269,271—276,278—286,290,293,294,296—299,302—305,313,321—324,331,333,337,340—345,347,348,350—356,358,360
中国崛起　6,290,350,351,354,356
中国威胁　276,282,285,356
中立　10,17,19,29,52—54,61,66,78,87—92,104,116,125,127,128,230,234,236,238,266—272,278—280,288,341,349,360
中南半岛　20,242—244,246,250,257,265,270,273,288
中亚　133,144,145,151,157,167
中央司令部　210—212,224,225
种族清洗　174,258
主体民族　252,254,255
追随战略　10,53,62,64—68,153
自由制度主义　6,318
最安全城市　298
最不发达国家　247,248

后　记

　　本书是教育部人文社会科学研究规划基金项目研究成果。2013年立项之际，探究多年的《小国与国际关系》业已定稿并交付北京大学出版社，本想相关研究就此告终，不料《小国与国际安全》项目不期而至。两大主题虽有区别，但也颇为相关。在项目周期压力下，如何在既有研究基础上有所推进并完成任务，确实让人苦恼与踌躇。

　　庆幸的是，被学院派遣到新潟大学法学部（2014年10—2015年9月）就职一年，这为本项目的展开提供了有利时机。新潟大学背靠日本海，紧邻越后平原，附近农地片片，属新潟市郊，出入多有不便。校内祥和静谧，诸君各安其位，自行其是，少有杂事，例会不必出席。这是远离喧嚣和嘈杂的好地方。单身赴任于此，工作之余，余暇不少，便将主要精力聚焦于研究之上。这段时间是本项目得以按时完成的重要条件。

　　小国与国际关系属于整体性研究，旨在探究全球范围内小国的普遍性行为规律，主要关注小国理论问题。小国与国际安全则是领域性研究，旨在探索国际安全背景下小国的安全行为方式及其动因，采用理论演绎与案例分析相结合的研究方法，意在理解小国在该领域的共性，同时挖掘诸多小国独特性的安全思维和行为模式。

　　小有此获，常怀感恩。在研究过程中，许多良师益友的鼓励和帮助是本项目有效推进的关键。感谢北京大学国际关系学院的李玉、杨保筠、王缉思、王逸舟、李寒梅、贾庆国、许振洲、李安山、尚会鹏、孔凡君、查道炯、张海滨、梁云祥、王联、范士明、吴强、初晓波、韩华、唐士其、潘荣英等老师，感谢中国社会科学院亚太与全球战略研究院的李义、许利平研究员。感谢新潟大学法学部的真水康树教授和小池上绫子老师，在新大期间，两位给予了许多关心与照顾。感谢在东京大展宏图的王春生君，多蒙垂顾偏远之地。王龙林和艾鹏同学担当助研,在文献搜集和梳理等环节上做了不少工作,经过不断磨砺,两位逐渐展现出了出色的研究素养和学术潜能,令人欣喜。感谢在新潟大学交流或留学的张云麒、徐学斐、李文婵、卫瑞琪等同学审读了部分稿件,为定稿做出了贡献。

感谢妻子涂蕙。我在新潟期间,她不得不独自直面工作、家务和孩子教育的三重挑战。也得感谢闺女韦心月,她在迅速成长,独立性越来越大,依附性越来越小,让人高兴和期待。

感谢北京大学出版社的耿协峰博士和张盈盈女士。这是我与该社的第三次合作,每次合作都是一次愉快的经历。两位的职业素养和学术眼光独具一格,每次互动都能带来启发。

小国研究是我的研究兴趣之一,但在国内毫不起眼。秉持平气,自得其乐而已。本人不才,理论修养不足,即便费时费力,但书中的不当之处肯定不少,敬请诸位包涵并指正。

作者
2015 年 7 月 11 日于新潟